글 읽기 능력 향상을 위한

중학 국어

비문학 독해 연습 ②

비문학 독해(글 읽기) = 이해력, 사고력 및 모든 학습의 기초!

1일 2지문 독해 연습 25일 완성!

중 1·2·3 학년에 따른 수준별, 단계별 구성

수록 지문 인문·사회·과학·기술·예술 등
다양한 독서를 위한 교과서 밖 50개 글감

이룸이앤비
Education & Books

KB062931

이 책을 펴내면서

INTRODUCTION

◆ '국어' 공부가 '왜' 중요한가?

'국어'는 모든 공부의 가장 기본입니다. 대부분의 과목은 우리말로 서술되어 있으므로 국어 능력은 학습의 성패를 결정하는 중요한 요인이 되며, 국어 능력이 부족하면 효과적으로 학습하기가 어렵게 됩니다. 따라서 학생들은 모든 공부에 필요한 실질적인 국어 능력을 길러야 합니다. 그러기 위해서는 인문, 사회, 과학, 기술, 예술 등의 다양한 제재의 좋은 글을 풍부하게 읽어야 합니다. 이러한 글 읽기를 통해 사고력과 이해력 그리고 문제 해결 능력을 키울 수 있기 때문입니다.

◆ '비문학(읽기)' 영역을 통해 무엇을 공부할까?

중학교 과정에서는 사실적 사고 능력을 바탕으로, 한 편의 완결된 글을 읽어 낼 수 있는 능력을 키워야 합니다. 그 다음에는 다양한 분야의 글들을 반복적으로 읽음으로써 그때그때의 학습 상황에 필요한 수준 높은 독해 능력을 키워야 합니다.

◆ '중학 국어 비문학 독해 연습' 이렇게 공부하세요.

글 읽기가 다양한 문제 해결 과정임을 이해하며 글을 읽습니다.

배경지식을 활용하여 전개될 내용을 예측하며 읽습니다.

글의 특성을 고려하여 내용을 요약하며 읽습니다.

글에 따른 설명 방법이나 표현 방법을 파악하며 읽습니다.

글에 드러난 글쓴이의 의도 및 관점을 파악하며 읽습니다.

◇ **비문학 독해**를 소개합니다.

1 비문학이란?

문학 외의 인문, 사회, 과학, 기술, 예술 등을 제재로 한 논설문이나 설명문, 기사문, 보고문 등의 실용문을 통틀어서 '비문학'이라고 합니다.

2 비문학을 벌써 공부해야 하는가?

영어나 수학은 많은 시간을 투자해 일찍 공부를 시작하지만, 국어는 늦게 시작하는 경향이 있습니다. 그런데 고등학교에 입학하게 되면 당장 모의고사부터 낯선 유형의 문제가 출제됩니다. 멀리 있는 수능이 문제가 아닌 것입니다. 국어는 단기간에 공부하면 될 것 같지만 절대 그렇지 않습니다. 그러므로 국어도 미리미리 대비해야 합니다.

3 비문학 독해에 필요한 능력은?

비문학 독해에서는 사실적 사고와 관련된 내용이 가장 기본이므로 이에 대비하는 능력을 키워야 합니다. 그리고 궁극적으로 한 편의 완성된 글을 읽기 위해서는 사실적, 추론적, 비판적, 창의적 사고 능력 및 어휘 능력 등이 종합적으로 필요합니다.

4 글의 종류에 따라 문제 유형이 다른가?

비문학은 글의 종류에 따라 문제 유형이 조금씩 다릅니다. 인문 · 예술에서는 사실적 · 창의적 사고 및 어휘력과 관련된 유형이, 사회 · 과학 · 기술에서는 추론적 · 비판적 사고와 관련된 유형이 출제되는 경우가 많습니다.

5 효과적인 비문학 공부법은?

특별한 공부법이 있는 것은 아니지만, 다양한 분야의 좋은 글을 많이 읽어야 합니다. 이러한 글 읽기를 통해 지문 분석, 문제 분석 등의 독해법을 자연스럽게 몸에 익혀야 합니다. 비문학 독해의 지름길은 없습니다. 꾸준한 글 읽기와 반복 학습이 가장 효과적인 학습법입니다.

이 책의 구성과 특징

1 인문, 사회, 과학, 기술, 예술 등의 다양한 제재에서 글감을 엄선하였습니다.

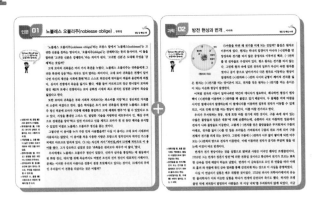

인문, 사회, 과학, 기술, 예술 등의 다양하고 폭넓은 제재에서 글감을 엄선하였습니다. 글감을 읽음으로써 독서 능력이 향상되고 이해력과 사고력도 높일 수 있습니다. '국어'는 모든 공부의 기본이지만, 그 중에서도 독해 능력이 가장 기본입니다. 제대로 된 글 읽기 능력이 있어야만 이해력을 향상시키고 사고력을 확장시킬 수 있습니다. '중학 국어 비문학 독해 연습'을 통해 독해 능력을 키우기 바랍니다.

> 지문 분석 연습: 문단 요지, 주제 등을 직접 분석하고 쓰면서 글을 읽는다.
>
> ▼
>
> 목표 시간을 정해 제한 시간 내에 글 읽는 연습을 한다.
>
> ▼
>
> 자신의 약점 제재를 파악하여 꾸준한 글 읽기 연습을 한다.

2 수준별, 단계별 문제를 통해 실질적인 문제 해결 능력을 키울 수 있게 하였습니다.

비문학 독해는 사실적 사고와 관련된 내용이 가장 기본이므로 이에 대한 능력을 키워야 합니다. 이를 바탕으로 추론적, 비판적, 창의적 사고 유형에도 종합적으로 대비할 수 있습니다. 수준별, 단계별로 구성된 다양한 유형의 문제를 통해 문제 해결 능력을 키우기 바랍니다. 아울러 '독해의 기초 Tip'을 통해 비문학 독해에 필요한 개념과 효과적인 독해 방법을 익힐 수 있습니다.

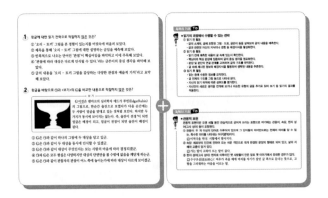

> 발문 분석 연습: 문제에서 묻고 있는 내용을 정확히 파악하는 연습을 한다.
>
> ▼
>
> 답지 분석 연습: 반드시 지문을 바탕으로 정답 및 오답을 찾는다.
>
> ▼
>
> '독해의 기초 Tip'을 통해 독해 개념 및 효과적인 독해 방법을 익힌다.

3 제재별로 자주 나오는 어휘를 정리한 후, TEST를 통해 확인하도록 하였습니다.

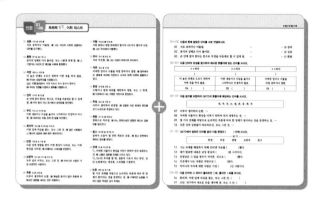

앞에서 공부한 지문에서 어휘를 선별하여 그 의미와 예문을 함께 수록하였습니다. 한 번 공부하고 나면 쉬운데 그렇지 않으면 고득점을 가로막는 어휘들을 중심으로 정리하였습니다. 또 간단하지만 다양한 유형의 문제를 통해 어휘의 습득 여부를 확인할 수 있도록 하였습니다. 국어 독해 능력 향상에 결정적인 역할을 하는 것이 어휘이므로 잘 익혀 두기를 바랍니다.

어휘는 독해력 향상의 기본이므로 예문과 함께 그 의미를 익힌다.

모르는 어휘는 그때그때 사전을 찾아 정리하면서 의미를 익힌다.

쉬운 형태의 문제를 통한 반복 학습으로 어휘를 익힌다.

4 자기주도학습 및 수업 자료로 활용할 수 있도록 모든 지문과 문제를 분석하였습니다.

혼자 공부하더라도 어렵지 않도록 수록된 모든 지문을 행간주를 통해 분석하여 구성하였으므로 이 책의 해설을 최대한 활용하기 바랍니다. 또한 학부모나 선생님들의 수업 및 학습 지도 자료로 활용할 때 큰 효과를 거둘 수 있도록 지문 해제, 문단 요지, 주제, 정답 풀이, 오답 풀이 등도 상세하게 수록하였습니다.

모든 지문 분석 및 문제 분석 자료를 통해 글을 읽는 방법을 익힌다.

정답 및 오답만 확인하지 말고 해설을 통해 문제 풀이 과정을 점검한다.

반복 학습을 통해 자신의 실수 및 약점을 보완한다.

이 책의 차례

CONTENTS

I 인문

[인문 01] 〈도덕〉 노블레스 오블리주(noblesse oblige) _ 장한업   012
[인문 02] 〈철학〉 데카르트의 인식론 _ 강현식   014
[인문 03] 〈문명 비판〉 콜럼버스의 달걀에 대한 문명사적 반론 _ 김민웅   016
[인문 04] 〈심리〉 판단과 결정 _ 현성용 외   018
[인문 05] 〈논리학〉 자연을 지배하기 위한 새로운 논리학   020
    ▶독해력 쑥쑥, 어휘 테스트
[인문 06] 〈인지 심리〉 오리인가, 토끼인가 _ 이어령   024
[인문 07] 〈국역 고전〉 이옥설(理屋說) _ 이규보   026
[인문 08] 〈전통 문화〉 풀 문화란 무엇인가 _ 인병선   028
[인문 09] 〈한국 문화〉 포장 문화의 원형, 달걀 꾸러미 _ 이어령   030
[인문 10] 〈언어〉 영화 속에 나타난 우리 방언 _ 강범모   032
    ▶독해력 쑥쑥, 어휘 테스트

II 사회

[사회 01] 〈지리〉 주소를 적는 새로운 방법 _ 이재웅   038
[사회 02] 〈사회〉 '알파걸'은 있는데 왜 '알파우먼'은 없지? _ 이해진   040
[사회 03] 〈문화〉 문화재, 보존을 넘어 활용을   042
[사회 04] 〈경제〉 환율과 시소게임 _ 한진수   044
[사회 05] 〈법률〉 안락사를 허용해도 될까? _ 남기곤   046
    ▶독해력 쑥쑥, 어휘 테스트
[사회 06] 〈정치〉 정치 참여의 다양한 방법   050
[사회 07] 〈법률〉 미성년자도 계약을 할 수 있을까?   052
[사회 08] 〈미디어〉 선거에서 언론의 태도   054
[사회 09] 〈광고〉 유명인 모델의 광고 효과   056
[사회 10] 〈복지〉 푸드뱅크와 푸드마켓 _ 강영재 외   058
    ▶독해력 쑥쑥, 어휘 테스트

III 과학

[과학 01] 〈물리〉 투명 인간의 조건 _ 최상일   064
[과학 02] 〈화학〉 방전 현상과 번개 _ 이미하   066
[과학 03] 〈천문〉 소행성 지구 충돌, 인류도 공룡처럼 멸종할까? _ 강양구   068
[과학 04] 〈지구과학〉 일회용 나무젓가락과 황사 _ 박경화   070
[과학 05] 〈생명과학〉 유전자 조작의 유혹   072
    ▶독해력 쑥쑥, 어휘 테스트

[과학 06] 〈물리〉 자유낙하 운동 _ 정완상　　076

[과학 07] 〈생명과학〉 에너지 음료, 과하면 독 _ 유상연　　078

[과학 08] 〈지구과학〉 바다가 산성화되면 _ 클라우스 퇴퍼 외　　080

[과학 09] 〈물리〉 회전하는 스케이터가 더 빨리 회전하려면 _ 최상일　　082

[과학 10] 〈지구과학〉 우주선을 동쪽으로 발사하는 이유 _ 고호관 외　　084

▶독해력 쑥쑥, 어휘 테스트

IV 기술

[기술 01] 〈산업 기술〉 잠김 방지 제동 장치 _ 한국과학기술정보연구원　　090

[기술 02] 〈정보 통신〉 사물인터넷 _ 마이클 밀러　　092

[기술 03] 〈전통 기술〉 그랭이 공법　　094

[기술 04] 〈정보 통신〉 증강현실 기술　　096

[기술 05] 〈산업 기술〉 비행기와 헬리콥터가 날아가는 원리　　098

▶독해력 쑥쑥, 어휘 테스트

[기술 06] 〈산업 기술〉 전자레인지는 어떻게 음식을 데울까?　　102

[기술 07] 〈의료 기술〉 수술하는 로봇　　104

[기술 08] 〈에너지〉 재생 에너지 기술　　106

[기술 09] 〈신기술〉 꿈의 나노 물질, 그래핀 _ 홍준의 외　　108

[기술 10] 〈정보 통신〉 랜섬웨어　　110

▶독해력 쑥쑥, 어휘 테스트

V 예술

[예술 01] 〈미술〉 들썩거리는 서민의 신명, 김홍도의 「씨름」 _ 오주석　　116

[예술 02] 〈미술〉 우리나라의 민화 _ 김철순　　118

[예술 03] 〈디자인〉 천으로 만든 디자인, 조각보 _ 최준식　　120

[예술 04] 〈미술〉 인상주의 _ 임두빈　　122

[예술 05] 〈영화〉 영상으로 만드는 이야기 표현의 힘 _ 장호준　　124

▶독해력 쑥쑥, 어휘 테스트

[예술 06] 〈음악〉 클래식 음악의 개념 _ 최영옥　　128

[예술 07] 〈만화〉 만화란 무엇인가 _ 권경민　　130

[예술 08] 〈건축〉 조선 왕조의 뿌리, 종묘 _ 이형준　　132

[예술 09] 〈건축〉 한옥의 특성 _ 박명덕　　134

[예술 10] 〈미술〉 창의력과 상상력을 키워 주는 현대 미술의 매력 _ 김윤섭　　136

▶독해력 쑥쑥, 어휘 테스트

학습 계획표

• 권장 학습 플래너 ①: 차례대로 1일 2지문 25일 완성

학습 날짜			학습 내용	틀린 문제 및 복습 계획
1Day	월	일	인문 01, 02	
2Day	월	일	인문 03, 04	
3Day	월	일	인문 05, 06	
4Day	월	일	인문 07, 08	
5Day	월	일	인문 09, 10	
6Day	월	일	사회 01, 02	
7Day	월	일	사회 03, 04	
8Day	월	일	사회 05, 06	
9Day	월	일	사회 07, 08	
10Day	월	일	사회 09, 10	
11Day	월	일	과학 01, 02	
12Day	월	일	과학 03, 04	
13Day	월	일	과학 05, 06	
14Day	월	일	과학 07, 08	
15Day	월	일	과학 09, 10	
16Day	월	일	기술 01, 02	
17Day	월	일	기술 03, 04	
18Day	월	일	기술 05, 06	
19Day	월	일	기술 07, 08	
20Day	월	일	기술 09, 10	
21Day	월	일	예술 01, 02	
22Day	월	일	예술 03, 04	
23Day	월	일	예술 05, 06	
24Day	월	일	예술 07, 08	
25Day	월	일	예술 09, 10	

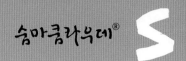
- 권장 학습 플래너 ②: 제재별로 섞어서 1일 2지문 25일 완성

학습 날짜			학습 내용	틀린 문제 및 복습 계획
1Day	월	일	인문 01 ㅣ 사회 01	
2Day	월	일	과학 01 ㅣ 기술 01	
3Day	월	일	예술 01 ㅣ 인문 02	
4Day	월	일	사회 02 ㅣ 과학 02	
5Day	월	일	기술 02 ㅣ 예술 02	
6Day	월	일	인문 03 ㅣ 사회 03	
7Day	월	일	과학 03 ㅣ 기술 03	
8Day	월	일	예술 03 ㅣ 인문 04	
9Day	월	일	사회 04 ㅣ 과학 04	
10Day	월	일	기술 04 ㅣ 예술 04	
11Day	월	일	인문 05 ㅣ 사회 05	
12Day	월	일	과학 05 ㅣ 기술 05	
13Day	월	일	예술 05 ㅣ 인문 06	
14Day	월	일	사회 06 ㅣ 과학 06	
15Day	월	일	기술 06 ㅣ 예술 06	
16Day	월	일	인문 07 ㅣ 사회 07	
17Day	월	일	과학 07 ㅣ 기술 07	
18Day	월	일	예술 07 ㅣ 인문 08	
19Day	월	일	사회 08 ㅣ 과학 08	
20Day	월	일	기술 08 ㅣ 예술 08	
21Day	월	일	인문 09 ㅣ 사회 09	
22Day	월	일	과학 09 ㅣ 기술 09	
23Day	월	일	예술 09 ㅣ 인문 10	
24Day	월	일	사회 10 ㅣ 과학 10	
25Day	월	일	기술 10 ㅣ 예술 10	

중학 국어 비문학 독해 연습 ②

인문 제재는 글 읽기의 범위가 다른 제재보다 넓고 다양하다. 특히 철학에서는 철학자의 대표적인 이론이나 견해가 중심을 이루는 글이 출제되기도 한다. 또 어떤 시대를 대표하는 사상을 자세하게 다루거나, 특정 논제나 현상에 대한 여러 철학적 견해를 비교·대조하기도 한다. 그러므로 평소에 도덕·윤리, 한국사, 사회 수업 등에서 배운 개념을 잘 익혀두면 많은 도움이 된다.

인문 I

01. [도덕] 노블레스 오블리주(noblesse oblige)

02. [철학] 데카르트의 인식론

03. [문명 비판] 콜럼버스의 달걀에 대한 문명사적
    반론

04. [심리] 판단과 결정

05. [논리학] 자연을 지배하기 위한 새로운 논리학
    ▶ 독해력 쑥쑥, 어휘 테스트

06. [인지 심리] 오리인가, 토끼인가

07. [국역 고전] 이옥설(理屋說)

08. [전통 문화] 풀 문화란 무엇인가

09. [한국 문화] 포장 문화의 원형, 달걀 꾸러미

10. [언어] 영화 속에 나타난 우리 방언
    ▶ 독해력 쑥쑥, 어휘 테스트

노블레스 오블리주(noblesse oblige) _ 장한업

정답 및 해설 2쪽

중심 화제나 핵심 내용 등에는 ○, △, □, 밑줄 등과 같은 표시를 하면서 읽어보세요.

　'노블레스 오블리주(noblesse oblige)'라는 프랑스 말에서 '노블레스(noblesse)'는 고귀한 신분을 뜻하는 명사이고, '오블리주(oblige)'는 강제하다는 뜻의 동사이다. 이 둘을 합하면 '고귀한 신분은 강제한다.'라는 의미가 된다. '고귀한 신분'은 도대체 무엇을 '강제'하는 것일까?

　고대 로마의 귀족들은 여러 가지 특권을 누렸다. 노블레스 오블리주는 귀족들에게 그러한 특권에 상응*하는 의무도 잊지 말라는 의미이다. 고대 로마 귀족들은 전쟁이 일어나면 자신의 재산을 사회에 환원*하고 스스로 최전선에 뛰어들어 적들과 용감하게 싸웠다. 심지어 전쟁에서 목숨을 잃기도 했다. 예를 들어 카르타고의 장군 한니발이 로마와 벌인 제2차 포에니 전쟁에서는 로마 공화정 시대의 최고 관직인 집정관 13명이 목숨을 잃었다고 한다.

　또한 로마의 귀족들은 부와 사회적 지위보다는 과소비를 지양*하고 정신적인 가치를 더 소중히 여겼다고 한다. 많은 학자들은 초기 로마 귀족들의 철저한 노블레스 오블리주 정신 덕분에 로마가 지중해 세계를 통일하고 고대 세계의 맹주*가 될 수 있었다고 보고 있다. 지성을 뽐내던 그리스 인, 발달한 기술을 자랑하던 에트루리아 인, 해상 무역으로 경제권을 장악*하고 있던 카르타고 인을 제치고 로마가 천 년 동안 제국을 유지할 수 있었던 비결로 노블레스 오블리주 정신을 꼽는 것이다.

　그렇다면 이 용어를 누가 가장 먼저 사용했을까? 사실 이 용어는 고대 로마 시대부터 사용되지는 않았다. 이 용어를 처음 사용한 사람은 프랑스의 정치인이자 작가인 가스통 피에르 마르크로 알려져 있다. ⊙그는 자신의 저서『격언집』에서 51번째 격언으로 이 용어를 썼다. 그가 강조하고 싶었던 것은 '귀족들은 권리보다 의무가 더 많다.'였다.

　우리에게도 노블레스 오블리주 정신이 있었다. 신라가 삼국을 통일하는 데 원동력이 된 화랑 정신, 대의*를 위해 목숨까지도 버렸던 조선의 선비 정신이 대표적인 사례이다. 문제는 이러한 우리의 아름다운 전통이 점점 흐릿해지고 있다는 것이다. 21세기의 주역인 우리들이 이 전통을 되살리는 것은 어떨까?

* 상응(서로 相, 응할 應): 서로 응하거나 어울림.
* 환원(돌아올 還, 으뜸 元): 본디의 상태로 되돌아감. 또는 그렇게 되게 함.
* 지양(멈출 止, 오를 揚): 더 높은 단계로 오르기 위하여 어떤 것을 하지 않음.
* 맹주(맹세할 盟, 주인 主): 동맹을 맺은 개인이나 단체의 우두머리.
* 장악(손바닥 掌, 쥘 握): 손안에 잡아 쥔다는 뜻으로, 무엇을 마음대로 할 수 있게 됨.
* 대의(큰 大, 옳을 義): 사람으로서 마땅히 행해야 할 큰 도리.

주제 쓰기 •

_____

_____

1 다음은 윗글을 읽고 나서 작성한 독서 활동지이다. 적절하지 <u>않은</u> 것은?

글을 읽은 후 다음 질문에 답해 보자.	
[질문 1] '노블레스 오블리주'의 뜻은 무엇인가?	'노블레스'는 '고귀한 신분', '오블리주'는 '강제하다'라는 의미이다. ……………… ①
[질문 2] 고대 로마의 귀족들은 전쟁이 나면 어떻게 행동했을까?	로마의 귀족들은 자신의 재산을 사회에 환원하고 전쟁에 참여하여 용맹하게 싸웠다. ……………………………… ②
[질문 3] 로마가 천 년 동안 제국을 유지할 수 있었던 비결에 대한 학자들의 견해는 무엇인가?	학자들은 로마 귀족들이 뛰어난 기술을 부단히 갈고 닦았기 때문에 오랫동안 로마가 제국을 유지한 것이라고 여기고 있다. ……………………………… ③
[질문 4] 노블레스 오블리주 정신에 해당하는 우리의 전통에는 무엇이 있는가?	신라의 화랑 정신이나 조선의 선비 정신이 있다. ……………………………… ④
[질문 5] 노블리스 오블리주 정신에 해당하는 사례로는 무엇이 있는가?	제2차 포에니 전쟁에서 로마의 집정관들이 전쟁에 참여하여 목숨을 잃었다. ……………………………… ⑤

2 ㉠의 이유로 가장 적절한 것은?

① 귀족들에게 과소비의 해로움을 알리기 위해서
② 귀족들은 권리보다 의무가 더 많다는 것을 강조하기 위해서
③ 귀족들은 특권을 유지하기 위해 정치에 참여해야 함을 강조하기 위해서
④ 귀족들은 정신적 가치보다 물질적 가치를 추구해야 함을 강조하기 위해서
⑤ 귀족들은 공동체*의 이익을 위해 재산을 사회에 환원해야 함을 강조하기 위해서

＊공동체(함께 共, 한가지 同, 몸 體): 생활과 운명을 같이 하는 조직체.

독해의 기초 Tip

■ 비문학 독해 방법
① 지문의 제목을 읽는다. 제목에는 중심 화제가 포함되는 경우가 많으며, 보통 지문의 맨 마지막에 제목이 제시된다.
② 문제와 선지를 읽는다. 한 지문에 출제되는 문제 유형은 대체로 전체 내용 확인, 부분적인 내용 확인, 다른 상황에 적용, 사전적 · 문맥적 의미 파악 등으로 이루어지기 때문에 어떤 문제가 출제되었는지를 파악하는 것도 빠른 독해의 방법 중 하나이다.
③ 내용 일치 문제의 선택지는 핵심어를 포함하는 경우가 많으므로 동그라미, 세모 등의 표시를 통해 지문에서 유념하며 읽어야 할 핵심어에 표시를 해 두는 것이 좋다.
④ 지문이 길면 문단별로 읽은 후 문제를 푸는 것도 또 하나의 방법이다. 지문을 다 읽기도 전에 내용 일치 문제가 해결될 수도 있기 때문이다.

데카르트의 인식론 _ 강현식

정답 및 해설 4쪽

주심 화세나 핵심 내용 등에는
○, △, □, 밑줄 등과 같은
표시를 하면서 읽어보세요.

인식론은 인간의 삶에 대한 이론으로 진리란 무엇이며, 그것을 어떻게 얻는지를 다루는 분야이다. 인식론에 대한 논의는 고대 그리스에서도 있었으나, 중세 이후 학문에서는 자연 과학의 발달, 예술에서는 르네상스, 종교에서는 종교 개혁 등을 통해 다시 주목받게 되었다. 이 사건들은 인류에게 기존의 세계관과 지식을 부인*하게 만들었다. 대략 중세 천 년 동안 의심하지 않았던 모든 지식과 진리들이 어느 순간 틀렸을지도 모른다는 생각을 하게 된 것이다.

기존의 믿음이 흔들리면 사람들은 회의적*인 태도를 갖게 마련이다. 그러면서 그 본질에 대해 따져 묻게 된다. 마치 믿었던 친구에게 배신을 당하면 '도대체 우정이란 무엇인가?'라는 질문을 던지는 것처럼 말이다. 자연 과학의 발달로 천동설이 틀렸음을 알게 되었고, 종교 개혁으로 교황이 언제나 진리의 사도가 아닐 수 있음을 알게 되었다. 당연히 그 당시 사람들은 회의적이 되었다. 그동안 한 번도 의심하지 않았고 믿었던 지식과 진리가 틀렸음을 알았기 때문이다. 그러면서 사람들은 '도대체 지식이란 무엇인가?'라는 질문을 던졌다. 이 질문이 바로 인식론에서 다루는 문제이다. 이러한 문제에 대해 주장을 한 대표적인 학자로 데카르트를 들 수 있다.

데카르트는 우리의 오감*을 통한 감각이 부정확하다면서, 감각을 통해 얻는 지식도 부정확하다고 생각했다. 수많은 착시* 현상을 생각하면 감각이 부정확해 현실을 제대로 반영*하지 못한다는 것이다. 그러면서 그는 자신이 알고 있는 모든 것을 의심하기 시작했다. 그 결과 그는 자신의 모든 지식이 감각을 통해 얻은 것임을 알았고, 더 나아가 감각이 부정확하니 감각을 통해 얻은 지식도 부정확할 수 있다고 주장했다. 그리하여 '나는 생각한다. 고로 나는 존재한다.'라는 결론을 내렸다. 이 말은 ㉠자신의 지식을 더 이상 믿을 수 없었지만, 자신이 의심하고 있다는 사실 그 자체는 부인할 수 없었기 때문에 자신이 존재하는 근거를 의심과 생각에 두겠다는 의미인 것이다.

이처럼 인식론에 있어서 데카르트는 끊임없이 의심하고 생각하는 것, 즉 이성에 의한 추론 능력과 합리적 판단이 중요하다고 보았다. 이와 더불어 데카르트는 신의 존재처럼 모든 문화권에서 나타나는 보편적*인 본유 관념●이 있음을 주장했다. 합리론이라고 불리는 이러한 입장은 칸트와 헤겔로 계승 · 발전되었다.

* 부인(아닐 좀, 인정할 認): 어떤 내용이나 사실을 옳거나 그러하다고 인정하지 아니함.
* 회의적(품을 懷, 의심할 疑, 과녁 的): 어떤 일에 의심을 품는. 또는 그런 것.
* 오감(다섯 五, 느낄 感): 시각 · 청각 · 후각 · 미각 · 촉각의 다섯 감각.
* 착시(섞일 錯, 볼 視): 착각으로 잘못 봄.
* 반영(되돌릴 反, 비출 映): 다른 것에 영향을 받아 어떤 현상이 나타남. 또는 어떤 현상을 나타냄.
* 보편적(널리 普, 두루 遍, 과녁 的): 두루 널리 미치는. 또는 그런 것.

● 본유 관념: 감각이나 경험에 의해서가 아니고 나면서부터 가지고 있는 본디의 관념.

주제 쓰기 •

_____

_____

1 윗글을 읽은 독자가 <보기>에 대해 보일 수 있는 반응으로 적절하지 <u>않은</u> 것은?

┤ 보 기 ├

　　로크는 인간의 지식에 있어서 오감에 근거한 외부 세계의 경험이 없다면 그 어떤 지식도 존재할 수 없다는 경험론의 입장에서 대상을 인식해야 한다고 주장했다. 그는 데카르트가 주장했던 인간의 사고 능력은 인정했지만, 본유 관념은 부인했는데, 그 이유는 본유 관념 역시 경험으로 추론된 관념일 뿐이라고 생각했기 때문이다. 또한 로크는 백지 상태인 인간의 마음을 감각 기관을 통해 얻는 경험으로 채워 나가는 것이라고 주장했다. 그리고 이러한 단순한 경험들을 연합해 인간의 복잡하고 고차원적인 관념으로 구성할 수 있다고 주장했다.

① 데카르트와 로크는 모두 인간의 사고 능력을 인정하였군.
② 데카르트와 로크는 모두 보편적인 본유 관념이 있다고 생각했군.
③ 로크는 데카르트와 달리 경험론의 입장에서 인식론을 주장했군.
④ 로크는 데카르트와 달리 인간의 마음을 경험으로 채우는 것이라고 생각했군.
⑤ 로크는 데카르트와 달리 경험을 고차원적인 관념으로 구성할 수 있다고 생각했군.

2 ㉠의 근거를 추론한 내용으로 가장 적절한 것은?

① 감각이 현실 세계를 정확하게 반영한다.
② 감각을 통해 얻은 자신의 지식이 부정확하다.
③ 자신이 의심하고 있다는 사실은 부인*할 수 없다.
④ 이성에 의한 추론 능력과 합리적 판단이 중요하다.
⑤ 인간의 감각과 이성적 사고가 균형을 이루어야 한다.

*부인(아닐 否, 알 認): 어떤 사실이 있음을 인정하지 아니함.

콜럼버스의 달걀에 대한 문명사적 반론 _ 김민웅

중심 화제나 핵심 내용 등에는 ○, △, □, 밑줄 등과 같은 표시를 하면서 읽어보세요.

어떤 기업 광고에서 '콜럼버스의 달걀'을 소재로 하여 상식을 뛰어넘는 생각의 전환을 강조하는 것을 보았다.

아메리카 대륙 상륙이 무어 별거냐고 비아냥거리는 소리를 듣자, 콜럼버스는 그 자리에서 사람들에게 달걀을 세워 보라고 하였다. 사람들이 모두 실패한 후에 콜럼버스는 달걀을 집어 들고 퍽 하니 그 밑동을 깨서 세웠다. 이 이야기에는 어떤 일을 해 놓고 보면 별것 아닌 듯 생각하기 쉽지만, 언제나 '최초의 발상 전환'이 매우 어렵다는 메시지가 담겨 있다. 그러나 이 이야기에는 우리가 미처 깨닫지 못하고 있는 것이 또 숨겨져 있다.

달걀의 겉모양은 타원형이다. 애초부터 세울 이유가 없도록 설계되어 있는 것이다. 타원형의 달걀에는 둥지에서 구르더라도 그 둥지를 벗어나지 않도록 고안*된 생명의 섭리가 숨어 있는 것이다. 만일 달걀이 타원형이 아닌 원형이었다면 한 번 구를 경우 자칫 둥지에서 멀리 이탈*하기 쉬울 것이며, 모양이 모나게 각을 이루고 있다면 어미 새가 품기 곤란하였을 것이다. 이런 점에서 달걀의 타원형은 그 속의 생명을 지키는 원초적* 방어선이라 할 수 있겠다. 따라서 ㉠달걀을 세워 보겠다는 것은 곧 그러한 자연의 섭리와 생명의 법칙에 맞서는 행위인 것이다. 먹기 위해서도 아니면서, 둥지에서 벗어나지 않도록 만들어진 생명체를 자신이 원하는 자리에 굳이 고정해 버리겠다는 생각이 '콜럼버스의 달걀'에 담겨 있는 것이다. 그래서 그것은 상식을 깬 발상* 전환의 모델이라기보다 소중한 생명을 파괴해서라도 자신의 목적을 달성해야겠다는 탐욕적*이고 반생명적인 발상으로 볼 수도 있다.

따라서 오늘날 정작 필요한 발상의 전환은 달걀을 어떻게 하면 세울 수 있을 것이냐는 질문에 갇혀 그 답을 모색하는 일이 아니라, ㉡달걀의 모양이 왜 타원형인가를 진지하게 묻는 일에서부터 시작되어야 한다. ㉢원래의 타원형을 그대로 지키려는 새로운 노력이 ㉣'오늘의 상식'을 깨지 못할 때는 생명의 신음 소리가 곳곳에서 계속 들리게 될 것이다. 그리고 그것은 다름 아닌 우리 자신의 죽음으로 다가오게 될 것이다. 바로 이러한 위기를 극복하려는 마음이야말로 진정한 발상 전환의 출발점이 아니겠는가?

*고안(생각할 考, 책상 案): 연구하여 새로운 것을 생각해 냄. 또는 그것.

*이탈(떼놓을 離, 벗을 脫): 어떤 범위나 대열 등에서 떨어져 나가거나 떨어져 나옴.

*원초적(근원 原, 처음 初 과녁 的): 일이나 사물의 맨 처음에 관한. 또는 그런 것.

*발상(쏠 發, 생각할 想): 어떤 생각을 해냄. 또는 그 생각.

*탐욕적(탐할 貪, 욕심 慾, 과녁 的): 지나치게 탐하는 욕심이 있는. 또는 그런 것.

주제 쓰기 •

_____

_____

1 윗글의 서술상 특징으로 적절하지 <u>않은</u> 것은?

① '콜럼버스의 달걀' 일화*의 유래와 의미를 간략하게 설명하고 있다.

② '콜럼버스의 달걀' 일화에 대한 글쓴이의 새로운 생각을 드러내고 있다.

③ '콜럼버스의 달걀' 일화와 관련된 글쓴이의 경험을 소개하며 글을 시작하고 있다.

④ '콜럼버스의 달걀' 일화에 대한 글쓴이의 주장을 의문문을 통해 마무리하고 있다.

⑤ '콜럼버스의 달걀'에 담긴 기존의 관점과 글쓴이의 관점이 유사함을 밝히고 있다.

* 일화(편안할 逸, 말씀 話): 아직 세상에 널리 알려지지 아니한 이야기.

I · 인문

2 윗글을 이해한 내용으로 적절하지 <u>않은</u> 것은?

① 달걀의 타원형에는 자연의 섭리와 생명의 법칙이 담겨 있다.

② 글쓴이는 콜럼버스의 달걀을 탐욕적이고 반생명적인 발상이라고 여기고 있다.

③ 일부 사람들은 콜럼버스의 신대륙 발견을 누구나 할 수 있는 일이라며 비아냥거렸다.

④ 글쓴이는 달걀이 원형이었다면 생명을 지키는 원초적 방어선이 강화될 것이라고 여기고 있다.

⑤ 콜럼버스의 달걀을 소재로 한 기업 광고는 상식을 뛰어넘는 생각의 전환을 강조하기 위한 것이다.

3 ㉠~㉣을 문맥상 유사한 것끼리 적절하게 분류한 것은?

① ㉠, ㉡ / ㉢, ㉣

② ㉠, ㉢ / ㉡, ㉣

③ ㉡, ㉢ / ㉠, ㉣

④ ㉠ / ㉡, ㉢, ㉣

⑤ ㉡ / ㉠, ㉢, ㉣

중심 화제나 핵심 내용 등에는 ○, △, □, 밑줄 등과 같은 표시를 하면서 읽어보세요.

우리는 종종 일상생활 속에서 선택을 해야 할 상황에 직면*하게 된다. 선택하는 방법이 많은 경우에는 가장 바람직한 것이 무엇인지를 판단해야 하며, 판단을 통해 방법이 한 가지로 정해진 경우에는 선택한 방법을 실행할 것인지를 결정해야 한다. 이처럼 판단은 주어진 환경 상황을 수량이나 서열* 등에 근거하여 평가하는 과정이며, 결정은 판단 과정의 결과로 생성*된 가능한 방법이 자신의 가치에 적합한가를 검증하는 것을 일컫는다.

판단과 결정은 쉽게 이루어지지 못한다. 그 이유는 우리가 판단하고 결정한 것이 과연 타당한 것인가에 대한 확신을 갖기가 어렵기 때문이다. 그리고 이 과정 속에서 오류를 범하게 된다. 성공적인 판단과 결정을 하는 데 범하게 되는 오류에는 적은 관찰의 오류, 과신의 오류 등이 있다.

적은 관찰의 오류란, 가령 자신이 다니는 학교에 강원도 출신이 10명이고 경기도 출신이 5명이라고 한다면, 강원도민의 수가 경기도민의 수보다 많다고 생각하게 되는 오류를 말한다. 즉 ⓐ자신이 경험한 한정*된 기억에 근거하여 전체를 추정*하는 오류인 것이다.

> 〈믿을 만한 논법〉
> 모든 사람은 죽는다.
> 소크라테스는 사람이다.
> 고로 소크라테스는 죽는다.
>
> 〈믿을 수 없는 논법〉
> 모든 사람은 도덕적이다.
> 히틀러는 사람이다.
> 고로 히틀러는 도덕적이다.

과신의 오류란 자신이 믿는 방향으로 판단을 결정하는 오류이다. 옆의 두 논법을 비교해 보자. 두 논법 모두 논리적으로 타당한 논법이다. 그러나 소크라테스에 관한 논법은 쉽게 타당하다고 판단하는 반면, 히틀러에 관한 논법은 판단하는 데 시간이 걸리거나 틀렸다는 답변을 하게 된다. 이는 논리적 판단이 논리적 오류가 있는 경우에만 틀렸다는 판단을 해야 하지만 자신의 지식이나 신념과 일치하는지에 따라서 논리적 타당성에 대한 판단을 내리는 경향이 높다는 것을 의미한다.

㉠우리는 판단과 결정의 과정이 논리적이고 합리적인 기준에 근거해야 한다고 생각하지만 실제의 판단과 결정 상황에서는 그렇지 않다. 자신의 기억, 태도, 믿음 및 경험 등이 판단과 결정에 많은 영향을 미치는 경우가 흔하다. 이는 일반적인 사람의 판단과 결정 과정은 객관적이고 합리적인 것보다는 편향*된 개인의 주관에 근거하기 때문이다.

* 직면(곧을 直, 낯 面): 어떤 일이나 사물을 직접 당하거나 접함.
* 서열(차례 序, 벌일 列): 순서를 좇아 늘어섬. 또는 그 순서.
* 생성(날 生, 이룰 成): 사물이 생겨남. 생겨 이루어지게 함.
* 한정(한계 限 정할 定): 수량이나 범위 따위를 제한하여 정함. 또는 그 한도.
* 추정(옮을 推, 정할 定): 미루어 생각하여 판정함.
* 편향(치우칠 偏, 향할 向): 한쪽으로 치우침.

주제 쓰기

_____

_____

1 윗글을 참고하여 <보기>를 이해한 내용으로 적절하지 <u>않은</u> 것은?

---| 보 기 |---

ㄱ. 철수는 우리 학교 남학생이 여학생보다 공부를 잘하기 때문에 영희가 다니는 학교도 남학생이 여학생보다 공부를 잘할 것이라고 생각했다.

ㄴ. 미국인들에게 "자신의 운전 능력이 어떻다고 생각하십니까?"라는 질문으로 설문한 결과, 90% 이상이 "나는 평균 이상으로 운전을 잘하는 사람"이라고 답변했다.

① ㄱ의 철수는 적은 관찰의 오류를 범하고 있다.
② ㄱ에서 철수의 판단은 한정된 기억에 근거했다고 볼 수 있다.
③ ㄴ의 미국인들에 대한 설문 결과는 과신의 오류가 작용했음을 알 수 있다.
④ ㄴ에서 미국인들은 믿을 만한 자료를 바탕으로 질문에 답변했음을 알 수 있다.
⑤ ㄴ에서 설문 조사를 받은 미국인들은 자신의 신념에 따라 판단을 내렸다고 볼 수 있다.

2 ㉠의 이유로 가장 적절한 것은?

① 편향된 개인의 주관에 근거하기 때문이다.
② 사람마다 판단하는 기준이 같기 때문이다.
③ 객관적이고 합리적인 기준에 근거하기 때문이다.
④ 개인의 신념과 사회적 가치가 충돌하기 때문이다.
⑤ 이성적인 판단이 가치 있는 결과만 가져오는 것은 아니기 때문이다.

3 ⓐ와 의미가 통하는 한자성어로 가장 적절한 것은?

① 좌정관천(坐井觀天)
② 목불식정(目不識丁)
③ 풍전등화(風前燈火)
④ 절차탁마(切磋琢磨)
⑤ 우이독경(牛耳讀經)

자연을 지배하기 위한 새로운 논리학

중심 화제나 핵심 내용 등에는 ○, △, □, 밑줄 등과 같은 표시를 하면서 읽어보세요.

베이컨은 인간이 학문을 하는 목적은 자연을 지배*하기 위한 것이고, 그것은 자연에 대한 참된 지식을 통해 이루어진다고 생각했다. 그러기 위해서는 자연을 해석*할 수 있는 새로운 논리학이 필요했는데 이를 귀납법이라고 한다. 다음의 예를 살펴보자.

> A: 모든 포유 동물은 심장을 갖고 있다.
> 말은 포유 동물이다.
> 그러므로 말은 심장을 갖고 있다.
> B: 말은 심장을 갖고 있다. 소는 심장을 갖고 있다. 개는 심장을 갖고 있다. 사람은 심장을 갖고 있다.
> 말, 소, 개, 사람은 모두 포유 동물이다.
> 그러므로 모든 포유 동물은 심장을 갖고 있다.

A와 B는 모두 논증*이다. 그런데 A는 '모든 포유 동물은 심장을 갖고 있다.'라는 일반적인 사실에서 '말은 심장을 갖고 있다.'라는 좀 더 개별적*인 사실을 이끌어 냈다. 이것은 전제* 속에 결론이 이미 포함되어 있다. 그래서 다른 결론이 나올 수 없다. 이렇게 전제로부터 결론이 필연적으로 이끌어져 나오는 논증을 '연역법'이라고 한다.

B는 '말, 소, 개, 사람은 심장을 갖고 있다.'라는 개별적인 사실에서 '모든 포유 동물은 심장을 갖고 있다.'라는 좀 더 일반적인 결론을 이끌어 냈다. 이 경우에는 전제가 결론의 충분한 근거가 되지 못할 수도 있다. 따라서 경우에 따라 다른 결론이 나올 수도 있다. 이렇게 전제로부터 결론이 확률적으로 이끌어져 나오는 논증을 '귀납법'이라고 한다.

베이컨은 연역법으로는 자연에 대한 새로운 지식을 얻어낼 수 없고, 단지 이미 알고 있는 지식과 일치되는 개별적 지식들을 확인할 수 있을 뿐이라는 것에 불만을 품었다. 앞의 예에서 A의 결론인 '말은 심장을 갖고 있다.'라는 지식은 '모든 포유 동물은 심장을 갖고 있다.'라는 지식과 일치하는 지식일 뿐, 결코 새로운 지식이 아닌 것이다. 하지만 귀납법은 개별적인 사실에서 새로운 지식을 이끌어 낸다. 베이컨에게 필요한 것은 새로운 지식이었기 때문에 그는 귀납법만이 자연에 대한 새로운 지식을 얻기 위한 완전한 논증 방법이라 여겼던 것이다.

* 지배(지탱할 支, 나눌 配): 다른 사람·집단·사물 등을 자기 의사대로 복종시켜 부림.
* 해석(풀 解, 가를 析): 사물을 자세하게 풀어서 이론적으로 연구함.
* 논증(말할 論, 증거 證): 몇 가지 전제를 바탕으로 논리적인 추론에 따라 한 명제가 참이라는 것을 증명하는 일.
* 개별적(낱 個, 나눌 別 과녁 的): 다른 것과 상관없이 따로따로인. 또는 그런 것.
* 전제(앞 前, 끌 提): 논리에서 추리를 할 때, 결론의 기초가 되는 판단.

주제 쓰기 •
_____
_____

1 다음은 윗글을 읽고 정리한 메모의 일부이다. ㉮와 ㉯에 들어갈 말로 적절한 것은?

> 연역법은 전제 속에 이미 결론이 포함되어 있어 다른 결론이 나올 수 없으므로 전제로부터 결론이 ＿＿＿㉮＿＿＿으로 이끌어져 나온다. 하지만 귀납법은 전제가 결론의 충분한 근거가 되지 못할 수도 있어 경우에 따라 다른 결론이 나올 수도 있으므로 전제로부터 결론이 ＿＿＿㉯＿＿＿으로 이끌어져 나온다.

	㉮	㉯
①	확률적	필연적
②	확률적	추상적*
③	필연적	확률적
④	필연적	추상적
⑤	추상적	구체적

* 추상적(뽑을 抽, 코끼리 象, 과녁 的): 낱낱의 사물에서 공통되는 속성을 뽑아내어 종합한 상태. 또는 그런 것.

2 윗글을 바탕으로 <보기>를 분석한 내용으로 적절하지 <u>않은</u> 것은?

> ┤ 보 기 ├
>
> (ㄱ) 개미는 다리가 여섯 개이다.
> (ㄴ) 꿀벌은 다리가 여섯 개이다.
> (ㄷ) 잠자리는 다리가 여섯 개이다.
> (ㄹ) 개미, 꿀벌, 잠자리는 모두 곤충이다.
> (ㅁ) 그러므로 모든 곤충은 다리가 여섯 개이다.

① (ㄱ), (ㄴ), (ㄷ)은 모두 개별적 사실이다.
② (ㄹ)은 (ㄱ), (ㄴ), (ㄷ)에서 이끌어 낸 공통점에 해당한다.
③ (ㅁ)은 베이컨의 관점에서 새로운 지식이라고 할 수 있다.
④ 일반적인 사실에서 좀 더 개별적인 사실을 이끌어 냈다.
⑤ 베이컨이 제시한 자연을 해석하는 새로운 논리학인 귀납법의 논증이다.

01 **상응** 서로 相 응할 應
서로 응하거나 어울림. 예 그는 자신의 지위와 상응하는 대우를 요구했다.

02 **환원** 돌아올 還 으뜸 元
본디의 상태로 다시 돌아감. 또는 그렇게 되게 함. 예 그 기업가는 자신의 전 재산을 사회에 환원했다.

03 **지양** 멈출 止 오를 揚
더 높은 단계로 오르기 위하여 어떤 것을 하지 않음. 예 우리는 상업주의를 지양합니다.
참고 지향(志向)하다 어떤 목표로 뜻이 쏠리어 향하다. 예 우리는 전쟁을 지양하고 평화를 지향합니다.

04 **장악** 손바닥 掌 쥘 握
손 안에 잡아 쥔다는 뜻으로, 무엇을 마음대로 할 수 있게 됨. 예 우리 팀이 지난 경기에서 상대방을 장악했다.

05 **부인** 아닐 否 인정할 認
어떤 내용이나 사실을 옳거나 그러하다고 인정하지 아니함. 예 피의자는 며칠 전에 한 말을 부인했다.

06 **회의적** 품을 懷 의심할 疑 과녁 的
어떤 일에 의심을 품는. 또는 그런 것. 예 많은 사람들이 그 행사의 성공에 대해 매우 회의적이다.

07 **반영** 되돌릴 反 비출 映
다른 것에 영향을 받아 어떤 현상이 나타남. 또는 어떤 현상을 나타냄. 예 유행어는 시대상을 반영한다.

08 **보편적** 널리 普 두루 遍 과녁 的
두루 널리 미치는. 또는 그런 것. 예 어머니의 사랑은 가장 보편적인 사랑이다.

09 **추론** 밀 推 논할 論
미루어 생각하여 논함. 예 확실한 증거가 없이 추론에 의해서만 결론을 내리는 것은 위험하다.

10 **고안** 생각할 考 책상 案
연구하여 새로운 안을 생각해 냄. 또는 그 안. 예 이번에 새로운 농법이 고안되었다.

11 **이탈** 떼놓을 離 벗을 脫
어떤 범위나 대열 따위에서 떨어져 나오거나 떨어져 나감. 예 그는 무리에서 이탈했다.

12 **유사** 무리 類 닮을 似
서로 비슷함. 예 그는 식성이 아버지와 유사하다.

13 **직면** 곧을 直 낯 面
어떠한 일이나 사물을 직접 당하거나 접함. 예 정부에서는 생태계 파괴에 직면하고 나서야 대책 마련에 골몰하고 있다.

14 **한정** 한계 限 정할 定
수량이나 범위 따위를 제한하여 정함. 또는 그 한계. 예 이곳에서 나는 자원은 석탄으로 한정된다.

15 **추정** 옳을 推 정할 定
미루어 생각하여 판정함. 예 경찰은 이번 화재의 원인을 전기 누전으로 추정하고 있다.

16 **편향** 치우칠 偏 향할 向
한쪽으로 치우침. 예 어느 한쪽으로만 편향된 태도는 갈등만을 일으킨다.

17 **참고** 관여할 參 생각할 考
살펴서 도움이 될 만한 재료로 삼음. 예 참고 문헌에서 원하는 정보를 찾았다.

18 **전제** 앞 前 제시할 提
「1」 어떠한 사물이나 현상을 이루기 위하여 먼저 내세우는 것. 예 그들은 결혼을 전제로 사귀고 있다.
「2」 (논리) 추리를 할 때, 결론의 기초가 되는 판단. 삼단 논법에서는 대전제, 소전제를 구별한다.

19 **논증** 말할 論 증거 證
몇 가지 전제를 바탕으로 논리적인 추론에 따라 한 명제가 참이라는 것을 증명하는 일. 예 구체적인 논증을 거치지 않은 주장은 삼가 주세요.

20 **개별적** 낱 個 나눌 別 과녁 的
다른 것과 상관없이 따로따로인. 또는 그런 것. 예 이 책은 개별적 연구를 종합 정리한 것이다.

[01~03] 다음의 뜻에 알맞은 단어를 서로 연결하시오.

01 서로 응하거나 어울림.　　　　　　　　　　　•　　　　　　　　• ⓐ 장악

02 본디의 상태로 다시 돌아감.　　　　　　　　•　　　　　　　　• ⓑ 상응

03 손 안에 잡아 쥔다는 뜻으로 무엇을 마음대로 할 수 있게 됨.　•　　• ⓒ 환원

[04~06] 다음 단어의 초성을 참고하여 제시된 뜻풀이에 맞는 단어를 쓰시오.

ㅈ ㅇ 하다	ㅂ ㅇ 하다	ㅈ ㅁ 하다
↓	↓	↓
더 높은 단계로 오르기 위하여 어떤 것을 하지 않음.	어떤 내용이나 사실을 옳거나 그러하다고 인정하지 않음.	어떠한 일이나 사물을 직접 당하거나 접함.
04 (　　　　)	05 (　　　　)	06 (　　　　)

[07~10] 다음 글자를 조합하여 〈보기〉의 뜻풀이에 해당하는 단어를 쓰시오.

> 개, 추, 전, 논, 별, 론, 증, 제, 적

07 미루어 생각하여 논함. →

08 어떠한 사물이나 현상을 이루기 위하여 먼저 내세우는 것. →

09 몇 가지 전제를 바탕으로 논리적인 추론에 따라 한 명제가 참이라는 것을 증명하는 일. →

10 다른 것과 상관없이 따로따로인. 또는 그런 것. →

[11~15] 〈보기〉에서 알맞은 단어를 골라 다음 문장의 (　　　) 안에 쓰시오.

> ├ 보 기 ┤
> 한정　　추정　　편향　　보편적　　참고

11 그는 숙제를 해결하기 위해 인터넷 자료를 (　　　　)했다.

12 네가 발표한 내용은 남성 중심의 (　　　　)된 시각이다.

13 선생님은 그 일을 영수가 저지른 것으로 (　　　　)했다.

14 이곳에서 나는 자원은 석탄으로 (　　　)된다.

15 어머니의 자식에 대한 사랑은 가장 (　　　　)인 사랑이다.

[16~20] 다음 단어와 그 의미가 올바르면 ○표, 틀리면 ×표를 하시오.

16 회의적: 어떤 일에 의심을 품는. 또는 그런 것. (　　　)

17 고안: 연구하여 새로운 안을 생각해 냄. 또는 그 안. (　　　)

18 이탈: 어떤 범위나 대열 따위에서 떨어져 나오거나 떨어져 나감. (　　　)

19 유사: 다른 것에 영향을 받아 어떤 현상이 나타남. 또는 어떤 현상을 나타냄. (　　　)

20 반영: 서로 비슷함. (　　　)

중심 화제나 핵심 내용 등에는 ◯, △, □, 밑줄 두과 같은 표시를 하면서 읽어보세요.

이 그림은 루트비히 비트겐슈타인의 ㉠'오리 – 토끼' 애매 그림이다. 사람들에게 이것을 보여 주고 무엇을 그린 것이냐고 물으면 오리라고도 하고 토끼라고도 할 것이다. 왼쪽 방향을 보고 있는 오리를 그린 것인지, 오른쪽 방향을 보고 있는 토끼를 그린 것인지, 그것을 결정짓는 것은 오로지 보는 사람의 관점*이라는 것을 알게 해 준다. 즉, 이 그림의 선 모양이 어떤 방향으로 향하고 있는지를 인지하고 그 형상*의 이미지를 결정짓는 것은 그림 자체가 아니라 보는 사람의 마음 안에 존재한다는 것이다. 관찰자의 관점이 어느 쪽에 놓이는가에 따라서 그림이 다르게 보이기 때문이다.

사람들은 대체로 주변에 있는 사물들이 객관적으로 존재한다고 믿고 그것들은 모두 확고한* 형상을 지니고 있다고 생각해 왔을 것이다. 그런데 이 '오리 – 토끼' 그림을 보면서 비로소 그게 아니라는 것, 그림보다는 그것을 바라보는 사람의 관점이 갖는 역할이 더 크다는 것을 깨닫고 놀랐을 것이다. 이렇게 대상을 바라보고 그것이 어떠한지 또 무엇인지 판단하는 힘은 내 눈이나 마음에 존재한다는 사실을 아는 순간, 그것만으로도 우리는 세상을 보는 눈이 확 달라졌을 것이다.

똑같은 그림이 보는 사람의 관점에 따라 오리가 되기도 하고 토끼가 되기도 한다. 오리의 주둥이와 토끼의 귀가 번갈아 교체되면서 마치 동영상처럼 좌우로 움직이는 것이다. 그런데 우리는 이 그림을 오리와 토끼로 동시에 인식할 수는 없다. 아무리 애를 써도 오리로 보일 때에는 토끼 모습이 사라지고, 토끼로 보일 때에는 오리가 지워진다. 우리가 이 그림을 바라볼 때는 언제나 둘 중 어느 하나만을 선택할 수밖에 없는 것이다.

이렇듯 관점이라는 것은 내 마음 안에 품고 있는 자유이면서도 때로는 그 때문에 어쩔 수 없이 한쪽만을 선택하게 되는 원인이 된다. 즉, 관점을 갖는다는 것은 선택한다는 것이고 선택한다는 것은 다른 한쪽을 배제*하지 않으면 안 된다는 것을 의미한다. 그래서 현실은 다양성을 지니는데도 우리는 늘 그 일면만을 볼 수밖에 없음을 이 '오리 – 토끼' 그림이 깨닫게 해 주는지도 모른다.

* 관점(볼 觀, 점 點): 사물을 관찰할 때, 그 사람이 보는 입장이나 생각하는 각도
* 형상(모양 形, 형상 狀): 사물의 생긴 모양이나 상태.
* 확고하다(굳을 確, 굳을 固): 태도나 여건 따위가 확실하고 굳다.
* 배제(밀칠 排, 덜 除): 받아들이지 아니하고 물리쳐 제외함.

주제 쓰기 •

_____

_____

1 윗글에 대한 읽기 전략으로 적절하지 <u>않은</u> 것은?

① '오리 – 토끼' 그림을 본 경험이 있는지를 머릿속에 떠올려 보았다.

② 제목을 통해 '오리 – 토끼' 그림에 대한 설명하는 글임을 예측해 보았다.

③ 반복적으로 나오는 단어인 '관점'이 핵심어임을 파악하고 이에 주목해 보았다.

④ '관점에 따라 대상은 다르게 인식될 수 있다.'라는 글쓴이의 중심 생각을 파악해 보았다.

⑤ 글의 내용을 '오리 – 토끼 그림을 감상하는 다양한 관점과 예술적 가치'라고 요약해 보았다.

2 윗글을 바탕으로 ㉠과 <보기>의 ㉡을 비교한 내용으로 적절하지 <u>않은</u> 것은?

─┤ 보 기 ├─

㉡이것은 덴마크의 심리학자 에드가 루빈(EdgarRubin)의 그림으로, 한순간 술잔으로 보였다가 다음 순간에는 두 사람이 얼굴을 맞대고 있는 것처럼 보인다. 하지만 두 가지가 동시에 보이지는 않는다. 즉, 술잔이 전경*이 되면 얼굴은 배경이 되고, 얼굴이 전경이 되면 술잔이 배경이 된다.

＊전경(앞 前, 볕 景): 「1」 보는 사람의 앞에 있는 경치. 「2」 그림이나 사진 등에서 사람이나 물건 앞에 있는 경치.

① ㉡은 ㉠과 같이 하나의 그림에 두 대상을 담고 있군.

② ㉡은 ㉠과 같이 두 대상을 동시에 인식할 수 있겠군.

③ ㉡은 ㉠과 같이 대상이 무엇인지는 보는 사람의 마음에 따라 결정되겠군.

④ ㉠과 ㉡은 모두 현실은 다양하지만 대상의 단면만을 볼 수밖에 없음을 깨닫게 하는군.

⑤ ㉡은 ㉠과 같이 관찰자의 관점이 어느 쪽에 놓이는가에 따라 대상이 다르게 보이겠군.

독해의 기초 Tip

■ **읽기의 과정에서 수행할 수 있는 전략**
① 읽기 전 활동
  • 글의 소제목, 글에 포함된 그림 · 도표, 글쓴이 등을 살펴보며 글의 내용을 예측한다.
  • 글과 관련된 자신의 지식이나 경험 등 배경지식을 활성화한다.
② 읽기 중 활동
  • 읽기 전에 예측한 내용이 글 속에 있는지 확인한다.
  • 핵심어와 핵심 문장에 집중하여 글의 중심 생각을 명료화한다.
  • 문장 및 문단의 연결 관계를 고려하여 글의 구조를 파악한다.
  • 글 속에 제시된 정보와 배경지식을 활용하여 생략된 내용을 추론한다.
③ 읽기 후 활동
  • 읽는 중에 수용한 정보를 요약한다.
  • 글 전체의 구조를 그림 등으로 나타내 본다.
  • 자신의 읽기 목적에 따른 성취도를 평가한다.
  • 자신만의 새로운 생각을 전개해 보거나 비슷한 유형의 글을 추가로 읽어 보기 등 읽기의 결과를 적용한다.

주심 화제나 핵심 내용 등에는 ○, △, □, 밑줄 등과 같은 표시를 하면서 읽어보세요.

　행랑채*가 퇴락*하여 지탱*할 수 없게끔 된 것이 세 칸이었다. 나는 마지못하여 이를 모두 수리하였다. 그런데 그중의 두 칸은 앞서 장마에 비가 샌 지가 오래 되었으나, 나는 그것을 알면서도 이럴까 저럴까 망설이다가 손을 대지 못했던 것이고, 나머지 한 칸은 비를 한 번 맞고 샜던 것이라 서둘러 기와를 갈았던 것이다. 이번에 수리하려고 본즉 비가 샌 지 오래된 것은 그 서까래*, 추녀*, 기둥, 들보*가 모두 썩어서 못쓰게 되었던 까닭으로 수리비가 엄청나게 들었고, 한 번밖에 비를 맞지 않았던 한 칸의 재목*들은 완전하여 다시 쓸 수 있었던 까닭으로 그 비용이 많지 않았다.

　나는 이에 느낀 것이 있었다. 사람의 몸에 있어서도 마찬가지라는 사실을. 잘못을 알고서도 바로 고치지 않으면 곧 그 자신이 나쁘게 되는 것이 마치 나무가 썩어서 못 쓰게 되는 것과 같으며, 잘못을 알고 고치기를 꺼리지 않으면 해(害)를 받지 않고 다시 착한 사람이 될 수 있으니, 저 집의 재목처럼 말끔하게 다시 쓸 수 있는 것이다.

　뿐만 아니라 나라의 정치도 이와 같다. 백성을 좀먹는 무리들을 내버려두었다가는 백성들이 도탄*에 빠지고 나라가 위태롭게 된다. 그런 연후에 급히 바로잡으려 하면 이미 썩어버린 재목처럼 때는 늦은 것이다. 어찌 삼가지 않겠는가.

● 행랑채: 행랑으로 된 집채. 문간채.
● 서까래: 마룻대에서 도리 또는 보에 걸쳐 지른 나무.
● 추녀: 네모지고 끝이 번쩍 들린, 처마의 네 귀에 있는 큰 서까래. 또는 그 부분의 처마.
● 들보: 칸과 칸 사이의 두 기둥을 건너질러서 도리와는 'ㄱ' 자, 마룻대와는 '十' 자 모양을 이루는 나무.

＊퇴락(무너질 頹, 떨어질 落): 무너지고 떨어짐.
＊지탱(지탱할 支, 버틸 撐): 오래 버티거나 배겨 냄.
＊재목(재목 材, 나무 木): 건축·기구 제작의 재료가 되는 나무.
＊도탄(진흙 塗, 숯 炭): 몹시 곤궁하거나 고통스러운 지경.

주제 쓰기 •
＿＿＿＿＿＿＿＿＿＿
＿＿＿＿＿＿＿＿＿＿

1 윗글의 전개 방법으로 가장 적절한 것은?

① 대화 형식을 빌려 글을 전개하고 있다.

② 글을 쓴 동기와 목적을 분명히 드러내고 있다.

③ 옛 성현*의 말을 인용하여 이야기를 전개하고 있다.

④ 체험을 제시한 후 그로부터 유추한 의미를 제시하고 있다.

⑤ 기존의 통념*을 깨뜨리는 방식을 통해 말하고자 하는 바를 드러내고 있다.

＊성현(성인 聖, 어질 賢):
성인(사리에 통달하고
덕과 지혜가 뛰어나 우
러러 받들어지고 만인
의 스승이 될 만한 사
람)과 현인(어질고 총명
하여 성인의 다음 가는
사람).

＊통념(통할 通, 생각 念):
일반 사회에 널리 통하
는 개념.

Ⅰ
·
인
문

2 윗글을 읽은 독자가 <보기>의 A에게 보일 수 있는 반응으로 적절하지 <u>않은</u> 것은?

┤ 보 기 ├

　A는 컴퓨터로 국어 과제를 하는데 컴퓨터가 간혹 멈추는 문제가 발생했다. 그러나 A
는 '나중에 고치면 되겠지.'라는 생각으로 즉각적인 대처 없이 과제를 계속했다. 다음
날 과제를 마무리하려고 컴퓨터를 켰지만 컴퓨터가 아예 작동하지 않았고, 결국 처음부
터 다시 과제를 하게 되었다.

① A가 과제를 하기 전에 윗글을 읽었다면 컴퓨터가 멈추었을 당시 문제를 해결하려
고 했겠군.

② A와 윗글의 글쓴이에게 주는 교훈으로 '감탄고토(甘呑苦吐)'라는 고사성어가 적절
하겠군.

③ A와 윗글의 글쓴이의 행동 모두 '호미로 막을 것을 가래로 막는다.'라는 속담의 상
황과 유사하겠군.

④ 컴퓨터에 문제가 발생했을 때 바로 조치를 취했다면 A는 처음부터 과제를 다시 하
지 않을 수 있었겠군.

⑤ A가 컴퓨터에 생긴 문제에 즉각적인 대처를 하지 않은 것은 윗글의 글쓴이가 행랑
채 수리를 미룬 행위와 유사하겠군.

독해의 기초 Tip

■ 유추
　유추란, '유비 추리(類比推理)'의 줄임말로 간접 추리의 하나이다. 두 개의 특수한 대상에서 어떤 징표
가 일치하고 있기 때문에 다른 징표도 일치하고 있음을 추정하는 것으로, 'A는 a, b, c이다. B도 a, b, c
이며 d이기도 하다. 그러므로 A는 d이다.'와 같은 형식이다. 주로 어렵고 낯선 내용을 전달하기 위해
쉽고 낯익은 대상을 끌어와 빗대어 표현한다.

주심 화제나 핵심 내용 등에는 ○, △, □ 밑줄 등과 같은 표시를 하면서 읽어보세요.

가 우리 민족은 예로부터 풀의 꽃이나 잎을 관상*의 대상으로 삼았을 뿐만 아니라 생활 재료로도 광범위*하게 활용하며 살아왔다. 한마디로 우리 문화를 '풀 문화'라고 부를 수 있을 정도로, 풀은 우리 민족의 생활과 매우 밀접하게* 관련되어 있다.

나 우리 민족이 생활 재료로 활용한 풀의 종류는 매우 다양하다. 식품이나 약재는 물론 주거, 의복 그리고 집에서 쓰는 온갖 도구, 농사에 필요한 각종 도구의 재료로 사용된 풀의 종류만도 수백 종에 이를 것으로 추측된다. 산간에 사는 사람들은 산에서 나는 거의 모든 풀을 생활 재료로 활용했고, 갯가에 사는 사람들이나 평야에 사는 사람들 역시 주변에 자생*하는 풀들을 채집하여 생활 재료로 이용하며 살았다.

다 초가집의 지붕 재료로 논이 많은 평야에서는 볏짚을 주로 사용하였고, 산간에서는 갈대, 산죽, 삼대 따위를 사용하였으며, 제주도에서는 대부분 띠를 사용하였다. 그뿐만 아니라 풀은 방 안의 깔개를 만드는 데도 없어서는 안 되는 중요한 재료였다. 가난한 사람들은 볏짚을 깔고 살기도 했지만 대부분은 갈대로 엮은 삿자리, 띠로 엮은 띠자리 등을 바닥에 깔고 살았다.

라 의복은 대체로 목화와 삼, 모시, 칡 등의 풀을 원료로 하였다. 아주 오래 전부터 우리 민족은 삼이나 모시를 재배하여 실을 만들고 천을 짜서 옷을 해 입었으며, 산에 가면 지천으로 뻗어 있는 칡을 이용하여 갈포라고 하는 기막히게 아름다운 옷감을 짜기도 하였다.

마 또 풀을 이용하여 생활에 필요한 용기나 농기구를 만들었다. 논농사를 많이 짓는 고장에서는 흔히 볏짚으로 만들었지만, 그렇지 않은 고장에서는 산에 나는 싸리, 칡, 갈대, 띠 등이나 갯가에서 자라는 부들 등으로 삼태기, 맷방석, 바구니, 채독 따위를 엮었다.

바 풀 놀이라는 것도 있었다. 어린아이들이 모여 정해진 시간 안에 누가 더 많은 종류의 풀을 뜯어 오는가를 겨루는 시합으로, 이것은 농촌에서 살아가는 데 필요한 자연 학습이었다. 이 놀이를 통해 아이들은 자연스럽게 식물과 친숙해질 수 있었고, 식물의 이름을 배울 수 있었으며 아울러 먹을 수 있는 풀과 약이 되는 풀을 구분할 수도 있었다.

사 이처럼 우리 민족은 예로부터 다양한 풀 문화를 가지고 있었다. 이러한 풀 문화는 하루아침에 이루어진 것이 아니라, 오랜 세월 조상들이 생활에 풀을 활용하면서 얻은 지혜의 산물이다. 우리 민족이 유난히 의식주, 생활용품, 농사 도구, 놀이 등에 풀을 많이 활용한 것은 자연 속에서 자연과 더불어 살아가려는 자연주의적 생활 철학에 그 근원*이 있다고 보아야 할 것이다.

* 관상(볼 觀, 상줄 賞): 취미에 맞는 동식물 따위를 보면서 즐김.
* 광범위(넓을 廣, 법 範, 둘레 圍): 범위가 넓음. 또는 넓은 범위.
* 밀접하다(빽빽할 密, 사귈 接--): 아주 가깝게 맞닿아 있다.
* 자생(스스로 自, 날 生): (식물이) 저절로 나서 자람.
* 근원(뿌리 根, 근원 源): 사물이 생겨나는 본바탕.

주제 쓰기

_____

_____

1 <보기>는 윗글을 도식화하여 나타낸 것이다. 적절하지 <u>않은</u> 것은?

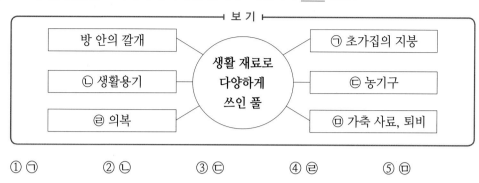

① ㉠　　　② ㉡　　　③ ㉢　　　④ ㉣　　　⑤ ㉤

2 윗글에서 <보기>의 내용을 첨가할 수 있는 부분으로 가장 적절한 것은?

┤ 보 기 ├

　풀을 가지고 하는 놀이에는 각시놀이, 피리 불기 등이 있었다. 각시놀이는 어린 여자 아이들의 놀이였다. 요즘의 소꿉놀이와 같은 것인데, 무릇˙과 같은 가늘고 긴 풀로 각 시를 만들어 헝겊으로 옷을 해 입혔고, 풀을 이용하여 병풀이며 이불까지 만들어 신방 모양으로 꾸며 놓고 각시놀이를 했다.

● 무릇: 백합과의 여러해살이풀.

① (나)의 뒤　　　② (다)의 뒤　　　③ (라)의 뒤
④ (마)의 뒤　　　⑤ (바)의 뒤

3 윗글을 읽고 대답할 수 있는 질문으로 적절하지 <u>않은</u> 것은?

① 갯가에서 자라는 풀에는 어떤 것이 있을까?
② 갈포라는 옷감은 어떤 식물을 이용하여 만든 것인가?
③ 우리 민족의 생활 속에 풀이 많이 활용된 이유는 무엇일까?
④ 오늘날에 풀 문화라고 부를 수 있는 것에는 어떤 것이 있을까?
⑤ 평야에 사는 사람들은 초가집의 지붕 재료로 주로 무엇을 사용했나?

인문 09 포장 문화의 원형, 달걀 꾸러미 _ 이어령

주심 화제나 핵심 내용 등에는
○, △, □, 밑줄 등과 같은
표시를 하면서 읽어보세요.

달걀은 깨지기 쉽다. 그 껍질은 작은 병아리 소리에도 무너지는 가장 민감한 생명의 벽이다. 또 달걀은 구르기 쉽다. 둥근 모양을 하고 있어서 어떤 수를 써도 세울 수가 없다. 달걀은 또 썩기 쉽다. 자칫 부패하여 먹을 수 없는 곤달걀*이 되고 만다. 이렇게 깨지기 쉽고, 구르기 쉽고, 썩기 쉬운 그 특성 때문에 달걀은 무엇으로 싸 두지 않으면 안 된다. 인류가 맨 처음 물건을 싸는 포장 문화에 눈뜨게 된 것도 어쩌면 달걀 때문이었을지도 모른다.

한국인은 짚으로 달걀 꾸러미를 만들었다. 충격과 습기를 막아주는 그 부드러운 재료 자체가 이미 새의 둥지와 같은 구실을 한다. 짚으로 만든 달걀 꾸러미는 가장 포근하고 안전한 달걀의 집, 제2의 둥지이다.

그러나 한국의 달걀 꾸러미가 보여 주는 놀라움은 그 재료의 응용에만 있는 것이 아니다. 그 점이라면 일본의 달걀 꾸러미도 마찬가지이다. 문제는 같은 짚을 사용하면서도 달걀을 다 싸 버린 일본 사람들과 달리 한국 사람들은 그것을 반만 싸고 반은 그대로 두어 밖으로 드러나게 했다는 데 있다.

왜 반만 쌌을까? 기능만을 생각한다면 일본 사람들처럼 다 싸는 것이 안전하지 않을까? 그러나 물리적인 기능만을 생각하여 그것을 짚으로 다 싸 버린다면 달걀의 형태와 구조는 완전히 가려져 그 의미를 상실*하게 될 것이다. 포장한 짚만 보이고 그 알맹이는 보이지 않게 될 것이므로 사람들은 그것이 얼마나 깨지기 쉬운 물건인지를 모르게 될 것이다. 즉, 달걀의 정보성은 사라지고 만다. 그렇게 되면 달걀 꾸러미의 기능이 달걀의 형태와 구조를 가리게 되어 물리적인 의미밖에 지닐 수 없게 된다. 그러고 보면 한국 사람들이 달걀을 반만 쌌다는 것은 기능만 생각한 것이 아니라 그 정보성을 중시했다는 증거이다. 달걀 꾸러미를 들고 다니는 사람들은 그것이 깨지기 쉬운 달걀임을 감각으로 느낄 수 있어 조심하게 될 것이다.

또한 달걀이 상품으로 전시되었을 때, 한국의 달걀 꾸러미는 그 신선도나 크기에 관한 정보를 소비자에게 알려줄 수도 있다. 물리적 정보만이 아니라 형태와 구조를 나타내 보임으로써 달걀 꾸러미는 디자인의 미학*을 완성한다. 내용물을 가리면서 동시에 드러내는 모순*, 거기에서 한국의 포장 문화는 자신의 존재 이유를 발휘*하는 것이다.

이처럼 한국의 달걀 꾸러미는 깨지지 않게 내용물을 보호하는 합리적인 기능성, 포장된 내용물을 남에게 보여 주는 정보성, 그리고 형태와 구조를 드러낸 아름다움의 세 가지 특성을 동시에 만족하는 ㉠포장 문화의 이상적인 모형이라고 할 수 있다.

* 곤달걀: 곯은 달걀.
* 상실(죽을 喪, 잃을 失):
  어떤 것이 아주 없어지
  거나 사라짐.
* 미학(아름다울 美, 배울
  學)(철학) 자연이나 인
  생 및 예술 따위에 담
  긴 미의 본질과 구조를
  해명하는 학문.
* 모순(창 矛, 방패 盾):
  어떤 사실의 앞뒤, 또는
  두 사실이 이치상 어긋
  나서 서로 맞지 않음을
  이르는 말.
* 발휘(쓸 發, 휘두를 揮):
  재능이나 능력 따위를
  떨쳐 나타냄.

주제 쓰기 •

_____

_____

정답 및 해설 18쪽

1 윗글의 글쓴이가 한국의 달걀 꾸러미를 ㉠과 같이 평가한 이유를 <보기>에서 골라 짝지은 것은?

┤ 보 기 ├

ㄱ. 짚으로 달걀 전체를 감싸서 충격과 습기를 막았기 때문이다.

ㄴ. 달걀의 신선도나 크기에 관한 정보를 소비자가 알 수 있게 해 주기 때문이다.

ㄷ. 달걀에 대한 물리적 정보뿐만 아니라 형태와 구조를 나타내 보이는 아름다움을 주기 때문이다.

ㄹ. 달걀의 유통 기한을 표시할 수 있는 환경을 제공해 주기 때문이다.

① ㄱ, ㄴ   ② ㄱ, ㄷ   ③ ㄱ, ㄹ   ④ ㄴ, ㄷ   ⑤ ㄴ, ㄹ

2 윗글을 읽은 독자가 글의 중심 내용과 관련된 심화 및 확장 학습을 하고자 할 때, 가장 적절한 것은?

① 달걀을 재료로 하여 만들어지는 다양한 요리에 대해 알아본다.

② 오늘날에는 달걀 꾸러미를 어떤 소재로 제작하는지 조사해 본다.

③ 일본의 달걀 꾸러미와 우리나라의 달걀 꾸러미의 차이점을 비교해 본다.

④ 포장 문화의 이상적인 모형을 보여 준 달걀 꾸러미와 비슷한 사례를 찾아본다.

⑤ 달걀 값이 비싸진 이유를 조사하고 앞으로 어떻게 대처할 것인지에 대해 토론해 본다.

독해의 기초 Tip

■ 내용의 심화 · 확장하기

① 내용의 심화 · 확장하기: 글의 내용을 보다 깊이 있게 탐구해 보거나 넓은 범위로 활용해 보는 활동을 말한다. 글에서 설명한 개념이나 원리에 대해 탐구해야 할 과제 또는 내용을 확산시킬 수 있는 질문을 생각해 보거나, 주어진 내용을 실생활에서 다른 대상에 적용해 보는 것 등이 이에 해당한다. 즉, 내용의 심화 · 확장은 주로 글에 제시되지 않은 내용을 탐구해 주어진 내용에 보다 심도 있게 접근해 보는 활동이라고 할 수 있다.

② 내용의 심화 · 확장 문제 해결: 주어진 글의 내용을 사실적으로 정확하게 이해하고, 이를 바탕으로 새로운 내용을 생성하거나 다른 방식으로 표현해 보는 것이 좋다. 즉 내용의 심화는 먼저 글의 중심 내용을 정확하게 이해하는 것이 전제되어야 한다.

영화 속에 나타난 우리 방언 _ 강범모

정답 및 해설 20쪽

주심 화제나 핵심 내용 등에는 ○, △, □, 밑줄 등과 같은 표시를 하면서 읽어보세요.

　영화 「황산벌」(2003)은 언어가 중요한 역할을 하는 흔치 않은 작품 중 하나이다. 그것은 이 영화가 서기 660년, 황산벌에서 백제의 계백 장군과 신라의 김유신 장군이 일전을 벌인 역사적 사건을 소재로 하면서, 백제인들이 호남 방언을 사용하고 신라인들이 영남 방언을 사용하는 것으로 연출하는 독특한 방법을 사용했기 때문이다. 영화에 나타난 재미있는 방언의 사용에 대하여 살펴보자.

　백제의 의자왕과 계백과 군사들이 사용하는 호남 방언에는 '잉(응), 했당께(했다니까), 야(예), 나가(내가), 니가(네가), 쪼께(조금)' 등의 표현이 있다. 김유신과 신라 군사들은 '문둥이(경상도 사람), 더버(더워), 억수로(매우), 몬하다(못하다)' 등의 영남 방언을 사용한다. 특히 의자왕과 계백이 사용하는 '거시기'는 방언적 차이뿐만 아니라 사용 맥락을 알아야 그것이 가리키는 뜻을 이해할 수 있는 특징을 가진 대명사이다. 백제인과 맥락을 공유하지 않는 김유신과 신라군은 '거시기'의 뜻을 처음에 이해할 수 없었고 나중에 그것을 파악한 이후에야 백제군에 승리할 수 있었다.

　이러한 표현상의 차이 이외에 영남 방언에는 표준어와 호남 방언에는 없는 성조●가 있다. 그리고 일부 영남 방언의 특징인 쌍시옷(ㅆ) 발음의 약화가 있다. 예를 들어, '쌀'을 '살'로 발음하고 '싸움'을 '사움'으로 발음하는 것이다. 영화에서 김유신이 군량미를 당군에게 보급*하는 신라군의 임무를 자조적*으로 일컫는 말의 발음은 '살 배달'이다. 반면에 계백은 '쌀 배달'이라고 쌍시옷을 분명하게 발음한다.

　영화 초반부에 백제 군사 두 명이 첩자로 신라군 속으로 들어가는 장면이 있다. 그들은 신분을 감추기 위하여 호남 방언을 숨기고 영남 방언을 사용하지만, 무의식 중에 '거시기, 했당께' 등 호남 방언을 사용함으로써 정체가 탄로*난다. 언어가 신분을 드러낸 셈이다.

● 성조: 음절 안에서의 소리 높이의 차이.

＊보급(기울 補, 넉넉할 給): 물품을 계속해서 대어 줌.
＊자조적(스스로 自, 비웃을 嘲, 과녁 的): 스스로를 비웃는. 또는 그런 것.
＊탄로(옷 터질 綻, 이슬 露): 비밀 따위를 드러냄.

주제 쓰기

_____

_____

1 윗글의 글쓰기 전략으로 가장 적절한 것은?

① 영화에 사용된 방언의 장단점을 비교하고 있다.
② 영화에 사용된 방언을 예를 들어 설명하고 있다.
③ 영화에 사용된 방언의 변천 과정을 설명하고 있다.
④ 영화에 사용된 방언과 오늘날의 방언을 대조하고 있다.
⑤ 영화에 방언이 사용된 효과를 열거하여 설명하고 있다.

2 <보기>는 영화 「황산벌」에 나오는 대사의 일부이다. 윗글을 바탕으로 <보기>를 이해한 내용으로 적절하지 <u>않은</u> 것은?

┤ 보 기 ├

"나가 황산벌에서 싸우기 전에 갑옷에 대해서 거시기한거 까먹지를 말고 병사들에게 잘 거시기 하라고 단단히들 일러!"

① <보기>를 말할 때에는 성조 없이 발음해야 할 것이다.
② <보기>의 '거시기'는 사용 맥락을 공유해야 이해할 수 있을 것이다.
③ 김유신과 신라 군사 등은 방언적 차이로 <보기>를 이해하기가 힘들 것이다.
④ <보기>에서 '싸우기'의 쌍시옷 발음을 '사우기'로 약하게 발음해야 할 것이다.
⑤ '나가, 거시기' 등이 사용된 것으로 보아 <보기>는 호남 방언임을 알 수 있다.

독해의 기초 Tip

■ **서술 방식**
주제를 효과적으로 드러내기 위해 다음과 같이 여러 가지 구조를 활용하여 글을 전개한다.
① 병렬: 화제의 다양한 측면이나 종류를 나열하는 구조
② 문제 제기와 해결: 문제 상황을 제시하고 이를 해결할 수 있는 구체적인 방법을 제시하는 구조
③ 통시, 공시: 통시는 시간의 흐름에 따른 대상의 변화를, 공시는 같은 시대에 하나의 대상에 대한 여러 관점을 제시하는 구조
④ 관점, 견해의 절충 및 해결: 대립되는 관점이나 견해를 제시한 뒤, 이를 절충하여 해결 방안을 제시하는 구조
⑤ 문답: 중심 화제에 대해 질문을 던지고 그것에 대해 답하는 구조

01 **관점** 볼 觀 점 點
사물이나 현상을 관찰할 때, 그 사람이 보고 생각하는
태도나 방향 또는 처지. 예 작가는 그 대상을 어떤 관점으
로 보았는가?

02 **확고하다** 굳을 確 굳을 固--
태도나 상황 따위가 튼튼하고 굳다. 예 그는 신념이 확고
한 사람이다.

03 **형상** 모양 形 모양 象
사물의 생긴 모양이나 상태. 예 알의 형상은 생명과 우주
를 표상한다고 한다.

04 **배제** 밀칠 排 덜 除
받아들이지 아니하고 물리쳐 제외함. 예 이 사회에서 뇌
물을 배제하는 사회 운동을 펼쳐야 한다.

05 **지탱** 지탱할 支 버틸 撑
오래 버티거나 배겨 냄. 예 버팀목이 무너져 가는 담을 지
탱하고 있다.

06 **재목** 재목 材 나무 木
「1」 목조의 건축물·기구 따위를 만드는 데 쓰는 나무.
예 집 지을 재목을 마련하다
「2」 어떤 일을 할 수 있는 능력을 가졌거나 어떤 직위
에 합당한 인물. 예 이 아이들이 장차 이 나라의 훌륭한 재
목이 될 것입니다.

07 **도탄** 진흙 塗 숯 炭
진흙탕에 빠지고 숯불에 탄다는 뜻으로, 몹시 곤궁하
여 고통스러운 지경을 이르는 말. 예 가혹한 세금 수탈로
백성들이 도탄에 빠졌다.

08 **전개** 펼 展 열 開
내용을 진전시켜 펴 나감. 예 그 이야기는 내용 전개가 너
무 산만하다.

09 **밀접하다** 빽빽할 密 사귈 接--
아주 가깝게 맞닿아 있다. 또는 그런 관계에 있다. 예 국
제 정세는 국가 간의 밀접한 유대와 협력을 필요로 한다.

10 **도식화** 그림 圖 법 式 될 化
사물의 구조, 관계, 변화 상태 따위를 그림이나 양식으
로 만듦. 예 복잡해 보이는 내용도 도식화를 하면 이해하기
가 쉽다.

11 **상실** 죽을 喪 잃을 失
어떤 것이 아주 없어지거나 사라짐. 예 그는 모든 의욕을
상실했다.

12 **모순** 창 矛 방패 盾
어떤 사실의 앞뒤, 또는 두 사실이 이치상 어긋나서 서
로 맞지 않음을 이르는 말. 예 네 이야기는 모순이 있어
잘 이해할 수가 없다.

13 **평가** 평할 評 값 價
사물의 가치나 수준 따위를 평함. 또는 그 가치나 수준.
예 그의 기록은 세계 기록과 맞먹는 좋은 기록으로 평가되었다.

14 **심화** 깊을 深 될 化
정도나 경지가 점점 깊어짐. 또는 깊어지게 함. 예 지식
을 심화하기 위하여 대학원에 진학했다.

15 **확장** 넓힐 擴 베풀 張
범위, 규모, 세력 따위를 늘려서 넓힘. 예 그 회사는 사
업 규모를 확장하기 위해 해외 시장 개척을 진행 중이다.

16 **발휘** 쏠 發 휘두를 揮
재능, 능력 따위를 떨치어 나타냄. 예 각자의 능력을 최
대한 발휘할 수 있는 교육 여건이 조성되어야 한다.

17 **보급** 도울 補 보낼 給
물자나 자금 따위를 계속해서 대어 줌. 예 수해 지구에
생활필수품을 보급하였다.
[참고] 보급 널리 普 미칠 及   널리 펴서 많은 사람들에게 골고루
미치게 하여 누리게 하다. 예 정부는 농기구를 농가에 외상으로
보급하고 제품값은 몇 년에 걸쳐 농산물로 받기로 결정했다.

18 **자조적** 스스로 自 비웃을 嘲 과녁 的
자기를 비웃는 듯한. 또는 그런 것. 예 사나이는 자조적
으로 한마디 내뱉었다.

19 **탄로** 터질 綻 이슬 露
숨긴 일을 드러냄. 예 범인들은 범행이 탄로 나자 도주해
버렸다.

20 **관상** 볼 觀 상줄 賞
취미에 맞는 동식물 따위를 보면서 즐김. 예 고향의 아
름다운 경치를 관상하고 나서 그 흥취를 글로 옮겼다.

I · 인문

[01~05] 다음 글자를 조합하여 〈보기〉의 뜻풀이에 해당하는 단어를 쓰시오.

> 자, 식, 적, 확, 화, 장, 도, 조, 화, 심, 순, 모

01 어떤 사실의 앞뒤, 또는 두 사실이 이치상 어긋나서 서로 맞지 않음을 이르는 말. →

02 정도나 경지가 점점 깊어짐. 또는 깊어지게 함. →

03 범위, 규모, 세력 따위를 늘려서 넓힘. →

04 사물의 구조, 관계, 변화 상태 따위를 그림이나 양식으로 만듦. →

05 자기를 비웃는 듯한. 또는 그런 것. →

[06~10] 〈보기〉에서 알맞은 단어를 골라 다음 문장의 (   ) 안에 쓰시오.

> ┤ 보 기 ├
>
> 상실   평가   지탱   전개   보급

06 철수는 교통사고로 기억을 (   )했다.

07 그 이야기는 내용 (   )이/가 너무 산만하다.

08 재해 대책 본부는 수해 지구에 생활필수품을 (   )하였다.

09 우리는 그의 통치 능력을 높이 (   )한다.

10 버팀목이 무너져 가는 담을 (   )하고 있다.

[11~14] 다음 단어의 초성을 참고하여 제시된 뜻풀이에 알맞은 단어를 쓰시오.

11 숨긴 일을 드러냄. (ㅌ ㄹ) →

12 진흙탕에 빠지고 숯불에 탄다는 뜻으로, 몹시 곤궁하여 고통스러운 지경을 이르는 말. (ㄷ ㅌ) →

13 사물이나 현상을 관찰할 때, 그 사람이 보고 생각하는 태도나 방향 또는 처지. (ㄱ ㅈ) →

14 취미에 맞는 동식물 따위를 보면서 즐김. (ㄱ ㅅ) →

[15~16] 다음 문장의 (   ) 안에 공통으로 들어갈 단어를 쓰시오.

15 이 학생은 장차 국학계를 이끌어 갈 (   )이/가 될 것이다.

이 나무는 단단하면서도 가벼워 불상을 깎는 (   )(으)로 선호되었다.

16 나는 꿈에서 물고기 (   )을/를 한 조각들을 보았다.

이 바위는 오랜 세월 파력에 의해 깎여서 신기한 (   )을/를 하고 있다.

[17~20] 다음 단어와 그 의미가 올바르면 ○표, 틀리면 ×표를 하시오.

17 밀접하다: 아주 가깝게 맞닿아 있다. 또는 그런 관계에 있다. (   )

18 확고하다: 태도나 상황 따위가 튼튼하고 굳다. (   )

19 배제하다: 재능, 능력 따위를 떨치어 나타내다. (   )

20 발휘하다: 받아들이지 아니하고 물리쳐 제외하다. (   )

중학 국어 비문학 독해 연습 ②

사회 제재의 글은 정치, 경제, 사회 제도, 법률, 언론, 문화 등 우리 사회와 밀접하게 관련된 다양한 분야를 포괄한다. 특히, 경제에 관한 글은 숫자나 그래프, 표 등과 함께 출제되어 어렵게 느껴지기도 한다. 이런 문제에 익숙해지려면 무엇보다 그래프 및 표 읽는 방법을 익혀야 한다. 그런 다음 글의 내용을 그래프 또는 표에 메모하면서 읽으면, 글의 내용을 이해하는 데 큰 도움이 된다.

사회 II

01. [지리] 주소를 적는 새로운 방법
02. [사회] '알파걸'은 있는데 왜 '알파우먼'은 없지?
03. [문화] 문화재, 보존을 넘어 활용을
04. [경제] 환율과 시소게임
05. [법률] 안락사를 허용해도 될까?
    ▶ 독해력 쑥쑥, 어휘 테스트
06. [정치] 정치 참여의 다양한 방법
07. [법률] 미성년자도 계약을 할 수 있을까?
08. [미디어] 선거에서 언론의 태도
09. [광고] 유명인 모델의 광고 효과
10. [복지] 푸드뱅크와 푸드마켓
    ▶ 독해력 쑥쑥, 어휘 테스트

주소를 적는 새로운 방법 _ 이재웅

정답 및 해설 22쪽

주심 화제나 핵심 내용 등에는 ○, △, □, 밑줄 등과 같은 표시를 하면서 읽어보세요.

　우리가 기존에 쓰던 주소는 '지번 주소'이다. 이는 '서울특별시 중구 소망동 146번지'와 같이 행정 구역과 번지를 통해 건물의 위치를 나타낸 것이다. 지번 주소는 1910년대에 세금을 걷기 위해 토지를 나누면서 번호를 붙인 '번지수'를 사용한 것이다. 처음에는 하나의 토지 위에 건물이 하나씩 있었기 때문에 지번 주소에 불편함이 없었다. 하지만 건물이 점점 많이 들어서면서 번지수를 계속 추가해야 했고, 그 결과 번지수의 순서가 복잡해졌다. 결국 사람들은 번지수만 보고는 처음 가는 건물의 위치를 찾기가 어려워졌다.

　지번 주소가 지니고 있는 ㉠이러한 문제점을 고치기 위해 새로운 주소 체계를 도입했는데, 바로 '도로명 주소'이다. 도로명 주소는 도로에는 이름을 붙이고 건물에는 도로를 따라 순서대로 번호를 붙여, 도로명과 건물 번호로 표기하는 주소를 뜻한다. 기존의 지번 주소와 앞부분은 동일하지만 동과 번지 대신에 도로명과 건물 번호를 쓰기 때문에 뒷부분은 다르다. 예를 들어, 앞에서 언급한 지번 주소는 '서울특별시 중구 소망로 8'과 같이 표기하게 된다.

　도로명 주소에는 건물의 위치, 도로 시작 지점부터 건물까지의 거리 등과 같은 정보가 포함되어 있기 때문에 지도가 없어도 처음 찾아가는 건물의 위치를 빨리 찾을 수 있다. ㉡이러한 장점 덕분에 화재나 응급 환자 발생 등 긴급한 상황에서 신속하게 대응할 수 있고, 우편이나 택배 등의 배달 시간 및 운행*비용을 줄일 수 있다. 뿐만 아니라 도로명 주소는 영국, 중국 등 세계 여러 나라에서 오래 전부터 쓰던 주소 체계이기 때문에 외국인 관광객이 우리나라를 방문했을 때 길을 보다 쉽게 찾을 수 있다.

　도로명 주소는 2011년에 고시*된 이후 기존 지번 주소와 함께 사용되다가 2014년부터 본격적으로 사용되기 시작했다. 공공기관에서 전입 · 출생 · 혼인신고 등 각종 민원* 신청이나 서류를 제출할 때는 반드시 도로명 주소를 사용해야 한다. 주민등록증이나 운전 면허증을 새로 발급받거나 다시 발급 받을 때도 도로명 주소로 표기해야 한다. 우편, 택배, 인터넷 쇼핑 등 일상생활에서는 도로명 주소를 사용하는 것이 의무는 아니지만 권장되고 있다. 도로명 주소를 모를 때는 행정안전부에서 운영하는 '새주소 안내 누리집' 또는 포털 사이트에 지번 주소를 입력하면 도로명 주소를 쉽게 확인할 수 있다.

* 운행(돌 運, 갈 行): 정하여진 길을 따라 차량 따위를 운전하여 다님.
* 고시(알릴 告, 보일 示): 글로 써서 게시하여 널리 알림. 주로 행정 기관에서 일반 국민들을 대상으로 어떤 내용을 알리는 경우를 이름.
* 민원(백성 民, 원할 願): 주민이 행정 기관에 대하여 원하는 바를 요구하는 일.

● 지번: 토지의 일정한 구획을 표시한 번호. 토지 번호.
● 행정 구역: 행정 기관의 권한이 미치는 범위의 일정한 구역. 특별시 · 광역시 · 도 · 시 · 군 · 읍 · 면 · 동 등이 있음.

주제 쓰기

_____

_____

1 윗글을 읽고 알 수 있는 내용으로 적절하지 <u>않은</u> 것은?

① '지번 주소'를 표기하는 방식

② '지번 주소'를 사용하기 시작한 때

③ '도로명 주소'에 포함되어 있는 정보

④ '도로명 주소'를 모를 때 확인하는 방법

⑤ '지번 주소'와 '도로명 주소'가 함께 사용된 이유

2 윗글로 미루어 알 수 있는 내용으로 적절하지 <u>않은</u> 것은?

① 지번 주소에서는 모든 도로에 이름을 붙일 필요가 없었다.

② 영국에서 온 여행객은 지번 주소보다 도로명 주소가 친숙할 것이다.

③ 우편물을 보낼 때 지번 주소를 적으면 받는 사람에게 전달되지 않는다.

④ 2015년에 결혼한 A씨는 혼인 신고를 할 때 도로명 주소를 사용해야 한다.

⑤ 1985년에 태어난 사람은 도로명 주소보다 지번 주소를 더 오래 사용했을 것이다.

3 ㉠과 ㉡이 가리키는 바로 가장 적절한 것은?

① ㉠: 하나의 토지 위에 건물이 하나씩 있다.

② ㉠: 세금을 걷으려고 만들어 낸 주소 체계이다.

③ ㉡: 공공기관에서의 사용이 의무화되었다.

④ ㉡: 택배 배달 시간과 운행 비용을 줄일 수 있다.

⑤ ㉡: 지도가 없어도 처음 찾아가는 건물의 위치를 빨리 찾을 수 있다.

독해의 기초 Tip

■ 미루어 알기

제시된 글로 미루어 알 수 있는 내용인지를 파악하는 문제는 글에서 근거를 찾아야 한다. 미루어 알기 문제는 내용 일치 문제와 기본적으로 같으나, 선택지 구성 방식에서 약간의 차이가 있다.

내용이 일치하는지 파악하는 문제	글을 통해 미루어 파악하는 문제
• 글에 제시된 문장을 선택지에 그대로 옮긴다. • 글에 제시된 단어를 살짝 바꿔서 선택지에 옮긴다.	• 글의 내용을 바탕으로 추론할 수 있는 내용을 선택지로 만들되, 글 곳곳에 퍼져 있는 정보들을 합쳐서 하나의 선택지로 만들기도 한다.

'알파걸'은 있는데 왜 '알파우먼'은 없지? _ 이해진

정답 및 해설 24쪽

주심 화제나 핵심 내용 들에는 ○, △, □, 밑줄 등과 같은 표시를 하면서 읽어보세요.

'알파걸'이란 그리스 알파벳의 첫 자모*인 '알파(α)'에서 유래한 것으로, 학업과 운동, 리더십 등 모든 분야에서 또래 남학생과 동등하거나 그 이상의 성과를 보이는 뛰어난 여학생을 가리킨다. 여학생들의 학업 성적이 우수하다는 이유를 들어 남학생들이 진학할 때 남녀 공학을 기피*하는 현상, 각종 국가고시에서 여성 합격자의 비율이 점점 증가하는 현상 등을 통해 우리나라에서도 알파걸이 점차 많아지고 있음을 확인할 수 있다.

이처럼 실력이 우수한 알파걸은 증가하고 있는데, 이들이 사회에 진출한 후에는 자신의 능력을 제대로 발휘하지 못하는 경우가 많다. 어떤 기업의 여성 관리자들을 대상으로 한 조사에 따르면, 조사 대상 여성 관리자가 소속된 팀이나 부서의 평균 인원은 16.4명이고, 그중 남성이 9.6명, 여성이 6.8명으로 남성의 비율이 약 17% 정도 더 많았다. 그런데 여성 관리자들의 직속* 상사 성별 비율은 남성이 무려 80.1%로, 상위 직급으로 올라갈수록 여성의 비율이 많이 줄어드는 것으로 나타났다. 그래서 "'알파걸'은 있는데 '알파 우먼'은 없다."라는 목소리가 등장했다.

위에서 언급한 조사 결과를 통해 우리 사회에서 여성이 승진이나 사회적인 성공에 어려움을 겪고 있음을 알 수 있는데, 이처럼 여성의 지위 상승이 어려운 현실을 가리켜 '유리 천장'이라고 한다. '유리 천장'이란 마치 투명한 유리처럼 없는 것 같이 우리 눈에 보이지는 않지만 현실적으로 존재하는 장벽이라는 뜻에서 붙여진 이름이다. '알파걸'이 '알파 우먼'이 되지 못하는 원인 중 하나가 바로 우리 사회 곳곳에 있는 이 유리 천장들이 여성의 성공을 가로막기 때문일 것이다.

[A] 유럽의 몇몇 나라에서는 이미 이 유리 천장을 없애기 위해 노력하고 있는데, 대표적인 사례가 '여성 임원 할당*제'이다. 이는 기업이나 공공기관의 임원 자리 중에서 일정 비율 이상을 여성에게 할당하는 제도인데, 이 비율을 충족하지 못했을 때에는 벌금을 부과하거나 정부 보조금 지원을 제한하게 된다. 2003년에 세계에서 가장 먼저 이 제도를 도입한 노르웨이는 기업의 고위직 임원 중 여성 비율을 40%까지 올리는 기록을 세웠으며, 스웨덴, 핀란드, 프랑스 등의 국가들도 40%의 할당제 장치를 설정해 여성 인력 활용을 극대화하고 있다.

유리 천장은 우리 사회 전반에 오랫동안 존재해 왔기 때문에 여성 개인의 노력과 능력만으로는 없애기가 쉽지 않다. 따라서 법과 제도를 통해 여성에 대한 차별을 없애려는 노력이 지속되어야 할 것이다.

* 자모(글자 字, 어미 母): 한 개의 음절을 자음과 모음으로 갈라서 적을 수 있는 낱낱의 글자.
* 기피(꺼릴 忌, 피할 避): 꺼리거나 싫어하여 피함.
* 직속(곧을 直, 엮을 屬): 직접적으로 속하여 있음. 또는 그런 소속.
* 할당(나눌 割, 당할 當): 몫을 갈라 나눔. 또는 그 몫.

주제 쓰기 •

_____

_____

1 다음 글쓰기 계획 중 윗글에 반영되지 <u>않은</u> 것은?

① 다른 나라의 사례를 제시하여 주장을 강조해야겠군.

② 개인적인 일화를 소개하여 독자의 공감을 유도해야겠군.

③ 구체적인 수치를 제시하여 글에 대한 신뢰성*을 높여야겠군.

④ 개념이 만들어진 유래를 설명하여 의미의 이해를 도와야겠군.

⑤ 개념과 관련된 주위 현상을 제시하여 독자의 흥미를 높여야겠군.

> * 신뢰성(믿을 信, 힘입을 賴, 성품 性): 굳게 믿고 의지할 수 있는 성질.

2 <보기>를 읽고 [A]를 비판할 때 제기할 수 있는 질문으로 가장 적절한 것은?

┤ 보 기 ├

　　○○회사는 10명 중 6명을 임원으로 승진시키려고 한다. 평가 기준에 따라 성적을 매겨 보니 1등과 3등은 여성, 2등과 4~6등은 남성이었다. 이 회사는 50%를 여성 임원으로 임명해야 하는 규정이 있었기 때문에, 6등인 남성 대신 7등이었던 여성을 승진 대상으로 결정하였다.

① 여성 임원 할당제를 시행한다고 해서 유리 천장이 사라질까?

② 여성 임원 할당제를 하면 남성에 대한 역차별*이 발생하지 않을까?

③ 벌금을 부과한다고 해서 여성 임원 할당제를 시행하는 기업이 늘어날까?

④ 임원 자리 중에서 여성에게 할당하는 비율을 더 늘려야 하는 것이 아닐까?

⑤ 유럽의 국가들은 우리나라와는 환경이 다르기 때문에 여성 임원 할당제가 가능한 것이 아닐까?

> * 역차별(거스를 逆, 다를 差, 나눌 別): 부당한 차별을 받는 쪽을 보호하기 위하여 마련한 제도나 장치가 너무 강하여 오히려 반대편이 차별을 받음.

독해의 기초 Tip

■ **글의 내용 비판**

글의 내용을 비판하는 문제는 막연히 어렵다고 생각한다. 하지만 이러한 문제는 과정이 조금 복잡할 뿐, 글의 내용을 정확하게 이해하면 어렵지 않게 풀 수 있다. A의 입장에서 B를 비판하는 문제를 풀 때는 다음과 같은 순서를 따르면 효과적이다.

① 기준점인 A의 중심 생각을 찾아 간단히 메모한다.

② B의 중심 생각을 찾아 간단히 메모한 뒤, A와 B의 차이점을 파악한다.

③ A의 입장에서 B를 비판해 본다.(선택지를 읽으면서 그 비판이 맞는지 생각하면 보다 쉽게 풀 수 있다.)

문화재, 보존을 넘어 활용을

정답 및 해설 26쪽

중심 화제나 핵심 내용 등에는 ○, △, □, 밑줄 등과 같은 표시를 하면서 읽어보세요.

가 최근 문화재 개방이 활발하게 추진되고 있다. 창덕궁, 창경궁의 전각* 내부가 관람과 휴식의 장소로 개방되고 종묘 망묘루가 자료관으로 개방된 데 이어, 경복궁 등 궁궐 네 곳의 전각 아홉 개를 회의장과 교육장으로 활용할 수 있도록 개방되었다. 경복궁, 경희궁 등 서울의 궁궐들은 조선 왕조가 문화적 역량*을 모아 세운 역사 유산으로, 서울 중심에 있어 접근성이 뛰어나지만 제대로 활용되지 못하고 있다. 문화재 당국은 궁궐을 원형대로 보존하는 데 치중하여 개방은 최소화하고 궁궐에서 행사를 개최하는 일을 금지했다. 관람객들은 궁궐에서 개방이 허용된 곳만을 부분적으로 둘러보는 것에 만족해야 했다.

나 우리의 궁궐과 달리 외국의 궁궐은 다양한 행사 장소로 활용되고 있다. 프랑스의 베르사유 궁전에서는 종종 협회나 기업이 주최하는 축하연, 음악회 등이 열린다. 오스트리아의 벨베데레 궁전은 유명한 화가들의 작품을 전시하는 미술관으로 활용되고 있어서 이를 찾는 관람객들의 발길이 끊이지 않는다. 이에 비해 우리는 궁궐 내 전각들에 대한 활용도가 낮아 우리 문화를 홍보할 수 있는 기회가 극히 제한되어 있다.

다 '출입 금지' 위주의 문화재 관리 정책이 갖는 문제는 ㉠여름 장마철 창덕궁에 곰팡이가 번식하는 사례에서도 찾아볼 수 있다. 우리의 전통 건축물은 목조* 건물이 대부분이다. 목조 건물을 구성하는 기둥, 대들보, 기와 등은 시간이 흐르면서 조금씩 낡게 되지만, 사람이 살면서 온돌에 불을 들이고 창을 열어 환기하는 등 온도와 습도를 유지해 주면 건물이 마르지 않고 숨을 쉬어 오래 보존할 수 있다. 따라서 우리의 전통 건축물을 효과적으로 보존하기 위해서는 개방을 최소화하는 것보다 문화재를 개방하고 활용하는 것이 좋다.

라 현재 추진되고 있는 각종 문화재의 개방 및 활용 방안이 성공적으로 이루어진다면 국민들에게 더 이상 '접근이 금지된 문화재'가 아니라 '살아 있는 문화재', '함께하는 문화재'라는 새로운 인식을 심어 주고, 국민들이 함께 문화재를 가꾸고 보존해 나가야 한다는 의식을 공유할 수 있게 될 것이다. 국민에게 문화재를 누릴 권리를 주고 문화재를 효과적으로 보존하기 위해 우리도 문화재를 적극 활용해야 한다.

* 전각(큰 집 殿, 문설주 閣): 임금이 거처하는 집.
* 역량(힘 力, 헤아릴 量): 어떤 일을 해낼 수 있는 힘.
* 목조(나무 木, 지을 造): 건물의 주요 뼈대를 나무로 짜 맞추는 구조.

주제 쓰기 •

_____

_____

1 윗글의 내용과 일치하지 <u>않는</u> 것은?

① 문화재 당국은 문화재를 원형*대로 보존하는 것에 중점을 두었다.
② 외국의 궁궐은 다양한 행사를 열어 문화를 누리는 장소로 이용되기도 한다.
③ 경복궁은 서울 중심에 있어서 접근성이 뛰어나지만 제대로 활용되지 못했다.
④ 최근에는 문화재 개방 정책에 따라 모든 문화재를 교육 장소로 사용할 수 있다.
⑤ 우리 전통 건축물의 대부분인 목조 건물은 시간이 흐르면서 조금씩 낡게 된다.

＊원형(근원 原, 모양 形): 본디의 꼴.

2 윗글을 참고할 때 ㉠의 이유로 가장 적절한 것은?

① 문화재를 관리하는 인력*이 부족했기 때문
② 관람객들에게 문화재 개방을 최소화했기 때문
③ 문화재를 복원*하는 데 시간이 오래 걸리기 때문
④ 우리 문화를 홍보할 수 있는 기회가 거의 없기 때문
⑤ 국민들이 문화재를 보존해야 한다는 의식이 없었기 때문

＊인력(사람 人, 힘 力): 사람의 노동력.
＊복원(회복할 復, 으뜸 元): 부서지거나 없어진 사물을 원래의 모습이나 상태로 되돌려 놓는 것.

3 <보기>를 읽고 글쓴이에게 제기할 수 있는 질문으로 가장 적절한 것은?

┤ 보 기 ├

경복궁이 야간 개방을 하면서 하룻밤 최고 4만 6000여 명의 인파가 몰렸다. 관람객 중 일부는 품계석(品階石)●을 딛고 올라서서 기념 사진을 찍기도 했고, 경회루 잔디밭에서 돗자리를 깔고 술판을 벌이기도 했다.

● 품계석(品階石): 조선 시대에, 품계를 새겨서 대궐 안의 정전(正殿) 앞뜰에 세운 돌.

① 문화재의 활용 방안을 구체적으로 제시해야 하지 않을까요?
② 문화재를 개방하면 문화재가 훼손될 가능성이 있지 않을까요?
③ 문화재 개방에 대한 국민들의 관심을 유도해야 하지 않을까요?
④ 문화재 관리 방식을 변경하려면 법적 절차를 거쳐야 하지 않을까요?
⑤ 문화재를 개방한다고 해서 국민들이 문화재를 충분히 누릴 수 있을까요?

중심 화제나 핵심 내용 들에는
○, △, □, 밑줄 등과 같은
표시를 하면서 읽어보세요.

이탈리아의 유명한 식당에서 피자와 스파게티를 먹고 나서 우리나라 돈을 낼 수는 없다. 한 나라의 돈은 해당 국가에서만 유통되기 때문이다. 그래서 해외여행을 가려면 은행에 가서 우리나라 돈을 여행을 가고자 하는 나라의 돈으로 교환해야 한다. 일본에 가려면 엔으로, 중국에 가려면 위안으로, 미국에 가려면 달러로 환전해야 한다. 이때, 우리나라 돈의 얼마를 외국 돈의 얼마로 교환할 것인지를 생각해야 하는데, 이 교환 비율을 '환율(換率)'이라고 한다.

세계 각국의 돈이 다양한 것처럼 환율도 가지가지이다. 그런데 미국의 달러가 언론에 가장 자주 등장하는 것은 달러가 국제적 화폐로 사용되고 있기 때문이다. 또한 미국이 세계 경제의 중심인 까닭에 우리의 관심이 가장 많이 집중되는 것도 미국 돈과의 환율이다.

환율을 표시하는 방법으로 크게 두 가지 정도를 생각해 볼 수 있다. 첫째는 우리나라 원화를 기준으로 환율을 표시하는 것이다. '1원=0.001달러' 또는 '0.001달러/1원'과 같이 1원은 몇 달러에 해당하는지를 표시하는 방법이다. 다른 하나는 '1달러=1,000원' 또는 '1,000원/1달러'와 같이 미국 돈 1달러를 기준으로 환율을 표시하는 것이다. 즉, 미국 돈 1달러를 얻기 위해서 우리 돈을 얼마나 지급해야 하는지를 나타내는 방법이다. 두 가지 방법 중 어떤 방법으로 표현하든 돈의 가치에는 변함이 없다. 기준으로 삼는 돈이 원화인지, 달러인지의 차이가 있을 뿐이다. 다만 미국 달러가 기축 통화* 중 하나이기 때문에 일반적으로 후자가 쓰인다.

[A]
한편, 환율과 원화*의 가치는 일종의 시소게임이다. 환율이 1달러에 1,000원에서 1,100원으로 올랐다고 가정해 보자. 지금까지는 미국의 돈 1달러를 사기 위해서 1,000원을 내면 되었지만, 이제는 1,100원을 지불해야 한다. 즉, 우리나라 돈의 대외* 가치가 하락한 것이다. 이와 같이 우리나라 돈의 가치가 하락하는 현상을 원화가 절하*되었다고 말한다. 그런데 여기에서 한 가지 재미있는 점을 발견할 수 있다. 환율이 올랐다는 것과 원화의 가치가 하락했다는 것이 같은 의미인데, 오르고 내리는 방향이 서로 반대라는 점이다. 시소 양 끝에는 '환율'과 '원화 가치'가 타고 있어서 환율이 오르면 원화 가치는 내리고, 원화 가치가 오르면 환율은 내리게 된다. 이러한 점에서 환율과 원화의 가치는 일종의 시소게임이라고 하는 것이다.

＊ 대외(대답할 對, 바깥 外): 외부 또는 외국에 대함.
＊ 절하(끊을 切, 아래 下): 물가나 화폐 가치의 수준을 낮춤.

● 기축 통화: 국제간의 결제나 금융 거래의 기본이 되는 화폐. 예전에는 영국의 파운드가 사용되었으나 현재는 미국의 달러와 일본의 엔 따위가 상용되고 있다.
● 원화: 한국의 화폐 단위인 '원'으로 표시된 화폐.

주제 쓰기 ●

1 윗글의 내용과 일치하지 <u>않는</u> 것은?

① 한 나라의 돈과 다른 나라 돈의 교환 비율을 '환율'이라고 한다.

② 다른 나라에 가서 돈을 쓰려면 해당 국가의 돈으로 바꾸어야 한다.

③ 달러는 국제적 화폐로 사용되고 있기 때문에 언론에 자주 등장한다.

④ '0.01위안/원'은 1원이 중국의 몇 위안*에 해당하는지를 표시하는 방법이다.

⑤ 달러는 기축 통화이므로 일반적으로 환율을 표시할 때 원화를 기준으로 한다.

＊위안[元]: 중국의 화폐
　단위.

Ⅱ
·
사
회

2 [A]를 읽고 <보기>에 대해 이해한 내용으로 적절하지 <u>않은</u> 것은?

┤ 보 기 ├

다음은 미국 돈 1달러를 기준으로 나타낸 환율을 그래프로 그린 것이다.

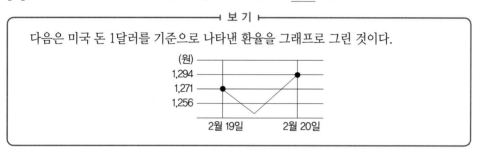

① 19일에는 원화의 가치가 상승하다가 하락했다.

② 19일과 비교했을 때 20일은 원화가 절하되었다.

③ 20일은 원화와 달러의 교환 비율이 하루 전보다 올랐다.

④ 20일은 전날에 비해 우리나라 돈의 대외 가치가 상승했다.

⑤ 달러를 사려면 19일보다 20일에 더 많은 금액을 지불해야 한다.

독해의 기초 Tip

■ 그래프 문제

그래프가 나오는 문제는 오답률이 높다. 어렵고 복잡할 것이라고 지레 겁을 먹기 때문일 것이다. 그래프가 나오면 일단 표의 제목과 가로축·세로축을 확인하도록 한다. 그런 후 그래프가 어떻게 변화되는지 살펴보고, 변화 내용을 메모한다. 이때 지문의 내용도 필요하면 함께 메모하는 것이 좋다. 이와 같은 점에 유의하여 그래프 문제를 대하면 의외로 쉽게 문제가 풀리기도 한다.

주심 화게나 핵심 내용 등에는 ○, △, □, 밑줄 등과 같은 표시를 하면서 읽어보세요.

'안락사'란 회복할 수 없는 질병으로 죽음에 가까워진 환자를 인공적인 방법으로 죽음에 이르게 하는 것을 의미한다. 죽음에 이르게 하는 방법에 따라 '적극적 안락사'와 '소극적 안락사'로 나눌 수 있다. '적극적 안락사'는 회복이 불가능한 환자의 수명을 단축하기 위해 인위적인 행동을 하는 것으로, 죽음에 이를 정도의 약물을 주사하는 경우가 이에 해당한다. 반면 '소극적 안락사'는 환자의 생명을 연장하기 위한 치료를 하지 않는 것으로, 환자에게서 인공 호흡기나 인공 심장 등을 제거하는 경우가 이에 해당한다.

우리나라는 안락사를 불법으로 규정하고 있는데, 소극적 의미의 안락사는 점차 허용하는 방향으로 변화되고 있다. 1997년에 어떤 환자에 대해 회복 가능성이 없다고 판단하고 치료를 중단한 의사에게 살인 방조죄*가 선고되었다. 이는 소극적 의미의 안락사도 허용되지 않았음을 보여준다. 그러나 2009년에는 회복 가능성이 없는 환자의 치료 장치를 제거해 달라는 환자 가족들의 소송에서 소극적 안락사를 인정하는 취지의 판결이 내려졌다. 이를 계기로 우리 사회에서는 안락사에 대한 열띤 찬반 논쟁이 시작되었다.

헌법 제10조에 '모든 국민은 인간으로서의 존엄*과 가치를 가지며, 행복을 추구할 권리를 가진다. 국가는 개인이 가지는 불가침*의 기본적 인권을 확인하고 이를 보장할 의무를 가진다.'라고 분명하게 드러나 있다. 안락사를 허용해서는 안 된다는 입장 에서는 인간의 생명은 침범해서는 안 되는 기본적 인권이며, 회복이 불가능한 환자도 기본적 인권을 지닌다고 본다. 그런데 안락사는 결과적으로 죽음에 이르게 하는 행위라는 점에서 인간 생명의 기본권에 위배되며, 따라서 엄격히 '살인'이라는 형사법에 해당한다고 주장한다.

한편, 안락사를 허용해야 한다는 입장에서도 앞서 언급한 헌법 제10조를 근거로 제시한다. 그들은 인간이 존엄과 가치를 가지며 행복을 추구할 권리가 있기 때문에 회복이 불가능한 환자도 자신의 생명에 대한 결정권을 가지고 있다고 본다. 따라서 환자 자신의 자유로운 의사에 따라 치료를 받을 권리도 있고 거부할 권리도 있으며, 극심한 고통에서 벗어날 권리가 있다고 주장한다. 이러한 측면에서 의사가 회복이 불가능한 환자에 대해 무조건 치료해야 하는 것은 아니며, 의사의 설명을 충분히 들은 후 환자가 치료를 거부하기로 결정했다면 치료를 계속 할 필요는 없다고 주장한다.

이처럼 우리나라에서는 안락사의 허용 문제를 두고 찬성 측과 반대 측의 논쟁이 오랜 기간 동안 이어져 오고 있다. 그러나 어떤 입장에 있든 간에 생명의 존엄성에 대한 인식을 바탕으로 안락사 문제에 신중하게 접근하려는 태도를 지녀야 할 것이다.

* 방조죄(도울 幇, 도울 助, 허물 罪): 남의 범죄 행위를 도움으로써 성립하는 범죄.
* 존엄(높을 尊, 엄할 嚴): 인물이나 지위 따위가 감히 범할 수 없을 정도로 높고 엄숙함.
* 불가침(아닐 不, 옳을 可, 침노할 侵): 침범해서는 안 됨.

주제 쓰기

_____

_____

1 윗글의 내용에 대한 이해로 적절하지 <u>않은</u> 것은?

① 환자의 치료 장치를 제거하는 것은 소극적 안락사이다.

② 우리나라에서 회복이 불가능한 환자에게 약물을 주사하는 것은 불법이다.

③ 우리나라는 안락사에 대해 반대하는 의견보다 찬성하는 의견이 훨씬 많다.

④ 회복 가능성이 있는 질병을 가진 환자라면 안락사의 고려 대상이 될 수 없다.

⑤ 적극적 안락사와 소극적 안락사를 나누는 기준은 죽음에 이르게 하는 방법이다.

2 <보기>에서 안락사를 허용해서는 안 된다는 입장 의 설득력을 높이기 위한 사례를 짝지은 것으로 가장 적절한 것은?

┤ 보 기 ├

ㄱ. 10년간 식물인간인 아들의 병원비를 내느라 신용 불량자*가 된 아버지의 사례

ㄴ. 치료를 계속해서 받고 싶지만 자신의 의사를 말할 수 없는 상황에 처한 환자의 사례

ㄷ. 회복이 불가능하다는 의사의 판단과 달리 식물인간 상태에서 다시 회복된 환자의 사례

ㄹ. 쓰러진 뒤 5년간 의식이 돌아오지 않는 어머니를 치료하다가 중증* 우울증에 걸린 딸의 사례

* 신용 불량자: (경제) 금융 회사 대출금이나 신용 카드 이용 대금 따위를 정해진 기간 내에 갚지 못해 각종 금융 거래 때 제재를 받게 된 사람.

* 중증(무거울 重, 증세 症): 매우 위중한 병의 증세.

① ㄱ, ㄴ   ② ㄱ, ㄷ   ③ ㄱ, ㄹ

④ ㄴ, ㄷ   ⑤ ㄷ, ㄹ

독해의 기초 Tip

■ **글의 내용 이해**

글의 내용을 제대로 이해했는지 묻는 문제는 100% 출제될 수밖에 없다. 글의 내용 이해는 독서를 할 때 가장 기본적이고 중요한 능력이기 때문이다. 그런데 문제를 표현하는 방식은 조금씩 다를 수 있다. 이 글에 제시된 1번, 2번 문제도 복잡하게 보이지만, 결국은 '이 글의 내용을 이해한 것으로 적절한 것은?'과 같이 내용을 제대로 이해했는지를 묻는 문제이다. 따라서 글의 내용을 묻는 문제는 조금 다르게 표현될 수 있을 뿐이라는 점을 염두에 두고 지문의 내용을 일목요연하게 정리하며 읽는 연습을 하면 도움이 될 것이다.

01 **운행** 돌 運 갈 行
정하여진 길을 따라 차량 따위를 운전하여 다님. 예 시내버스는 운행 간격을 늘릴 예정이다.

02 **고시** 알릴 告 보일 示
글로 써서 게시하여 널리 알림. 주로 행정 기관에서 일반 국민들을 대상으로 어떤 내용을 알리는 경우를 이름. 예 시험 일정이 3월 20일로 고시되었다.

03 **민원** 백성 民 원할 願
주민이 행정 기관에 대하여 원하는 바를 요구하는 일. 예 동사무소에서 민원을 해결하였다.

04 **지번** 땅 地 차례 番
토지의 일정한 구획을 표시한 번호. 토지 번호. 예 이곳은 토지가 여러 번 나누어지면서 지번이 복잡하게 되었다.

05 **진출** 나아갈 進 날 出
어떤 방면으로 활동 범위나 세력을 넓혀 나아감. 예 여성의 사회 진출이 점점 늘어나고 있다.

06 **기피** 꺼릴 忌 피할 避
꺼리거나 싫어하여 피함. 예 학생들은 책임을 기피하고 있었다.

07 **직속** 곧을 直 엮을 屬
직접적으로 속하여 있음. 또는 그런 소속. 예 그 분은 나의 직속 선배이다.

08 **할당** 나눌 割 당할 當
몫을 갈라 나눔. 또는 그 몫. 예 몇 가지 작업을 각 조별로 할당했다.

09 **일화** 편안할 逸 말씀 話
세상에 널리 알려지지 아니한 흥미 있는 이야기. 예 그는 숨은 일화를 공개했다.

10 **신뢰성** 믿을 信 힘입을 賴 성품 性
굳게 믿고 의지할 수 있는 성질. 예 시민 단체는 그 기업의 신뢰성에 문제를 제기했다.

11 **전각** 큰 집 殿 문설주 閣
임금이 거처하는 집. 예 전각에 화재가 발생하지 않도록 각별히 주의해야 한다.

12 **역량** 힘 力 헤아릴 量
어떤 일을 해낼 수 있는 힘. 예 새로운 지도자가 업무에서 역량을 발휘했다.

13 **목조** 나무 木 지을 造
건물의 주요 뼈대를 나무로 짜 맞추는 구조. 예 그 박물관은 목조 건물이다.

14 **인력** 사람 人 힘 力
사람의 노동력. 예 이 땅에서 인력이 미치지 않는 곳이 있을까?

15 **원형** 근원 原 모양 形
본디의 꼴. 예 이 물질은 원형을 유지하는 특별한 성질을 가지고 있다.

16 **대외** 대답할 對 바깥 外
외부 또는 외국에 대함. 예 그 가수는 최근 대외 활동을 많이 하고 있다.

17 **절하** 끊을 切 아래 下
물가나 화폐 가치의 수준을 낮춤. 예 원화가 1% 절하되면서 수입이 줄어들었다.

18 **방조죄** 도울 幇 도울 助 허물 罪
남의 범죄 행위를 도움으로써 성립하는 범죄. 예 방조죄란 남의 범죄 행위를 도움으로써 성립하는 범죄를 말한다.

19 **존엄** 높을 尊 엄할 嚴
인물이나 지위 따위가 감히 범할 수 없을 정도로 높고 엄숙함. 예 신하들은 존엄한 왕실의 권위를 지키기 위해 노력했다.

20 **불가침** 아닐 不 옳을 可 침노할 侵
침범해서는 안 됨. 예 우리나라는 미국과 불가침의 조약을 맺다.

[01~05] 다음 단어에 알맞은 뜻을 연결하시오.

01 대외 •   • ⓐ 침범해서는 안 됨.

02 방조죄 •   • ⓑ 외부 또는 외국에 대함.

03 불가침 •   • ⓒ 물가나 화폐 가치의 수준을 낮춤.

04 절하 •   • ⓓ 남의 범죄 행위를 도움으로써 성립하는 범죄.

05 존엄 •   • ⓔ 인물이나 지위 따위가 감히 범할 수 없을 정도로 높고 엄숙함.

[06~10] 제시된 초성과 뜻을 참고하여 (   ) 안에 들어갈 단어를 쓰시오.

06 ㄱ ㅍ: 꺼리거나 싫어하여 피함.

  예 그 가수는 병역을 (   )하였다.

07 ㅈ ㅂ: 토지의 일정한 구획을 표시한 번호.

  예 이곳은 토지가 여러 번 나누어지면서 (   )이/가 복잡하게 되었다.

08 ㅁ ㅇ: 주민이 행정 기관에 대하여 원하는 바를 요구하는 일.

  예 새로운 제도에 대한 (   )이/가 발생하다

09 ㅇ ㅎ: 정하여진 길을 따라 차량 따위를 운전하여 다님.

  예 너무 느린 속도로 승용차를 (   )하면 교통 진행에 방해가 된다.

10 ㅈ ㅊ: 어떤 방면으로 활동 범위나 세력을 넓혀 나아감.

  예 그 기업은 해외에 (   )했다.

[11~15] 다음 내용이 옳으면 ○표, 틀리면 ×표를 하시오.

11 임금이 거처하는 집을 '전각'이라 한다. (   )

12 어떤 일을 해낼 수 있는 힘을 '역량'이라 한다. (   )

13 건물의 주요 뼈대를 나무로 짜 맞추는 구조를 '석조'라 한다. (   )

14 사람의 노동력을 '사력'이라 한다. (   )

15 본디의 꼴을 '원형'이라 한다. (   )

[16~20] 〈보기〉에서 알맞은 단어를 골라 다음 문장의 (   ) 안에 쓰시오.

┌──────────────── 보 기 ────────────────┐
│   고시   일화   신뢰성   직속   할당   │
└──────────────────────────────────────┘

16 정부에서 (   )한 가격으로 사과를 판매하였다.

17 선생님은 김유신에 관한 (   ) 한 토막을 소개하셨다.

18 회사에서 각 대리점에 판매량을 (   )했다.

19 새로운 정부는 대통령 (   ) 일자리위원회를 만들었다.

20 수시로 방침을 바꿈에 따라 (   )이/가 실추되는 경우가 많다.

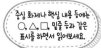
주심 화제나 핵심 내용 등에는 ○, △, □, 밑줄 등과 같은 표시를 하면서 읽어보세요.

오늘날 대부분의 국가는 국가의 의사 결정을 국민이 직접 하지 않고 대표자에게 맡기는 대의 민주주의를 선택하고 있다. 인구가 늘어나면서 온 국민이 한자리에 모이기 어려워졌고, 사회가 전문화됨에 따라 정책을 결정하는 과정에 전문적인 지식이 필요해졌기 때문이다. 그러나 대의 민주주의를 선택했다고 해서 국민이 정치 참여에 소홀해지면 정책 결정 과정에 국민의 의사를 정확히 반영하기 어려우며, 권력을 이용한 개인적 이익을 추구하는 등 불법적인 권력 행사가 나타날 수 있다. 따라서 국민들의 적극적인 정치 참여가 필요하다.

국민은 다양한 방법으로 정치에 참여할 수 있는데, 가장 대표적인 참여 방식은 선거권을 행사*하는 것이다. 국민은 선거를 통해 국가 기관을 구성하고, 주요 공약에 대한 견해를 밝히며, 정당이나 정부에 대한 지지 여부를 드러낼 수 있다. 다음으로, 정당을 통해 정치에 참여하는 방법도 있다. 국회의원이 아닌 일반 시민도 정당에 가입할 수 있으며, 정당에 가입하지 않고도 정당을 통해 정책 결정에 영향을 미칠 수 있다. 정당의 공청회*나 정책 토론회에 참가하여 의견을 제시할 수도 있고, 어떤 문제에 대해 주요 정당 간의 대립이 발생할 때 특정 정당을 지지하거나 반대함으로써 정책에 대한 의견을 제시할 수도 있다.

이익 집단 또는 시민 단체에 가입하여 활동함으로써 정치에 참여할 수도 있다. 이익 집단은 대한 의사협회, 노동조합, 장애인 협회 등 공통의 목표나 이해관계*가 있는 사람들이 자신들의 이익을 실현하기 위해 ⓐ만든 단체이다. 이들은 정치 후원금, 로비* 활동, 소송 제기, 언론 보도, 파업 등 다방면에 걸쳐 정책 결정 과정에 영향을 미칠 수 있다. 한편, 시민 단체는 공공 문제를 해결하기 위해 시민들이 자발적으로 만든 단체로, 사회적 쟁점에 대한 여론을 환기하기 위해 꾸준히 정보를 제공하고 대안을 마련하여 제시하기도 한다.

이 외에도 자신의 정치적 견해를 신문·방송·라디오 등의 언론을 통해 직접 제시하는 방법도 있다. 사회적 쟁점에 대한 자신의 의견을 '독자 투고란'에 기고하거나 방송사의 토론 프로그램 또는 전화 연결에 참여하면 된다. 한편 오늘날에는 정보 통신 기기가 발달함에 따라 정치 참여의 시간적·공간적 제약을 줄이고, 정보에 대한 접근성을 높여 시민의 정치 참여 양상을 크게 변화시키고 있는데, 누리 소통망(SNS) 등을 이용하는 방법 등이 대표적이다. 누리 소통망 등을 통해 자신의 정치적 입장을 밝히고 다른 사람들의 동참을 유도하거나, 변화가 필요하다고 생각되는 사회 현실을 직접 찾아내 알릴 수도 있다.

* 행사(갈 行, 하여금 使): 권리의 내용을 실현함.
* 공청회(공변될 公, 들을 聽, 모일 會): 국회나 행정 기관 등이 중요한 안건을 심의하기 위하여 공개 석상에서 이해관계자 또는 학식·경험이 있는 사람에게서 의견을 듣는 모임.
* 이해관계(이로울 利, 해칠 害, 빗장 關, 걸릴 係): 서로 이해가 미치는 사이의 관계.
* 로비(Lobby): 정치인·정당·국회의원 등의 권력자들에게 어떤 단체나 기업 등을 위해서 이해 문제를 진정하거나 부탁하는 활동.

주제 쓰기

_____
_____

1 윗글의 내용에 대한 이해로 적절하지 <u>않은</u> 것은?

① 정보 통신 기기의 발달로 시민의 정치 참여 양상이 크게 변화하고 있다.

② 국민이 정치에 잘 참여하지 않으면 권력을 불법적으로 행사할 수도 있다.

③ 누리 소통망에서 정치적 견해를 밝히는 것은 언론을 통한 정치 참여 방식이다.

④ 국가 기관의 구성 과정에서 선거권을 행사하는 것은 대표적 정치 참여 방식이다.

⑤ 어떤 쟁점에 있어서 자신과 같은 의견을 가진 정당을 지지하는 것도 정치에 참여하는 방법이다.

2 윗글을 읽고 <보기>에 대해 보인 반응으로 적절하지 <u>않은</u> 것은?

┤ 보 기 ├

서울 도심에서 비정규직 노동조합이 최저 임금 1만원, 비정규직 철폐 등을 요구하는 총파업에 돌입했다. 학교 비정규직, 병원 하청* 노동자, 대학 청소 노동자 등 약 35개 비정규직 노동조합의 조합원 5만 여 명이 모였으며, 물리적 충돌 없이 평화롭게 마무리되었다.

* 하청(아래 下, 청할 請): 어떤 사람이 맡은 일의 전부나 일부를 다른 사람이 다시 맡는 일.

① 이익 집단에 가입하여 정책 결정 과정에 영향을 미친 사례이군.

② 비정규직 노동조합원들은 자신들의 이익을 실현하기 위해 파업에 참가했겠군.

③ 소송을 제기하여 비정규직을 철폐*하는 정책을 만들도록 영향을 미칠 수도 있겠군.

* 철폐(거둘 撤, 폐할 廢): 어떤 제도나 규정 따위를 폐지함.

④ 비정규직 노동조합은 공공 문제를 해결하기 위해 시민들이 자발적으로 만든 단체이군.

⑤ 학교 비정규직, 병원 하청 노동자, 대학 청소 노동자는 공통적으로 비정규직 철폐를 목표로 하는군.

중심 화제나 핵심 내용 등에는 ○, △, □, 밑줄 등과 같은 표시를 하면서 읽어보세요.

다른 사람들과 거래를 하고 관계를 맺으려면 기본적으로 사람과 사람 사이에 일정한 약속이 있어야 하는데, 법에서는 이러한 약속을 '계약'이라 한다. 자본주의 사회에서는 '계약 자유의 원칙'에 따라 기본적으로 계약에 참여한 사람들이 원하는 대로 법적인 관계를 형성한다. 그래서 계약에서는 계약을 맺은 사람들의 의사가 무엇보다 중요하다.

하지만 개인들의 자유로운 의사에 따라 맺어진 계약이라 하더라도 모든 계약이 사회적으로 인정되는 것은 아니다. 계약 내용이 지나치게 이치*에 어긋나거나 사회의 규범이나 이익에 반대되는 것이라면 그 계약은 무효가 될 수도 있다. 예를 들어 돈을 받고 자신의 신체 일부를 판매하는 계약은 아무리 계약을 맺은 사람들의 의사에 따른 것이라도 사회적으로 인정되기 어렵기 때문에 법적으로 인정되지 않는다.

법적으로 인정되는 계약을 하려면 합리적으로 의사 결정을 할 수 있는 능력이 필요하다. 그런데 만 19세 미만의 미성년자는 성인에 비해 사회 경험이 적기 때문에 의사를 결정하는 능력이 부족하여 자신에게 불리한 계약을 맺을 가능성이 크다. 이러한 미성년자를 보호하기 위해 우리나라 민법에서는 미성년자 혼자서는 법적인 계약을 맺을 수 없고, 법정 대리인*의 동의를 받도록 정해 두었다. 미성년자의 법정 대리인은 부모인데, 부모가 없는 경우 또는 부모가 대리인을 할 수 없는 경우에는 할머니, 삼촌, 고모 등의 친척이 법정 대리인이 될 수 있다. 법정 대리인의 동의를 받지 않은 계약은 미성년자 본인이나 법정 대리인이 취소할 수 있다.

하지만 미성년자를 보호하는 이런 제도는 거래하는 상대방에게 피해를 줄 수도 있다. 예를 들어, 미성년자가 휴대 전화를 계약한 뒤 취소하기를 반복한다면 판매자는 불안한 상태에 놓이게 될 것이다. 따라서 판매자는 미성년자의 법정 대리인에게 계약을 취소할 것인지 답을 요구할 수 있다. 법정 대리인이 계약을 취소하겠다고 답하거나, 특별한 절차를 밟아 답을 해야 하는 경우에 법정 대리인이 그 절차를 밟지 않으면 판매자는 계약을 취소해야 한다. 하지만 특별한 절차를 밟지 않아도 되는 경우에 법정 대리인이 정해진 기간 동안 아무런 답을 하지 않으면 판매자는 계약을 취소하지 않아도 된다. 아울러 미성년자가 부모의 도장을 몰래 찍거나 성인의 신분증을 위조하는 등 판매자를 속여서 계약을 맺었을 때에도 판매자는 계약을 취소하지 않아도 된다.

* 이치(다스릴 理, 보낼 致): 사물의 정당한 조리. 또는 도리에 맞는 취지.
* 대리인(대신할 代, 다스릴 理, 사람 人): 남의 일을 대신 처리해 주는 사람.

주제 쓰기
_____
_____

1 윗글을 읽고 학습 활동을 한 것이다. 적절하지 <u>않은</u> 것은?

윗글을 읽고 맞는 것에는 ○, 틀린 것에는 ×를 하시오.

- 미성년자를 보호하는 제도는 판매자에게 피해를 줄 수도 있다. (○) ·············· ①
- 미성년자의 부모가 없는 경우에는 친척이 법정 대리인이 될 수 없다. (○) ········ ②
- 계약에서는 계약을 맺은 사람들의 의사가 중요하므로 모든 계약이 인정된다. (×)···③
- 우리나라 민법에서는 미성년자가 성인에 비해 의사를 결정하는 능력이 부족하다고 본다. (○)···················· ④
- 판매자가 미성년자와 계약을 체결했을 경우 법정 대리인에게 취소 여부를 반드시 물어 보아야 한다. (×) ···················· ⑤

2 윗글을 참고할 때 계약을 취소할 수 있는 사례로 가장 적절한 것은?

① 만 16세인 A는 만 21세인 가족의 신분증을 허락 없이 사용해 휴대 전화를 샀다.
② 만 18세인 B는 부모님의 허락을 받지 않고 혼자서 오토바이를 구매하는 계약을 했다.
③ 만 17세인 C는 부모님과 함께 다이어트 식품 회사에 가서 정기 배송을 받는 계약을 했다.
④ 만 14세인 D는 부모님 몰래 계약서에 부모님의 도장을 찍어서 영어 학습지를 3년 간 구독하는 계약을 했다.
⑤ 만 15세인 E와 계약을 한 연예기획사는 E의 부모님에게 계약에 동의하는지 물었으나 끝까지 답을 듣지 못했다.

 독해의 기초 Tip

■ **구체적 사례에 적용하기**
　　구체적 사례에 적용하는 문제는 수능에서 적어도 한 문제는 출제된다. 구체적 사례에 적용하기는 글의 내용과 직접 연관이 없는 것 같아서 어렵게 느껴질 수 있다. 하지만 문제 또는 선택지에 제시된 단어 등을 파악한 뒤, 글의 어떤 부분과 연관되어 있는지 찾아 대응시켜 보면 어렵지 않게 답을 찾을 수 있다.

선거에서 언론의 태도

정답 및 해설 36쪽

중심 화제나 핵심 내용 등에는 ○, △, □, 밑줄 등과 같은 표시를 하면서 읽어보세요.

　미국은 선거철이 되면 사설*을 통해 특정 후보나 정당을 공개적으로 지지하는 언론사들이 많다. 후보가 소속되어 있는 정당, 후보가 지닌 정치적 신념, 후보가 제시한 정책 등을 분석하여 언론사의 입장과 같거나 그것에 근접한 후보를 선택하여 지지하는 것이다. 그러나 언론이 특정 후보를 지지하는 것이 실제로 영향력이 있는지, 언론이 특정 후보를 공개적으로 지지하는 행위가 과연 바람직한지와 관련하여 오랫동안 의문이 제기되고 있다.

　'언론이 특정 후보를 지지하는 것이 실제로 영향력이 있는가'에 대해 대부분의 학자들은 그렇지 않다고 생각하며, 그 근거로 '선별* 효과 이론'과 '보강* 효과 이론'을 든다. 선별 효과 이론에 따르면, 개인은 미디어가 전달하는 메시지를 모두 받아들이는 것이 아니라 선택하여 받아들이고, 선택적으로 인지*하고, 선택적으로 기억한다. 예를 들면, A 후보를 싫어하는 사람은 A 후보와 관련된 기사를 읽는 것을 싫어할 뿐만 아니라, 그 것을 부정적으로 인지하고, 부정적인 면만을 기억하는 경향이 있다.

　한편 보강 효과 이론에 따르면, 미디어가 전달하는 메시지는 개인의 태도나 의견을 변화시키지 못하고, 기존의 태도와 의견을 강화*할 뿐이다. 예를 들어 A 후보가 전달하는 메시지는 A 후보를 좋아하는 사람에게는 긍정적인 태도를 강화시키지만, 그를 싫어하는 사람에게는 부정적인 태도를 강화시킨다는 것이다. 이 두 이론을 종합해 볼 때, 언론이 특정 후보를 지지한다 하더라도 유권자가 후보를 선택하는 데 큰 영향을 미치지 못한다는 것이다.

　이렇듯 언론이 특정 후보를 지지한다고 해도 이것이 선거 결과에 미치는 영향이 크지 않다는 학자들의 의견이 대부분이지만, '언론이 특정 후보를 공개적으로 지지하는 행위가 과연 바람직한가'에 대한 논쟁은 끊이지 않고 있다. 바람직하지 않다는 입장은 언론이 공정한 보도를 해야 하는 임무를 맡고 있기 때문에 특정한 후보를 지지하면 언론의 공정성을 훼손할 수 있다고 주장한다. 반면, 바람직하다는 입장은 어차피 각 언론사는 지지하는 정당이나 후보가 있어서 기사를 통해 간접적으로 입장을 드러내는 경우가 많다고 주장한다. 그러므로 직접 의견을 밝히면 일반 기사에는 영향을 미치지 않아 오히려 공정할 것이라고 주장한다.

　현재 우리나라는 언론이 특정 후보를 지지하는 것을 법적으로 막고 있으나, 언론이 특정 후보를 공개적으로 지지하는 행위가 바람직한가에 대한 의견은 팽팽하게 맞서 있다. 언론이 특정 후보에 대한 지지를 드러내는 것 또는 드러내지 않는 것이 언론의 공정성에 미칠 영향을 다양한 측면에서 고려하여 이 쟁점에 대한 결론을 내려야 할 것이다.

*사설(단체 社, 말씀 說): 신문이나 잡지에서, 글쓴이의 주장이나 의견을 써내는 논설.
*선별(가릴 選, 나눌 別): 가려서 따로 나눔.
*보강(기울 補, 강할 強): 보태고 채워서 더 튼튼하게 함.
*인지(알 認, 알 知): 어떤 사실을 인정하여 앎.
*강화(강할 強, 될 化): 수준이나 정도를 더 높임.

주제 쓰기
_____
_____

1 윗글의 내용과 일치하지 <u>않는</u> 것은?

① 미국의 언론사는 후보를 분석하는 과정을 거쳐 지지하는 후보를 결정한다.

② 선별 효과 이론에 따르면 개인은 미디어가 전달하는 메시지를 선택적으로 받아들인다.

③ 보강 효과 이론에 따르면 언론의 특정 후보 지지가 유권자의 후보 선택에 큰 영향을 미치지 못한다.

④ 언론의 특정 후보 지지가 바람직하다는 입장은 언론의 공정성은 그다지 중요하지 않다고 생각한다.

⑤ 우리나라에서는 언론이 특정 후보를 공개적으로 지지하는 행위가 바람직한가에 대한 논쟁이 끝나지 않았다.

2 윗글을 읽은 뒤 심화 학습을 하기 위한 질문으로 적절하지 <u>않은</u> 것은?

① 특정 후보를 지지하는 언론이 일반 기사를 통해 어떻게 입장을 드러낼까?

② 우리나라에서 언론이 특정 후보를 지지하는 것을 막는 법 조항*은 무엇일까?

③ 언론이 특정 후보를 공개적으로 지지하는 행위가 바람직하다고 주장하는 근거는 무엇일까?

④ 언론의 특정 후보 지지가 선거 결과에 영향을 미친다고 생각하는 학자들의 근거는 무엇일까?

⑤ 언론의 특정 후보 지지가 언론의 공정성에 미치는 영향을 판단하려면 어떤 측면을 고려해야 할까?

* 조항(가지 條, 목 項):
조목이나 항목.

독해의 기초 Tip

■ **글의 내용 심화 학습**
'심화(深化)'의 사전적 의미는 '정도나 경지가 점점 깊어짐. 또는 깊어지게 함.'이다. 즉, '심화 학습'은 '알고 있는 것을 바탕으로 좀 더 깊게 배워서 익히는 것'을 뜻한다. 그러므로 글의 내용과 상관없는 내용, 글에서 찾을 수 있는 내용은 심화 학습을 위한 주제로 적절하지 않다.

유명인 모델의 광고 효과

정답 및 해설 38쪽

주심 화제나 핵심 내용 등에는 ○, △, □ 밑줄 등과 같은 표시를 하면서 읽어보세요.

광고에 가수나 배우와 같은 유명인이 등장하면 소비자의 눈길을 확실하게 사로잡을 수 있다. 이러한 이유로 몇몇 유명인들은 여러 상품의 광고에 중복 출연하고 있다. 이는 광고업계에서 오래전부터 해 오던 방식이고, 소비자들도 이를 당연하게 여기고 있다. 그런데 한 유명인이 여러 상품의 광고에 중복 출연하는 것은 과연 높은 광고 효과를 보장할 수 있을까? 유명인이 중복 출연하는 광고의 효과를 점검해 볼 필요가 있다.

광고 효과가 제대로 나타나려면 상품의 특성에 적합한 이미지를 갖는 인물이 광고 모델로 출연해야 한다. 예를 들어, 자동차, 카메라, 공기 청정기, 치약과 같은 상품은 상품의 성능이나 효능이 중요하므로 전문성과 신뢰성이 있는 모델이 적합하다. 이와는 달리 상품이 주는 감성적인 느낌이 중요한 보석, 초콜릿과 같은 상품은 매력 있고 친근한 모델이 적합하다. 그런데 ㉠유명인이 자신의 이미지에 상관없이 여러 유형의 상품 광고에 중복 출연하면 유명인의 이미지와 상품의 특성이 어울리지 않아 광고 효과가 나타나지 않을 수 있다.

㉡광고 효과는 유명인의 긍정적인 이미지를 상품에 옮김으로써 나타나며, 광고 모델이었던 유명인을 생각했을 때 그 상품이 떠오르면 광고 효과가 극대화*된다. 하지만 ㉢유명인이 여러 유형의 광고에 중복 출연하면 유명인의 이미지가 여러 상품으로 나누어지기 때문에 소비자는 유명인을 특정 상품과 연결하여 기억하는 것이 어려워진다. 예를 들어 화장품 광고의 모델인 어떤 배우가 휴대 전화, 아이스크림 등 여러 상품의 광고 모델로 등장한다면, 그 배우를 생각해도 그 배우가 광고한 화장품이 떠오르지 않는 경우가 발생할 수 있다. 결국 화장품 광고 효과에 부정적인 영향을 미치게 된다.

또한, 유명인 광고 모델이 여러 광고에 중복 출연하면, 소비자는 그 모델이 경제적인 이익만을 추구한다는 생각을 하게 된다. 결국 ㉣소비자들은 유명인 광고 모델의 진실성을 의심하게 되어 광고 메시지가 객관적이지 않다고 생각하게 될 것이다.

요약하자면, 유명인의 광고 효과를 높이려면 [㉮] 그러면 유명인의 긍정적인 이미지가 상품에 전달되어 상품을 기억하기 쉬워지고, 광고 메시지를 믿을 만하다고 생각하게 된다. ㉤유명인이 여러 광고에 중복 출연함에 따라 광고 효과가 제대로 나타나지 않으면 광고주*가 써야 하는 비용이 많아진다. 이는 결국 상품 가격 상승으로 이어질 수 있으므로 유명인을 광고 모델로 쓸 때에는 신중하게 선정하는 것이 매우 중요하다.

*극대화(다할 極, 큰 大, 될 化): 아주 커짐.
*광고주(넓을 廣, 알릴 告, 주인 主): 광고활동을 하는 주체자.

주제 쓰기 •

_____

_____

1 ⊙~⑩ 중 <보기>의 자료를 근거로 제시하기에 가장 적절한 것은?

─── 보 기 ───

　　간섭 현상이란, 새로운 정보가 기존에 알고 있던 정보를 떠올리는 것을 방해하거나, 기존에 알고 있던 정보가 새로운 정보를 방해해서 기억하기 어렵게 만드는 것을 뜻한다. 한 유명인이 동시에 여러 제품 광고에 출연하면, 새로운 광고와 기존 광고 간에 간섭 현상이 발생하여 그 유명인이 광고한 제품을 생각해 내기 어렵다는 연구 결과가 있다.

① ⊙　　　　② ⓒ　　　　③ ⓒ　　　　④ ⓔ　　　　⑤ ⑩

2 문맥상 ㉮에 들어갈 내용으로 가장 적절한 것은?

① 유명인이 광고 출연료를 적게 받는 것이 좋다.

② 유명인이 대기업의 광고에만 출연하는 것이 좋다.

③ 유명인이 사회 봉사활동을 지속적으로 하는 것이 좋다.

④ 유명인이 가급적 다양한 광고에 나와 노출 빈도수를 높이는 것이 좋다.

⑤ 유명인이 자신의 이미지에 맞는 한 상품의 광고에만 지속적으로 나오는 것이 좋다.

푸드뱅크와 푸드마켓 _ 강영재 외

정답 및 해설 40쪽

주심 화제나 핵심 내용 들에는 ○, △, □, 밑줄 등과 같은 표시를 하면서 읽어보세요.

　'푸드뱅크'는 식품의 생산 · 유통 · 판매 · 소비 과정에서 남는 식품을 기부 받아 홀로 사는 노인, 장애인, 굶는 어린이, 노숙자 등 어려운 이웃에게 나누어주는 사회 복지 제도이다. 저소득층의 먹거리 문제를 해결하는데 도움을 주고, 그러한 과정을 통해 식품의 자원 낭비를 줄이고 나눔 문화 및 공동체 의식을 널리 퍼뜨리는 데 그 목적이 있다. 1967년 미국에서 처음 시작된 이래 캐나다 · 프랑스 · 독일 등을 중심으로 발전하였으며, 우리나라에는 2016년 기준 전국적으로 435개의 푸드뱅크가 운영되고 있다.

　푸드뱅크는 장애인이나 홀로 사는 노인 등 특히 움직임이 불편한 사람들에게 식품을 직접 전달할 수 있고, 대량으로 기부 받은 식품 또는 유통기한이 길지 않은 식품을 짧은 시간 안에 나누어 줄 수 있는 장점이 있다. 그러나 기부 받은 물품을 일괄적*으로 나누어 주기 때문에 기부를 받는 사람이 식품을 받을 시간대를 직접 선택할 수 없으며, 기부를 받을 사람이 원하지 않는 식품을 받는 경우가 발생하기도 한다. 또한 식품을 기부 받고 나누어 주는 과정에서 운송비가 많이 든다는 단점도 있다. 이러한 문제점을 보완하기 위해 등장한 것이 '푸드마켓'이다.

　푸드마켓은 푸드뱅크와 설립* 목적은 같지만 운영 방식에 차이가 있다. 소외 계층에게 일괄적으로 나누어 주는 푸드뱅크와 달리, 푸드마켓은 기부를 하는 사람과 기부를 받는 사람이 각각 원하는 시간대에 직접 방문하여 음식물을 기부하고 선택할 수 있는 슈퍼마켓 형태의 매장이다. 푸드마켓에서는 기부를 받는 사람이 원하는 기부품을 선택할 수 있으며, 음식을 나누어 주기 위한 운송 비용을 줄일 수 있다. 그러나 유통기한이 촉박*한 기부품을 장기간 보관하기 어렵다는 점에서 푸드마켓도 한계를 지닌다. 이러한 장단점을 고려하여 우리나라는 움직임이 불편한 사람들은 푸드뱅크로, 신체 활동이 비교적 자유로운 사람들은 푸드마켓을 이용할 수 있도록 푸드뱅크와 푸드마켓이 동시에 운영되고 있다.

　푸드뱅크와 푸드마켓은 앞서 언급한 바와 같이 다양한 측면에서 긍정적인 효과를 가져다주므로 더욱 활성화할 필요가 있다. 푸드뱅크와 푸드마켓의 활성화를 위해서는 무엇보다 지속적인 홍보 활동을 통해 많은 사람들의 참여를 이끌어 내야 한다. 그리고 기부되는 음식을 안전하게 보관하기 위한 냉동 · 냉장차 등의 장비가 확보되어야 하며, 이러한 제도를 운영하기 위한 예산도 안정적으로 지원되어야 한다. 또한, 업무를 원활하게 수행하기 위해서 전문 인력을 배치하는 등 충분한 인력이 확보되어야 한다.

＊ 일괄적(한 一, 묶을 括, 과녁 的): 한데 묶거나 아우르는. 또는 그런 것.
＊ 설립(베풀 設, 설 立): 기관이나 조직체 따위를 만들어 일으킴.
＊ 촉박(재촉할 促, 닥칠 迫): 기한이 바싹 닥쳐와서 가까움.

주제 쓰기 •

_____

_____

1 윗글을 통해 알 수 있는 내용으로 적절하지 <u>않은</u> 것은?

① 푸드뱅크와 푸드마켓의 개념
② 푸드뱅크와 푸드마켓의 현황
③ 푸드뱅크와 푸드마켓의 장단점
④ 푸드뱅크와 푸드마켓의 설립 목적
⑤ 푸드뱅크와 푸드마켓의 활성화 방안

2 윗글의 서술 방식으로 가장 적절한 것은?

① 두 대상을 비교·대조하여 독자의 이해를 돕고 있다.
② 구체적 사례를 들어 대비되는 대상을 검증하고 있다.
③ 진행 과정을 자세히 설명하여 잘못된 통념*을 지적하고 있다.
④ 서로 반대되는 의견을 종합하여 절충적* 대안을 제시하고 있다.
⑤ 전문가의 의견을 제시하여 독자의 인식 변화를 이끌어 내고 있다.

*통념(통할 通, 생각할 念): 일반 사회에 널리 통하는 개념.
*절충적(꺾을 折, 속마음 衷, 과녁 的): 서로 다른 견해나 관점을 어느 편으로도 치우치지 않게 조절하여 알맞은. 또는 그런 것.

3 윗글로 미루어 알 수 있는 내용으로 적절하지 <u>않은</u> 것은?

① 푸드뱅크는 푸드마켓과 달리 식품을 대상자에게 직접 나누어 준다.
② 식품을 대량으로 기부하고 싶을 때는 푸드뱅크를 이용하는 것이 좋다.
③ 유통 기한이 얼마 남지 않은 식품이라면 푸드마켓에 기부하는 것이 좋다.
④ 푸드마켓은 기부를 받는 사람이 원하지 않는 식품을 받는 경우가 발생하지 않는다.
⑤ 푸드뱅크와 푸드마켓을 효과적으로 운영하기 위해서는 전문 인력이 충분히 있어야 한다.

01 **행사** 갈 行 하여금 使
권리의 내용을 실현함. 예 대통령 선거에서 투표권을 행사했다.

02 **공청회** 공변될 公 들을 聽 모일 會
국회나 행정 기관 등이 중요한 안건을 심의하기 위하여 공개 석상에서 이해관계자 또는 학식·경험이 있는 사람에게서 의견을 듣는 모임. 예 정부는 통일 정책에 대한 공청회를 열었다.

03 **이해관계** 이로울 利 해칠 害 빗장 關 걸릴 係
서로 이해가 미치는 사이의 관계. 예 두 나라 사이에는 여러 가지 경제적인 이해관계가 얽혀 있다.

04 **로비** Lobby
정치인·정당·국회의원 등의 권력자들에게 어떤 단체나 기업 등을 위해서 이해 문제를 진정하거나 부탁하는 활동. 예 그 기업은 국회의원에게 로비를 벌였다.

05 **철폐** 거둘 撤 폐할 廢
어떤 제도나 규정 따위를 폐지함. 예 인종 차별을 철폐해야 한다.

06 **하청** 아래 下 청할 請
어떤 사람이 맡은 일의 전부나 일부를 다른 사람이 다시 맡는 일. 예 대기업이 중소기업에게 하청을 주었다.

07 **이치** 다스릴 理 보낼 致
사물의 정당한 조리. 또는 도리에 맞는 취지. 예 그 일은 이치에 어긋난다.

08 **대리인** 대신할 代 다스릴 理 사람 人
남의 일을 대신 처리해 주는 사람. 예 삼촌이 아버지 대리인으로 모임에 참석했다.

09 **사설** 단체 社 말씀 說
신문이나 잡지에서, 글쓴이의 주장이나 의견을 써내는 논설. 예 여러 신문사의 사설들을 비교하며 읽어 보았다.

10 **선별** 가릴 選 나눌 別
가려서 따로 나눔. 예 아버지는 송이가 큰 것들을 선별하여 따로 포장하셨다.

11 **보강** 기울 補 강할 強
보태고 채워서 더 튼튼하게 함. 예 지진에 대비하여 시설을 보강하였다.

12 **인지** 알 認 알 知
어떤 사실을 인정하여 앎. 예 신호를 인지하고 멈추었다.

13 **강화** 강할 強, 될 化
수준이나 정도를 더 높임. 예 3·1 운동 이후 일본은 한국에 대한 수탈과 탄압을 강화하였다.

14 **극대화** 다할 極 큰 大 될 化
아주 커짐. 예 기업은 이윤을 극대화하기 위해 노력한다.

15 **광고주** 넓을 廣 알릴 告 주인 主
광고 활동을 하는 주체자. 예 광고주가 이번에 제작한 광고가 마음에 들지 않는다고 하였다.

16 **일괄적** 한 一 묶을 括 과녁 的
한데 묶거나 아우르는. 또는 그런 것. 예 일괄적으로 일을 처리했다.

17 **설립** 베풀 設 설 立
기관이나 조직체 따위를 만들어 일으킴. 예 국제 연합의 설립 목적은 무엇인가?

18 **촉박** 재촉할 促 닥칠 迫
기한이 바싹 닥쳐와서 가까움. 예 차 시간이 촉박하여 더 이상 지체할 수가 없었다.

19 **통념** 통할 通 생각할 念
일반 사회에 널리 통하는 개념. 예 그 시민 단체는 사회적 통념을 깨기 위해 노력해 오고 있다.

20 **절충** 꺾을 折 속마음 衷
서로 다른 견해나 관점을 어느 편으로도 치우치지 않게 조절하여 알맞게 함. 예 우리는 서로의 생각을 절충하여 좋은 안을 마련하였다.

[01~05] 다음 뜻에 해당하는 단어를 〈보기〉에서 찾아 쓰시오.

┤ 보 기 ├
촉박   사설   일괄적   절충   통념

01 기한이 바싹 닥쳐와서 가까움. →

02 한데 묶거나 아우르는. 또는 그런 것.→

03 일반 사회에 널리 통하는 개념. →

04 신문이나 잡지에서, 글쓴이의 주장이나 의견을 써내는 논설. →

05 서로 다른 견해나 관점을 어느 편으로도 치우치지 않게 조절하여 알맞게 함. →

[06~10] 〈보기〉에서 알맞은 말을 골라 다음 문장의 (   ) 안에 쓰시오.

┤ 보 기 ├
공청회
대리인
이치
이해관계
하청

06 다양한 계층의 사람들을 초청해 (   )을/를 열었다.

07 (   )을/를 떠나 모든 사람들이 협력했다.

08 (   ) 업체 직원이 모두 정규직으로 채용되었다.

09 계절이 변하는 것은 자연의 (   )(이)다.

10 본인이 직접 가지 않고 (   )을/를 시켜 가게 했다.

[11~15] 다음에서 설명하고 있는 단어를 말상자에서 찾아 동그라미를 치시오.

우	보	리	광
도	극	민	고
보	대	인	주
강	화	로	비

11 아주 커짐.

12 광고 활동을 하는 주체자.

13 보태고 채워서 더 튼튼하게 함.

14 수준이나 정도를 더 높임.

15 정치인·정당·국회의원 등의 권력자들에게 어떤 단체나 기업 등을 위해서 이해 문제를 진정하거나 부탁하는 활동.

[16~18] 다음 한자의 뜻을 참고하여 단어와 뜻을 연결하시오.

16 선별(選別): 選(선: 가리다), 別(별: 나누다) •

17 철폐(撤廢): 撤(철: 거두다), 廢(폐: 폐하다) •

18 인지(認知): 認(인: 알다), 知(지: 알다) •

• ⓐ 어떤 제도나 규정 따위를 폐지함.

• ⓑ 가려서 따로 나눔.

• ⓒ 어떤 사실을 인정하여 앎.

[19~20] 다음 뜻에 알맞은 단어를 연결하시오.

19 권리의 내용을 실현함. •

20 기관이나 조직체 따위를 만들어 일으킴. •

• ⓐ 설립

• ⓑ 행사

중학 국어 비문학 독해 연습 **2**

과학 제재에서는 물리, 화학, 지구과학, 생명과학, 의학, 수학 등
과 관련된 핵심 내용을 더욱 효과적으로 설명하기 위해 또는 이
해했는지의 여부를 확인하기 위해 그림, 도표, 그래프 등을 지문
이나 문제와 함께 제시하는 경우가 많다. 이 경우 제시된 자료들
을 효과적으로 활용하여 지문을 읽으면, 내용을 이해하는 데 도움
을 받을 수 있으므로 이를 적절히 활용해야 한다.

과학 III

01. [물리] 투명 인간의 조건

02. [화학] 방전 현상과 번개

03. [천문] 소행성 지구 충돌, 인류도 공룡처럼
     멸종할까?

04. [지구과학] 일회용 나무젓가락과 황사

05. [생명과학] 유전자 조작의 유혹
     ▶ 독해력 쑥쑥, 어휘 테스트

06. [물리] 자유낙하 운동

07. [생명과학] 에너지 음료, 과하면 독

08. [지구과학] 바다가 산성화되면

09. [물리] 회전하는 스케이터가 더 빨리 회전하
     려면

10. [지구과학] 우주선을 동쪽으로 발사하는 이유
     ▶ 독해력 쑥쑥, 어휘 테스트

투명 인간의 조건 _ 최상일

정답 및 해설 42쪽

주심 화제나 핵심 내용 등에는 ○, △, □, 밑줄 등과 같은 표시를 하면서 읽어보세요.

공상 과학 영화에 나왔던 화상 통화나 음성 인식 기술이 현실화 되었듯이 미래에는 투명 인간이 되는 것도 실현될 수 있을까?

먼저, 사람이 보이지 않으려면 어떤 조건을 충족*시켜야 하는지부터 알아보자. 첫째, 모든 가시광선, 즉 사람의 눈으로 볼 수 있는 빛이 인체에 전혀 흡수되지 않고 통과되어야 한다. 둘째, 어떤 가시광선도 인체로부터 반사되지 않아야 한다. 빛의 속력이 다른 두 물질 사이의 표면에서는 빛의 일부가 반사된다. 두 투명한 물질 사이의 경계면에서 빛이 반사되면 반사된 빛에 따라 경계면을 볼 수 있게 된다. 투명한 그릇에 물을 넣으면 공기와 물의 경계면을 볼 수 있는 이유가 바로 이 반사된 빛 때문이다.

우리가 알고 있는 투명한 액체나 고체 속에서 빛의 속력은 공기 속에서의 속력에 비하여 몇십 퍼센트 느리다. 공기 속에 비하여 물속에서는 빛의 속력이 25% 정도, 다이아몬드 속에서는 60% 정도 줄어든다. 물질 속에서의 빛의 속력을 알면 두 물질의 경계면에서 빛이 꺾이는 정도인 굴절률을 계산할 수 있고, 굴절률을 알면 빛의 반사율을 계산할 수 있다.

이러한 방법으로 물과 다이아몬드의 굴절률과 빛의 반사율을 계산해 보면 물의 굴절률은 1.3 정도이며, 표면에서 빛은 2% 정도가 반사된다. 다이아몬드의 굴절률은 2.4 정도이며 표면에서 빛은 17% 정도가 반사된다. 그런데 빛이 반사되면 경계면이 보여 투명 인간이 될 수 없으므로 투명 인간의 반사율은 '0'이 되어야 하는 것이다.

이처럼 모든 빛이 전혀 흡수되지도 않고 반사되지도 않으면 투명 인간이 되어 그 누구도 투명 인간을 볼 수 없게 된다. 하지만 투명 인간 또한 자신의 눈에 들어온 빛이 망막*에 상을 맺지 못하고 통과해 버리게 되어 자신이 자신을 볼 수 없을 뿐더러 다른 사람이나 어떠한 물체도 보지 못하게 된다. 만약 투명 인간의 눈이 빛을 감지*한다면 빛을 조금 흡수해야 할 테니 그 눈이 어둡게 보여 완전한 투명 인간이 될 수 없다.

투명 인간이 다른 물체를 보기 위해서는 그의 눈이 빛을 보는 눈이 아니라 적외선을 감지하는 눈이면 된다. 적외선은 태양이 방출하는 빛을 프리즘으로 분산시켰을 때 적색선의 끝보다 더 바깥쪽에 있는 전자기파로, 넓은 뜻의 빛이기는 하지만 사람의 눈에는 보이지 않는다. 그런데 우리 주위의 모든 물체는 적외선을 방사*하므로 적외선을 감지할 수 있는 눈은 모든 물체를 볼 수 있는 것이다. 반면에 인간의 눈은 적외선을 감지하지 못하므로 투명 인간이 적외선을 흡수하든 반사하든 우리에게는 보이지 않을 것이다.

*충족(채울 充, 넉넉할 足): 일정한 분량을 채워 모자람이 없게 함.
*망막(그물 網, 막 膜): 눈알의 가장 안쪽에 있는 맥락막 안에 시각 신경의 세포가 막 모양으로 층을 이룬 부분.
*감지(느낄 感, 알 知): 느끼어 앎.
*방사(놓을 放, 쏠 射): 물체로부터 열이나 전자기파가 사방으로 방출됨.

주제 쓰기

1 윗글의 내용과 일치하지 <u>않는</u> 것은?

① 사람의 눈에는 보이지 않지만 모든 사람과 물체는 적외선을 방사한다.

② 빛의 속력이 동일한 두 물질 사이의 표면에서는 빛의 일부가 반사된다.

③ 모든 빛이 전혀 흡수되지도, 반사되지도 않아야 투명 인간이 될 수 있다.

④ 빛의 반사로 인해 투명한 그릇에 물을 넣으면 공기와 물의 경계면을 볼 수 있다.

⑤ 투명한 액체나 고체 속에서의 빛의 속력은 공기 속에서의 속력에 비하여 더 느리다.

2 윗글을 바탕으로 <보기>를 이해한 내용으로 적절한 것은?

> ┤ 보 기 ├
>
> 빛의 굴절로 인해 투명한 컵에 물과 설탕물을 넣고 젓가락을 그 안에 넣으면 젓가락이 구부러져 보이는데, 설탕물의 농도가 진해질수록 더욱더 많이 구부러져 보인다.(단, 한 컵의 물에 설탕을 섞은 것 이외에 두 컵의 모든 조건은 동일함.)

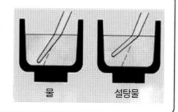

물　　설탕물

① '물'과 '설탕물' 속에서의 빛의 속력은 서로 같다.

② '물'의 표면에서보다 '설탕물'의 표면에서 더 적은 빛이 반사된다.

③ '설탕물'의 농도가 진해질수록 설탕물 속에서의 빛의 속력은 빨라진다.

④ '물'과 '설탕물' 모두 공기와의 경계면을 사람의 눈으로 확인할 수 없다.

⑤ '물'보다 '설탕물'의 굴절률이 더 크며, '설탕물'의 농도*가 진해질수록 굴절률은 더 커진다.

* 농도(짙을 濃, 법도 度): 「1」 용액 따위의 진함과 묽음의 정도. 「2」 어떤 성질이나 성분이 깃들어 있는 정도.

독해의 기초 Tip

■ **내용 일치**

① 글을 읽으며 문단의 핵심어와 중심 문장에 동그라미나 네모, 밑줄 등으로 표시한다.

② 선택지의 내용을 확인한 후 이와 관련된 문단을 찾는다. 이때 글을 읽으며 표시해 두었던 내용들 위주로 살펴보면 시간을 단축할 수 있다.

③ 문단에서 설명하고 있는 내용과 선택지의 내용이 일치하는지를 확인한다.

④ 이때 글에서 사용한 어휘를 그대로 활용한 선택지인 경우 내용 일치 여부를 판단하기 쉽지만, 다른 표현으로 바꾸었을 경우 다소 헷갈릴 수 있으므로 동일한 의미인지 정확히 판단하도록 한다.

주심 화제나 핵심 내용 등에는 ○, △, □, 밑줄 등과 같은 표시를 하면서 읽어보세요.

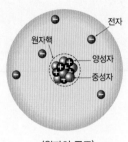

〈원자의 구조〉

전자
원자핵
양성자
중성자

㉠마찰을 하면 왜 전기를 띠게 되는 것일까? 물질은 원자로 이루어져 있다. 원자는 하나의 알갱이가 아니라 (+)전하를 띤 양성자와 전기를 띠지 않은 중성자로 이루어진 핵과, (−)전하를 띤 전자들로 구성되어 있다. 평소 원자는 전기를 띠지 않는다. 그런데 원자 속에 있던 전자의 일부가 자신이 속한 원자를 벗어나 공기 중으로 날아가거나 다른 원자로 이동하는 현상이 발생하면 (+)전하와 (−)전하 사이의 균형이 깨어져 전자를 잃은 원자는 (+)전기를 띠는 양이온이 되고, 전자를 얻은 원자는 (−)전기를 띠는 음이온이 되는 이온화 현상이 발생한다.

이처럼 전자의 이동이 일어나려면 약간의 에너지가 필요하다. 왜냐하면 평상시 원자핵이 (+)전하를 이용하여 (−)전하를 꽉 붙잡고 있기 때문이다. 두 물체를 비벼 마찰을 시키면 열에너지가 발생하는데 이 열에너지를 이용하면 일부의 전자가 이동할 수 있게 되고, 이로 인해 전기를 띠는 현상이 생긴다. 이를 마찰 전기라고 한다.

우리가 무서워하는 천둥, 번개 또한 마찰 전기에 의한 것이다. 구름 속에 섞여 있는 수많은 물방울과 얼음은 대류*에 의해 순환하는데, 순환하다 서로 마찰하면 얼음에서 전자가 나와 물방울로 이동한다. 그렇게 (−)전자를 얻은 물방울들은 무거워져서 구름의 아래로, 전자를 잃어 (+)를 띤 얼음 조각들은 가벼워져서 구름의 위로 가게 되어 구름 전체가 전기를 띠게 되는 것이다. 그런데 구름에 (−)전하가 너무 많이 쌓이게 되면 마주 보는 (+)전하의 땅으로 전자가 이동한다. 이때 이동하던 전자가 공기와 부딪혀 빛을 내는데 이것이 바로 번개이다.

번개가 전기 현상이라는 것을 실험으로 밝혀낸 사람은 미국인 벤자민 프랭클린이다. 1752년 그는 번개가 정전기 방전*에 의한 전류일 것이라고 확신하여 전기가 흐르는 뾰족한 금속을 연에 매달아 하늘로 날렸다. 번개가 이 금속침으로 모인 뒤 연줄을 따라 아래로 흘러 와 연줄에 묶인 금속 열쇠를 통해 감전되게 하는 것으로 이 사실을 증명하였다.

사실 이 연날리기 실험은 매우 위험한 것이었다. 1753년 러시아 과학아카데미의 유능한 물리학자가 이와 비슷한 실험을 하다가 번개에 감전되어 죽기도 했다. 하지만 프랭클린 덕에 피뢰침이 발명되어 사람들은 더 이상 낙뢰*를 두려워하지 않게 되었다. 지금도 높은 건물의 꼭대기에는 피뢰침이 있는데 이것을 전선으로 땅속에 연결함으로써 번개가 쳐도 그 전기가 땅으로 흘러 사람과 건물에 피해를 주지 않는 것이다.

* 대류(대할 對, 흐를 流): 기체나 액체에서, 물질이 이동함으로써 열이 전달되는 현상.
* 방전(놓을 放, 번개 電): 전지 또는 전기를 띤 물체에서 전기가 외부로 흘러나오는 현상.
* 낙뢰(떨어질 落, 우레 雷): 벼락이 떨어짐. 또는 그 벼락.

주제 쓰기 •

_____

_____

1 ㉠에 대한 대답을 <보기>와 같이 정리하였을 때, ㉮와 ㉯에 들어갈 말로 가장 적절한 것은?

┤ 보 기 ├

　마찰을 통해 발생한 (㉮)을/를 이용하여 일부의 (㉯)가 한 물체로부터 다른 물체로 이동할 수 있게 되기 때문이다.

	㉮	㉯
①	열에너지	전자
②	열에너지	양성자
③	이온화 현상	중성자
④	이온화 현상	전자
⑤	운동 에너지	양성자

2 <보기>는 피뢰침이 번개를 맞은 상황을 나타낸 그림이다. 윗글을 참고하여 <보기>를 이해한 내용으로 적절하지 <u>않은</u> 것은?

┤ 보 기 ├

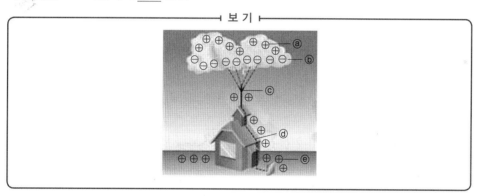

① ⓐ는 얼음 조각들이 전자를 잃고 가벼워져서 구름의 위로 가게 된 것이다.
② ⓑ는 (−)전하를 얻은 물방울들이 무거워져서 구름의 아래로 내려오게 된 것이다.
③ ⓒ의 발명으로 인해 사람들이 낙뢰에 대한 두려움으로부터 벗어날 수 있게 되었다.
④ ⓓ처럼 번개가 건물의 표면을 타고 흘러야 사람과 건물에 피해를 주지 않을 수 있다.
⑤ ⓔ와 ⓑ가 반대의 전하를 띠게 될 때 번개가 발생할 수 있는 환경이 조성*된다.

* 조성(지을 造, 이룰 成):
분위기나 정세 따위를
만듦.

소행성 지구 충돌, 인류도 공룡처럼 멸종할까? _ 강양구

정답 및 해설 46쪽

중심 화제나 핵심 내용 등에는 ○, △, □, 밑줄 등과 같은 표시를 하면서 읽어보세요.

　2013년 2월 15일, 러시아 첼랴빈스크 주에서 잇따라 크고 작은 운석*들이 첼랴빈스크 시내를 융단 폭격했다. 이 난리로 가옥 7200여 채가 피해를 입었고, 약 1500명이 다쳤다. 사고의 원인은 지름 17m 크기의 소행성이었다. 지구와 충돌한 소행성이 대기권에 진입하면서 고도 약 15㎞ 지점에서 폭발해 여러 개의 운석 조각으로 나뉘어 첼랴빈스크를 덮친 것이다.

　이 재난을 지켜보면서 오래전의 영화 「딥 임팩트」를 떠올린 사람도 있었다. 이 영화는 혜성이 지구와 충돌할 때 어떤 일이 일어날지를 생생히 보여 주었다. 영화 속에서 인류는 지구로 날아오는 혜성을 막고자 핵폭탄을 터뜨렸다. 그러나 혜성은 파괴되기는커녕 둘로 쪼개졌다. 그중에서 지름 4.8㎞의 큰 혜성은 지구를 비켜 갔지만, 지름 800m의 작은 혜성은 대서양 한복판에 떨어졌다. 이것이 떨어지는 순간 해일이 일어나 뉴욕이 물에 잠기고 수백 만 명이 목숨을 잃고 말았다.

　영화 속의 피해는 과장이 아니다. 지름 800m 크기의 혜성 조각이 대서양에 떨어진다면 뉴욕을 비롯한 미국 동부 지역이 풍비박산* 날 수 있다. 만약 지름 4.8㎞의 큰 혜성이 지구에 떨어진다면 인류의 문명은 지구에서 사라질지도 모른다. 인류 대부분이 목숨을 잃을 것이기 때문이다. 지름 10㎞의 혜성이나 소행성이 지구에 떨어진다면 지구 생물 종의 50% 이상이 멸종할 것이다.

　잘 알려져 있지 않지만 지구에는 매년 수만 톤의 운석이 떨어지고 있다. 혜성이나 소행성이 우주를 떠돌다 지구 중력에 끌려 지구 대기권으로 들어온다. 초속 40km 정도의 엄청난 속도로 지구 대기로 진입한 소행성은 수많은 파편을 만들고, 파편의 대부분은 대기와의 마찰로 가열되면서 별똥별로 사라지지만 큰 파편은 지표면까지 도달하여 운석이 된다. 대충돌은 과거의 사건이 아니라 언제 다시 인류에게 닥칠지 모르는 실제적인 위협이며, 대충돌의 위협에 어떻게 대처해야 하는가가 우리 인류에게 주어진 중요한 과제인 것이다.

　현재까지는 소행성의 궤도*를 바꿔 지구와 충돌하지 않게 하는 것이 최선의 방책으로 꼽히고 있다. 과학자들은 소행성에 원자력 엔진을 달아 궤도를 바꾸는 방법, 초대형 돛을 소행성에 설치해 돛에 태양풍이 작용하여 소행성의 궤도를 바꾸는 방법, 소행성 근처에서 핵폭탄을 폭발시켜 충격파로 인해 소행성의 궤도만 바꾸는 방법 등을 생각하고 있다. 하지만 이 방법들이 실제 상황이 벌어졌을 때 얼마나 효과적일지 현재로서는 알 수가 없다. 인류가 6,600만 년 전 지구에서 사라진 공룡처럼 되지 않기 위해서는 지구인들이 힘을 합쳐 차분하게 현실적인 대책을 마련해야 되겠다.

* 풍비박산(바람 風, 날 飛, 우박 雹, 흩을 散): 사방으로 날아 흩어짐.
* 궤도(길 軌, 길 道): 행성, 혜성, 인공위성 따위가 중력의 영향을 받아 다른 천체의 둘레를 돌면서 그리는 곡선의 길.

● 운석: 지구상에 떨어진 별똥. 대기 중에 돌입한 유성(流星)이 다 타버리지 않고 땅에 떨어진 것으로, 철·니켈 합금과 규산염 광물이 주성분이다.

주제 쓰기 ●
_____
_____

1 윗글에 사용된 글쓰기 전략으로 적절하지 않은 것은?

① 화제와 관련된 영화를 소개하며 독자의 이해를 돕고 있다.
② 화제와 관련된 여러 해결 방안을 소개하고 그 한계를 지적하고 있다.
③ 전문가의 말을 인용하여 글쓴이의 주장에 대한 신뢰도를 높이고 있다.
④ 구체적 상황을 가정하여 화제가 지닌 위험성과 심각성을 제시하고 있다.
⑤ 실제 사건을 제시하면서 글을 시작하여 화제에 대해 흥미를 유발하고 있다.

Ⅲ · 과 학

2 윗글을 참고하여 <보기>를 이해한 내용으로 적절한 것은?

┤ 보 기 ├

　　그간 학계에서는 공룡의 멸종 이유를 놓고 다양한 논쟁을 이어왔다. 과학자들은 당시의 비밀을 밝히기 위해 6600만 년 전 지금의 멕시코 유카탄 반도에 소행성이 떨어져 생성된 분화구에 구멍을 뚫어 샘플을 채취해 왔다. 지금까지의 연구 성과로 재구성한 공룡의 멸종 과정은 다음과 같다.
　　먼저 소행성이 초속 18km의 속도로 지구로 날아와 충돌했다. 그 영향으로 발생한 유독 물질이 태양을 가려 지구의 온도가 급속히 떨어졌고, 10년 이상이나 영하의 온도가 지속되었다. 이로 인해 먹이사슬이 무너져 백악기 말 공룡을 비롯한 당시 지구 생명체의 약 70%가 사라졌다. 흥미로운 점은 만약 이 소행성이 30초 일찍 혹은 늦게 떨어졌다면 바다에 부딪혀 공룡이 멸종하지는 않았을 것이며, 이 소행성의 충돌로 인해 역설적*으로 인류를 포함한 작은 동물이 번성할 수 있는 기회를 맞게 되었을 수도 있다는 것이다.

* 역설적(거스릴 逆, 말씀 說, 과녁 的): 어떤 주장이나 이론이 겉보기에는 모순되는 것 같으나 그 속에 중요한 진리가 함축되어 있다. 또는 그런 것.

① 지구 생물 종의 약 70%가 멸종하는 일이 발생하였으므로 당시 충돌한 소행성의 크기는 지름 10km 이상이었겠군.
② 지구 중력에 의해 지구 대기권으로 들어온 6600만 년 전의 소행성은 파괴되지 않은 채 전체가 멕시코 유카탄 반도에 떨어졌겠군.
③ 6600만 년 전의 소행성이 바다에 부딪혔더라면 해일이 일어나 공룡을 비롯한 상당수의 지구 생명체들이 멸종하게 되었겠군.
④ 소행성이 초속 18km보다 더 빠른 속도로 날아와 충돌했다면 파편의 크기가 더 작아져 지구에 전혀 피해를 입히지 않을 수 있었겠군.
⑤ 첼랴빈스크 주에서 많은 사람이 다쳤듯이 6600만 년 전에도 지구에 떨어진 운석에 부딪혀 대부분의 공룡들이 죽거나 다치게 된 것이겠군.

중심 화제나 핵심 내용 등에는 ○, △, □, 밑줄 등과 같은 표시를 하면서 읽어보세요.

황사는 바람을 타고 하늘 높이 올라간 미세한 모래 먼지가 대기 중에 퍼져 있다가 서서히 떨어지는 현상 또는 그 모래흙을 말한다. 황사의 고향은 중국과 몽골 경계에 걸친 드넓은 건조 지역과 그 둘레에 있는 반건조 지역이다. 황사 현상은 해마다 3~5월에 많이 발생하는데, 그중 10~30%가 우리나라에 영향을 미친다.

황사의 원인은 크게 자연적 요인과 인위적* 요인으로 나눌 수 있다. 가뭄과 강풍, 풍부한 모래 등은 자연적 요인에 속한다. 지나친 경작과 목축 활동, 땔감과 식물 채취, 무분별한 물 사용, 그리고 급격한 인구 증가와 이익 추구 등은 인위적 요인에 해당한다.

일회용 나무젓가락도 황사의 원인 중 하나이다. 우리나라 사람들이 1년 동안 사용하는 일회용 젓가락은 약 25억 개인데, 90% 이상을 중국에서 수입하고 있다. 중국에서는 일회용 나무젓가락을 만들기 위해 1년에 2,500만 그루의 나무를 베고 있다. 그뿐 아니라 화장지와 종이를 만들기 위해 또 나무를 베고, 목축을 하기 위해 숲을 없애고 있다. 그 결과 중국 양쯔강 둘레의 산림은 최근 수십 년간 85%나 훼손되었다.

중국 대륙에서 숲이 하나 사라지는 것은 그만큼 빈 공터가 생기는 것에 그치지 않는다. 숲이 사라진 땅을 복원하지 않아 차츰 모래 언덕으로 변하고, 강한 바람이 불면 모래 먼지가 대륙을 넘어 한반도와 일본 열도*로 날아간다. 황사가 심할 때에는 심지어 미국 서부까지 날아가는 일도 있다고 한다. 중국 대륙의 27%는 이미 사막화가 되었고, 황사가 불면 중금속까지 섞여 날려 보낸다. 최근 황사에는 아황산가스나 카드뮴, 납, 알루미늄, 구리, 다이옥신*까지 묻어 온다고 한다.

㉠황사의 발원지는 중국 대륙이지만 모든 책임이 중국에만 있다고 단언하기는 쉽지 않다. 선진 산업국을 포함한 세계 여러 나라는 자꾸만 싼 물건을 찾는다. 땅이 넓어 원료가 풍부하고 인구가 많아 일할 사람이 많은 중국은 선진국처럼 잘살기 위해 값싼 상품을 많이 만들어 팔아야 하는 형편이다. 이에 중국 사람들은 환경 보전이나 절제보다는 경제 성장이 우선이 된 것이다.

우리 역시 중국에서 들여온 값싼 물건들을 자주 사용한다. 우리가 가게에 잘 진열된 일회용 상품을 구매하여 별 생각 없이 쓰고 버린 덕분에 해마다 봄이면 공기 정화기를 돌리고, 마음대로 외출을 할 수 없게 된 것이다. 지금처럼 일회용품을 즐겨 쓰고 원산지에서 어떤 일이 벌어지고 있는지에 대해 관심을 기울이지 않는다면 우리는 해마다 반갑지 않은 불청객을 맞아야 할 것이다. 이 불청객은 점점 더 자주, 탁하고 강한 바람으로 올 것이다. 황사 문제를 해결하기 위해서는 중국은 물론, 우리나라를 포함한 세계 모든 나라들도 일회용품의 소비를 줄이고, 미래를 내다보는 의식 있는 소비에 눈을 떠야 할 것이다.

* 인위적(사람 人, 할 爲, 과녁 的): 자연의 힘이 아닌 사람의 힘으로 이루어지는. 또는 그런 것.
* 열도(벌일 列, 섬 島): 길게 줄을 지은 모양으로 늘어서 있는 여러 개의 섬.

주제 쓰기
_____
_____

• 다이옥신(dioxine): 독성이 강하며, 암을 유발하거나 기형아 출산의 원인이 된다. 플라스틱이나 쓰레기를 소각할 때 생긴다.

1 윗글에 대한 설명으로 가장 적절한 것은?

① 황사가 주로 봄에 발생하는 이유를 설명하고 있다.
② 황사의 원인을 분석하고 해결 방안을 제시하고 있다.
③ 일회용품을 사용하는 것의 장점과 단점을 설명하고 있다.
④ 사막화가 되고 있는 중국 대륙을 되살리는 방안을 모색*하고 있다.
⑤ 환경 보전과 경제 성장을 동시에 이룰 수 있는 방법을 제안하고 있다.

> * 모색(본뜰 模, 찾을 索): 좋은 방법이나 돌파구를 이리저리 생각하여 찾는 것.

2 윗글에 대한 독자의 반응으로 적절한 것끼리 묶은 것은?

ⓐ 인간의 지나친 경작과 목축 활동이 황사의 원인이 될 수 있군.
ⓑ 우리가 사용하고 있는 일회용 나무젓가락은 모두 중국에서 생산되는군.
ⓒ 황사의 인위적 요인을 해결한다면 황사는 더 이상 발생하지 않게 되겠군.
ⓓ 선진 산업국들은 환경 보전이나 절제보다는 경제 성장을 우선시 여기는군.
ⓔ 황사는 중국과 몽골 경계에 걸친 건조 지역과 그 둘레에 있는 반건조 지역에서 발생하는군.

① ⓐ, ⓑ   ② ⓑ, ⓒ   ③ ⓒ, ⓓ   ④ ⓓ, ⓔ   ⑤ ⓐ, ⓔ

3 ㉠의 이유로 가장 적절한 것은?

① 중국뿐만 아니라 우리나라에서도 황사가 발생하기 때문이다.
② 황사는 인간의 힘으로는 어쩔 수 없는 자연 현상이기 때문이다.
③ 환경 보전이나 절제보다 경제 성장을 우선시하는 것은 세계적 추세*이기 때문이다.
④ 중국 또한 황사의 심각성을 인지하고 이를 해결하기 위해 노력하고 있기 때문이다.
⑤ 우리의 무분별한 일회용품 사용 또한 중국의 환경 훼손에 영향을 끼치기 때문이다.

> * 추세(달아날 趨, 형세 勢): 어떤 현상이 일정한 방향으로 움직여 나가는 힘.

유전자 조작의 유혹

정답 및 해설 50쪽

주심 화제나 핵심 내용 등에는
○, △, □, 밑줄 등과 같은
표시를 하면서 읽어보세요.

어떤 한 종으로부터 필요한 유전자를 잘라내 다른 종에 삽입해 만든 농작물을 '유전자 조작 작물'이라 하고, 이 농산물을 가공하면 '유전자 조작 식품(GMO)'이라고 한다. 우리가 사 먹는 가공식품의 경우 상당 부분은 유전자 조작 작물을 사용하고 있다. 그렇다면 이러한 유전자 조작 작물은 과연 우리 몸에 안전한 것일까?

1989년에 L-트립토판 사건이 있었다. 일본의 한 화학 기업에서 유전자 조작을 통해 필수아미노산의 하나인 L-트립토판을 생산해 미국으로 수출했고, 이는 건강식품의 원료로 사용되었다. 그런데 이것을 먹은 사람들에게 부작용이 일어나 38명이 목숨을 잃고, 수천 명이 심각한 근육 질환을 앓게 되었다. 이 사건을 조사한 연구자들은 트립토판 자체에는 독성이 없는데, 유전자가 조작된 세균이 트립토판 이외의 다른 독성 물질을 만들어 근육 질환을 일으킨 것 같다고 보고했다. 이 경우처럼 유전자 조작은 과학자들의 의도와는 전혀 다른 결과를 가져올 수 있다.

㉠유전자 조작 작물 자체가 독성을 지닐 수 있다는 연구 결과도 있다. 1999년 영국의 로웨트 연구소는 유전자 조작 감자를 먹은 쥐들이 면역 이상과 성장 장애를 일으켰다고 보고했다. 또 미국의 몬토사가 개발한 유전자 조작 소 성장 호르몬은 송아지의 성장을 촉진하고 젖소의 우유 생산량을 20% 가량 늘려주는 대신, 암을 유발하거나, 소가 일찍 죽거나, 유선염*에 잘 감염된다는 보고가 있었다. 일리노이 대학에서는 이 소 성장 호르몬을 투여*한 소의 우유를 먹은 사람은 유방암과 대장암에 걸릴 위험이 높다는 논문을 발표하기도 했다.

반면 ㉡유전자 조작 식품이 유해하지 않다는 연구 결과도 있으며, 유전자 조작의 이로운 점도 보고되고 있다. 유전자 재조합 기술이 제일 먼저 산업적으로 응용된 분야는 의학 치료제 분야이다. 당뇨병 환자에게 꼭 필요한 호르몬인 인슐린은 과거에는 값이 비싸고 면역 반응 등의 문제가 있었다. 그런데 유전자 조작으로 만든 인슐린 덕분에 당뇨병 환자들은 손쉽게 인슐린 치료제를 사용할 수 있게 되었고, 면역 거부 반응이나 병균 감염과 같은 문제도 걱정할 필요가 없어졌다. 또한 유전자 재조합 기술을 통해 B형 간염 백신이 개발되었고, 말라리아, 에이즈 백신 등의 연구도 계속되고 있다.

유전자 조작 식품을 먹느냐, 먹지 않느냐는 소비자가 선택할 문제이지만, 유전자 조작 식품에는 유전자 조작 여부를 명확히 표시해야 한다. 우리나라도 유전자 조작 식품 표시제에 따라 원재료 함량과 상관없이 유전자 변형 DNA나 단백질이 조금이라도 검출*되면 GMO로 표시하도록 하고 있다. 하지만 가공 후에 유전자 변형 DNA 단백질이 남아 있지 않은 경우에는 표시를 안 해도 된다. 때문에 간장, 된장, 식용유 등의 가공 식품에 유전자 조작 원료를 사용했어도 GMO를 표시할 의무가 없다. 이는 국민의 알 권리와 선택권을 침해하는 것이므로 GMO 원료를 사용한 모든 식품에 GMO 표기를 하는 'GMO 완전 표시제'를 도입해야 할 것이다.

*유선염(젖 乳, 샘 腺, 불꽃 炎): 젖꼭지에 생긴 상처로 화농균이 침입하여 일어나는 젖샘의 염증.
*투여(던질 投, 줄 與): 약 따위를 환자에게 복용시키거나 주사함.
*검출(검사할 檢, 날 出): 화학 분석에서, 시료(試料) 속에 화학종이나 미생물 따위의 존재 유무를 알아내는 일.

주제 쓰기 •
_____
_____

1 윗글을 통해 알 수 있는 내용으로 적절하지 <u>않은</u> 것은?

① 유전자 조작의 유해성
② 유전자 조작의 이로운 점
③ 유전자 조작 작물의 개념
④ 우리나라의 유전자 조작 식품 표시제
⑤ 세계의 유전자 조작 작물의 재배 현황*

* 현황(나타날 現, 상황
況): 현재의 상황.

2 ㉠과 ㉡의 사례로 볼 수 있는 것을 <보기>에서 골라 바르게 짝지은 것은?

━━━┤ 보 기 ┝━━━

ⓐ 브라질너트 유전자를 삽입한 콩을 먹은 사람들에게서 알레르기가 유발*되어 미국 파이오니어 하이브레드사가 제품 개발을 중단했다.
ⓑ 미국 퍼듀 대학과 농무부(USDA) 연구팀이 유전자 변형을 통해 항산화 물질인 라이코펜 함량이 기존 토마토보다 3배 높은 토마토를 개발했다.
ⓒ 프랑스 칸 대학의 연구 팀이 실험용 쥐에게 유전자 조작 옥수수를 2년 동안 먹인 결과, 200마리의 실험용 쥐 중에 50~80%에서 종양이 발생했다.
ⓓ 필리핀 민다나오 섬의 유전자 조작 옥수수 재배 농장 부근에 사는 농부들에게서 유전자 조작 옥수수의 꽃가루가 날리는 시기에 발열, 호흡기 질환, 피부병 등이 나타났다.
ⓔ '황금쌀'은 비타민A 생성 물질인 베타카로틴이 들어 있는 유전자 조작 벼 품종으로, 야맹증 치료 및 식량 부족으로 인한 영양소 결핍 등의 문제를 해결하기 위해 몬산토사가 주도적으로 개발 중이다.

* 유발(꾈 誘, 쏠 發): 어떤 것이 다른 일을 일어나게 함.

	㉠	㉡
①	ⓐ, ⓑ, ⓒ	ⓓ, ⓔ
②	ⓐ, ⓑ	ⓒ, ⓓ, ⓔ
③	ⓐ, ⓒ, ⓓ	ⓑ, ⓔ
④	ⓒ, ⓓ, ⓔ	ⓐ, ⓑ
⑤	ⓑ, ⓒ, ⓓ	ⓐ, ⓔ

01 **충족** 채울 充 넉넉할 足
일정한 분량을 채워 모자람이 없게 함. 예 국민 생활의 기본적 수요를 충족하다.

02 **감지** 느낄 感 알 知
느끼어 앎. 예 온도 변화를 감지하다.

03 **망막** 그물 網 막 膜
눈알의 가장 안쪽에 있는 맥락막 안에 시각 신경의 세포가 막 모양으로 층을 이룬 부분. 예 망막 세포가 손상되었다.

04 **방사** 놓을 放 쏠 射
물체로부터 열이나 전자기파가 사방으로 방출됨. 예 그는 유해한 전자기파의 방사를 막기 위해 자신의 컴퓨터 모니터에 보안대를 설치했다.

05 **순환** 좇을 循 고리 環
주기적으로 자꾸 되풀이하여 돎. 또는 그런 과정. 예 혈액의 순환이 원활해야 건강을 유지할 수 있다.

06 **확신** 굳을 確 믿을 信
굳게 믿음. 또는 그런 마음. 예 그는 내 성공에 대해 확신을 가지고 있었다.

07 **증명** 증거 證 밝을 明
어떤 사항이나 판단 따위에 대하여 그것이 진실인지 아닌지 증거를 들어서 밝힘. 예 검찰은 사건 현장에서 수집한 증거로 그가 범인임을 증명해 보였다.

08 **발명** 쏠 發 밝을 明
아직까지 없던 기술이나 물건을 새로 생각하여 만들어 냄. 예 청동기와 문자의 발명에 따라 문명이 급속히 발전하게 되었다.

09 **진입** 나아갈 進 들 入
향하여 내처 들어감. 예 우리나라 축구팀은 월드컵 본선 진입에 성공했다.

10 **풍비박산** 바람 風 날 飛 우박 雹 흩을 散
바람에 날려 우박이 흩어진다는 뜻으로, 사방으로 날아 흩어짐을 비유적으로 이르는 말. 예 그는 아버지의 사업 실패로 풍비박산이 된 집안을 수습하였다.

11 **도달** 이를 到 다다를 達
목적한 곳이나 수준에 다다름. 예 나는 신체적으로 더 이상 뛸 수 없는 한계점에 도달하였다.

12 **대처** 대답할 對 곳 處
어떤 정세나 사건에 대하여 알맞은 조치를 취함. 예 새 정부는 국제 정세 변화에 능동적으로 대처해야 한다.

13 **인위적** 사람 人 할 爲 과녁 的
자연의 힘이 아닌 사람의 힘으로 이루어지는. 또는 그런 것. 예 살을 빼기 위해 인위적으로 식욕을 억제하는 약품이 개발되고 있다.

14 **훼손** 헐 毀 덜 損
헐거나 깨뜨려 못 쓰게 만듦. 예 무분별한 개발로 자연이 심하게 훼손되고 있다.

15 **복원** 돌아올 復 으뜸 元 / 돌아올 復 으뜸 原
원래대로 회복함. 예 지진으로 훼손된 문화재의 복원이 시급하다.

16 **단언** 끊을 斷 말씀 言
주저하지 아니하고 딱 잘라 말함. 예 어느 쪽이 더 낫다고 단언하기 어렵다.

17 **가공** 더할 加 장인 工
원자재나 반제품을 인공적으로 처리하여 새로운 제품을 만들거나 제품의 질을 높임. 예 우유를 가공하여 분유, 치즈 따위의 상품을 만든다.

18 **촉진** 재촉할 促 나아갈 進
다그쳐 빨리 나아가게 함. 예 양국은 경제 협력 강화와 공업화 촉진을 목표로 한 공동 연구를 추진하였다.

19 **개발** 열 開 쏠 發
새로운 물건을 만들거나 새로운 생각을 내어놓음. 예 인류는 미래를 위해서 화석 연료 대체 에너지 개발에 힘써야 한다.

20 **도입** 이끌 導 들 入
기술, 방법, 물자 따위를 끌어 들임. 예 삼국 시대의 건축술은 불교의 도입과 함께 발전을 이루었다.

[01~05] 다음 뜻에 해당하는 단어를 제시된 초성을 참고하여 쓰시오.

01 원래대로 회복함. (ㅂㅇ) →

02 일정한 분량을 채워 모자람이 없게 함. (ㅊㅈ) →

03 다그쳐 빨리 나아가게 함. (ㅊㅈ) →

04 주기적으로 자꾸 되풀이하여 돎. 또는 그런 과정. (ㅅㅎ) →

05 눈알의 가장 안쪽에 있는 맥락막 안에 시각 신경의 세포가 막 모양으로 층을 이룬 부분 (ㅁㅁ) →

[06~10] 다음의 (   ) 안에 들어갈 알맞은 단어를 고르시오.

06 새로운 이론의 (도입 / 진입)으로 학문이 발전하였다.

07 차량이 너무 많아서 고속 도로 (도입 / 진입)이 쉽지 않았다.

08 증기 기관의 (증명 / 발명)은 영국 산업 혁명의 발판이 되었다.

09 검찰은 사건 현장에서 수집한 증거로 그가 범인임을 (증명 / 발명)해 보였다.

10 그는 아버지의 사업 실패로 (풍비박산 / 주마간산)이 된 집안을 수습하였다.

[11~15] 다음 내용이 옳으면 ○표, 틀리면 ×표를 하시오.

11 '느끼어 아는 것'을 '감지'라고 한다. (   )

12 '굳게 믿음. 또는 그런 마음'을 '확인'이라고 한다. (   )

13 '주저하지 아니하고 딱 잘라 말하는 것'을 '단언'이라고 한다. (   )

14 '목적한 곳이나 수준에 다다르는 것'을 '도착'이라고 한다. (   )

15 '어떤 정세나 사건에 대하여 알맞은 조치를 취하는 것'을 '대처'라고 한다. (   )

[16~20] 밑줄 친 단어의 뜻을 〈보기〉에서 찾아 기호를 쓰시오.

┤ 보 기 ├
㉠ 헐거나 깨뜨려 못 쓰게 만듦.
㉡ 물체로부터 열이나 전자기파가 사방으로 방출됨.
㉢ 새로운 물건을 만들거나 새로운 생각을 내어놓음.
㉣ 자연의 힘이 아닌 사람의 힘으로 이루어지는. 또는 그런 것.
㉤ 원자재나 반제품을 인공적으로 처리하여 새로운 제품을 만들거나 제품의 질을 높임.

16 인류는 미래를 위해서 화석 연료 대체 에너지 개발에 힘써야 한다. (   )

17 살을 빼기 위해 인위적으로 식욕을 억제하는 약품이 개발되고 있다. (   )

18 컴퓨터 스크린에서 방사되는 해로운 전자기파에 의해서 두통이 유발될 수 있다. (   )

19 우유를 가공하여 분유, 치즈 따위의 상품을 만든다. (   )

20 무분별한 개발로 자연이 심하게 훼손되고 있다. (   )

자유낙하 운동 _ 정완상

정답 및 해설 52쪽

중심 화제나 핵심 내용 등에는 ○, △, □ 밑줄 등과 같은 표시를 하면서 읽어보세요.

　자유낙하란 처음에 정지해 있던 물체가 아래로 떨어지는 운동이다. 자유낙하는 지구가 물체를 잡아당기기 때문에 ㉠일어난다. 반면 우주 공간에서는 물체가 바닥에 떨어지지 않는다. 잡아당기는 그 무엇이 없기 때문이다.

　물체의 자유낙하는 물체의 질량과는 아무 관계가 없다. 그러니까 무거운 것이든 가벼운 것이든 같은 높이에서 떨어뜨리면 같은 시간에 바닥에 떨어진다. 그렇다면 조그만 쇠구슬과 종이 한 장을 같은 높이에서 떨어뜨려 보자. 쇠구슬이 더 빨리 떨어지고 종이는 늦게 떨어진다. 물체의 자유낙하는 물체의 질량과 관계없다고 했는데 왜 쇠구슬이 더 빨리 떨어지는 것일까?

　그것은 공기의 저항* 때문이다. 공기는 질량을 가진 공기 분자*들로 이루어져 있다. 종이는 떨어지면서 많은 공기 분자들과 충돌을 하지만 쇠구슬은 그렇지 않다. 그래서 공기와 충돌을 많이 하는 종이가 늦게 떨어지게 된다. 공중에 날고 있는 비행기나 헬리콥터에서 사람이 뛰어내릴 때, 안전하게 땅으로 떨어져 내리도록 하는 데 사용하는 낙하산도 이러한 공기의 저항을 이용한 것이다. 때문에 이 실험을 공기가 없는 달에서 한다면 종이와 쇠구슬은 동시에 바닥에 떨어지게 될 것이다. 굳이 달까지 가지 않더라도 종이를 구겨 공처럼 작게 만들면 공기와 닿는 넓이가 작아져 공기 저항을 적게 받아 쇠구슬과 비슷하게 떨어지게 된다.

　그렇다면 자유낙하하는 물체의 위치는 시간에 따라 어떻게 달라질까? 만약 1m 간격으로 유리창이 있는 50m 높이의 탑이 있다고 가정해 보자. 이 탑의 맨 위로 올라가 쇠구슬을 떨어뜨려 1초 간격으로 어느 유리창에서 쇠구슬이 보이는지 관찰하면, 1초 후 탑 아래로 5m 떨어진 유리창에서 쇠구슬이 보이고, 다시 1초 후에는 탑 아래로 20m 떨어진 곳에서, 다음 1초 후에는 45m 떨어진 유리창에서 쇠구슬이 보인다.

　이 값들은 어떤 규칙을 가지고 있을까? 우선 모든 수들이 5의 배수이므로 5와 어떤 수와의 곱으로 나타내 보자.

0초	5×0m
1초	5×1m
2초	5×4m
3초	5×9m

　5로 나눈 몫이 1, 4, 9로 변하고 있는데 이는 $1=1^2$, $4=2^2$, $9=3^2$이므로 각 시간 동안 쇠구슬이 낙하한 거리는 시간의 제곱에 비례*함을 알 수 있다. 즉, 일정 시간 동안 쇠구슬이 낙하한 거리를 정리하면, 낙하 거리=5×(시간)²이다.

* 저항(거스를 抵, 막을 抗): 물체의 운동 방향과 반대 방향으로 작용하는 힘.
* 분자(나눌 分, 아들 子): 물질에서 화학적 형태와 성질을 잃지 않고 분리될 수 있는 최소의 입자.
* 비례(견줄 比, 법식 例): 한쪽의 양이나 수가 증가하는 만큼 그와 관련 있는 다른 쪽의 양이나 수도 증가함.

주제 쓰기 •

1 윗글에서 알 수 있는 내용으로 적절하지 <u>않은</u> 것은?

① 물체의 자유낙하는 물체의 질량에 영향을 받는다.
② 공기는 질량을 가진 공기 분자들로 이루어져 있다.
③ 일정 시간 동안 낙하한 거리는 $5 \times (시간)^2$으로 정리할 수 있다.
④ 처음에 정지해 있던 물체가 아래로 떨어지는 운동을 자유낙하라 한다.
⑤ 낙하산은 공기와 충돌을 많이 할수록 늦게 떨어지는 원리를 이용한 것이다.

2 윗글을 바탕으로 추론*한 것으로 가장 적절한 것은?

① 물체가 공기와 닿는 면적이 작을수록 공기의 저항을 많이 받는다.
② 달은 물체를 잡아당기지 않기 때문에 물체가 바닥에 떨어지지 않는다.
③ 50m 높이에서 쇠구슬을 떨어뜨리면 4초 동안 낙하하는 거리는 20m이다.
④ 무게만 다른 두 쇠구슬이 1m 높이에서 바닥에 떨어지는 데 걸리는 시간은 같다.
⑤ 우주 공간에서 종이와 쇠구슬을 같은 높이에서 떨어뜨리면 같은 시간에 바닥에 떨어진다.

* 추론(옮을 推, 말할 論): 미루어 생각하여 논함. 어떠한 판단을 근거로 삼아 다른 판단을 이끌어 냄.

3 밑줄 친 부분의 의미가 ㉠과 가장 유사한 것은?

① 아침에 일찍 <u>일어나</u> 못다 한 숙제를 마저 했다.
② 신호등 고장으로 이 일대에 교통대란이 <u>일어났다</u>.
③ 최근에 개헌에 대한 논의가 활발하게 <u>일어나고</u> 있다.
④ 우리 회사는 부도가 났지만 기사회생으로 다시 <u>일어났다</u>.
⑤ 공연이 끝나자 관객들 모두가 자리에서 <u>일어나</u> 박수를 쳤다.

독해의 기초 Tip

■ **어휘의 의미**
① 문맥을 통해 어휘가 가진 의미를 추리한다.
② 어휘가 한자어라면 이와 대응되는 고유어로, 고유어라면 한자어로 바꾸어 본다.
③ 바꾼 표현을 선택지에 적용해 보아 문장이 자연스러운지를 확인한다.
④ 고유어는 그 의미가 다양하여 바꾼 표현을 적용해도 정답을 찾지 못하는 경우가 발생할 수 있다. 이러한 경우에는 선택지의 어휘를 다른 표현으로 바꾸어 보고 이를 지문에 적용해 의미가 통하는지를 확인해 보도록 한다.

에너지 음료, 과하면 독 _ 유상연

정답 및 해설 54쪽

중심 화제나 핵심 내용 등에는 ○, △, □, 밑줄 등과 같은 표시를 하면서 읽어보세요.

우리나라도 일반 성인들은 물론 10대들의 카페인 섭취*가 많은 편이다. 과다한 학습량으로 인해 수면 시간이 부족한 청소년들이 잠을 쫓기 위해 커피나 카페인이 많이 들어간 에너지 음료를 선호하기 때문이다.

에너지 음료에는 일반적으로 각성* 효과가 있는 카페인, 구연산, 타우린 등이 포함되어 있다. 말린 오징어, 문어 등 어패류 표면에 붙은 흰 가루가 타우린인데, 세포 내에 수분을 공급하고 단백질 합성을 촉진해 피로 회복에 도움을 준다. 구연산 역시 몸의 산화를 중화시켜 피로 회복에 도움을 주고, 해로운 성분을 몸 밖으로 배출해 건강에 도움을 주는 것으로 알려져 있다.

그런데 문제는 에너지 음료 속 카페인의 함량*이다. 원래 카페인은 대뇌피질의 감각 중추를 흥분시키는 작용을 한다. 또 신진대사를 자극해 피로를 줄이고 정신을 각성시켜 일시적으로 졸음을 막아 주는 효과가 있다. 야간 작업을 하는 사람들에게 일시적으로 정신을 맑게 하고 기억력, 판단력, 지구력을 높여 주는 것이다.

하지만 카페인을 과다하게 섭취하면 도리어 짜증, 불안, 신경과민, 불면, 두통 등의 다양한 증상이 나타날 수 있다. 특히 어린이나 청소년들에게는 성인보다 부작용이 더 심하게 나타난다. 카페인을 지나치게 많이 섭취할 경우 칼슘 공급에 문제가 생겨 뼈의 성장이 지체되고 성인이 된 후 골다공증을 앓을 수도 있다. 심하면 위통, 현기증, 식욕 감퇴뿐만 아니라 심장 발작까지 생길 수 있다.

이 때문에 식품의약품안전처에서는 1일 카페인 권장 섭취량을 성인 400㎎, 임산부 300㎎, 청소년(체중 60㎏ 기준) 150㎎ 이하로 제한할 것을 권고하고 있다. 그런데 에너지 음료에는 60mg~80mg 정도의 많은 카페인이 포함되어 있다. 문제는 우리가 에너지 음료 이외에도 하루에 섭취하는 카페인의 양이 적지 않다는 것이다. 캔커피(74mg), 커피믹스(69mg), 콜라(23mg) 등에도 상당량의 카페인이 들어 있다.

잠을 쫓기 위해 에너지 음료나 카페인이 다량으로 포함된 음료를 지나치게 많이 마시면 각성 상태는 유지될 수 있어도 집중력이 떨어져 오히려 공부에 방해를 받을 수 있다. 뿐만 아니라 건강에도 치명적일 수 있다는 사실을 명심해야 한다.

* 섭취(잡을 攝, 취할 取): 생물체가 양분 따위를 몸속에 빨아들이는 일.
* 각성(깨달을 覺, 깰 醒): 깨어 정신을 차림.
* 함량(머금을 含, 헤아릴 量): 물질이 어떤 성분을 포함하고 있는 분량.

주제 쓰기

1 윗글에서 사용한 설명 방식을 <보기>에서 모두 고른 것은?

┤ 보 기 ├

ㄱ. 전문가의 말을 인용하여 주장을 뒷받침하고 있다.
ㄴ. 공공기관의 자료를 제시하여 내용의 신뢰도를 높이고 있다.
ㄷ. 대상의 성분을 분석하여 각 성분이 가진 특성을 설명하고 있다.
ㄹ. 친숙한 대상을 예로 들어 설명함으로써 독자의 이해를 돕고 있다.
ㅁ. 특정 주제에 대한 상반된 관점을 모두 소개하여 중립적 태도를 보이고 있다.

① ㄱ, ㄴ, ㄷ　　② ㄴ, ㄷ, ㄹ　　③ ㄷ, ㄹ, ㅁ　　④ ㄱ, ㄷ, ㅁ　　⑤ ㄴ, ㄹ, ㅁ

2 <보기>는 신문 기사의 일부이다. <보기>를 윗글에 추가하려고 할 때 활용 방안으로 가장 적절한 것은?

┤ 보 기 ├

　얼마 전, 미국의 한 고교생이 카페인 과다 섭취에 따른 급성부정맥으로 사망하는 사건이 발생했다. 이 학생은 사망하기 전 두 시간 동안 커피와 카페인이 들어 있는 탄산수, 그리고 에너지 음료를 과다하게 마신 것으로 드러났다. 건강한 학생이 카페인 음료 섭취만으로 사망에 이르는 일이 발생하면서 미국 사회에서는 에너지 음료의 위험성에 대한 사회적 경각심*이 일어나고 있다.

* 경각심(경계할 警, 깨달을 覺, 마음 心): 정신을 차리고 주의 깊게 살피어 경계하는 마음.

① 글의 첫 부분에 제시하여 청소년의 카페인 과다 섭취에 대한 문제를 제기하게 된 배경으로 활용한다.
② 1문단 뒤에 제시하여 우리나라뿐만 아니라 미국의 청소년들도 잠을 쫓기 위해 카페인을 과다 섭취함을 보여 주는 사례로 활용한다.
③ 4문단 뒤에 제시하여 카페인을 지나치게 많이 섭취한 청소년이 성인이 되었을 때 부작용이 발생한 근거로 활용한다.
④ 5문단 뒤에 제시하여 에너지 음료 이외에 카페인이 함유된 음료의 종류를 소개하는 자료로 활용한다.
⑤ 글의 마지막 부분에 제시하여 청소년의 카페인 섭취를 금지해야 한다는 주장을 뒷받침하는 사례로 활용한다.

바다가 산성화되면 _ 클라우스 퇴퍼 외

정답 및 해설 56쪽

중심 화제나 핵심 내용 등에는 ○, △, □, 밑줄 등과 같은 표시를 하면서 읽어보세요.

바다는 인간에게 귀중한 자원과 영양을 제공할 뿐 아니라 날씨와 기후에도 매우 중요한 역할을 한다. 예를 들어 석유와 석탄, 천연가스가 연소될 때 대기 중에 뿜어내는 이산화탄소의 3분의 1을 바다가 흡수함으로써 기후에 부담을 줄여 준다. ㉠우리는 그 덕을 톡톡히 보고 있지만, 정작 바다는 그 때문에 신음하고 있다. 이산화탄소의 농도가 높아지면서 바다의 화학 성분이 바뀌고 있는 것이다. 이른바 바다의 산성화이다.

산의 증가가 바다에 미치는 영향은 심각하다. 예컨대 산이 증가하면 바다 속에 석회를 형성시켜 해양 생태계에 변화를 일으킨다. ㉡수많은 생물종이 서식*하고 있어 '바다의 원시림' 또는 '물고기들의 산란장'으로 불리는 형형색색의 산호초가 죽는 것도 그 때문이다.

바닷물도 강물처럼 쉴 새 없이 이동한다. ㉢물살과 밀물, 썰물은 바닷물을 끊임없이 순환시키고 찬물과 더운물을 교환시킨다. 그런데 급격한 기후 변화로 바다의 온도가 근심스러울 정도로 상승하고 있다. ㉣바다가 열병에 시달리고 있는 것이다. 더운물은 찬물보다 밀도가 낮아 부피가 크기 때문에 수온이 상승하면 바다의 수위도 덩달아 올라간다. 게다가 극지방의 빙하까지 녹아내리면 해수면 상승은 더욱 가속화될 것이다. 북극의 영구 동토층이 녹는 것도 시간 문제이다. 잦은 태풍과 홍수가 지금 우리가 맞고 있는 수온 상승의 뚜렷한 결과이다. 더구나 극지방의 빙하가 녹으면 또 다른 재앙이 기다리고 있다. 수만 년 넘게 얼음 밑에 갇혀 있던 메탄이 대기 중에 그대로 방출되면서 이산화탄소보다 몇 배는 더 강력한 온실 효과가 나타날 것이기 때문이다.

그 다음에 무슨 일이 발생할지는 상상하기 어렵지 않다. 해안선들이 사라지고, 몰디브처럼 작은 섬들은 바다 속으로 가라앉을 것이다. 지난 수백 년 동안 바다와 인접한 지역은 무역과 산업, 여행, 어업, 화물 수송에 편리하여 인기가 높았다. 그래서 수많은 사람이 해안 근처로 모여들었고, 지속적으로 인구가 증가했다. 그런데 현재 이러한 인구 밀집 지역 중 일부는 벌써 해수면과 높이가 거의 같아졌다. 이런 상황에서 바닷물이 범람한다면 이 나라들은 속수무책*으로 위험에 노출될 것이다. 밀어닥치는 물을 막으려면 둑을 쌓아야 하는데, 그럴 만한 경제력이 없기 때문이다. 그래서 이들 나라에 사는 사람들은 새로운 고향을 찾아 나서는 '바다 피난민'이 될 수밖에 없다. ㉤시한폭탄의 시계는 지금도 째깍거리며 가고 있다.

＊서식(살 棲, 숨 쉴 息): 생물 따위가 일정한 곳에 자리를 잡고 삶.
＊속수무책(묶을 束, 손 手, 없을 無, 채찍 策): 손을 묶은 것처럼 어찌할 도리가 없어 꼼짝 못 함.

주제 쓰기 •

_____

_____

1

⊙~⊕에 대한 설명으로 적절하지 않은 것은?

① ⊙: 대조의 방식을 활용하여 바다가 산성화되고 있음을 강조하고 있다.

② ⊙: 산호초의 별칭*을 제시하여 산호초가 지닌 특징을 제시하고 있다.

③ ⊙: 앞 문장의 내용을 부연하여 바닷물이 이동하는 방법을 설명하고 있다.

④ ⊙: 바다를 의인화하여 바다가 지닌 생명력과 역동성*을 나타내고 있다.

⑤ ⊕: 비유적 표현을 활용하여 현 상황이 지닌 심각성을 드러내고 있다.

＊별칭(나눌 別, 일컬을 稱): 달리 부르는 이름.
＊역동성(힘 力, 움직일 動, 성품 性): 힘차고 활발하게 움직이는 성질.

2

윗글을 참고하여 〈보기〉를 탐구한 것으로 가장 적절한 것은?

┤ 보기 ├

제주발전연구원의 발표에 따르면, 서귀포시 지역의 평균 해수면 상승폭은 연간 6㎜, 제주시 지역은 5㎜로 관측되었다고 한다. 이는 전 지구의 해수면 상승폭인 1.8㎜의 약 3배에 이르는 수치이다. 그리고 이 지역의 겨울철 기온도 1930년대의 평균 5.6도에서 2000년대에는 평균 7.2도로 높게 나타났다. 또한 제주 바다에는 수온 상승과 밀접한 관계를 갖고 있는 것으로 추정되는 그물코돌산호와 거품돌산호 등의 군집*이 최근 몇 년 동안 보고되고 있다. (단, 평균 해수면은 바닷물 표면의 높이를 하루, 1개월, 1년 등 일정 기간 평균한 값임.)

＊군집(무리 群, 모일 集): 여러 종류의 생물이 자연계의 한 지역에 살면서 유기적인 관계를 가지고 생활하는 개체군의 모임.

① 산의 증가로 인해 제주 지역 바다의 해양 생태계가 변화하고 있는 것이겠군.

② 높은 해수면 상승폭으로 인해 제주 지역은 해수면과 높이가 거의 같아졌겠군.

③ 제주 지역의 해수면이 상승한 것은 제주 지역의 겨울철 기온 상승과 밀접한 연관을 맺고 있겠군.

④ 서귀포시의 해수면 상승폭이 제주시보다 높은 것은 서귀포시의 대기 중에 메탄이 방출되었기 때문이겠군.

⑤ 제주 지역의 해수면 상승폭이 전 지구 평균보다 높은 것을 보니 제주 바다의 이산화탄소 흡수 기능이 뛰어난가 보군.

회전하는 스케이터가 더 빨리 회전하려면 _ 최상일

정답 및 해설 58쪽

중심 화제나 핵심 내용 들에는 ○, △, □, 밑줄 등과 같은 표시를 하면서 읽어보세요.

피겨 스케이팅은 선수가 피겨 스케이트화를 신고 아이스 링크 위를 달리며 음악에 맞추어 다양하고 화려한 기술을 선보이는 스포츠이다. 피겨 스케이팅 경기를 보면 제자리에서 팔을 벌리고 천천히 회전하던 선수가 팔을 몸 가까이에 붙이면서 갑자기 빨리 돌기 시작하는 것을 볼 수가 있다. 스케이트 끝으로 특별한 동작을 하는 것도 아니다. 펴고 있던 팔을 몸 가까이로 움직였을 뿐인데 회전 속도가 빨라진 것이다. 팔을 얼마나 벌리는가에 따라 회전 속도가 달라지는 그 이유는 무엇일까?

이 현상*을 설명하는 데 필요한 물리학적 개념은 각운동량이다. 행성, 달, 별, 은하 등 대부분의 천체*는 회전하며, 이러한 천체들은 모두 계속하여 회전하거나 원운동을 하려는 성질인 각운동량을 가지고 있다. 각운동량(L)은 물체의 질량(m)과 속도(v)를 곱한 운동량(mv)과, 물체의 질량 중심과 회전축 사이의 거리(r)를 곱한 값, 즉 $L=mv \times r$ 로 표현한다. 회전 운동을 하는 물체는 외부에서 어떤 힘이 작용하지 않는 한 일정한 빠르기로 회전 운동을 유지하는데 이것을 각운동량 보존 법칙이라고 한다. 각운동량이 보존*되는 경우에는 질량이 회전축 가까운 곳으로 이동하면 질량은 그대로인 상태에서 회전축 사이의 거리(r)가 짧아지는 것이므로 회전 속도가 빨라지게 된다.

[A] ㉮스케이트를 타는 사람이 스케이트의 뾰족한 끝을 빙판 위에 세우고 회전을 할 경우, 회전축은 스케이트 끝에서 몸의 중심을 지나 머리 한가운데로 이어지는 직선이 된다. 이때 활짝 펴고 있던 팔을 몸 가까이에 붙이면 멀리 있던 팔의 질량이 회전축 가까이에 오게 되므로 r의 값이 작아진다. 그러면 각운동량을 보존하기 위해 회전 속도가 커지게 되어 스케이터가 더 빨리 돌 수 있게 되는 것이다. 즉 스케이터가 처음 돌기 시작할 때에는 팔을 활짝 펴고 돌다가 점차 팔을 몸 가까이에 가져가면, 회전 속도가 더 빨라지는 것이다.

이 현상은 다이빙 선수들이 공중에서 회전을 하는 경우에도 볼 수 있다. 다이빙 보드에서 뛰는 순간에는 온몸을 쭉 펴고, 뛴 후에는 몸을 움츠려서 가슴 가까이 무릎을 당기면 회전이 빨라진다. 이처럼 물체의 질량은 변화하지 않지만, 그 질량이 회전축에 가까워질수록 회전 속도가 빨라지는 것이다.

* 현상(나타날 現, 모양 象): 인간이 지각할 수 있는, 사물의 모양과 상태.
* 천체(하늘 天, 몸 體): 우주에 존재하는 모든 물체. 항성, 행성, 위성, 혜성, 성단, 성운, 성간 물질, 인공위성 따위를 통틀어 이르는 말.
* 보존(지킬 保, 있을 存): 잘 보호하고 간수하여 남김.

주제 쓰기

_____

_____

1 윗글에 대한 내용으로 적절하지 <u>않은</u> 것은?

① 회전하는 물체는 계속해서 회전하거나 원운동을 하려는 성질을 갖고 있다.

② 스케이터가 제자리에서 회전할 때, 팔을 얼마나 벌리는가에 따라 회전 속도가 달라진다.

③ 회전 운동을 하는 물체는 외부에서 어떤 힘이 작용하지 않는 한 일정한 빠르기로 회전 운동을 유지*한다.

④ 다이빙 선수들이 공중에서 회전을 하는 경우에는 뛴 후 몸을 최대한 움츠려야 회전 속도가 더욱 빨라진다.

⑤ 각운동량이 보존되는 경우에는 질량이 그대로인 상태에서 질량이 회전축 가까운 곳으로 이동하면 회전 속도가 느려지게 된다.

* 유지(벼리 維, 가질 持): 어떤 상태나 상황을 그대로 보존하거나 변함 없이 계속하여 지탱함.

2 <보기>는 ㉮를 그림으로 나타낸 것이다. [A]를 참고하여 <보기>를 추론한 것으로 적절하지 <u>않은</u> 것은?

┤ 보 기 ├

㉠ ㉡

(단, ㉠의 r의 값이 ㉡의 r의 값보다 더 크다. 이때 스케이터의 질량은 일정하고 각운동량은 보존된다.)

① ㉠과 ㉡의 r의 값의 차이가 클수록 회전 속도의 차이는 작아지게 되겠군.

② 스케이터의 회전축과 팔의 질량 중심 사이의 거리는 ㉡보다 ㉠이 더 멀다.

③ 외부에서 어떤 힘이 작용하지 않는 한 ㉠보다 ㉡의 회전 속도가 더 빠르겠군.

④ ㉠보다 ㉡의 r의 값이 더 작은 이유는 활짝 펴고 있던 팔을 몸 가까이에 붙였기 때문이겠군.

⑤ ㉠과 ㉡의 회전축은 스케이트 끝에서 몸의 중심을 지나 머리 한가운데로 이어지는 직선이 되겠군.

주심 화제나 핵심 내용 등에는 ○, △, □, 밑줄 등과 같은 표시를 하면서 읽어보세요.

가 전 세계의 여러 나라는 서로 다른 우주 기지에서 서로 다른 우주선을 발사한다. 하지만 우주선을 발사할 때 대부분의 우주선이 동쪽을 향하게 발사한다는 점은 비슷하다. 왜 우주선은 동쪽을 향해 발사되는 것일까?

나 그 이유는 바로 지구가 서쪽에서 동쪽으로 자전하기 때문이다. 지구의 자전 속도는 대략 시속 1,666km이므로 지금 이 순간에도 우리는 시속 1,666km의 속도로 동쪽으로 이동하고 있는 셈이다. 물론 이 속도는 지구의 적도를 기준으로 하는 속도이기 때문에, 북위 35~40도 사이에 위치하고 있는 우리나라의 자전 속도는 이보다 조금 속도가 느린 1,337km 정도다.

다 이렇게 자전 방향인 동쪽으로 우주선을 발사하면 우주선의 속도에 자전 속도를 더할 수 있게 된다. 예를 들어, 우리가 야구공을 아무리 힘껏 던져도 시속 150km로 공을 던지는 것은 거의 불가능하다. 하지만 시속 300km로 달리고 있는 고속 열차에서 시속 10km의 속도로 공을 던진다면, 시속 310km라는 엄청나게 빠른 공을 던질 수 있게 된다.

라 이와 마찬가지로 지구의 자전 방향인 동쪽으로 우주선을 발사하면 우주선의 속도에 해당 위도*의 자전 속도가 더해져 우주선은 그만큼 더 빠른 속도를 낼 수 있게 된다. 즉 우주선을 동쪽으로 발사한다면 자전 때문에 생기는 회전 속도를 덤으로 얻어 그만큼 더 빠른 속도를 낼 수 있으므로 연료를 아낄 수 있다. 그러면 우주선의 연료가 절약되고, 연료를 덜 싣게 되니 돈도 아낄 수 있게 되는 셈이다. 적도는 자전에 의한 회전 속도가 가장 빠르기 때문에 발사 속도의 이득을 가장 많이 볼 수 있는 지역이다. 특히 지구와 함께 도는 높은 궤도의 정지 위성은 적도 가까운 곳에서 발사해야 지구 자전 속도의 힘을 가장 많이 받을 수 있다. 그래서 각국은 로켓 발사장을 지을 때 최대한 바닷가를 끼고 있으며 적도와 가까운 곳에 부지를 선정*한다.

마 한편 동쪽이 아닌 다른 방향으로 로켓을 발사한다면 지구의 자전 때문에 생기는 공짜 속도를 얻을 수 없다. 서쪽으로 발사하는 경우, 실제 속도에서 자전 속도를 빼야 하기 때문에 무척이나 비효율적일 수밖에 없다. 이스라엘은 서쪽 지중해를 뺀 나머지 삼면이 내륙으로 둘러싸여 있는 데다 주변국과의 관계로 부득이하게 서쪽 지중해로 로켓을 발사한다. 이스라엘의 주 발사장은 북위 31.5도 부근에 있는 ㉠팔마심 발사장으로, 이곳의 자전 속도는 시속 1,422km다. 그래서 이스라엘의 경우 우주선을 발사할 때 시속 1,422km의 속도만큼 연료를 허비*하는 셈이다.

* 선정(가릴 選, 정할 定): 여럿 가운데서 어떤 것을 뽑아 정함.
* 허비(빌 虛, 쓸 費): 헛되이 씀. 또는 그렇게 쓰는 비용.

주제 쓰기 ●

─────────
─────────

● 위도: 지구 위의 위치를 나타내는 좌표축 중에서 가로로 된 것. 적도를 중심으로 하여 남북으로 평행하게 그은 선이다. 적도를 0도로 하여 남북으로 각 90도로 나누는데 북쪽의 것을 북위, 남쪽의 것을 남위라고 한다.

1 (가)~(마)에 대한 설명으로 적절하지 <u>않은</u> 것은?

① (가): 의문의 형식을 활용하여 화제를 제시하고 있다.

② (나): 구체적인 수치를 제시하여 내용의 신뢰성을 확보하고 있다.

③ (다): 친숙한 사례에 빗대어 설명함으로써 독자의 이해를 돕고 있다.

④ (라): 점층적 전개를 통해 화제의 특징을 부각*하여 전달하고 있다.

⑤ (마): 예외적 상황을 제시하여 화제를 다양한 측면에서 설명하고 있다.

* 부각(뜰 浮, 새길 刻): 어떤 사물을 특징지어 두드러지게 함.

Ⅲ · 과 학

2 윗글의 ㉠과 <보기>의 ㉡을 비교한 것으로 적절하지 <u>않은</u> 것은?

┤ 보 기 ├

프랑스 국립 우주 연구 센터(CNES)에 의해 창설된 ㉡기아나 우주 센터는 적도에서 가까운 북위 5도 부근에 위치하고 있다. 이 센터는 지리적 조건으로 인해 동쪽에서 북쪽까지 약 102°의 각도 내에서 로켓을 발사할 수 있어 위성의 종류에 따라 발사 방향을 선택할 수 있다.

① ㉠은 이스라엘, ㉡은 프랑스의 우주 기지이다.

② ㉠에 비해 ㉡은 적도와 가까운 곳에 위치하고 있다.

③ ㉠에 비해 ㉡은 우주선 발사 시 연료를 더 절약할 수 있다.

④ ㉡과 달리 ㉠은 지구의 자전 때문에 생기는 공짜 속도를 얻을 수 없다.

⑤ ㉠과 달리 ㉡은 우주선을 발사할 때 실제 속도에서 해당 위도의 지구 자전 속도를 빼야 한다.

독해의 기초 Tip

■ **정보 간의 공통점과 차이점 파악**

① 제시문이나 <보기>에 제시된 핵심 소재의 연관성을 파악한다. 이를 파악해야만 출제자의 의도를 파악할 수 있다.

② 선택지의 내용을 확인한 후 제시문이나 <보기>에서 이와 관련된 내용을 찾는다.

③ 찾은 내용을 바탕으로 선택지의 설명이 적절한지 판단한다.

01 **저항** 거스를 抵 막을 抗
물체의 운동 방향과 반대 방향으로 작용하는 힘. 예 낙하산도 공기의 저항을 이용한 것이다.

02 **이용** 이로울 利 쓸 用
대상을 필요에 따라 이롭게 씀. 예 대중교통의 이용은 출퇴근 시간의 혼잡을 줄이는 최선의 방책이다.

03 **가정** 거짓 假 정할 定
사실이 아니거나 또는 사실인지 아닌지 분명하지 않은 것을 임시로 인정함. 예 그의 의식 속에는 만약이라는 가정이 항상 존재하고 있다.

04 **비례** 견줄 比 법식 例
두 양 또는 두 수에 있어서, 한쪽이 두 배, 세 배 등으로 되면 다른 한쪽도 두 배, 세 배 등으로 되는 일. 또는 그런 관계. 예 이 두 수는 비례의 관계이다.

05 **섭취** 잡을 攝 취할 取
영양소나 양분 등을 몸안에 받아들임. 예 지나친 당분의 섭취는 성인병의 원인이 된다.

06 **선호** 가릴 選 좋을 好
여럿 가운데서 특별히 가려서 좋아함. 예 생활 수준이 높아짐에 따라 무공해 식품의 선호가 두드러진다.

07 **각성** 깨달을 覺 깰 醒
깨어 정신을 차림. 예 일반적으로 카페인 성분은 각성 효과가 있다.

08 **권고** 권할 勸 알릴 告
어떤 일을 하도록 권함. 또는 그런 말. 예 그는 의사의 권고로 담배를 끊었다.

09 **경각심** 경계할 警 깨달을 覺 마음 心
정신을 차리고 주의 깊게 살피어 경계하는 마음. 예 이번 화재에 관한 특집 기사는 불에 대한 경각심을 일깨워 주었다.

10 **서식** 살 棲 숨 쉴 息
생물 따위가 일정한 곳에 자리를 잡고 삶. 예 지리산에서 희귀 동물의 서식을 확인하였다.

11 **밀집** 빽빽할 密 모일 集
빈틈없이 빽빽하게 모임. 예 농촌에 비해 도시는 인구 밀집 지역이다.

12 **가속화** 더할 加 빠를 速 될 化
속도를 더하게 됨. 또는 그렇게 함. 예 수도권에만 대학을 신설하는 것은 수도권에 인구 집중이 가속화되는 결과를 가져올 수 있다.

13 **별칭** 나눌 別 일컬을 稱
달리 부르는 이름. 예 이번 싸움에서 이긴 그는 무적의 사나이라는 별칭을 얻었다.

14 **역동성** 힘 力 움직일 動 성품 性
힘차고 활발하게 움직이는 성질. 예 그 작품은 바다가 지닌 생명력과 역동성을 표현하고 있다.

15 **유지** 벼리 維 가질 持
어떤 상태나 상황을 그대로 보존하거나 변함없이 계속하여 지탱함. 예 이 상태로 나가다가는 현상 유지도 어려울 것 같다.

16 **현상** 나타날 現 모양 象
인간이 지각할 수 있는, 사물의 모양과 상태. 예 현대 의학으로도 피부 노화 현상을 완벽하게 막을 수는 없다.

17 **개념** 대개 槪 생각 念
어떤 사물이나 현상에 대한 일반적인 지식. 예 아이가 아직 어려서 돈에 대한 개념이 없다.

18 **보존** 지킬 保 있을 存
잘 보호하고 간수하여 남김. 예 문화재 대부분은 박물관에 보존되어 있다.

19 **선정** 가릴 選 정할 定
여럿 가운데서 어떤 것을 뽑아 정함. 예 그 회사는 신축 건물 부지 선정을 끝내고 곧 공사에 들어갈 예정이다.

20 **허비** 빌 虛 쓸 費
헛되이 씀. 또는 그렇게 쓰는 비용. 예 우리 형은 쓸데없는 물건을 많이 사서 돈 허비가 심하다.

[01~05] 다음 단어에 알맞은 의미를 연결하시오.

01 저항   •   • ⓐ 달리 부르는 이름.

02 밀집   •   • ⓑ 빈틈없이 빽빽하게 모임.

03 별칭   •   • ⓒ 힘차고 활발하게 움직이는 성질.

04 역동성   •   • ⓓ 물체의 운동 방향과 반대 방향으로 작용하는 힘.

05 선정   •   • ⓔ 여럿 가운데서 어떤 것을 뽑아 정함.

[06~10] 다음 문장의 (   ) 안에 들어갈 말을 〈보기〉에서 찾아 쓰시오.

┤ 보 기 ├

이용   섭취   각성   경각심   현상

06 이번 화재에 관한 특집 기사는 불에 대한 (   )을/를 일깨워 주었다.

07 현대 의학으로도 피부 노화 (   )을/를 완벽하게 막을 수는 없다.

08 선생님께서는 아이들에게 도서관 (   ) 방법을 알려 주셨다.

09 건강을 유지하기 위해서는 식품의 균형 있는 (   )이/가 필요하다.

10 일반적으로 카페인 성분은 (   ) 효과가 있다.

[11~15] 다음 내용이 옳으면 ○표, 틀리면 ✕표를 하시오.

11 '어떤 사물이나 현상에 대한 일반적인 지식'을 '상식'이라고 한다. (   )

12 '어떤 상태나 상황을 그대로 보존하거나 변함없이 계속하여 지탱하는 것'을 '유지'라고 한다. (   )

13 '속도를 더하게 되거나 또는 그렇게 하는 것'을 '가속화'라고 한다. (   )

14 '두 양 또는 두 수에 있어서, 한쪽이 두 배, 세 배 등으로 되면 다른 한쪽도 두 배, 세 배 등으로 되는 일. 또는 그런 관계'를 '증가'라고 한다. (   )

15 '사실이 아니거나 또는 사실인지 아닌지 분명하지 않은 것을 임시로 인정하는 것'을 '가정'이라고 한다.

(   )

[16~20] 다음 밑줄 친 부분과 유사한 의미를 지닌 단어를 〈보기〉에서 찾아 쓰시오.

┤ 보 기 ├

선호하다   권고하다   서식하다   허비하다   보존하다

16 출퇴근에 전철을 이용하니 길에서 헛되이 쓰는 시간이 줄었다.

17 의사가 담배를 끊으라고 간곡히 권하였지만 그는 끝내 듣지 않았다.

18 이 지역에 자리잡고 사는 희귀 동식물을 확인하였다.

19 생활 수준의 향상에 따라 무공해 식품을 더 좋아하는 경향이 두드러진다.

20 조상의 얼이 깃든 소중한 문화재를 잘 보호하고 간수해야 한다.

기술 제재는 특정 기술의 원리나 과정에 대해 설명하는 경우가
많기 때문에 용어 자체가 낯설고 글의 내용이 어렵게 느껴진다.
따라서 무엇보다 중요한 것은 글을 정확하게 이해하는 것이다. 중
심 화제에 표시를 해 두고, 중심 화제와 관련하여 어떤 점에 대해
설명하고 있는지를 생각하면서 읽으면 글을 이해하는 데 도움이
된다. 또한 글에 원리를 설명하는 그림이 함께 제시된 경우, 그림
에 글의 내용을 간단히 메모해 보면 글을 이해하는 데 많은 도움
이 된다.

기술 Ⅳ

01. [산업 기술] 잠김 방지 제동 장치

02. [정보 통신] 사물인터넷

03. [전통 기술] 그랭이 공법

04. [정보 통신] 증강현실 기술

05. [산업 기술] 비행기와 헬리콥터가 날아가는 원리

▶ 독해력 쑥쑥, 어휘 테스트

06. [산업 기술] 전자레인지는 어떻게 음식을 데울까?

07. [의료 기술] 수술하는 로봇

08. [에너지] 재생 에너지 기술

09. [신기술] 꿈의 나노 물질, 그래핀

10. [정보 통신] 랜섬웨어

▶ 독해력 쑥쑥, 어휘 테스트

정답 및 해설 62쪽

주심 화제나 핵심 내용 등에는 ○, △, □, 밑줄 등과 같은 표시를 하면서 읽어보세요.

가 자동차가 '끼익'하는 요란한 소리를 내면서 멈추는 것을 본 적이 있을 것이다. 브레이크를 작동하여 갑자기 멈추면 바퀴는 회전을 멈추지만 자동차는 관성*에 의해 곧바로 멈추지 않기 때문인데, 이때 일부 바퀴가 잠기는 현상이 발생한다. 바퀴가 잠기면 어떤 일이 벌어질까? 바퀴가 회전하고 있어야 핸들로 차의 방향을 바꿀 수 있는데, 바퀴가 잠긴 상태에서는 아무리 핸들을 돌려도 조종이 되지 않는다. 또한, 브레이크를 밟는 순간부터 멈출 때까지의 거리가 길어져 빠르게 멈출 수 없다. 그래서 바퀴가 잠기는 것은 위험한 상황을 초래한다.

나 바퀴가 잠기는 문제를 해결하려면 브레이크를 밟았다 놓았다 하는 작동을 신속하게 반복적으로 해야 하는데, 사람의 능력으로는 그렇게 빠르게 여러 번 밟는 것이 쉽지 않다. 그래서 개발된 장치가 ㉠'잠김 방지 제동*장치(Anti-lock Braking System, ABS)'이다. 일반 브레이크는 한 번 밟으면 계속해서 작동하는 반면, ABS는 브레이크를 잡았다 놓기를 1초에 열 번 이상 반복한다. 즉, ABS가 작동하면 브레이크를 아주 빠른 속도로 여러 번 밟는 효과가 난다. 사람의 발로는 조절하기 힘든 최적의 상태로 만들어 주는 것이다.

다 ABS는 일반 브레이크와 달리 브레이크가 작동하는 상태에서도 핸들을 돌려 장애물을 피할 수 있다. 또 브레이크를 밟는 순간부터 멈출 때까지의 거리가 일반 브레이크보다 짧기 때문에 빠르게 멈출 수도 있다. 뿐만 아니라 바퀴가 미끄러지지 않도록 앞뒤의 바퀴가 균형을 유지하도록 돕는 역할도 한다. 하지만 ABS는 앞뒤의 바퀴에 제동력을 똑같이 분배한다는 점이 한계로 지적된다. 사람이 타거나 짐을 실었을 때처럼 상황에 따라 무게 중심이 달라지는데도 ABS는 앞뒤의 바퀴에 제동력을 똑같이 나누기 때문에 효율성이 떨어진다는 것이다.

라 ABS의 이러한 단점을 보완하기 위해 ㉡'전자 제어 제동력 배분 장치(Electronic Brake Force Distribution, EBD)'가 개발되었다. 일반적으로 자동차는 앞바퀴에 제동력이 집중되는데, 차에 사람이 많이 타거나 짐을 많이 실어서 자동차 뒷부분에 무게가 늘어나면 제동력을 조정해야 한다. 이러한 상황에서 EBD는 ABS와 달리 자동차에 승차한 인원이나 짐의 무게에 따라 앞뒤의 바퀴에 제동력을 적절하게 배분함으로써 안정된 브레이크 성능을 발휘하게 해 준다.

＊관성(익숙할 慣, 성품 性): 정지한 물체는 정지해 있으려고 하고, 움직이는 물체는 계속 움직이려고 하는 성질.
＊제동(마를 制, 움직일 動): 기계나 자동차 따위의 운동을 멈추게 함.

주제 쓰기
_____
_____

1 윗글을 읽고 답할 수 있는 질문으로 적절하지 <u>않은</u> 것은?

① 바퀴가 잠기는 것이 위험한 이유는?

② 바퀴가 잠기는 문제를 해결하기 위한 방법은?

③ 일반 브레이크와 잠김 방지 제동 장치의 차이점은?

④ 전자 제어* 제동력 배분 장치가 갖는 장점과 한계점은?

⑤ 잠김 방지 제동 장치가 일반 브레이크에 비해 빠르게 멈출 수 있는 이유는?

* 제어(절제할 制, 거느릴 御): 기계나 설비 또는 화학 반응 따위가 목적에 알맞은 작용을 하도록 조절함.

2 윗글을 통해 알 수 있는 ㉠과 ㉡의 차이점으로 가장 적절한 것은?

① ㉠에 비해 ㉡은 제동력 측면에서 효율성이 떨어진다.

② ㉡에 비해 ㉠은 보다 안정된 브레이크 성능을 발휘한다.

③ ㉡과 달리 ㉠은 바퀴가 잠기는 현상이 발생하지 않는다.

④ ㉠과 달리 ㉡은 바퀴가 잠겨도 차의 방향을 바꿀 수 있다.

⑤ ㉠과 달리 ㉡은 상황에 따라 앞뒤 바퀴에 제동력을 적절하게 배분한다.

중심 화제나 핵심 내용 등에는 ○, △, □, 밑줄 등과 같은 표시를 하면서 읽어보세요.

[A]
사물인터넷이란, 사물이 인터넷을 통해 서로 다른 사물들에 연결되는 것을 말한다. 사람·사물·공간·데이터 등을 인터넷으로 서로 연결하고, 이로부터 수집된 다양한 정보를 분석한 뒤 서로 공유하여 활용하도록 하는 것을 의미한다. 사물에 센서를 부착해서 데이터를 수집한 뒤, 특정 행동을 수행*할 수 있는 다른 사물로 전송하면 우리가 프로그램을 입력한 대로 수행하는 것이다. 예를 들어 화분에 센서를 부착하면 화분 주변 상태에 대한 정보를 또 다른 센서가 부착된 수도꼭지로 제공하여 자동으로 물을 줄 수 있다.

사물들이 인터넷으로 연결되면 그 자체로 있을 때보다 성능이 더 좋아진다. 화분은 꽃을 심는 그릇이고, 수도꼭지는 물을 나오게 하는 장치이지만, 이 두 사물에 센서를 부착하고 인터넷을 통해 연결하면 상황에 맞게 물을 줄 수 있게 되는 것이다. 사물인터넷은 정보를 공유하면서 작업을 자동으로 수행하기 때문에 사람의 도움이 거의 필요 없다. 또한 다양한 사물들이 서로 연결되면서 정보가 융합*되기 때문에 인간에게 더 좋은 서비스를 제공할 수 있다.

앞으로 사물인터넷 안에서 얼마나 많은 사물들이 연결될까? ㉮연구 기관들마다 제시하는 수치는 다르지만 향후 5년 안에 적게는 50억 개, 많게는 2,000억 개의 사물들이 연결될 것으로 보고 있다. 각 개인의 체온에 따라 욕실물이 자동으로 설정되고, 국가 비상 사태를 자동으로 알리는 등 사물인터넷은 개인, 기업, 더 나아가 국가 전체에 엄청난 혜택을 가져다줄 것이다. 이에 따라 수많은 회사들은 엄청난 수익을 발생시키는 등 사물인터넷이 미치는 경제적 영향 역시 엄청날 것이다.

이처럼 사물인터넷은 분명 우리에게 편리한 삶을 제공할 것이지만, 보안 문제는 더욱 심각해질 것이다. 기존에는 사용자가 먼저 정보를 제공하지 않으면 정보가 유출될 염려가 거의 없었다. 하지만 사물인터넷 환경에서는 센서가 부착된 사물의 정보를 해킹하면 사용자가 제공하지 않은 정보들도 쉽게 수집할 수 있게 된다. 최근 인기를 끌고 있는 홈 CCTV는 집 밖에서도 집안을 실시간으로 확인할 수 있는 장점이 있지만, 해킹을 당하면 집안의 상황이 외부인에게 그대로 노출된다는 문제점도 동시에 안고 있는 것이다.

* 수행(따를 遂, 다닐 行): 생각하거나 계획한 대로 일을 해냄.
* 융합(화할 融, 합할 合): 다른 종류의 것이 녹아서 서로 구별이 없게 하나로 합하여지거나 그렇게 만듦. 또는 그런 일.

주제 쓰기

_____
_____

1 <보기>는 사물인터넷의 사례를 도식화한 것이다. 이에 대한 설명으로 적절하지 <u>않은</u> 것은?

① ㉠과 ㉡에 센서를 부착한 뒤 인터넷으로 연결한다.

② ㉠의 데이터를 ㉡으로 전송하면 ㉡은 프로그램이 입력된 대로 수행한다.

③ ㉠과 ㉡의 정보는 사용자가 먼저 제공하지 않으면 유출될 염려가 거의 없다.

④ ㉠과 ㉡은 그 자체로 있을 때보다 인터넷으로 연결되면 성능이 더 좋아진다.

⑤ ㉠과 ㉡은 자동으로 작업을 수행하기 때문에 사람의 도움이 거의 필요 없다.

2 [A]에 사용된 설명 방식으로 가장 적절한 것은?

① 사물인터넷이 지니는 장점과 단점을 비교하였다.

② 사물인터넷에 대해 정의한 후 예를 들어 설명하였다.

③ 사물인터넷의 종류를 나열하고 각각의 특징을 분석하였다.

④ 사물인터넷을 사용 방법에 따라 나누고 특징을 비교하였다.

⑤ 사물인터넷에 관한 통계 자료와 전문가의 의견을 인용*하였다.

* 인용(끌 引, 쓸 用): 남의 말이나 글을 자신의 말이나 글 속에 끌어 씀.

3 문맥을 고려할 때 ㉮의 의미로 가장 적절한 것은?

① 50억 개의 사물들은 이미 인터넷을 통해 연결되어 있다.

② 향후 5년 안에 수많은 사물들이 인터넷을 통해 연결될 것이다.

③ 연구 기관들은 사물들이 인터넷을 통해 얼마나 연결될지 예측하지 못한다.

④ 많은 사물들이 인터넷을 통해 연결되는 것을 부정적으로 보는 연구 기관도 있다.

⑤ 향후 5년 안에 2,000억 개의 사물들이 인터넷을 통해 연결되는 것은 불가능하다.

주심 화제나 핵심 내용 등에는 ○, △, □, 밑줄 등과 같은 표시를 하면서 읽어보세요.

2016년 경주에서는 진도 5.8의 지진이 발생했다. 이는 지금까지 우리나라에서 관측된 지진 가운데 가장 강력한 규모이다. 지진으로 인해 경주와 그 일대 지역의 건물들은 벽이 갈라지고, 유리가 깨지는 등 피해가 있었다. 하지만 경주 지역에 집중되어 있는 불국사, 석굴암 등 신라 시대 문화재들은 극히 일부만 훼손된 것으로 드러나 관심이 모아졌다. 전문가들은 '그랭이 공법'이라는 건축 방식을 통해 경주의 문화재들이 보존될 수 있었다고 말한다.

'그랭이 공법'이란 건물을 쌓는 바닥에 있는 바위인 '자연석'을 제거하지 않고, 기둥을 자연석의 모양에 맞게 다듬어서 기둥과 자연석이 마치 톱니바퀴 물리듯 맞물리도록 맞추는 전통 건축 방식을 일컫는다. 즉, 그랭이 공법은 자연석 위로 건물을 그대로 쌓아올린 것이며, 이는 있는 그대로의 자연을 활용하여 짓는 공법이다. 그랭이 공법은 통일 신라에 의해 꽃을 피웠지만, 이를 처음 개발한 국가는 고구려이다. 그들은 땅에 깊게 묻혀 있는 자연석들이 성곽을 단단하게 지지해 준다는 점을 일찌감치 파악하고 있었던 것이다.

당시 고구려인들은 아무리 울퉁불퉁하고 불규칙한 모양을 가진 바위라 하더라도, 이를 그대로 다른 돌이나 나무에 옮겨 그릴 수 있는 대나무로 만든 집게 모양의 연장을 만들어 사용했다. 한쪽 다리에 먹물을 찍은 뒤 다른 재료에 그대로 옮기도록 한 것인데, 이 연장이 바로 '그랭이'다. '그랭이'의 구조는 오늘날의 컴퍼스(compasses)와 비슷하다. 기둥을 자연석 위에 수직으로 세우고 '그랭이'의 두 다리 가운데 먹물을 묻힌 쪽은 기둥의 밑 부분에, 나머지 한쪽은 자연석의 윗면에 닿게 하여 자연석 윗면의 높낮이에 따라 '그랭이'를 상하로 오르내리면서 기둥을 한 바퀴 돌면 기둥 밑 부분에 자연석의 요철*에 따른 선이 그려지는 것이다.

자연석의 윗면에 맞춰 기둥을 올린 '그랭이 공법'보다 자연석에 구멍을 낸 뒤 그 위에 기둥을 박은 서양의 건축 방식이 더 견고하다고 주장하는 사람들도 많다. 하지만 실험 결과 ㉠'그랭이 공법'으로 세운 건물이 지진에 더 강한 것으로 밝혀졌다. 서양 건축 방식을 따라 지은 건물은 지진 발생 시 내려앉거나 반파*될 확률이 상대적으로 높았다. 반면 '그랭이 공법'을 통해 지은 건물은 자연석과 기둥 사이의 공간 때문에 지진으로 인한 충격이 건물에 전달되는 정도가 현격*하게 줄어드는 것으로 파악되었다.

* 요철(오목할 凹, 볼록할 凸): 오목함과 볼록함.
* 반파(반 半, 깨뜨릴 破): 반쯤 부서짐.
* 현격(매달 縣, 사이가 뜰 隔): 사이가 많이 벌어져 있음. 또는 차이가 매우 심함.

주제 쓰기
_____
_____

1 <보기>는 '그랭이 공법'을 그림으로 표현한 것이다. 윗글을 참고할 때 적절하지 <u>않은</u> 것은?

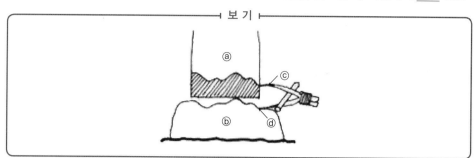

보 기

① @는 기둥, ⓑ는 바닥에 있던 자연석*이다.
② ⓑ를 제거하지 않고 @를 ⓑ 위에 수직으로 세운다.
③ ⓒ에는 먹물을 묻혀 @의 밑 부분에, ⓓ는 ⓑ의 윗면에 닿게 한다.
④ 그랭이를 좌우로 돌려서 ⓑ의 윗면 높낮이에 따라 오르내리게 한다.
⑤ 그랭이가 @를 한 바퀴 돌면 @의 밑 부분에 ⓑ의 윗면 모양에 따라 선이 그려진다.

* 자연석(스스로 自, 그러
할 然, 돌 石): 인공을
가하지 아니한 천연 그
대로의 돌.

2 <보기>는 ㉠의 이유를 메모한 것이다. ㉡에 들어갈 내용으로 가장 적절한 것은?

보 기

왜냐하면 '그랭이 공법'으로 세운 건물은 _____㉡_____ 이다.

① 지진으로 인한 충격이 발생하지 않기 때문
② 자연석에 구멍을 내고 그 위에 기둥을 박았기 때문
③ 자연석의 윗면과는 상관없이 기둥을 단단하게 박았기 때문
④ 지진이 발생했을 때 내려앉을 확률이 상대적으로 높기 때문
⑤ 자연석과 기둥 사이의 공간이 지진으로 인한 충격을 줄여주기 때문

독해의 기초 Tip

■ **시각 자료 문제**
① 주어진 자료(그림 또는 그래프)가 어느 문단의 내용과 연관이 있는지 찾고 해당 문단의 내용을 다시
한번 이해한다.
② 관련 문단 또는 내용을 바탕으로 주어진 자료의 기호나 수치, 직선이나 곡선 등이 무엇을 의미하는
지 분석한다.
③ 글의 내용과 선택지, 〈자료〉를 대응시켜 가며 선택지의 적절성을 판단한다.

정답 및 해설 68쪽

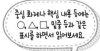

모바일 게임 '포켓몬 고'의 인기가 치솟았던 적이 있다. 이는 '포켓몬'을 잡으러 다니는 게임인데, '포켓몬'이 나타나는 곳은 게임 속 공간이 아니라 지금 자신이 게임을 하고 있는 공간이다. 즉, 우리 집 앞의 놀이터일 수도 있고, 내가 다니는 학교일 수도 있다. 이를 가능하게 하는 것은 '증강현실'이다. 증강현실에서 '증강'은 수나 양을 늘려 더 강하게 한다는 뜻이며, '증강현실 기술'은 실제 내가 있는 현실 세계에 3차원의 가상 이미지를 겹쳐 보여 주는 기술을 말한다.

많은 사람들이 증강현실과 가상현실을 혼동하는데, 이 둘은 다르다. 가상현실은 특수한 주변 장치를 이용하여 배경과 자신을 포함한 모든 것을 인공적으로 만든다. 그래서 현실과는 무관*한 세계이다. 반면 증강현실은 실제 배경은 그대로 두고 그 위에 가상의 이미지를 겹쳐서 하나의 영상으로 보여 준다. 따라서 증강현실은 가상현실에 비해 훨씬 현실적이다.

증강현실 기술의 원리는 다음과 같다. 사용자가 '증강현실 애플리케이션'을 실행한 후 스마트폰 카메라로 특정 거리나 건물을 비추면 'GPS 수신기'를 통해 위도 · 경도, 기울기 · 중력 등 '현재 위치 정보'가 스마트폰에 기록된다. 그 후에 '현재 위치 정보'는 인터넷을 통해 '위치 정보 시스템'으로 전송되며, '위치 정보 시스템'은 해당 지역의 상세 정보를 자신의 데이터베이스에서 검색한 후, 그 결과를 다시 스마트폰으로 전송한다. 이 데이터를 수신*한 스마트폰은 '증강현실 애플리케이션'을 통해 현재의 지도 정보와 가상의 이미지를 겹친 후 실시간 화면으로 보여 준다. 이렇게 데이터를 주고받는 과정이 지속적으로 수행되기 때문에 스마트폰을 들고 거리를 지나면 해당 지역 및 주변에 대한 상세 정보가 순차적으로 화면에 나타나게 된다.

증강현실 기술은 다양한 분야에서 활용되고 있는데, 대표적인 것이 증강현실을 이용한 지도 검색 애플리케이션이다. ㉠가까운 서점을 가려고 할 때, 증강현실 애플리케이션을 실행하고 스마트폰 카메라로 길거리를 비추면 주변에 있는 서점의 위치가 자동으로 표시된다. 뿐만 아니라 서점까지 걸어가는 경로를 화살표로 표시해 주기도 한다. 한편, 지금까지는 증강현실 기술이 스마트폰이나 태블릿 PC 등을 통해 구현*되어 왔지만, ㉡앞으로는 이러한 기기가 없이도 증강현실 기술이 활용될 수 있을 것으로 전망된다.

* 무관(없을 無, 빗장 關): 관계나 상관이 없음.
* 수신(받을 受, 믿을 信): 전신이나 전화, 라디오, 텔레비전 방송 따위의 신호를 받음. 또는 그런 일.
* 구현(갖출 具, 나타날 現): 어떤 내용이 구체적인 사실로 나타나게 함.

주제 쓰기

1 윗글을 참고할 때 ㉠의 원리에 대한 설명으로 적절하지 <u>않은</u> 것은?

| 'GPS 수신기'를 통해 현재 위치 정보가 스마트폰에 기록된다. | ········ ① |

⬇

| 현재 위치 정보는 인터넷을 통해 '위치 정보 시스템'으로 전송된다. | ········ ② |

⬇

| '위치 정보 시스템'은 자신의 데이터베이스에서 해당 지역에 서점이 있는지 검색한다. | ········ ③ |

⬇

| '위치 정보 시스템'은 검색한 결과를 스마트폰의 카메라로 전송한다. | ········ ④ |

⬇

| 스마트폰은 현재 지도 정보에 가상의 서점 이미지를 겹쳐서 실시간 화면으로 보여 준다. | ········ ⑤ |

2 <보기>는 ㉡의 사례를 찾아본 것이다. 이에 대한 이해로 적절하지 <u>않은</u> 것은?

┤ 보 기 ├

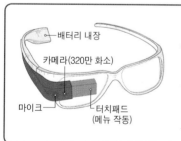

－ 배터리 내장
카메라(320만 화소)
마이크
터치패드 (메뉴 작동)

　　구글이 개발한 스마트 안경은 일반 안경처럼 착용하는데, 스마트폰처럼 운영 체제*가 내장되어 있어서 안경으로 인터넷 검색·사진 촬영 등을 할 수 있다. 기본적으로 음성 명령으로 작동하며, 한쪽 렌즈에 화면 출력용 프리즘이 장착*돼 있어 사용자 눈 앞으로 약 25인치 크기의 가상 화면이 나타난다.

* 운영 체제(돌 運, 경영할 營, 몸 體, 마를 制): 모든 하드웨어와 모든 소프트웨어를 관리하는 컴퓨터 시스템의 한 부분.
* 장착(꾸밀 裝, 붙을 着): 의복, 기구, 장비 따위에 장치를 부착함.

① 스마트 안경을 쓰면 자신을 포함한 모든 것이 인공적으로 바뀐다.
② 스마트 안경을 쓰든지 벗든지 상관없이 앞에 보이는 배경은 동일하다.
③ 스마트 안경은 스마트폰이나 태블릿 PC 없이 증강현실 기술이 구현된 사례이다.
④ 스마트 안경은 현실 세계에 가상 이미지를 겹쳐서 보여 주는 기술이 구현된 것이다.
⑤ 스마트 안경은 증강현실 기술이 쓰였다는 점에서 '포켓몬 고' 게임과 공통점을 지닌다.

중심 화제나 핵심 내용 등에는 ○, △, □, 밑줄 등과 같은 표시를 하면서 읽어보세요.

알폰스 페노는 1871년에 고무줄로 프로펠러를 돌려서 생긴 추진력*으로 비행하는 장난감 비행기 '프라노포'를 개발했다. '프라노포'는 길이 50㎝의 작은 모형 비행기로서 11초 동안 40m를 비행했으며, 근대 비행기의 표본이 되었다. 프로펠러는 1903년 라이트 형제의 최초 동력 비행에도 사용되면서, 초기 항공 발전에 지대한 영향을 끼쳤다.

헬리콥터가 날아가는 원리를 이해하기 위해서는 '양력'과 '추력'에 대해 알아야 한다. 우선, 양력은 중력*에 반대 방향으로 작용하는 힘으로서, 항공기를 뜨게 하는 역할을 한다. 비행기는 큰 날개가 양력을 발생시켜 뜨는데, 이 힘을 일으키려면 지속적으로 바람이 불어야 한다. 비행기가 이륙하기 전 활주로를 달리는 이유는 바로 맞바람이 불게 하기 위해서이다. 바람이 불지 않는 날 연을 띄우려면 앞으로 달려가야 하는 것과 같은 이치이다.

중심축 →

〈그림 1〉 로터의 단면

이와 달리 헬리콥터는 '로터●'가 양력을 발생시킨다. 중심축을 기준으로 로터가 좌우로 회전하면 공기의 흐름이 생기는데, 〈그림 1〉처럼 볼록한 위쪽을 지날 때는 공기의 속도가 빨라지고, 평평한 아래쪽을 지날 때는 느려진다. '베르누이의 정리'에 따르면 공기의 속도가 빨라지면 압력이 낮아지고 속도가 느려지면 압력이 높아지므로, 날개 위쪽의 압력은 낮아지고 아래쪽의 압력은 높아진다. 그러면 위쪽으로 작용하는 힘이 더 커져서 양력이 발생하고, 이에 헬리콥터가 뜨게 된다. 이처럼 헬리콥터는 로터가 바람을 일으키기 때문에 비행기처럼 활주로를 달릴 필요 없이 그 자리에서 수직으로 뜨고 내릴 수 있다.

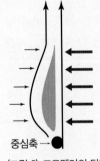

* 추진력(밀 推, 나아갈 進, 힘 力): 물체를 밀어 앞으로 내보내는 힘.
* 중력(무거울 重, 힘 力): 지구 중심에서 물체를 끌어당기는 힘.

중심축 ●

〈그림 2〉 프로펠러의 단면

한편, 추력이란 항공기를 밀거나 당기는 추진력으로서 항공기를 앞으로 가게 해 주는 힘이다. 비행기와 헬리콥터는 모두 프로펠러가 추력을 발생시켜 앞으로 나가게 하는데, 프로펠러가 추력을 발생시키는 원리도 로터와 비슷하다. 중심축을 기준으로 프로펠러가 위아래로 회전하면 공기의 흐름이 생기는데, 볼록한 쪽을 지날 때는 공기의 속도가 빨라져 압력이 낮아지고, 평평한 쪽을 지날 때는 속도가 느려져 압력이 높아진다. 그러면 〈그림 2〉처럼 압력이 높은 오른쪽에서 압력이 낮은 왼쪽으로 힘이 가해지면서 앞으로 나가게 되는 것이다.

주제 쓰기 ●
_____
_____

● 로터: 헬리콥터의 회전 날개의 총칭.

1 다음은 과학 카페에 올린 질문이다. 윗글을 참고할 때, 답변으로 가장 적절한 것은?

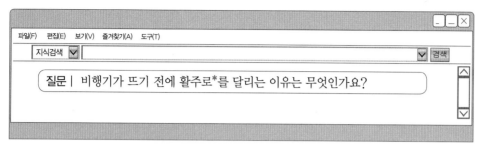

파일(F) 편집(E) 보기(V) 즐겨찾기(A) 도구(T)

지식검색 ▼ | | ▼ 검색

질문 | 비행기가 뜨기 전에 활주로*를 달리는 이유는 무엇인가요?

* 활주로(미끄러울 滑, 달
릴 走, 길 路): 비행장에
서 비행기가 뜨거나 내
릴 때에 달리는 길.

Ⅳ
·
기
술

① 맞바람이 불어야 추력이 발생하여 비행기가 뜰 수 있기 때문입니다.
② 로터가 바람을 일으켜야 양력이 발생하여 비행기가 뜰 수 있기 때문입니다.
③ 공기의 속도가 빨라져야 압력이 낮아지면서 비행기가 뜰 수 있기 때문입니다.
④ 지속적으로 맞바람이 불어야 양력이 발생하여 비행기가 뜰 수 있기 때문입니다.
⑤ 프로펠러가 좌우로 회전해야 공기의 흐름이 생겨서 비행기가 뜰 수 있기 때문입니다.

2 다음은 프로펠러가 추력을 발생시키는 원리를 정리한 표이다. ㉠~㉢에 들어갈 말로 적절한 것은?

프로펠러가 중심축을 기준으로 (㉠)로 회전함. → 공기의 흐름이 생김.

• 공기의 흐름이 프로펠러의 볼록한 쪽을 지날 때: 공기의 속도가 빨라져서 압력이 낮아짐.
• 공기의 흐름이 프로펠러의 평평한 쪽을 지날 때: 공기의 속도가 느려져서 압력이 높아짐.

압력이 (㉡)으로 힘이 가해지면서 (㉢).

	㉠	㉡	㉢
①	위아래	높은 쪽에서 낮은 쪽	항공기를 뜨게 함.
②	위아래	낮은 쪽에서 높은 쪽	항공기를 뜨게 함.
③	위아래	높은 쪽에서 낮은 쪽	항공기를 앞으로 나가게 함.
④	좌우	낮은 쪽에서 높은 쪽	항공기를 앞으로 나가게 함.
⑤	좌우	높은 쪽에서 낮은 쪽	항공기를 앞으로 나가게 함.

01 **관성** 익숙할 慣 성품 性
정지한 물체는 정지해 있으려고 하고, 움직이는 물체는 계속 움직이려고 하는 성질. 예 그 차는 달리던 관성으로 30미터 나아가서 멈추었다.

02 **초래** 부를 招 올 來
어떤 결과를 가져오게 함. 예 한순간의 부주의가 재앙을 초래했다.

03 **제동** 마를 制 움직일 動
기계나 자동차 따위의 운동을 멈추게 함. 예 제동 소리에 놀라 뒤를 돌아보았다.

04 **최적** 가장 最 맞을 適
가장 알맞음. 예 쌀을 생산하기 위한 최적의 조건이다.

05 **수행** 따를 遂 다닐 行
생각하거나 계획한 대로 일을 해냄. 예 직장에서 새로운 임무를 수행하고 있다.

06 **융합** 화할 融 합할 合
다른 종류의 것이 녹아서 서로 구별이 없게 하나로 합하여지거나 그렇게 만듦. 또는 그런 일. 예 수소가 산소와 일정 비율로 융합하면 물이 된다.

07 **수익** 거둘 收 더할 益
이익을 거두어들임. 또는 그 이익. 예 그 사업을 통해 얻은 수익이 크다.

08 **유출** 흐를 流 날 出
귀중한 물품이나 정보 따위가 불법적으로 나라나 조직의 밖으로 나가 버림. 또는 그것을 내보냄. 예 문화재가 유출되지 않도록 각별히 주의해야 한다.

09 **공법** 장인 工 법 法
공사하는 방법. 예 저 건물은 최신 공법으로 지어진 건물이다.

10 **요철** 오목할 凹 볼록할 凸
오목함과 볼록함. 예 요철이 많은 비포장도로라 운전하기가 불편하다.

11 **반파** 반 半 깨뜨릴 破
반쯤 부서짐. 예 이번 산사태로 가옥 몇 채가 반파되었다.

12 **현격** 매달 縣 사이가 뜰 隔
사이가 많이 벌어져 있음. 또는 차이가 매우 심함. 예 나와 언니는 나이 차이가 현격하다.

13 **무관** 없을 無 빗장 關
관계나 상관이 없음. 예 이 일은 너와 무관하다.

14 **전송** 번개 電 보낼 送
글이나 사진 따위를 전류나 전파를 이용하여 먼 곳에 보냄. 예 미국에 사는 친구가 나에게 사진을 전송했다.

15 **수신** 받을 受 믿을 信
전신이나 전화, 라디오, 텔레비전 방송 따위의 신호를 받음. 또는 그런 일. 예 이 전화는 수신에 문제가 없다.

16 **구현** 갖출 具 나타날 現
어떤 내용이 구체적인 사실로 나타나게 함. 예 토론과 설득은 민주 정치를 구현하는 방법이다.

17 **추진력** 밀 推 나아갈 進 힘 力
물체를 밀어 앞으로 내보내는 힘. 예 그 자동차는 추진력이 강한 엔진을 장착했다.

18 **중력** 무거울 重 힘 力
지구 중심에서 물체를 끌어당기는 힘. 예 모든 물체에는 중력이 작용하고 있다.

19 **이륙** 떼놓을 離 뭍 陸
비행기 따위가 날기 위하여 땅에서 떠오름. 예 그 비행기는 이륙 직후 추락했다.

20 **활주로** 미끄러울 滑 달릴 走 길 路
비행장에서 비행기가 뜨거나 내릴 때에 달리는 길. 예 비행기가 활주로를 따라 질주한다.

[01~05] 다음 뜻에 해당하는 단어를 〈보기〉에서 찾아 쓰시오.

┤ 보 기 ├

제동 전송 구현 이륙 반파

01 반쯤 부서짐. →

02 기계나 자동차 따위의 운동을 멈추게 함. →

03 비행기 따위가 날기 위하여 땅에서 떠오름. →

04 어떤 내용이 구체적인 사실로 나타나게 함. →

05 글이나 사진 따위를 전류나 전파를 이용하여 먼 곳에 보냄. →

[06~10] 제시된 초성과 뜻을 참고하여 (   ) 안에 들어갈 단어를 쓰시오.

06 ㅊㅈ : 가장 알맞음. 예 오늘은 소풍을 가기에 (   )의 날씨이다.

07 ㅅㅎ : 생각하거나 계획한 대로 일을 해냄. 예 학생들은 각자 자신이 맡은 임무를 (   )하였다.

08 ㅅㅇ : 이익을 거두어들임. 또는 그 이익. 예 그 사업으로 큰 (   )을 거둬들였다.

09 ㅇㅊ : 귀중한 물품이나 정보 따위가 불법적으로 나라나 조직의 밖으로 나가 버림. 예 이 자료는 (   ) 되지 않도록 각별히 신경 써 주세요.

10 ㅅㅅ : 전신이나 전화, 라디오, 텔레비전 방송 따위의 신호를 받음. 또는 그런 일. 예 이 휴대폰은 (   ) 속도가 매우 빠르다.

[11~15] 다음에서 설명하고 있는 단어를 말상자에서 찾아 동그라미를 하시오.

활	주	로	중
나	관	성	력
공	수	신	융
법	회	전	합

11 공사하는 방법.

12 지구 중심에서 물체를 끌어당기는 힘.

13 비행장에서 비행기가 뜨거나 내릴 때에 달리는 길.

14 정지한 물체는 정지해 있으려고 하고, 움직이는 물체는 계속 움직이려고 하는 성질.

15 다른 종류의 것이 녹아서 서로 구별이 없게 하나로 합하여지거나 그렇게 만듦. 또는 그런 일.

[16~20] 다음 단어에 알맞은 뜻을 서로 연결하시오.

16 요철 •

17 무관 •

18 현격 •

19 추진력 •

20 초래 •

• ㉠ 오목함과 볼록함.

• ㉡ 관계나 상관이 없음.

• ㉢ 어떤 결과를 가져오게 함.

• ㉣ 물체를 밀어 앞으로 내보내는 힘.

• ㉤ 사이가 많이 벌어져 있음. 또는 차이가 매우 심함.

전자레인지는 어떻게 음식을 데울까?

정답 및 해설 72쪽

중심 화제나 핵심 내용 등에는 ○, △, □, 밑줄 등과 같은 표시를 하면서 읽어보세요.

차가운 음식을 데우거나 냉동 식품을 해동*할 수 있는 편리함 덕분에 필수 가전제품이 된 전자레인지는 '마그네트론'이라는 레이더 장비를 개발하던 연구원인 스펜서가 발명하였다. 그는 주머니에 넣어둔 초콜릿이 평소와 달리 완전히 녹아 버린 것을 보고, 마그네트론이 만들어 낸 '마이크로파'가 영향을 주었을 것이라 생각하였다. ㉠ 스펜서는 자신의 가설을 검증하기 위해 옥수수 알갱이를 마그네트론 옆에 놓았는데, 이때 알갱이가 터지면서 팝콘이 되는 것을 확인하였다. 그는 이러한 원리를 응용해 전자레인지를 개발하기에 이른다.

사람들이 옛날부터 사용해 온 조리법은 음식물이 담긴 용기*를 가열하여 음식물의 외부를 가열한 뒤 점차 내부까지 뜨겁게 하는 방법이었다. ㉡ 이런 조리법과 달리 전자레인지는 마그네트론에서 만들어진 마이크로파를 이용하여 음식물을 가열하기 때문에, 식품을 중심부터 표면까지 고르게 익게 하는 것이다. ㉢

마그네트론

냉각팬

필터

〈전자레인지의 단면〉

전자레인지의 원리를 자세히 살펴보자. 전자레인지를 작동시키면 마그네트론에 전류가 흐르게 되고, 마그네트론에서는 2.45GHz의 높은 주파수*로 진동하는 마이크로파가 만들어진다. 이렇게 만들어진 마이크로파는 유리, 도자기, 플라스틱 용기 등에는 흡수되지 않고 통과하지만, 음식물 안에 있는 물 분자가 마이크로파를 흡수해 격렬하게 운동하면서 온도가 높아져 식품이 익는다. ㉣ 모든 음식물에는 수분이 있기 때문에 마이크로파에 의해 조리가 가능한 것이다.

전자레인지를 사용할 때 주의할 점 중 하나는 은박지나 금속 용기를 사용해서는 안 된다는 것이다. 은박지나 금속 용기는 마이크로파를 반사하기 때문에 음식이 가열되지 않을 뿐만 아니라, 전자레인지 내부에서 만들어진 마이크로파가 흡수되는 곳 없이 계속 반사·축적되기만 하므로 위험한 사고가 발생할 수도 있다. ㉤ 이와 같은 이유로 ㉮빈 그릇만 전자레인지 안에 넣고 전자레인지를 작동시키는 것도 위험하다.

* 해동(풀 解, 얼 凍): 얼었던 것이 녹아서 풀림. 또는 그렇게 하게 함.
* 용기(얼굴 容, 그릇 器): 물건을 담는 그릇.
* 주파수(두루 周, 물결 波, 셀 數): 전파나 음파가 1초 동안에 진동하는 횟수.

주제 쓰기 •

_____

_____

1 <보기>는 '전자레인지'가 음식물을 데우는 원리이다. 순서대로 나열한 것은?

---- 보 기 ----

ⓐ 마그네트론에서 마이크로파가 만들어짐.
ⓑ 전자레인지를 작동시키면 마그네트론에 전류가 흐름.
ⓒ 마이크로파가 그릇을 통과한 뒤 음식물 안에 있는 물 분자에 흡수됨.
ⓓ 음식물 안에 있는 물 분자가 격렬하게 운동하면서 온도가 높아져 음식이 익음.

① ⓐ – ⓑ – ⓒ – ⓓ   ② ⓐ – ⓒ – ⓑ – ⓓ
③ ⓑ – ⓐ – ⓒ – ⓓ   ④ ⓑ – ⓒ – ⓐ – ⓓ
⑤ ⓒ – ⓑ – ⓐ – ⓓ

2 ㉠~㉤ 중 <보기>의 내용이 들어갈 위치로 가장 적절한 것은?

---- 보 기 ----

　하지만 식품은 금속처럼 열이 잘 전달되는 편이 아니기 때문에, 식품의 중심 부분은 익지 않았는데 표면은 너무 가열되어 타 버리는 경우가 발생하였다.

① ㉠   ② ㉡   ③ ㉢   ④ ㉣   ⑤ ㉤

3 ㉮의 이유를 추론한 것으로 가장 적절한 것은?

① 마이크로파는 은박지나 금속 용기에 흡수되기 때문
② 전자레인지는 식품을 중심부터 표면까지 고르게 익히기 때문
③ 높은 주파수로 진동하는 마이크로파가 만들어지지 않기 때문
④ 마이크로파가 흡수되는 곳 없이 계속 반사 · 축적되기만 하기 때문
⑤ 전자레인지에는 유리, 도자기, 플라스틱 용기를 사용하면 안 되기 때문

수술하는 로봇

중심 화제나 핵심 내용 등에는 ○, △, □, 밑줄 등과 같은 표시를 하면서 읽어보세요.

과학 소설에나 존재했던 수술하는 로봇이 현실 세계에서 활용되고 있다. 현재까지 개발된 수술 로봇은 스스로 판단해서 수술을 할 수는 없고, 의사의 조종에 따라 수술 도구를 움직이는 역할을 한다. 로봇 수술기에는 '이솝', '제우스', '다빈치' 등 몇 가지 종류가 있는데, 그중에서 가장 발전된 형태가 다빈치이다. 다빈치는 1999년 미국에서 처음 출시되어 현재 미국과 유럽의 거의 모든 대학 병원에서 사용할 정도로 보편화*되었다.

다빈치는 의사가 로봇을 조종하는 데 쓰이는 '수술 콘솔'과 의사의 조종에 따라 수술을 수행하는 '로봇 카트'로 이루어져 있다. 이 둘은 전선으로 연결되어 있어서 수술실 환경에 따라 어느 정도 거리가 떨어져 있어도 상관없다. 로봇 카트는 약 2m의 높이로 무게가 544kg이나 나가는 꽤 거대한 물체이다. 로봇 카트에는 4개의 팔이 있는데, 가운데 있는 팔에는 환자의 몸속을 들여다보는 카메라가 붙어 있고, 나머지 팔 3개는 수술용 기구를 다룬다.

로봇 카트는 의사의 지시에 따라 환자의 몸에 하나 또는 여러 개의 구멍을 뚫은 뒤, 카메라가 붙어 있는 팔과 수술용 팔을 몸속에 넣는다. 그러면 의사는 3차원 입체 영상을 보면서 로봇 카트의 팔이 수술을 하도록 조종한다. 로봇 카트는 의사의 손동작을 그대로 흉내 낼 수 있도록 만들어졌기 때문에 의사가 양쪽 손의 엄지와 검지를 수술 콘솔 안에 있는 골무에 끼우고 움직이면 로봇 카트의 팔에 붙어 있는 수술집게도 그대로 따라 움직인다.

그런데 다빈치를 활용하여 수술을 할 때에 제기되는 몇 가지 문제점이 있다. 먼저, 의사가 미세한 감각을 직접 느낄 수 없다는 것이다. 의사가 직접 수술할 때는 환부*를 꿰매던 실을 잡아 당겨 보면 환부의 상태를 바로 느낄 수 있지만, 다빈치로 수술을 할 때는 실이 당겨지는 화면을 보고 짐작만 할 수 있기 때문이다. 또 수술 도중 환자를 움직이게 하려면 로봇 팔을 환자의 몸속에서 꺼내야 하기 때문에 수술을 중단해야 한다는 점, 기존의 수술에 비해 비용이 비싸다는 점 등이 해결해야 할 문제점으로 지적된다.

하지만 다빈치를 이용하면 환자의 몸속을 자세히 볼 수 있다는 장점이 있다. 3D 카메라로 환자의 몸속을 볼 수 있기 때문에 입체 영상으로 먼 곳과 가까운 곳을 쉽게 구분할 수 있고, 수술 부위를 10배까지 확대해서 보는 것이 가능하다. 이는 의사가 시야를 확보하여 환자의 몸에 상처를 적게 할 수 있기 때문에 환자의 회복이 훨씬 빠르게 된다.

＊보편화(널리 普, 두루 遍, 될 化): 널리 일반인에게 퍼짐. 또는 그렇게 되게 함.
＊환부(근심 患, 거느릴 部): 병이나 상처가 난 자리.

주제 쓰기 ●

_____

_____

1 다음은 글쓴이가 작성한 글쓰기 계획이다. 윗글에 반영되지 <u>않은</u> 것은?

✔ '다빈치'가 어떻게 구성되어 있는지 언급해야겠어. ··①
✔ '다빈치'와 다른 수술 로봇과의 차이점을 설명해야겠어. ······························②
✔ '다빈치'를 활용하여 수술할 때의 문제점을 나열해야겠어. ·····················③
✔ '다빈치'를 활용하여 수술하는 과정을 순서대로 제시해야겠어. ··················④
✔ '다빈치'를 활용하여 수술할 때의 장점을 구체적으로 서술해야겠어. ··············⑤

Ⅳ
·
기
술

2 로봇 카트 에 대한 설명으로 적절하지 <u>않은</u> 것은?

① 의사의 조종에 따라 수술을 수행하는 역할을 한다.
② 환자의 몸에 수술을 하기 위한 구멍을 뚫기도 한다.
③ '수술 콘솔'과 어느 정도 거리가 떨어져 있어도 상관없다.
④ 의사가 엄지와 검지를 끼울 수 있는 골무가 장착*되어 있다.
⑤ 4개의 팔이 있는데, 가운데 있는 팔의 기능은 나머지 3개와 다르다.

＊ 장착(꾸밀 裝, 붙을 着):
의복, 기구, 장비 따위
에 장치를 부착함.

3 윗글을 참고할 때 <보기>의 ⓐ에 들어갈 내용으로 가장 적절한 것은?

┤ 보 기 ├
저는 '다빈치'를 이용한 수술에 찬성합니다.
왜냐하면 '다빈치'를 이용하여 수술하면 _____ ⓐ _____ 입니다.

① 기존의 수술에 비해 비용이 저렴하기 때문
② 의사가 미세한 감각을 보다 잘 느낄 수 있기 때문
③ 수술하는 도중에 환자를 움직일 필요가 없기 때문
④ 환부를 꿰매던 실을 잡아당겨도 환부의 상태를 느낄 수 없기 때문
⑤ 환자의 몸속을 자세히 볼 수 있어서 환자의 회복이 훨씬 빨라지기 때문

　미세먼지가 심각한 사회 문제로 나타나면서 우리나라는 다양한 노력을 기울이고 있는데, 그중 하나가 석탄·석유 대신 '재생 에너지'의 사용을 늘리는 것이다. 재생 에너지란 환경을 오염시키지 않고 지속적으로 이용할 수 있는 에너지로, 풍력 에너지, 수력 에너지, 해양 에너지 등이 있다. 태양 에너지 역시 대표적인 재생 에너지인데, 이용 기술에 따라 '태양광 발전'과 '태양열 발전'으로 나눌 수 있다.

　태양광 발전은 '태양 전지'를 이용하여 태양의 빛에너지를 전기에너지로 변환시키는 기술이다. 햇빛이 태양 전지를 비추면 그 속에 있는 전자가 도선*을 따라 흘러가는데, 이러한 전자의 흐름에 의해 전기가 만들어진다. 그런데 태양 전지 한 개에서 생기는 전압은 꼬마전구 한 개를 밝힐 수 있는 정도이다. 따라서 많은 전기를 얻기 위해서는 여러 개의 태양 전지를 연결해야 하는데, 이를 '태양 전지판'이라고 한다. 태양 전지판을 연결해서 1㎡ 크기로 만들면 발전* 용량이 100W 정도 되는 태양광 발전 장치가 만들어지고, 이렇게 생산된 전기는 자체적으로 사용되거나 전선망을 통해 전력 회사로 보내진다.

　태양열 발전은 집열기를 이용해 태양열을 모아 난방 또는 냉방 등에 활용하는 기술이다. 우선, 태양열을 이용한 난방 장치는 주로 찬물을 데우는 데 쓰인다. 집열판 내부에서 얻을 수 있는 공기의 최대 온도는 180℃에 달하며, 이렇게 모은 열로 찬물을 데운다. 데워진 물은 온수 저장 탱크로 이동하게 되어, 수도를 틀면 온수를 바로 사용할 수 있게 되는 것이다.

　한편, 태양열을 이용한 냉방 장치에는 여러 방식이 있는데, 대표적인 것은 실리카겔을 이용하는 것이다. 실내로 들어오는 공기가 실리카겔을 통과하면 습기가 제거되는데, 이 건조한 공기에 분무기로 물방울을 뿌리면 물방울이 증발하면서 실내로 들어오는 공기가 차가워진다. 물이 증발할 때 주위의 열을 빼앗아 주위의 온도를 낮추는 원리를 이용한 것이다. 그런데 공기의 습기를 제거하는 실리카겔은 어느 정도의 습기를 빨아들이면 기능이 떨어지는데, 이때 열을 가해서 습기를 제거해 주면 기능이 되살아난다. 집열기를 통해 모은 태양열은 습기를 잔뜩 머금은 실리카겔을 가열해서 다시 사용할 수 있게 하는 역할을 한다.

　이처럼 태양을 이용해 에너지를 생산하는 것은 고갈*될 염려가 없고 환경 오염 물질을 배출하지 않는다는 장점이 있다. 하지만 발전 시설을 만들기 위한 비용이 많이 들고, 많은 양의 에너지를 만들어 내지는 못하며, 흐린 날이나 밤에는 전력을 생산할 수 없다는 한계를 지니고 있다. 비록 태양 에너지가 이와 같은 한계를 지니고 있으나, 미래 에너지 산업에서 잠재력을 가지고 있기 때문에 이를 상용화하기 위한 기술 개발이 계속되고 있다.

*도선(이끌 導, 줄 線): 전기의 양극을 이어 전류를 통하게 하는 쇠붙이 줄.
*발전(필 發, 번개 電): 전기를 일으킴.
*고갈(마를 枯, 목마를 渴): 어떤 일의 바탕이 되는 돈이나 물자, 소재, 인력 따위가 다하여 없어짐.

주제 쓰기 ●
_____
_____

1 윗글을 읽은 후 <보기>에 대한 반응으로 적절하지 <u>않은</u> 것은?

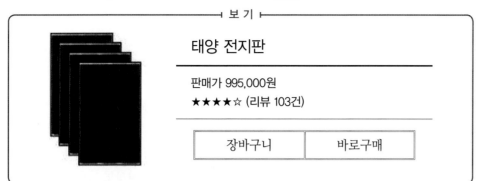

┤ 보 기 ├

태양 전지판

판매가 995,000원
★★★★☆ (리뷰 103건)

| 장바구니 | 바로구매 |

① 태양의 빛에너지를 전기에너지로 변환*시키는 제품이군.
② 햇빛을 받으면 집열판이 뜨거워지면서 전기가 만들어지겠군.
③ 많은 전기를 생산하기 위해 태양 전지를 여러 개 연결한 것이군.
④ 날씨가 흐린 날이나 밤에는 전력을 생산할 수 없다는 점이 아쉽군.
⑤ 태양 전지로 전기를 만들면 오염 물질이 배출되지 않아 환경에 도움이 되겠군.

* 변환(변할 變, 바꿀 換):
달라져서 바뀜. 또는 다
르게 하여 바꿈.

2 다음은 윗글을 읽고 학습 활동을 수행한 것이다. 적절하지 <u>않은</u> 것은?

- 태양열 발전은 난방뿐 아니라 냉방에도 활용할 수 있다. (○) ┈┈┈┈┈┈┈ ㉠
- 태양열을 이용한 난방 장치의 주된 용도는?
  답 찬물을 데우는 데 주로 쓰임. ┈┈┈┈┈┈┈┈┈┈┈┈┈┈┈┈┈┈┈┈ ㉡
- 태양열을 이용한 냉방 장치에는 여러 방식이 있다. (×) ┈┈┈┈┈┈┈┈┈┈ ㉢
- 실리카겔을 이용한 태양열 냉방 장치에서 '실리카겔'과 '태양열'의 역할은 각각 무엇
  인가?
  답 실리카겔: 공기의 습기를 제거함. ┈┈┈┈┈┈┈┈┈┈┈┈┈┈┈┈┈┈ ㉣
     태양열: 습기를 빨아들인 실리카겔을 가열해서 다시 사용할 수 있게 해 줌. ┈┈ ㉤

① ㉠   ② ㉡   ③ ㉢   ④ ㉣   ⑤ ㉤

꿈의 나노 물질, 그래핀 _ 홍준의 외

중심 화제나 핵심 내용 등에는 ○, △, □, 밑줄 등과 같은 표시를 하면서 읽어보세요.

연필심에 사용되어 우리에게 친숙한 흑연은 탄소들이 벌집 모양의 육각형 그물처럼 배열된 평면들이 층으로 쌓여 있는 구조인데, 이 흑연의 한 층을 '그래핀(Graphene)'이

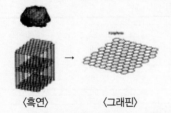

〈흑연〉 〈그래핀〉

라 한다. 1947년 처음 발견된 그래핀은 분리해 낼 방법이 없어 베일에 싸여 있었으나, 2004년 영국의 한 연구팀이 그래핀을 얻는 데 성공하였다. 연구팀은 그 공로로 2010년 노벨 물리학상을 수상하였으며, 이후 그래핀이 재조명되기 시작했다.

그래핀이 주목받은 이유는 뛰어난 특성을 지니고 있기 때문이다. 우선, 그래핀은 구리보다 100배 이상 전기가 잘 통하고, 반도체로 주로 쓰이는 실리콘보다 100배 이상 전자를 빠르게 이동시킬 수 있다. 또 그래핀의 강도*는 강철보다 200배 이상 높으며, 최고의 열전도성을 자랑하는 다이아몬드보다 2배 이상 열전도성*이 높다. 뿐만 아니라 신축성*도 매우 뛰어나 면적 대비 20%까지 늘어나며, 늘리거나 구부려도 전기적 성질을 잃지 않는다.

이러한 우수한 특성 때문에 그래핀은 다양한 분야에서 미래 기술로 각광받고 있다. 높은 전기적 특성을 활용한 '초고속 반도체', 투명 전극을 활용한 '휘는 디스플레이', '고효율 태양 전지' 등이 있는데, 특히 구부릴 수 있는 디스플레이, 손목에 차는 컴퓨터나 전자 종이 등을 만들 수 있어서 미래의 신소재로 주목받고 있다.

그래핀을 제조하는 방법에는 물리적 박리법*과 화학적 박리법이 있다. 물리적 박리법은 앞서 언급했던 2004년 영국의 연구팀이 사용한 방법이다. 투명 테이프를 흑연에 붙였다 떼어 그래핀을 얻은 후, 아세톤 등의 용매를 이용해 접착 성분을 제거하면 그래핀을 얻을 수 있다. 질적으로 가장 뛰어난 그래핀을 얻을 수 있는 방법이지만, 작업자의 손 기술에 의존하기 때문에 대량 생산이 어렵고 느리다는 한계가 있다.

화학적 박리법은 산화-환원 반응을 이용한 것이다. 흑연을 산화시키면 그래핀이 산화되면서 층 사이가 벌어지는데, 이때 초음파를 쏘여 주면 산화된 그래핀을 얻을 수 있다. 산화된 그래핀은 전기를 통하는 성질이 사라진 상태이므로, 환원 작업을 통해 순수한 그래핀을 얻을 수 있다. 이 방법은 그래핀을 대량으로 생산할 수 있고, 다양하게 응용할 수 있는 장점이 있다. 하지만 산소를 완벽하게 제거하기가 어렵고 그래핀에 결함이 발생할 수 있다는 한계를 지니고 있다.

* 강도(굳셀 剛, 법도 度): 금속의 단단하고 센 정도.
* 열전도성(더울 熱, 전할 傳, 이끌 導, 성품 性): 열을 잘 전달하는 성질.
* 신축성(펼 伸, 줄일 縮, 성품 性): 물체가 늘어나고 줄어드는 성질.
* 박리법(벗길 剝, 떼놓을 離, 법 法): 벗겨 내는 방법.

주제 쓰기 •

_____

_____

1 다음은 윗글을 읽고 내용을 정리한 것이다. ㉠에 들어갈 내용으로 적절하지 <u>않은</u> 것은?

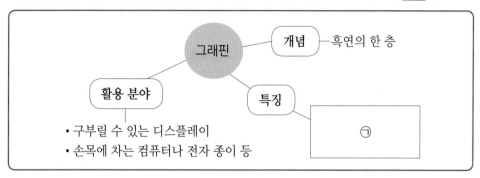

① 구리보다 100배 이상 전기가 잘 통한다.
② 강도가 다이아몬드보다 200배 이상 높다.
③ 늘리거나 구부려도 전기적 성질을 잃지 않는다.
④ 신축성이 매우 뛰어나 면적 대비 20%까지 늘어난다.
⑤ 실리콘보다 100배 이상 전자를 빠르게 이동시킬 수 있다.

2 다음은 그래핀 제조 방법을 비교한 것이다. 적절하지 <u>않은</u> 것은?

물리적 박리법	방법	• 투명 테이프를 흑연에 붙였다 떼어 그래핀을 얻은 뒤, 용매를 이용해 접착 성분을 제거함. ……………………………… ①
	장점	• 질적으로 가장 뛰어난 그래핀을 얻을 수 있음.
	단점	• 작업자의 손 기술에 의존하므로 대량 생산이 어렵고 느림.……… ②
화학적 박리법	방법	• 초음파로 흑연의 층 사이를 벌어지게 해서 그래핀을 산화시킨 뒤, 환원시킴. ………………………………………… ③
	장점	• 대량으로 생산할 수 있음. • 다양하게 응용할 수 있음. ……………………………… ④
	단점	• 산소를 완벽하게 제거하기 어려움. • 그래핀에 결함이 발생할 수 있음. ………………………… ⑤

주심 화제나 핵심 내용 둘에는 ◯, △, □, 밑줄 등과 같은 표시를 하면서 읽어보세요.

　2015년, 어느 웹사이트를 방문한 몇몇 사용자의 컴퓨터에 이상한 현상이 발생했다. 갑자기 컴퓨터 시스템에 접근할 수 없게 되거나 저장한 사진과 문서 파일 등을 열 수 없게 되었던 것이다. ㉠컴퓨터가 '랜섬웨어'에 감염*되어 모든 데이터가 암호화되었기 때문이다.

　랜섬웨어는 '몸값(ransom)'과 '소프트웨어(software)'의 합성어다. 시스템을 잠그거나 데이터를 암호화해 사용할 수 없도록 만든 뒤, 이를 인질로 돈을 요구하는 악성 프로그램을 일컫는다. 이러한 랜섬웨어는 2005년부터 본격적으로 알려지기 시작한 후 2013년 이후 전 세계적으로 급증하여, 랜섬웨어 공격을 받은 공공기관, 기업, 개인 컴퓨터 등이 매년 늘어나는 추세*이다. 뿐만 아니라 랜섬웨어 공격은 해마다 과격해지면서 보안 위협도 높아졌다.

　과거에 랜섬웨어는 주로 사용자 컴퓨터나 컴퓨터 파일을 사용하지 못하도록 암호를 걸어놓는 식이었다. 당시에는 공격자가 걸어놓은 암호화 수준이 낮아 암호를 푸는 방법을 통해 쉽게 데이터를 복구할 수 있었다. 하지만 최근에는 더욱 복잡하고 어려운 방식으로 암호화하기 때문에 암호를 푸는 것이 매우 어렵다. 설령 백신 프로그램으로 악성 코드를 없앤다 해도 암호화된 파일은 복구되지 않기 때문에 랜섬웨어는 역사상 최악의 악성 코드라고 불린다.

　현재 퍼지고 있는 랜섬웨어는 50종류가 넘으며, 컴퓨터뿐 아니라 스마트폰까지 랜섬웨어에 감염되는 사례가 등장하고 있다. 또한 랜섬웨어 유포* 방식도 웹사이트, 이메일, 메신저 등 다양하다. '신뢰할 수 없는 사이트'의 경우에는 보안이 취약하기 때문에 단순히 홈페이지를 방문만 해도 랜섬웨어에 감염된다. 이메일의 경우에는 마치 아는 사람인 것처럼 또는 알아야 하는 정보인 것처럼 제목을 달아서 사용자가 이메일을 열어보도록 유도한 뒤, 첨부 파일, 메일 웹주소(URL)를 통해 컴퓨터를 감염시킨다.

　랜섬웨어의 피해를 입지 않기 위해서는 자료들을 컴퓨터가 아닌 다른 공간에 정기적으로 저장해 두어야 한다. 그리고 이메일에 첨부된 파일은 특별히 요청한 것이 아니라면 보낸 사람에게 확인한 후 실행하는 것이 좋다. 문자 메시지 등에 첨부된 링크를 무심코 눌러서는 안 되며, 파일 공유 사이트 등을 통해 내려 받은 파일을 실행할 때에도 주의해야 한다. 또한, 컴퓨터 바이러스를 찾아내고 손상된 디스크를 복구하는 백신 소프트웨어를 항상 최신 버전으로 유지하는 것이 좋다.

* 감염(느낄 感, 물들 染): (컴퓨터) 컴퓨터 바이러스가 컴퓨터의 하드 디스크나 파일 따위에 들어오는 일.
* 추세(달릴 趨, 기세 勢): 어떤 현상이 일정한 방향으로 나아가는 경향.
* 유포(흐를 流, 펼 布): 세상에 널리 퍼짐. 또는 세상에 널리 퍼뜨림.

주제 쓰기

1 다음은 컴퓨터 전문가와의 인터뷰 내용이다. 윗글을 참고할 때 적절하지 <u>않은</u> 것은?

Q: 랜섬웨어의 개념이 궁금합니다.
A: ① 랜섬웨어는 '몸값(ransom)'과 '소프트웨어(software)'의 합성어로서, ② 컴퓨터에 저장된 데이터 등을 인질로 하여 돈을 요구하는 악성 프로그램을 뜻합니다.

Q: 랜섬웨어는 개인 컴퓨터만 공격하나요?
A: 아닙니다. ③ 기업이나 공공기관 등의 컴퓨터도 공격을 합니다.

Q: 과거에도 랜섬웨어가 있었던 것으로 알고 있는데요, 최근에 이렇게 심각한 문제로 떠오른 이유는 무엇인가요?
A: ④ 과거와 달리 최근에는 더 복잡하고 어려운 방식으로 데이터를 암호화하여 암호를 푸는 것이 어렵기 때문입니다. ⑤ 하지만 악성 코드*를 없애면 암호화된 파일을 쉽게 복구할 수 있습니다.

* 악성 코드(악할 惡, 성품 性, code): 컴퓨터 사용자에게 피해를 주기 위하여 만들어 낸 모든 종류의 프로그램.

2 ㉠과 같은 상황을 피하기 위해 해야 할 일로 적절하지 <u>않은</u> 것은?

① 자료들을 컴퓨터에 정기적으로 저장해 두어야 한다.
② 문자 메시지에 첨부된 링크를 함부로 누르지 않도록 한다.
③ 컴퓨터 백신 소프트웨어를 항상 최신 버전으로 유지하도록 한다.
④ 파일 공유 사이트에서 내려 받은 파일을 실행할 때 주의해야 한다.
⑤ 이메일에 첨부된 파일은 보낸 사람에게 확인한 후 실행하도록 한다.

독해의 기초 Tip

■ 내용 일치 문제에서 선택지를 구성하는 방식
① 유사 표현: 지문에 있는 표현을 가져오면서 유사한 뜻을 가진 다른 단어로 대체하여 표현하는 경우로, 문장의 서술어를 유사한 표현으로 교체하는 경우가 많다.
    예 어두운 곳에서 책을 보는 것은 시력에 좋지 않은 영향을 미친다.
      – 어두운 곳에서 책을 보는 것은 시력을 저하시킬 수 있다.

② 대조 표현: 지문의 내용과 반대되는 말로 고쳐 표현하는 경우로, 적절하지 않은 선택지를 만들 때 많이 사용된다.
    예 힘은 질량과 가속도에 비례한다. – 가속도는 힘에 비례하지 않는다.

01 **해동** 풀 解 얼 凍
얼었던 것이 녹아서 풀림. 또는 그렇게 하게 함. 예 냉동만두를 해동한 뒤 먹었다.

02 **검증** 검사할 檢 증거 證
검사하여 증명함. 예 그 이론은 검증을 거치지 않은 것이므로 믿을 수 없다.

03 **용기** 얼굴 容 그릇 器
물건을 담는 그릇. 예 남은 음식 재료를 용기에 담아 냉장고에 보관하였다.

04 **주파수** 두루 周 물결 波 셀 數
전파나 음파가 1초 동안에 진동하는 횟수. 예 무전기 주파수가 맞지 않아 무슨 소리를 하는지 알아들을 수가 없다.

05 **보편화** 널리 普 두루 遍 될 化
널리 일반인에게 퍼짐. 또는 그렇게 되게 함. 예 휴대 전화 사용이 보편화되었다.

06 **환부** 근심 患 거느릴 部
병이나 상처가 난 자리. 예 그는 환부가 쑤시고 아파서 밤을 꼬박 새웠다.

07 **시야** 볼 視 들 野
「1」 시력이 미치는 범위. 예 시야가 탁 트이다.
「2」 현미경, 망원경, 사진기 따위의 렌즈로 볼 수 있는 범위. 예 망원경으로 시야가 닿는 수평선 안의 해면을 샅샅이 훑었다.

08 **확보** 굳을 確 지킬 保
확실히 보증하거나 가지고 있음. 예 정보화 사회에서는 새로운 정보의 확보가 중요하다.

09 **변환** 변할 變 바꿀 換
달라져서 바뀜. 또는 다르게 하여 바꿈. 예 눈은 빛의 자극을 전기 신호로 변환하여 뇌로 전달하는 기능을 갖고 있다.

10 **발전** 필 發 번개 電
전기를 일으킴. 예 그 발전기는 최대 발전 용량이 얼마나 될까?

11 **고갈** 마를 枯 목마를 渴
어떤 일의 바탕이 되는 돈이나 물자, 소재, 인력 따위가 다하여 없어짐. 예 석유의 고갈에 대비하여 대체 자원을 개발해야 한다.

12 **상용화** 항상 常 쓸 用 될 化
일상적으로 쓰게 만듦. 또는 그렇게 됨. 예 앞으로는 택배 업계에 드론이 상용화될 것이다.

13 **강도** 굳셀 剛 법도 度
금속의 단단하고 센 정도. 예 강철보다 합금의 강도가 더 높다.

14 **열전도성** 더울 熱 전할 傳 이끌 導 성품 性
열을 잘 전달하는 성질. 예 그 금속은 열전도성이 매우 높다.

15 **신축성** 펼 伸 줄일 縮 성품 性
물체가 늘어나고 줄어드는 성질. 예 이 운동복은 신축성이 좋은 옷감으로 만들어졌다.

16 **신소재** 새 新 흴 素 재목 材
종래의 재료에는 없는 뛰어난 특성을 지닌 소재를 통틀어 이르는 말. 예 최근에는 전자, 컴퓨터, 항공기, 신소재 따위의 첨단 기술 산업이 발달하고 있다.

17 **감염** 느낄 感 물들 染
(컴퓨터) 컴퓨터 바이러스가 컴퓨터의 하드 디스크나 파일 따위에 들어오는 일. 예 인터넷에서 자료를 받을 때에는 컴퓨터 바이러스의 감염을 조심하여야 한다.

18 **추세** 달릴 趨 기세 勢
어떤 현상이 일정한 방향으로 나아가는 경향. 예 올 들어 수출은 계속 증가 추세를 보이고 있다.

19 **유포** 흐를 流 펼 布
세상에 널리 퍼짐. 또는 세상에 널리 퍼뜨림. 예 무분별한 상업주의의 유포에 따른 폐단이 속출하고 있다.

20 **손상** 덜 損 상처 傷
병이 들거나 다침. 예 전란 중에 질병이 만연하여 인명의 손상이 많았다.

[01~05] 다음 내용이 옳으면 ○표, 틀리면 ×표를 하시오.

01 점토로 만든 그릇을 '용기'라고 한다. (　　　)

02 전기를 일으키는 것을 '발전'이라고 한다. (　　　)

03 병이나 상처가 난 자리를 '환부'라고 한다. (　　　)

04 검사하여 증명하는 것을 '검증'이라고 한다. (　　　)

05 어떤 현상이 일정한 방향으로 나아가는 경향을 '대세'라고 한다. (　　　)

[06~10] 다음의 (　　　) 안에 알맞은 단어를 〈보기〉에서 찾아 쓰시오.

보 기
감염　　고갈　　변환　　손상　　시야

06 눈은 빛의 자극을 전기 신호로 (　　　　)하여 뇌로 전달하는 기능을 갖고 있다.

07 망원경으로 (　　　　)이/가 닿는 수평선 안의 해면을 샅샅이 훑었다.

08 그 단체는 자금 (　　　　)(으)로 어려움을 겪고 있다.

09 전란 중에 질병이 만연하여 인명의 (　　　　)이/가 많았다.

10 인터넷에서 자료를 받을 때에는 컴퓨터 바이러스의 (　　　　)을/를 조심하여야 한다.

[11~15] 다음 단어에 알맞은 뜻을 서로 연결하시오.

11 보편화　　•　　　　• ㉠ 확실히 보증하거나 가지고 있음.

12 상용화　　•　　　　• ㉡ 일상적으로 쓰게 만듦. 또는 그렇게 됨.

13 유포　　　•　　　　• ㉢ 세상에 널리 퍼짐. 또는 세상에 널리 퍼뜨림.

14 확보　　　•　　　　• ㉣ 널리 일반인에게 퍼짐. 또는 그렇게 되게 함.

15 해동　　　•　　　　• ㉤ 얼었던 것이 녹아서 풀림. 또는 그렇게 하게 함.

[16~20] 다음에서 설명하고 있는 단어를 말상자에서 찾아 동그라미를 하시오.

신	소	재	열
축	주	가	전
성	파	강	도
사	수	리	성

16 열을 잘 전달하는 성질.

17 금속의 단단하고 센 정도.

18 물체가 늘어나고 줄어드는 성질.

19 전파나 음파가 1초 동안에 진동하는 횟수.

20 종래의 재료에는 없는 뛰어난 특성을 지닌 소재를 통틀어 이르는 말.

중학 국어 비문학 독해 연습 2

예술 제재는 건축, 미술, 음악 등에 관한 내용이 많이 출제되는데, 대체로 시각 자료가 지문에 제시되는 경우가 많다. 따라서 지문에 제시된 내용이 시각 자료에 어떻게 적용되어 나타나는지를 파악하며 읽어야 한다. 그리고 다른 작품과 비교하여 감상하는 유형도 많이 출제되므로 지문에 제시된 작품의 특징을 정확하게 파악하여 다른 작품과 비교·분석하는 능력을 길러야 한다.

예술 V

01. [미술] 들썩거리는 서민의 신명, 김홍도의
    「씨름」

02. [미술] 우리나라의 민화

03. [디자인] 천으로 만든 디자인, 조각보

04. [미술] 인상주의

05. [영화] 영상으로 만드는 이야기 표현의 힘
    ▶ 독해력 쑥쑥, 어휘 테스트

06. [음악] 클래식 음악의 개념

07. [만화] 만화란 무엇인가

08. [건축] 조선 왕조의 뿌리, 종묘

09. [건축] 한옥의 특성

10. [미술] 창의력과 상상력을 키워 주는 현대
    미술의 매력
    ▶ 독해력 쑥쑥, 어휘 테스트

중심 화제나 핵심 내용 등에는
○, △, □, 밑줄 두과 같은
표시를 하면서 읽어보세요.

풍속화는 소재가 광범위*하고 사실적인 특징이 있다. 그 이유는 인간이 살아가는 모든 생활 습관을 주제로 하고 있기 때문이다. 풍속화는 조선 후기, 청과의 교역*으로 성공한 상인들이 서민 경제의 주도 세력으로 등장하게 되고 경제적 계층이 서민들에게까지 확산*되면서 더욱 발전하게 되었다.

대표적인 풍속화가로 단원 김홍도가 있다. 김홍도의 ㉠「씨름」은 공책만 한 작은 화첩에 스물 두 명이나 그려져 있고, 한 사람 한 사람이 제각기 다른 표정에 다른 자세를 취하고 있다. 배경은 배제된 채 빙 둘러앉은 구경꾼으로 동그라미를 이루게 하고 그들의 구심적인 시선의 한복판에 씨름꾼을 놓아 그림에 통일성을 부여하고 있다. 하지만 통일성이 강하면 그림이 답답해질 우려가 있으므로 오른편 가장자리를 일부러 비워 두었다. 그리고 시선이 모이기만 하면 단조로울 수 있으니 엿장수는 짐짓 딴 곳을 보고 있으며 갓과 벙거지를 쓴 사람들을 적당하게 흩어놓아 그림에 생동감을 부여하고 있다.

단원의 「씨름」에서는 위가 무겁고 아래가 가벼워지도록 처리한 구성상의 묘미*도 찾을 수 있다. 단오 씨름판에서 넘쳐나는 힘찬 에너지는 기본적으로 맞붙어 힘을 겨루고 있는 두 씨름꾼에게서 나온다. 하지만 위쪽에 구경꾼들을 더 많이 배치시킴으로써 아래보다 상대적으로 무거운 느낌을 부여하고 있다. 그리고 자세히 살펴보면 주인공인 씨름꾼들이 앞쪽의 구경꾼들보다도 약간 큼직하게 그려져 있는데 내려다보고 그린 구경꾼들과 달리, 씨름꾼은 앉은 자리에서 치켜다본 각도로 그려졌음을 알 수 있다. 만약 화가가 구경꾼들처럼 똑같이 내려다보고 그렸다면 씨름꾼들은 훨씬 납작하게 보였을 것이고 결과적으로 역동적인 씨름판의 활기는 전혀 살아나지 못했을 것이다. 이렇듯 단원은 감상자가 구경꾼의 일부가 되어 씨름판에 끼어들게 만들고 있다.

풍속화는 서민들과 호흡을 함께 하는 장르라고 할 수 있으며, 단원은 서민들의 생활상을 한국적 해학*과 정감이 넘쳐흐르도록 그림에 담고 있다. 때문에 단원 김홍도는 대표적인 풍속화가로 평가받고 있으며 그의 그림이 교과서에 빠지지 않고 수록되는 이유가 바로 여기에 있다.

* 광범위(넓을 廣, 법 範, 에워쌀 圍): 범위가 넓음. 또는 넓은 범위.
* 교역(사귈 交, 바꿀 易): 주로 나라와 나라 사이에서 물건을 사고팔고 하여 서로 바꿈.
* 확산(넓힐 擴, 흩을 散): 흩어져 널리 퍼짐.
* 묘미(묘할 妙, 맛 味): 미묘한 재미나 흥취.
* 해학(화할 諧, 희롱할 謔): 익살스럽고도 품위가 있는 말이나 행동.

주제 쓰기

1 윗글의 내용에 대한 이해로 적절하지 <u>않는</u> 것은?

① 풍속화는 소재의 범위가 넓고 사실적이다.

② 김홍도의 「씨름」에 등장한 인물들의 표정과 자세는 다양하다.

③ 조선 후기 상인 계층의 성장과 더불어 풍속화가 더욱 발전하였다.

④ 김홍도의 「씨름」에서 몇몇 인물들의 시선을 분산시킴으로써 그림에 생동감을 부여하고 있다.

⑤ 김홍도는 「씨름」에서 씨름꾼들과 구경꾼을 동일한 크기로 그려서 그림에 통일성을 부여하고 있다.

2 윗글의 ㉠과 <보기>의 ㉡에 대한 설명으로 적절하지 <u>않은</u> 것은?

┤ 보 기 ├

혜원 신윤복 역시 조선 후기를 대표하는 풍속화가이다. 그는 당시 지배적이었던 유교적 도덕관념에 어긋나는 남녀의 밀회 등을 주로 그렸는데, 이것은 유교적 도덕관념에 대한 일종의 저항 의식을 드러낸 것으로 해석되기도 한다. 특히, 단옷날 여인들의 모습을 그린 ㉡「단오놀이」에서는 강렬한 색채로 그네 뛰는 여인을 그림의 중심에 두고 있는데, 여기에 풍속화가로서의 신윤복의 특징이 잘 드러난다.

① ㉠은 위쪽에 구경꾼들을 더 많이 배치하여 무거운 느낌을 부여하고 있군.

② ㉠은 씨름을 지켜보고 있는 구경꾼들을 배경으로 삼아 구성상의 묘미를 살리고 있군.

③ ㉡은 단옷날 여인들의 모습을 포착하여 단옷날의 풍속을 보여 주고 있군.

④ ㉡에서 여인들의 모습을 훔쳐보고 있는 행동은 당시의 도덕관념에 벗어난다고 볼 수 있겠군.

⑤ ㉠에서는 씨름꾼들을, ㉡에서는 그네 뛰는 여인을 중심에 그려서 인물을 부각하고 있군.

예술 02 우리나라의 민화 _ 김철순

정답 및 해설 84쪽

중심 화제나 핵심 내용 등에는 ○, △, □, 밑줄 등과 같은 표시를 하면서 읽어보세요.

민화는 화가의 창조적인 예술품이라기보다는 집 안팎을 곱게 단장하기 위해 그렸거나, 민속 신앙과 관습*에 얽힌 내용의 그림을 대중의 요구에 따라 오랜 세월을 두고 되풀이하여 그린 실용적이며 장식적인 그림이다.

우리나라의 민화가 언제부터 생겼는지는 정확히 알 수 없지만 신석기 시대의 암각화에 민화와 민예품에 나오는 호랑이, 거북, 사슴 같은 동물이 새겨져 있고, 고구려의 옛 무덤 벽화에도 해, 달, 구름, 신선, 용, 호랑이, 사냥 그림 등이 그려져 있다. 또 삼국 시대와 통일 신라 시대의 조각과 공예품에도 민화를 닮은 그림과 무늬가 있으며, 고려 시대와 조선 시대의 도자기, 공예품, 건축 등에도 민화와 비슷한 그림이나 무늬가 많다. 이런 사실로 미루어, 우리나라의 민화는 민족의 역사와 더불어 시작되었음은 물론, 여러 시대를 거쳐 많은 사람의 사랑을 계속 받아왔음을 알 수 있다.

㉠민화는 주제에 따라 종교적 그림과 아름다움을 추구하거나 장식을 위한 비종교적 그림으로 크게 나눌 수 있다. 종교적인 민화에는 무속에 관계된 민화와 불교, 유교에 관계된 민화가 있다. 무속과 관계된 민화는 많은 자손과 함께 부귀영화를 누리며 건강하게 오래 살기를 바라는 마음에서 소나무, 학, 사슴, 거북 등 변함없이 오래 사는 사물을 소재로 사용하였다. 그리고 사람들을 불행하게 만드는 나쁜 귀신을 몰아내고자 하는 바람을 드러내기도 하였다. 불교적인 민화에는 평범한 승려가 그린 서투르고 소박한 예불화(禮佛畵)와 한국의 풍습을 넣어 그린 명부도(冥府圖)*가 있다. 그리고 유교와 관련된 민화는 대부분 윤리와 도덕을 강조한 그림들이 많다. 비종교적인 민화는 장식을 위한 그림으로, 종교적 의미가 강하게 나타나 있지 않다. 그러나 즐겁고 건강하게 행복한 한평생을 살아가기를 바라는 마음이 그림 속에 강렬하게 담겨 있다.

우리나라의 민화는 그림을 제대로 배우지 않은, 이름 없는 사람들이 그린 그림으로 같은 주제를 되풀이하여 그렸으나 똑같이 그린 그림이 없다. 그리고 꾸밈없이 솔직하고, 누구나 알기 쉬운 소박한 그림인 민화를 그린 화가들은 전문적인 화공* 교육을 받지 않았기 때문에 세련된 고도*의 기술을 사용하지 않았다. 또한 민화는 붉은색, 파란색, 노란색, 검은색, 흰색의 다섯 가지 짙은 원색을 활용하여, 거세고 힘찬 선과 자유로운 형태와 구도로 마음 내키는 대로 신바람이 나서 흥이 넘쳐 담대하게 그린 익살과 웃음이 담긴 재미있는 그림이다. 이러한 특색은 민화뿐만 아니라 한국의 여러 조형 미술 작품과 예술 작품에 공통적으로 나타나는데, 그것은 우리나라 사람의 몸과 마음에 배어 있는 성품에서 나온 것이라고 할 수 있다.

* 관습(익숙할 慣, 익힐 習): 어떤 사회에서 오랫동안 지켜 내려와 그 사회 성원들이 널리 인정하는 질서나 풍습.
* 명부도(어두울 冥, 마을 府, 그림 圖): 사후 세계를 그린 그림.
* 화공(그림 畫, 장인 工): 예전에 화가를 이르던 말.
* 고도(높을 高, 법도 度): 수준이나 정도 따위가 매우 높거나 뛰어남. 또는 그런 정도.

주제 쓰기

_____

_____

1 윗글에서 확인할 수 있는 내용으로 가장 적절한 것은?

① 민화는 실용적이며 장식적인 그림이다.
② 민화는 전문적인 화가의 창조적인 예술품이다.
③ 민화는 특정 시대에 제한적으로 발달한 그림이다.
④ 민화는 같은 주제를 되풀이하여 그림이 비슷하다.
⑤ 민화는 다섯 가지 이상의 짙은 원색을 사용하고 있다.

2 ㉠과 유사한 내용 전개 방식이 사용된 것으로 적절한 것은?

① 한식에는 불고기, 비빔밥, 김치찌개 등이 있다.
② 곤충의 몸은 머리, 가슴, 배의 세 부분으로 이루어져 있다.
③ 개는 주로 낮에 활동하는 데 반해, 고양이는 주로 밤에 활동한다.
④ 한복은 한국인들이 널리 입어 온 고유의 옷을 통틀어 이르는 말이다.
⑤ 국어의 단어는 기능에 따라 체언, 용언, 수식언, 관계언, 독립언으로 나눌 수 있다.

3 다음은 학생이 쓴 감상문의 일부이다. 윗글을 바탕으로 할 때 ⓐ~ⓔ 중 적절하지 <u>않은</u> 것은?

(가)   (나)

　(가)의 ⓐ호랑이 그림은 민화라고 할 수 없다. 왜냐하면 좌측 아래쪽에 있는 이름을 통해 ⓑ이 그림을 그린 화가가 누구인지 알 수 있으며, 수많은 ⓒ호랑이의 털 하나하나를 힘 있게 그려 세련되게 표현했기 때문이다. 반면에 (나)의 그림은 ⓓ그린 사람이 누구인지 알 수 없으며 ⓔ호랑이를 정확하게 그리지 못했지만 세련된 기술을 사용하여 호랑이를 익살스럽고 천진난만하게 나타내고 있기 때문에 민화라고 할 수 있다.

①ⓐ　　　②ⓑ　　　③ⓒ　　　④ⓓ　　　⑤ⓔ

중심 화제나 핵심 내용 등에는 ○, △, □, 밑줄 등과 같은 표시를 하면서 읽어보세요.

일반 서민들에게 널리 사용된 조각보는 말 그대로 천 조각으로 만든 보자기로, 모든 것이 귀하던 옛날에 ㉠옷을 만들고 남아 쓸모없다고 생각된 자투리 천으로 만든 것이다. 조각보는 이불이나 혼수품, 예단 등의 물건을 싸서 보관하거나 정성스레 보낼 때 사용되었으며 밥상을 덮는 상보*로도 쓰였다. 이처럼 조각보에는 쌀 한 톨도 버리지 않는 우리 선조들의 검소한 정신이 반영되어 있다고 볼 수 있다.

현재 다양한 조각보가 전해지고 있는데, 조각 천이 결합되어 있는 양상*에 따라 규칙적인 구조를 보이기도 한다. 정사각형 또는 이등변 삼각형의 조각이 두 개나 네 개가 모여 정사각형 모양을 이룬 것이 질서정연하게 결합된 구조에서는 같은 색의 조각들이 사선을 이루도록 배치한 미적 배려가 느껴진다. 그리고 〈그림 1〉과 같이 보자기 중앙부의 네모꼴을 중심으로 동

〈그림 1〉

심원이 퍼져 나가듯 조각 천이 점차 확대되어 나가는 구조는 바람개비 날개가 돌아가듯 일정한 방향으로 회전하는 양상으로 조각 천을 배열함으로써 변화를 꾀하고 있다.

〈그림 2〉

하지만 구성미가 특히 빼어나다고 평가받는 조각보는 조각 천들이 일정한 패턴을 형성하지 않고 자유롭게 결합된 것이다. 〈그림 2〉에 제시된 조각보는 크기와 모양이 제각각인 수십 개의 천 조각이 규칙성을 배제*하면서도 산만하다거나 전체 속에 통합되지 못하다는 느낌을 주지 않는다. 이렇듯 자유로운 구도의 조각보에서 우리는 파격미 또는 자유분방미를 느낄 수 있다. 하지만 이러한 아름다움은 천이 잘린 모양을 그대로 살려 만들다 보니 그렇게 된 것일 뿐, 의도된 아름다움은 아니다. 또한 〈그림 2〉의 조각보는 따뜻하고 유려한* 다양한 색채를 사용하여 탁월한 색채 감각을 드러낸다. 이와 같이 세련된 색상과 전체적인 조화를 추구하고 있는 조각보는 우리 선조들의 뛰어난 예술 작품으로 평가받을 만하다.

* 상보(밥상 床, 포대기 褓): 차려 놓은 음식에 먼지나 파리 따위가 앉지 않도록 상을 덮는 데에 쓰는 보자기.
* 양상(모양 樣, 서로 相): 사물이나 현상의 모양이나 상태.
* 배제(밀칠 排, 덜 除): 받아들이지 아니하고 물리쳐 제외함.
* 유려하다(흐를 流, 고울 麗--): 글이나 말, 곡선 따위가 거침없이 미끈하고 아름답다.

주제 쓰기

_____

_____

1 윗글에서 확인할 수 있는 내용으로 적절하지 <u>않은</u> 것은?

① 조각보는 자투리 천으로 만든 보자기다.
② 조각보는 일반 서민들이 주로 사용하였다.
③ 조각보는 보자기, 상보 등으로 다양하게 사용되었다.
④ 조각보는 우리 선조들의 검소한 정신을 반영하고 있다.
⑤ 조각보는 모두 규칙적인 구조이며 이러한 구조로 인해 구성미가 빼어나다.

2 <그림 2>의 조각보에 대한 설명으로 적절하지 <u>않은</u> 것은?

① 잘려진 천의 모양을 그대로 살려 만든 조각보이다.
② 다양한 색채를 활용하여 탁월한 색채 감각을 드러내고 있다.
③ 조각 천들이 일정한 패턴이 아니라 자유롭게 결합되어 있다.
④ 규칙성이 배재된 자유로운 구도 속에서 파격미를 느낄 수 있다.
⑤ 크기와 모양이 제각각인 천 조각이 전체 속에 통합되지 못한 느낌을 준다.

3 ㉠과 관련 있는 고사 성어로 적절한 것은?

① 무용지용(無用之用)　　② 애지중지(愛之重之)
③ 일거양득(一擧兩得)　　④ 새옹지마(塞翁之馬)
⑤ 사필귀정(事必歸正)

독해의 기초 Tip

■ **관용적 표현**
　관용적 표현이란 오랜 세월 동안 관습적으로 굳어져 쓰이는 표현으로 여기에는 관용어, 속담, 한자 성어(고사 성어) 등이 포함된다.
① 관용어: 두 개 이상의 단어로 이루어져 있으며 그 단어들의 의미만으로는 전체의 의미를 알 수 없는, 특수한 의미를 나타내는 어구(語句)이다.
　　예 미역국을 먹다: 시험에서 떨어지다.
② 속담: 예로부터 민간에 전하여 오는 쉬운 격언으로 대개 완결된 문장의 형태로 되어 있고, 삶의 지혜와 교훈이 담겨 있다.
　　예 가는 말이 고와야 오는 말이 곱다.
③ 한자 성어(고사 성어): 한자로 이루어진 옛 사람들이 만든 말로 옛 이야기에서 유래한 경우가 많다.
　　예 수구초심(首丘初心): 여우가 죽을 때에 머리를 자기가 살던 굴 쪽으로 둔다는 뜻으로, 고향을 그리워하는 마음을 이르는 말.

중심 화제나 핵심 내용 등에는 ○, △, □, 밑줄 등과 같은 표시를 하면서 읽어보세요.

㉠사실주의 화가인 쿠르베는 고상하고 우아하며 교훈적이어야 한다는 당시의 지배적인 미적 규범*을 어기고, 현실적인 소재를 택하여 사실적인 기법으로 그림을 그렸다. 그는 그림의 목적이 교훈적이거나 역사적 사실을 그려내는 데 있지 않고 현재에 존재하는 사건과 대상 가운데 영웅적인 모습과 진실을 밝혀내는 데 있다고 보았다. ㉡인상주의 화가들도 쿠르베와 마찬가지로 자신들의 눈으로 본 현실의 풍경이나 대상을 그림으로 그리고자 했다. 다만 그와 달리 인상주의 화가들은 시시각각 색이 변하는 사물의 표면에서 반사하는 빛의 인상을 즉흥적으로 표현하고자 했다. 즉, 화가가 자연을 보고 느끼는 인상을 그리고자 했다.

인상주의의 대표적인 화가로는 모네가 있다. 모네는 물감을 점으로 찍어 사물의 색을 표현하는 기법인 점묘화법을 사용하여 자연의 순수한 빛을 최대한 살리고자 했다. 즉, 물리적으로 색을 혼합하여 초록색을 칠하는 것보다 파랑색 점과 노란색 점을 병치하여 멀리서 보았을 때 초록색으로 보이게끔 하여 더욱 선명한 색을 표현하였다. 또한 모네는 생동하는 거칠고 빠른 붓 터치로 그림을 가득 채웠다. 종래의 회화에서는 나무와 물, 바위, 사람 등을 각기 고유한 물질성에 따라 묘사하여 물을 그릴 땐 물과 같은 재질감*을 내고자 노력했고, 바위를 그릴 땐 육중한* 중량감과 우둘투둘한 표면 재질감을 내고자 노력했다. 그래서 화면에 화가가 칠한 붓 터치가 그대로 보이는 것을 용납하지 않았다. 하지만 모네는 붓의 움직임을 남겨둠으로써 빛의 움직임을 효과적으로 표현해 냈다. 모네를 비롯한 인상주의 화가들에게 사물이란 고정불변의 형태와 존재를 지닌 것이 아니었다. 그들은 사물을 외부적인 조건이나 주관적 조건에 의해 변화할 수밖에 없는 존재로 보았다. 그래서 그들은 사물의 고유한 색을 부정하였으며 사물에 대한 자세하고 입체적인 묘사나 치밀하고 매끄러운 완성도보다 느끼는 대로 표현하고자 하였다.

이러한 인상주의는 미술의 역사에 있어 매우 중요한 혁명적 사고의 전환을 보여 준다. 즉 미술은 자연을 묘사하기 위해서나 종교적이고 역사적인 내용을 묘사하기 위해서 존재하는 것이 아니라 미술 그 자체의 순수 조형적 가치 때문에 존재 의의를 지닌다는 것이다. 인상주의 화가들에게는 그림의 주제가 중요했던 것이 아니라, 빛과 색채가 그림 속에서 지니는 풍부한 가능성을 연구하는 것이 가장 중요한 과제였던 것이다.

* 규범(법 規, 법 範): 인간이 행동하거나 판단할 때에 마땅히 따르고 지켜야 할 가치 판단의 기준.
* 재질감(재목 材, 바탕 質, 느낄 感): 어떤 물체의 표면에서 느껴지는 감각.
* 육중하다(고기 肉, 무거울 重--): 투박하고 무겁다.

주제 쓰기 ●

1 ㉠과 ㉡에 대한 설명으로 적절한 것은?

① ㉠은 고상하고 우아한 예술을 추구하였다.
② ㉠은 역사적 사실 속에서 교훈을 드러내고자 하였다.
③ ㉡은 자연의 모습을 사실적으로 묘사하고자 하였다.
④ ㉡은 사물이 가지고 있는 고유한 색상에 주목하였다.
⑤ ㉠과 ㉡은 모두 현실에 존재하는 대상을 그림의 소재로 삼았다.

2 윗글을 참고할 때, <보기>의 그림에 대한 이해로 적절하지 <u>않은</u> 것은?

┤ 보 기 ├

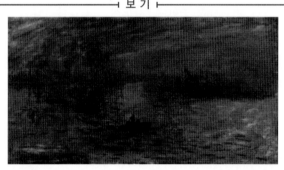

위 그림은 모네의 「일출」이다. 모네는 새벽녘 캔버스를 들고 나갔다가 해가 떠오르는 모습이 아름다워 이 작품을 그렸다고 한다. 순간적으로 보이는 분위기를 그대로 표현하기 위해 재빠르게 그린 이 작품은 인상주의를 대표한다고 할 수 있는 작품이다.

① 모네는 붓 터치를 그대로 남겨 그림에 생동감을 부여하고자 했겠군.
② 모네는 일출이라는 자연 현상을 보고 느끼는 인상을 그리고자 했겠군.
③ 모네는 일출의 순간 느껴지는 분위기를 즉흥적으로 표현하고자 했겠군.
④ 모네는 물감을 점으로 찍어 표현함으로써 물의 특성을 드러내고자 했겠군.
⑤ 모네는 움직이는 배의 형태를 동일하게 표현함으로써 사물의 재질감을 드러내고자 했겠군.

중심 화제나 핵심 내용 등에는 ○, △, □, 밑줄 등과 같은 표시를 하면서 읽어보세요.

시나리오에 적합한 화면과 음향을 구성하기 위해서는 촬영한 영상을 기획* 의도에 맞게 편집하는 과정이 필요하다. 잘못 촬영되었거나 의미를 전달하는 데 불필요한 부분을 제거하고 영상의 흐름에 어울리는 다양한 효과를 첨가하여 더욱 완성도 높은 영상물을 만들어 내는 것이 영상 편집의 목적이다. 영상을 편집할 때 유용한 방법으로는 화면과 화면을 붙이는 '컷(cut)', 화면의 시작과 끝을 암시하는 '페이드(fade)', 그리고 두 개의 화면이 서로 겹쳐서 전환되는 '디졸브(dissolve)' 등이 있다.

'컷'은 어떠한 효과도 없이 앞의 화면과 뒤의 화면을 그대로 이어 붙이는 것으로 가장 기본적이고 중요한 편집의 방법이다. 두 개의 화면을 어떻게 붙이느냐에 따라 다양한 의미를 만들어 낼 수 있으므로 편집 과정에서 다음 컷과 어울리는지를 잘 고려해야 한다. 관객들은 이미 자연스럽게 연결되는 컷들로 전개되는 영상에 익숙해져 있기 때문에 컷이 변하는 것을 잘 인식하지 못한다. 의도적으로 급작스럽고 부자연스럽게 화면과 화면을 연결하는 ㉠'점프 컷(jump cut)'은 이러한 컷의 속성을 뒤집은 방법이다.

'페이드'는 영상이 어두운색 혹은 밝은색에서 점차로 나타나거나 점차로 사라지는 것을 말한다. 시작과 끝을 정확하게 전달하기 때문에 영상을 편집할 때 활용할 수 있는 범위가 한정되어 있지만 그 효과는 크다. 부드럽게 영상을 시작하기 위해서는 '페이드인'을, 부드럽게 이야기를 마무리 짓고 싶다면 '페이드아웃'을 하며, 꼭 영상의 시작과 끝이 아니더라도 영상 중간에 하나의 이야기가 마무리 되거나 시간의 경과 또는 장소의 변화를 표현할 때 페이드인과 페이드아웃을 사용하기도 한다.

'디졸브'는 앞의 화면이 서서히 사라짐과 동시에 뒤의 화면이 서서히 겹치면서 나타나는 것으로 앞뒤의 화면이 서로 단절*된 느낌이 덜 드는 것이 특징이다. 이것은 페이드와 마찬가지로 영상 안에서 시간이 많이 흘렀거나 천천히 흐르고 있을 때 또는 공간이 전환*될 때 활용된다. 그리고 이어지는 두 화면의 이미지가 강해서 부드러운 전환이 필요할 때 사용하기도 한다.

* 기획(꾀할 企, 그을 劃): 일을 계획함.
* 단절(끊을 斷, 끊을 絕): 흐름이 연속되지 아니함.
* 전환(구를 轉, 바꿀 換): 다른 방향이나 상태로 바뀌거나 바꿈.

주제 쓰기

_____

_____

1 윗글의 내용과 일치하지 <u>않는</u> 것은?

① 화면의 시작과 끝을 암시하는 것을 '페이드'라고 한다.
② 앞의 화면과 뒤의 화면을 이어 붙이는 것을 '컷'이라고 한다.
③ 영상 편집의 목적은 완성도* 높은 영상물을 만들기 위해서이다.
④ '페이드인'은 부드럽게 영상을 시작할 수 있게 하는 효과가 있다.
⑤ '디졸브'는 앞뒤의 화면이 단절되었다는 느낌을 강조하는 효과가 있다.

* 완성도(완전할 完, 이룰 成, 법도 度): 목표를 이룬 정도.

2 ㉠을 활용할 수 있는 상황으로 가장 적절한 것은?

① 시간의 경과를 나타내고자 할 때
② 장소의 변화를 드러내고자 할 때
③ 부드럽게 이야기를 마무리 짓고자 할 때
④ 영상 중간에 하나의 이야기를 마무리 짓고자 할 때
⑤ 의도적으로 부자연스러운 화면과 화면을 연결할 때

독해의 기초 Tip

■ **주제 찾기**
① 각 문단에서 반복되는 핵심어를 찾아 중심 화제를 파악한다.
  : 각 문단에서 반복되는 단어가 있는지, 특정 개념에 대해 구체적인 설명을 한 것이 있는지 등을 찾아 중심 화제를 파악한다.

② 접속 표현을 활용하여 각 문단의 중심 문장을 파악한다.
  : 각 문단에 드러난 접속 표현에 유의하여 각 문단의 내용을 포괄할 수 있는 중심 문장을 찾아본다.

③ 파악한 내용을 종합하여 주제를 도출한다.
  : 각 문단에서 찾은 중심 문장과 그들의 관계를 종합적으로 고려하여 주제를 도출한다.

01 **광범위** 넓을 廣 법 範 에워쌀 圍
범위가 넓음. 또는 넓은 범위. 예 의견을 광범위하게 수렴하다.

02 **교역** 사귈 交 바꿀 易
주로 나라와 나라 사이에서 물건을 사고팔고 하여 서로 바꿈. 예 최근 들어 우리나라와 공산 국가들과의 교역 및 외교 관계가 확대되고 있다.

03 **확산** 넓힐 擴 흩을 散
흩어져 널리 퍼짐. 예 전염병의 확산을 막다.

04 **주도** 주인 主 이끌 導
주동적인 처지가 되어 이끎. 예 신뢰할 수 있는 기관의 주도 아래 모든 업체가 실험에 참여하고 있다.

05 **묘미** 묘할 妙 맛 味
미묘한 재미나 흥취. 예 형은 요즘 한창 자동차 경주에 묘미를 느끼고 있다.

06 **해학** 화할 諧 희롱거릴 謔
익살스럽고도 품위가 있는 말이나 행동. 예 풍자와 해학이 뛰어난 작품

07 **감상** 거울 鑑 상줄 賞
주로 예술 작품을 이해하여 즐기고 평가함. 예 그 책을 읽은 감상은 한마디로 '대단하다'였다.

08 **확인** 굳을 確 알 認
틀림없이 그러한가를 알아보거나 인정함. 또는 그런 인정. 예 그가 뇌물을 받았는지 아직 구체적으로 확인이 안 되었다.

09 **고도** 높을 高 법도 度
수준이나 정도 따위가 매우 높거나 뛰어남. 또는 그런 정도. 예 문명이 고도로 발달하다.

10 **관습** 익숙할 慣 익힐 習
어떤 사회에서 오랫동안 지켜 내려와 그 사회 성원들이 널리 인정하는 질서나 풍습. 예 이제는 남존여비의 관습을 없애야 한다.

11 **양상** 모양 樣 서로 相
사물이나 현상의 모양이나 상태. 예 복잡한 양상을 보이다

12 **유려하다** 흐를 流 고울 麗--
글이나 말, 곡선 따위가 거침없이 미끈하고 아름답다. 예 독자들은 작가의 유려한 문체에 매료되고 말았다.

13 **배제** 밀칠 排 덜 除
받아들이지 아니하고 물리쳐 제외함. 예 그는 이번 인사에서 배제되자 매우 낙담한 표정이었다.

14 **구도** 얽을 構 그림 圖
(미술) 그림에서 모양, 색깔, 위치 따위의 짜임새. 예 그는 그림을 그리기 위해 구도를 잡았다.

15 **전환** 구를 轉 바꿀 換
다른 방향이나 상태로 바뀌거나 바꿈. 예 평소의 소극적인 자세를 적극적인 자세로 전환하였다.

16 **재질감** 재목 材 바탕 質 느낄 感
어떤 물체의 표면에서 느껴지는 감각. 예 그는 여러 종류의 첨가물을 활용하여 새로운 재질감을 창안해 냈다.

17 **육중하다** 고기 肉 무거울 重--
투박하고 무겁다. 예 육중한 철문이 철꺼덩 닫혔다.

18 **규범** 법 規 법 範
인간이 행동하거나 판단할 때에 마땅히 따르고 지켜야 할 가치 판단의 기준. 예 우리 조상들은 충효를 중요한 생활 규범으로 삼아 왔다.

19 **활용** 살 活 쓸 用
충분히 잘 이용함. 예 여가 시간을 자기 계발에 잘 활용해야 한다.

20 **단절** 끊을 斷 끊을 折
흐름이 연속되지 아니함. 예 의식의 단절은 같은 세대 내부에서도 만만찮은 형태로 진행되고 있다.

[01~06] 다음 뜻에 해당하는 단어를 〈보기〉에서 찾아 쓰시오.

┤ 보 기 ├

구도   해학   확인   고도   교역   단절

01 주로 나라와 나라 사이에서 물건을 사고팔고 하여 서로 바꿈. →

02 익살스럽고도 품위가 있는 말이나 행동. →

03 틀림없이 그러한가를 알아보거나 인정함. →

04 수준이나 정도 따위가 매우 높거나 뛰어남. 또는 그런 정도. →

05 흐름이 연속되지 아니함. →

06 그림에서 모양, 색깔, 위치 따위의 짜임새. →

[07~13] 밑줄 친 단어의 뜻을 〈보기〉에서 찾아 기호를 쓰시오.

┤ 보 기 ├

㉠ 흩어져 널리 퍼짐.   ㉡ 어떤 물체의 표면에서 느껴지는 감각.
㉢ 미묘한 재미나 흥취.   ㉣ 사물이나 현상의 모양이나 상태.
㉤ 주로 예술 작품을 이해하여 즐기고 평가함.
㉥ 인간이 행동하거나 판단할 때에 마땅히 따르고 지켜야 할 가치 판단의 기준.
㉦ 글이나 말, 곡선 따위가 거침없이 미끈하고 아름다움.

07 가뭄 피해가 전국적으로 급속히 확산되고 있다. (   )

08 관광객들은 한국의 명승지를 감상하였다. (   )

09 우리 조상들은 충효를 중요한 생활의 규범으로 삼아 왔다. (   )

10 현대 사회로 오면서 삶의 양상이 많이 달라졌다. (   )

11 이 옷은 재질감이 아주 뛰어난 옷감을 사용하였다. (   )

12 형은 요즘 한창 자동차 경주에 묘미를 느끼고 있다. (   )

13 독자들은 작가의 유려한 문체에 매료되고 말았다. (   )

[14~20] 다음의 (   ) 안에 알맞은 단어를 찾아 서로 연결하시오.

14 신뢰할 수 있는 기관의 (   ) 아래 모든 업체가 실험에 참여하고 있다. •   • ⓐ 주도

15 그는 전공을 수학에서 경영학으로 (   )하였다. •   • ⓑ 관습

16 그는 이번 인사에서 (   )되자 매우 낙담한 표정이었다. •   • ⓒ 배제

17 그 성문은 무척이나 (   )하게 만들어졌다. •   • ⓓ 육중

18 이제는 남존여비의 (   )을/를 없애야 한다. •   • ⓔ 전환

19 여가 시간을 자기 계발에 잘 (   )해야 한다. •   • ⓕ 활용

20 문제의 해결을 위해서는 (   )한 사전 조사가 필요하다. •   • ⓖ 광범위

클래식 음악의 개념 _ 최영옥

정답 및 해설 92쪽

중심 화제나 핵심 내용 등에는 ○, △, □, 밑줄 등과 같은 표시를 하면서 읽어보세요.

　　고전파 음악은 어떤 음악인가? 서양 음악의 뿌리는 종교 음악에서 비롯되었다. 바로크 시대까지는 음악이 종교에 예속*되어 있었으며, 음악가들 또한 종교를 무시할 수는 없었다. 고전파 음악은 이렇게 종교에 예속되었던 음악을 종교에서 해방시켜 순수한 음악, 즉 음악을 위한 음악을 정립*하려는 예술 운동에서 출발하였다. 따라서 고전파 음악은 신보다는 사람을 위한 음악, 음악을 위한 음악을 추구하였다.

　　또한 고전파 음악은 음악적 형식과 내용의 완숙*을 이룬 음악이기도 하다. 이 시기에는 하이든, 모차르트, 베토벤 등 음악의 역사에서 가장 위대한 작곡가들이 배출되기도 하였다. 당시 오스트리아 빈의 청중은 유럽의 다른 지역 청중과는 달리 제목이나 가사 등의 음악 외적 요소를 원치 않았다. 그들이 원했던 것은 말로 표현할 수 없는, 무한을 향해 열려 있는 음악 그 자체였다. 때문에 성악이 아닌 기악만으로도 음악이 가능하게 되었으며, 이를 통해 교향곡의 기본을 이루는 소나타 형식이 완성되었다.

　　특히 베토벤의 교향곡은 음악의 소재를 개발하고 그것을 다채롭게 처리하는 창작 기법이 탁월하여 음악사에 한 획을 그은 걸작으로 평가받고 있다. 연주 시간이 한 시간 가까이 되는 제3번 교향곡 「영웅」에서 베토벤은 으뜸화음●을 펼친 하나의 평범한 소재를 모티브로 취하여 다양한 변주와 변형 기법을 통해 통일성을 유지하면서도 가락을 다채롭게 들리게 했다. 이처럼 단순한 소재에 착상*하여 이를 다양한 방식으로 가공함으로써 성취해 낸 복잡성은 후대 작곡가들이 본받을 창작 방식의 전형이 되기도 하였다. 독일의 음악 비평가인 슐레겔은 베토벤의 교향곡을 순수 기악의 중심이라고 평가하였다.

　　이렇듯 역사적으로 고전파 음악은 음악 자체의 영역을 확보하였으며, 최고 수준의 음악적 내용과 형식을 수립하였다. 고전파 음악이 서양 전통 음악 전체를 대표하게 된 것은 고전파 음악이 이룩한 역사적인 성과에서 비롯된 것일지도 모른다. 따라서 고전 음악의 개념을 이해하기 위해서는 고전파 음악의 성격과 특질에 대한 이해가 선행되어야 할 것이다.

● 으뜸화음: 음계의 으뜸음을 밑음으로 하여 이루어진 삼화음. 장조에서는 '도 · 미 · 솔', 단조에서는 '라 · 도 · 미'의 화음을 이른다.

* 예속(종 隷, 무리 屬): 남의 지배나 지휘 아래 매임.
* 정립(바를 正, 설 立): 바로 섬. 또는 바로 세움.
* 완숙(완전할 完, 익을 熟): 재주나 기술 따위가 아주 능숙함.
* 착상(붙을 着, 생각할 想): 어떤 일이나 창작의 실마리가 되는 생각이나 구상 따위를 잡음. 또는 그 생각이나 구상.

주제 쓰기
＿＿＿＿＿＿＿
＿＿＿＿＿＿＿

1 윗글을 읽은 독자의 반응으로 적절하지 <u>않은</u> 것은?

① 바로크 시대에는 음악이 종교에 예속되어 있었군.

② 고전파 음악은 종교에서 해방된 순수한 음악을 추구했군.

③ 베토벤 교향곡「영웅」의 변형 기법은 통일성과 다양성을 드러내고 있군.

④ 베토벤의 교향곡은 다양한 가락과 이에 어울리는 가사로 이루어져 있군.

⑤ 고전파 음악은 형식과 내용의 완숙을 이룬 음악으로 서양 전통 음악을 대표하는군.

2 윗글과 <보기>를 이해한 내용으로 가장 적절한 것은?

┤ 보 기 ├

　　오스트리아 빈에서는 순수 기악이 우세했지만 이탈리아와 프랑스에서는 오페라가 여전히 음악의 중심에 있었다. 소설가이자 음악 비평가인 스탈당은, 당대 최고의 인기를 누린 오페라 작곡가 로시니가 베토벤과 달리 가사 표현이 뛰어나다며 그를 최고의 작곡가라고 평가하였다.

① 슐레겔 역시 로시니의 음악이 뛰어나다고 평가했겠군.

② 오스트리아 빈의 청중은 로시니의 음악에 긍정적인 반응을 보였겠군.

③ 음악의 '제목'을 원하지 않는 사람들은 오페라보다 교향곡을 선호했겠군.

④ 스탈당은 로시니의 음악이 '순수 기악'을 추구하고 있다는 점에서 높게 평가했겠군.

⑤ 이탈리아와 프랑스의 청중은 '다양한 변주 기법'을 활용한 베토벤의 음악을 긍정적으로 평가했겠군.

주심 화제나 핵심 내용 등에는 ○, △, □, 밑줄 등과 같은 표시를 하면서 읽어보세요.

　요즘에는 영상미를 추구하는 만화들도 많고, 반대로 만화에서 소재를 찾거나 원작 만화의 이미지를 그대로 영상으로 ㉠옮기는 영화들도 쉽게 찾아볼 수 있다. 이처럼 현대의 만화와 영화는 이미지의 결합으로 하나의 텍스트가 형성되어 있다는 점에서 그 경계선이 모호해졌다고 말할 수도 있지만, 영화는 움직이는 이미지를, 만화는 정지된 이미지를 표상*하는 매체라는 점에서 차이를 드러낸다.

　영화는 사진에 결여*되었던 사물의 운동, 즉 시간의 흐름을 반영한 예술 장르로 1초에 24프레임의 속도로 만들어진 영상이 똑같은 형태와 크기의 스크린에 등장한다. 등장하는 영상은 이어서 등장하는 다음 영상에게 자리를 내주면서 소멸되며, 스크린에 보이는 영상은 역행*해서 이전의 영상으로 ㉡돌아가는 것을 허용하지 않는다. 이처럼 영화에서는 동적인 이미지를 일정한 속도로 일정하게 보여 주고 감상자의 감상 속도는 영사 속도에 의해 강제된다.

　반면 만화는 물리적 시간이 존재하지는 않지만 이를 칸이라는 공간의 유연함*으로 극복한다. 영화의 스크린에 해당하는 만화의 칸에는 고정된 틀이 없다. 동일한 크기의 칸으로 이야기를 ㉢이끌어 가는 경우도 있지만 스토리를 갖는 대부분의 만화는 이야기의 비중과 역할에 따라 칸의 크기와 모양이 제각각이며, 전후 칸과의 관계를 통해 이야기를 이끌어 간다. 만화는 한 칸에 그림뿐 아니라, 말풍선을 통해 인물의 심리 및 작중 상황을 드러내는 언어적 · 비언어적 정보●를 모두 ㉣담을 수 있는 자유로움이 있다. 그리고 이러한 정보는 독자의 읽기 시간에 변화를 ㉤주며, 효과선은 인물이나 물체의 주변에 그어져 속도감을 암시하여 독자의 상상을 더욱 부추기기도 한다.

● 비언어적 정보: '언어가 아닌 것'이라는 뜻으로, 생각 · 느낌 따위를 나타내거나 전달하는 데 쓰는 몸짓 · 손짓 · 표정 따위의 정보를 말함.

* 표상(겉 表, 모양 象): 대표로 삼을 만큼 상징적인 것.
* 결여(모자랄 缺, 같을 如): 마땅히 있어야 할 것이 빠져서 없거나 모자람.
* 역행(거스릴 逆, 다닐 行): 일정한 방향이나 순서, 체계, 진행 등에 거슬러 행함.
* 유연하다(부드러울 柔, 연할 軟--): 부드럽고 연하다.

주제 쓰기 ●

_____

_____

1 윗글의 내용과 일치하는 것은?

① 만화는 물리적 시간이 존재한다.
② 영화는 사물의 운동을 반영한 예술이다.
③ 영화의 스크린은 형태와 크기가 다양하다.
④ 영화에서 이미지를 보여 주는 속도는 일정하지 않다.
⑤ 만화는 이야기의 비중과 역할에 따라 칸의 크기와 모양이 일정하다.

2 문맥상 ㉠~㉤과 바꿔 쓰기에 적절하지 <u>않은</u> 것은?

① ㉠: 전달(傳達)하는
② ㉡: 회복(回復)되는
③ ㉢: 주동(主動)하는
④ ㉣: 내포(內包)할
⑤ ㉤: 부여(賦與)하며

3 윗글을 바탕으로 <보기>에 대해 설명할 때 적절하지 <u>않은</u> 것은?

보 기

① 칸2의 상황으로 인해 칸3으로의 이야기가 전개되고 있다.
② 칸1에 등장하는 말풍선은 작중 상황을 드러내는 역할을 한다.
③ 칸4의 효과선은 독자가 인물의 움직임을 상상하게 만들고 있다.
④ 칸1~칸6에 이르기까지 각 칸에 머무르는 독자의 시선은 일정하지 않다.
⑤ 칸3에서는 언어적·비언어적 정보를 모두 활용하여 인물의 심리를 드러내고 있다.

주심 화제나 핵심 내용 들에는 ○, △, □, 밑줄 등과 같은 표시를 하면서 읽어보세요.

　　TV 사극에 "전하, 종묘사직*을 보존하시고 훗날을 기약하소서!"라는 말이 자주 등장한다. 여기서 종묘란 무엇을 의미하는 것일까?

　　조선은 유교를 나라를 다스리는 근본으로 삼았다. 그래서 유교의 예법에 따라 도읍지에 반드시 왕이 머무르는 궁궐, 조상에게 제사를 올리는 종묘, 신에게 제사를 지내는 사직단의 세 공간을 마련했다. 그중 가장 중요한 곳이 바로 종묘였다. 유교에서는 효를 중시 여겨 조상이 살아 계실 때 정성을 다하는 것은 물론 사후에도 그들의 영혼이 의지할 수 있는 상징물인 신주*를 만들어 놓고 정성껏 제사를 지냈다. 종묘는 바로 왕과 왕비의 신주를 모시고 제사를 지냈던 특별한 장소였다.

　　종묘에서 신주를 모신 건물을 정전이라고 하는데, 조상의 영혼을 모시는 공간답게 화려한 색상과 장식을 최대한 억제하고 엄숙함을 느낄 수 있도록 간결하면서도 장엄하게 조성했다. 세월이 흘러 신주를 모실 공간이 부족해지자 새롭게 영녕전*을 짓고 정전의 수도 늘렸는데, 정전과 영녕전을 중심으로 모든 건물들은 주변 경관과 자연스럽게 어우러져 웅장하면서도 신성한 분위기를 자아냈다. 이렇듯 장엄하면서도 절제된 아름다움을 동시에 갖춘 종묘는 1995년에 유네스코 '세계 문화유산'으로 등재*되었다.

　　종묘는 조선 왕조 500여 년은 물론 지금까지도 제례*의 전통이 이어지는 곳으로도 유명하다. 종묘에서 역대 왕조의 조상에게 제사를 지내는 것을 종묘 제례라고 하는데, 조선 시대에는 봄, 여름, 가을, 겨울, 섣달* 이렇게 매년 다섯 차례 정기적으로 제사를 지냈다. 그 외에도 나라에 좋은 일이 있거나 나쁜 일이 있을 때, 햇곡식과 햇과일이 생산되는 시기에도 제사를 지냈다. 이러한 전통은 오늘날에도 이어져 매년 5월 첫째 주 일요일이면 종묘에서 제례 의식을 거행하고 있다.

　　종묘 제례에는 행사의 순서에 맞게 노래, 악기 연주, 춤이 동반된다. 종묘 제례에서의 이러한 음악과 춤을 종묘 제례악이라고 하는데, 왕의 제사 의식에 걸맞게 장엄할 뿐 아니라 화려한 음색을 갖춘 것이 특징이다. 이러한 종묘 제례악은 왕실 제례 의식 가운데 500년 이상을 이어 내려온 중요한 유산으로, 2001년에 유네스코 '인류 구전 및 무형 유산 걸작'으로 등록되었다. 또한 종묘 제례 의식은 조선의 정통성을 확립하는 데 크게 기여하였으며, 지금까지도 후손들에 의하여 그 전통이 이어지고 있는 우리의 소중한 전통 유산이다.

● 영녕전: 종묘의 안에 있는 사당. 조선 시대에 왕과 왕비로서 종묘에 모실 수 없는 분의 신위를 모시던 곳.

＊종묘사직(마을 宗, 사당 廟, 토지의 신 社, 기장 稷): 왕실과 나라를 통틀어 이르는 말.
＊신주(귀신 神, 주인 主): 죽은 사람의 위패.
＊등재(오를 登, 실을 載): 일정한 사항을 장부나 대장에 올림.
＊제례(제사 祭, 예도 禮): 제사를 지내는 의례(儀禮).
＊섣달: 음력으로 한 해의 맨 끝 달.

주제 쓰기 •

_____

_____

1 윗글의 서술 방식으로 가장 적절한 것은?

① 일반인의 상식을 논리적으로 비판하고 있다.
② 대상과 관련된 상반된 이론들을 절충하고 있다.
③ 구체적인 예를 들어 추상적인 개념을 설명하고 있다.
④ 시대적 흐름에 따른 개념의 변천 과정을 설명하고 있다.
⑤ 대상의 의미에 대한 의문을 제시한 후 그 특징을 설명하고 있다.

V.
·
예
술

2 윗글을 읽고 난 학생의 반응으로 적절하지 않은 것은?

① 종묘 제례는 노래, 악기 연주, 춤으로 구성되는군.
② 매년 정해진 시기에만 조상들에게 제사를 지내는군.
③ 종묘 제례와 관련된 음악은 화려한 음색을 갖추고 있군.
④ 신주를 만드는 것은 유교의 효 개념에서 비롯된 것이군.
⑤ 궁궐과 종묘 그리고 사직단의 세 공간을 만든 것은 유교와 연관이 있군.

3 '종묘'에 대한 이해로 적절하지 않은 것은?

① 조상님께 제사를 지내는 장소이다.
② 유교의 예법과 관련 있는 공간이다.
③ 장엄하면서도 절제된 아름다움을 갖추고 있다.
④ 신주를 모시는 공간이 부족해서 새롭게 마련한 곳이다.
⑤ 조선의 정통성을 확립하는 데 기여하는 의식이 이루어진 곳이다.

중심 화제나 핵심 내용 들에는 ○,△,□, 밑줄 등과 같은 표시를 하면서 읽어보세요.

우리 ㉠선조들이 생각했던 이상적인 주거 조건으로서 한옥은 인간이 살기 위한 주거적인 개념이라기보다는 ㉡자연속의 선경에 어울려 있는 자연 그대로의 모습이었다. 우리 조상들은 뒤로는 산을 등지고 앞으로는 개울물이 흐르는 곳에 집을 지었다. ㉢그러나 반드시 주위의 환경과 어울리도록 결코 사치스럽거나 궁색*스럽지 않은 단정한 집을 지었으며 주위의 자연 재료에 인공을 가하지 않은 상태 그대로를 사용하였다. 따라서 한옥은 작위*가 가해지지 않은 상태의, 부드럽고 고요하며 티 없이 맑은 순백색의 은근한 멋을 풍긴다.

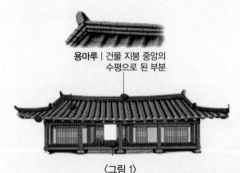

용마루 | 건물 지붕 중앙의 수평으로 된 부분

〈그림 1〉

우리 한옥의 선은 유연성을 가지는 것이 특징이다. 초가의 선은 뒷산의 모양을 닮았고 기와의 선은 양끝을 잡은 상태에서 자연스럽게 늘어진 새끼줄 선을 표현했다. 그리고 처마는 〈그림 1〉에서 볼 수 있듯이 지붕 중앙의 수평으로 된 부분인 용마루의 가운데를 처지게 하여 자연스러운 형태를 나타냈으며 처마를 통해 여름철과 겨울철의 햇빛의 양을 조절하였다. 또한 실내는 벽지나 장판지로 마감하고 문은 한지로 발랐는데, 대개는 문양*이 없는 무채색이 주조*를 이루었다. 즉 재료 자체에서 오는 자연스러움만 있을 뿐 기교*가 넘치는 장식을 찾을 수 없게 하여 욕심이 없는 담백함과 순수함을 나타냈으며, 꼭 필요한 기능과 장식만을 갖춘 겸손한 공간으로 만들었다. ㉣그래서 나는 한옥을 좋아한다.

[A]
한옥의 기둥에는 배흘림 기둥, 민흘림 기둥, 원통형 기둥이 있다. 배흘림 기둥은 기둥 뿌리에서 1/3지점을 가장 굵게 하고 위와 아래로 갈수록 단면을 줄여나가는 방법으로 만든 기둥이다. 배흘림 기둥을 둠으로써 기둥의 가운데 부분이 얇아 보이는 현상을 ㉤부각시키고 떠받치고 있는 지붕이 안정적으로 보이게 하였다. 이 외에도 아래로 갈수록 굵게 만들어 시각적, 구조적 안정감을 주는 민흘림 기둥, 아래 위의 단면이 같은 원통형 기둥을 사용하기도 하였다.

한옥의 내부는 바닥과 벽은 면의 공간으로, 창과 문은 선의 공간으로 하여 면과 선이 대조를 이루고 있다. 창과 문은 자연의 공간과 인간의 공간을 경계 짓고 나누는 기능을 하면서 자연의 풍요로움을 내부 깊숙한 곳으로 받아들이는 곳이며, 이곳으로 통하는 햇빛이나 달빛이 문의 문양을 통해 방안에 시각적인 운치*를 제공하기도 한다. 문을 닫으면 바닥과 벽, 천정의 아득한 공간감을 느낄 수 있지만 문을 열어젖히면 밖의 풍경이 방안으로 들어와 하나의 풍경화를 연상시키는 효과를 제공하기도 했다.

* 궁색(궁할 窮, 빛 色): 가난한 기색.
* 작위(지을 作, 할 爲): 사실은 그렇지 않은데도 그렇게 보이기 위하여 의식적으로 하는 행위.
* 문양(무늬 紋, 모양 樣): 무늬의 생김새.
* 주조(주인 主, 밀물 潮): 주된 조류나 경향.
* 기교(재주 技, 공교할 巧): 기술이나 솜씨가 아주 교묘함. 또는 그런 기술이나 솜씨.
* 운치(운 韻, 이를 致): 고상하고 우아한 멋.

주제 쓰기 •

1 윗글의 내용으로 적절하지 <u>않은</u> 것은?

① 한옥은 주위에 있는 재료 그대로를 사용하여 지어졌다.

② 우리 선조들은 자연 그대로의 모습을 살려 한옥을 지었다.

③ 한옥의 처마는 용마루의 중앙을 늘어뜨려 자연적인 아름다움을 부각시켰다.

④ 한옥의 창과 문은 선의 공간으로 자연과 인간의 공간을 분할하는 기능을 한다.

⑤ 한옥은 문양이 없는 무채색의 한지를 활용하여 여름철과 겨울철 햇빛의 양을 조절하였다.

2 [A]를 참고할 때, <보기>의 ㉮에 대한 이해로 적절한 것은?

┤ 보 기 ├

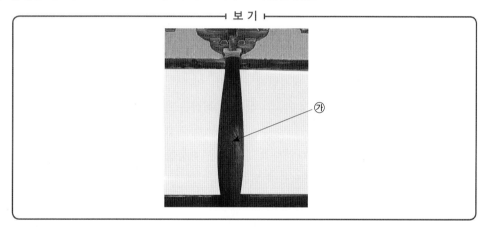

① 가운데 지점이 가장 굵은 배흘림 기둥이다.

② 위와 아래로 갈수록 단면이 넓어지는 민흘림 기둥이다.

③ 위와 아래의 단면이 같은 형태를 띠는 원통형 기둥이다.

④ 떠받치고 있는 지붕이 안정적으로 보이게 만든 배흘림 기둥이다.

⑤ 중심 부분이 굵어 보이는 현상을 교정하기 위해 사용된 배흘림 기둥이다.

3 ㉠~㉺을 고쳐 쓰기 위한 방안으로 적절하지 <u>않은</u> 것은?

① ㉠: 조사의 사용이 부적절하므로 '선조들을'로 고쳐 쓴다.

② ㉡: 단어는 띄어 쓰는 것이 원칙이므로 '자연 속'으로 고쳐 쓴다.

③ ㉢: 앞뒤 문장의 연결 관계가 어색하므로 '그리고'로 고쳐 쓴다.

④ ㉣: 문맥의 흐름상 불필요한 문장이므로 삭제한다.

⑤ ㉤: 문맥상 부적절한 단어이므로 '교정하고'로 고쳐 쓴다.

주심 화제나 핵심 내용 등에는 ○, △, □, 밑줄 등과 같은 표시를 하면서 읽어보세요.

　일반적으로 현대 미술을 이해하기 어렵다고 생각한다. 하지만 조금만 관심을 기울여 현대 미술 작품을 자주 접하다 보면 이전에는 이해하기 어려웠던 현대 미술을 통해 창의력이 신장되고 상상력이 자극될 수 있다.

　2007년 전 세계를 경악*시킨 사건이 있었다. 해골에 다이아몬드를 박아 넣은 「신의 사랑을 위해」라는 제목의 작품 때문이었다. 이 작품은 해골에 백금 틀을 씌우고 무려 8,601개의 다이아몬드를 박아 만들었으며 당시 우리 돈으로 무려 1천억 원에 가까운 가격에 판매되었다. 이 작품을 창조한 영국 작가 데이미언 허스트는 죽음의 상징인 두개골에 사치의 상징인 다이아몬드를 덮어 버림으로써 욕망 덩어리인 인간과 죽음의 상관관계*를 새롭게 조명*하고 싶었다고 했다. 그리고 1917년 마르셀 뒤샹은 남자 소변기에 「샘」이란 제목을 달아 전시장에 출품*했다. 당시 미술관에서는 전시 기간 내내 이 작품을 출품하지 못하고 칸막이 뒤에 숨겨 놓았지만 뒤샹은 이 작품으로 미의 개념을 새롭게 정의한 혁명적인 미술가로 평가받게 되었다. 이처럼 데이미언 허스트와 마르셀 뒤샹의 작품은 지극히 일상적인 소재로도 상식을 뒤집는 창조적인 작품을 만들 수 있다는 것을 보여 준다.

　우리나라의 현대 미술에도 다양하고 흥미로운 작품들이 많다. ㉠우리 주변의 일상에서 소재를 얻어 독창적인 기법으로 특별한 창의력과 상상력을 보여 주는 작품들이 창작되고 있다. 먼저 쌀알 작가로 잘 알려진 이동재 작가는 익숙한 곡물이나 사물 등의 생활 소품을 이용하여 유명 인사의 초상화를 만든다. 인물과 관련 있는 곡물이나 사물 등의 생활 소품을 초상화 재료로 활용함으로써 작가의 창의력을 드러내고 있다. 또 다른 예로 사용 후 버려진 물건에 새로운 생명을 부여하기도 한다. 조각가 지용호는 폐타이어만을 가지고 돌연변이 동물들을 만들어 낸다. 생명력이 다해 버려진 물건인 폐타이어 조각으로 공격적인 상어나 날쌘 표범을 닮은 동물을 창조한다. 즉 작가는 폐타이어를 독창적으로 해석하여 생명력이 느껴지는 작품으로 만들어 낸 것이다.

　이처럼 미술이라는 예술은 우리의 일상적인 삶과 멀리 떨어져 있는 것이 아니다. 집안 실내 장식, 여러 종류의 게임, 영화와 공연 등 아주 평범한 것들에 미술적인 요소가 숨어 있다. 그러므로 평소 미술관이나 갤러리에 들러 작품을 찾아보고 감상하는 습관을 갖는다면 현대 미술을 통해 창의력과 상상력을 신장시킬 수 있을 것이다.

＊경악(놀랄 驚, 놀랄 愕): 소스라치게 깜짝 놀람.
＊상관관계(서로 相, 관계할 關, 관계할 關, 맬 係): 두 가지 가운데 한 쪽이 변화하면 다른 한 쪽도 따라서 변화하는 관계.
＊조명(비칠 照, 밝을 明): 어떤 대상을 일정한 관점으로 바라봄.
＊출품(날 出, 물건 品): 전람회, 전시회, 품평회 따위에 작품이나 물품을 내어놓음.

주제 쓰기
_____
_____

1 윗글의 내용과 일치하지 <u>않는</u> 것은?

① 우리의 일상적인 삶에는 미술적인 요소가 담겨 있다.

② 마르셀 뒤샹의 「샘」은 출품 당시 미술관에서 큰 호응을 얻었다.

③ 지용호는 폐타이어를 활용하여 생명력이 느껴지는 작품을 만들었다.

④ 현대 미술을 통해 상상력을 신장시키고 창의력을 자극시킬 수 있다.

⑤ 「신의 사랑을 위해」는 인간과 죽음의 관계를 새롭게 조명하고자 해골과 다이아몬드를 활용한 작품이다.

2 ㉠에 해당하는 작품의 예로 적절한 것은?

① 먹으로 군자가 지녀야 할 품성을 표현한 수묵화

② 인물이 지닌 특성을 포착하여 사실적으로 그린 초상화

③ 온갖 종류의 청바지 천으로 도시의 모습을 만든 풍경화

④ 과일, 꽃, 그릇 등 정지된 물체의 구도를 잡아 배치하여 표현한 정물화

⑤ 번지기, 뿌리기, 불기, 찍기 등의 기법을 활용하여 봄 풍경을 묘사한 수채화

독해의 기초 Tip

■ 미루어 알기

① 선택지 내용 분석을 통해 키워드를 찾는다. 문제의 선택지에는 핵심이 되는 단어나 구절이 제시된다. 이것이 바로 지문에서 확인해야 할 내용이다. 그러므로 지문을 읽기 전에 문제를 먼저 보고 무엇을 중심으로 읽어야 하는지를 파악해야 한다.

② 지문을 읽을 때 선택지에서 뽑은 키워드를 항상 유념하여 읽어야 한다. 만약 문제에서 미리 본 키워드를 찾았다면, 키워드와 관련된 내용의 앞뒤를 읽으며 선택지의 적절성을 판단한다.

01 **예속** 종 隷 무리 屬
남의 지배나 지휘 아래 매임. 예 양반들에게 예속된 노비들을 해방시켰다.

02 **정립** 바를 正 설 立
바로 섬. 또는 바로 세움. 예 깨끗한 기업 문화를 정립해야 한다.

03 **완숙** 완전할 完 익을 熟
재주나 기술 따위가 아주 능숙함. 예 그의 소리는 완숙의 경지에 이르렀다.

04 **착상** 붙을 着 생각할 想
어떤 일이나 창작의 실마리가 되는 생각이나 구상 따위를 잡음. 또는 그 생각이나 구상. 예 그는 일을 해 나가는 과정에서 새로운 아이디어를 착상했다.

05 **방안** 모 方 책상 案
일을 처리하거나 해결하여 나갈 방법이나 계획. 예 문제를 해결하기 위해 다양한 방안을 찾았지만 뾰족한 수가 없었다.

06 **표상** 겉 表 모양 象
대표로 삼을 만큼 상징적인 것. 예 태극기는 한민족의 표상이다.

07 **결여** 모자랄 缺 같을 如
마땅히 있어야 할 것이 빠져서 없거나 모자람. 예 그에게는 성실성이 결여되어 있다.

08 **역행** 거스를 逆 다닐 行
일정한 방향이나 순서, 체계, 진행 등에 거슬러 행함. 예 시대적 과제에 역행하는 정부의 결정을 국민은 결코 용납하지 않을 것이다.

09 **유연하다** 부드러울 柔 연할 軟--
부드럽고 연하다. 예 새가 나뭇가지에 유연하게 내려앉았다.

10 **경악** 놀랄 驚 놀랄 愕
소스라치게 깜짝 놀람. 예 작은 실수로 일어난 산불이 남긴 피해에 사람들은 경악을 금할 수 없었다.

11 **상관관계** 서로 相 관계할 關 관계할 關 맬 係
두 가지 가운데 한쪽이 변화하면 다른 한쪽도 따라서 변화하는 관계. 예 폐암과 흡연의 상관관계는 부인하기 어렵다.

12 **출품** 날 出 물건 品
전람회, 전시회, 품평회 따위에 작품이나 물품을 내어놓음. 예 그는 국전 출품 15년 만에 대통령상을 받았다.

13 **조명** 비칠 照 밝을 明
어떤 대상을 일정한 관점으로 바라봄. 예 훈민정음이 새로운 시각으로 조명을 받았다.

14 **궁색** 궁할 窮 빛 色
가난한 기색. 예 어머니는 아버지가 돌아가신 후 궁색한 살림을 꾸려 나가셨다.

15 **작위** 지을 作 할 爲
사실은 그렇지 않은데도 그렇게 보이기 위하여 의식적으로 하는 행위. 예 이 작품은 인간적인 자연스러움을 찾아볼 수 없고 작위로 가득 차 있다.

16 **기교** 재주 技 공교할 巧
기술이나 솜씨가 아주 교묘함. 또는 그런 기술이나 솜씨. 예 그 피아니스트는 오늘 독주회에서 고난도의 기교를 발휘하였다.

17 **운치** 운 韻 이를 致
고상하고 우아한 멋. 예 정자와 푸른 나무와 시냇물이 있는 시골에 비해 비슷한 회색 건물만이 즐비한 도시는 운치가 없다.

18 **등재** 오를 登 실을 載
일정한 사항을 장부나 대장에 올림. 예 남한산성은 유네스코 세계 문화유산으로 등재되었다.

19 **제례** 제사 祭 예도 禮
제사를 지내는 의례. 예 조상에 대한 공경의 표시로 제례를 지낸다.

20 **섣달**
음력으로 한 해의 맨 끝 달. 예 결혼식 날짜는 해를 넘기지 않으려고 섣달로 정했다.

[01~06] 다음 뜻에 해당하는 단어를 〈보기〉에서 찾아 쓰시오.

┤ 보 기 ├

완숙   상관관계   표상   역행   경악   작위

01 두 가지 가운데 한쪽이 변화하면 다른 한쪽도 따라서 변화하는 관계. →

02 대표로 삼을 만큼 상징적인 것. →

03 일정한 방향이나 순서, 체계, 진행 등에 거슬러 행함. →

04 소스라치게 깜짝 놀람. →

05 사실은 그렇지 않는데도 그렇게 보이기 위하여 의식적으로 하는 행위. →

06 재주나 기술 따위가 아주 능숙함. →

[07~13] 밑줄 친 단어의 뜻을 〈보기〉에서 찾아 기호를 쓰시오.

┤ 보 기 ├

㉠ 바로 섬. 또는 바로 세움.
㉡ 어떤 일이나 창작의 실마리가 되는 생각이나 구상 따위를 잡음. 또는 그 생각이나 구상.
㉢ 어떤 대상을 일정한 관점으로 바라봄.
㉣ 가난한 기색.   ㉤ 고상하고 우아한 멋.
㉥ 기술이나 솜씨가 아주 교묘함.   ㉦ 남의 지배나 지휘 아래 매임.

07 구체적인 실천 방안을 정립하다. (   )

08 양반들에게 예속된 노비들을 해방시켰다. (   )

09 한 분야에 대하여 집중적으로 조명을 하였다. (   )

10 그의 차림에서는 궁색한 티가 났다. (   )

11 그 집의 정원은 운치가 있어 보인다. (   )

12 그는 뛰어난 기교로 해금을 연주하였다. (   )

13 그는 일을 해 나가는 과정에서 새로운 아이디어를 착상했다. (   )

[14~17] 다음의 (   ) 안에 알맞은 단어를 찾아 서로 연결하시오.

14 그에게는 성실성이 (   )되어 있다.   •   • ⓐ 방안

15 문제를 해결하기 위해 다양한 (   )을/를 찾았지만 뾰족한 수가 없었다. •   • ⓑ 결여

16 새가 나뭇가지에 (   )하게 내려앉았다.   •   • ⓒ 유연

17 김 감독은 이번 작품을 베를린 영화제에 (   )하기로 했다.   •   • ⓓ 출품

[18~20] 다음 내용이 옳으면 ○표, 틀리면 ×표를 하시오.

18 일정한 사항을 장부나 대장에 올리는 것을 '등재'라고 한다. (   )

19 제사를 지내는 의례를 '제례'라고 한다. (   )

20 음력으로 그 달의 마지막 날을 '섣달'이라고 한다. (   )

MEMO

MEMO

MEMO

MEMO

MEMO

미래를 생각하는
(주)이룸이앤비

이룸이앤비는 항상 꿈을 갖고 무한한 가능성에 도전하는 수험생 여러분과 함께 할 것을 약속드립니다.
수험생 여러분의 미래를 생각하는 이룸이앤비는 항상 새롭고 특별합니다.

내신·수능 1등급으로 가는 길
이룸이앤비가 함께합니다.

http://www.erumenb.com

이룸이앤비 🔍

인터넷 서비스

이룸이앤비의 모든 교재에 대한 자세한 정보
각 교재에 필요한 듣기 MP3 파일
교재 관련 내용 문의 및 오류에 대한 수정 파일

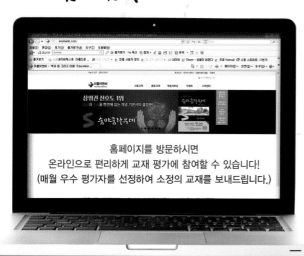

STARTUP

굿비
좋은 시작, 좋은 기초

홈페이지를 방문하시면
온라인으로 편리하게 교재 평가에 참여할 수 있습니다!
(매월 우수 평가자를 선정하여 소정의 교재를 보내드립니다.)

미래로 수능 기출 총정리
HOW to
수능1등급

이룸이앤비의 특별한 중등 국어교재 시리즈

숨마 주니어® 중학국어 어휘력 시리즈

중학교 국어 실력을 완성시키는 **국어 어휘 기본서** (전 3권)

- 중학국어 **어휘력 ❶**
- 중학국어 **어휘력 ❷**
- 중학국어 **어휘력 ❸**

숨마 주니어® 중학국어 비문학 독해 연습 시리즈

모든 공부의 기본! 글 읽기 능력을 향상시키는
국어 비문학 독해 기본서 (전 3권)

- 중학국어 **비문학 독해 연습 ❶**
- 중학국어 **비문학 독해 연습 ❷**
- 중학국어 **비문학 독해 연습 ❸**

숨마 주니어® 중학국어 문법 연습 시리즈

중학국어 주요 교과서 종합!
중학생이 꼭 알아야 할 필수 문법서 (전 2권)

- 중학국어 **문법 연습 1** 기본
- 중학국어 **문법 연습 2** 심화

글 읽기 능력 향상을 위한

중학 국어 비문학 독해 연습

2

중 2 ~ 중 3 대상

비문학 독해(글 읽기) = 이해력, 사고력 및 모든 학습의 기초!

1일 2지문 독해 연습 25일 완성!

중 1·2·3 학년에 따른 수준별, 단계별 구성

수록 지문 인문·사회·과학·기술·예술 등
다양한 독서를 위한 교과서 밖 50개 글감

중학 프리미엄
EBS
인터넷강의 교재

교보문고·YES24·알라딘·국정
1위
중학 국어 판매
6년 연속

글 읽기가 재미있으며
★자기주도 학습서★
공부가 쉬워진다

SUB NOTE 정답 및 해설

상세한 지문 분석 및 문제 해설

▶ 학생에게는 자기주도학습을 위한 가이드가

▶ 선생님들에게는 수업을 위한 지도자료로 활용될 수 있습니다.

정답 및 해설

◑ 1문단: 노블레스 오블
리주의 의미

＊상응(서로 相, 응할 應):
서로 응하거나 어울림.

◑ 2문단: 고대 로마 귀
족들의 특권에 상응
하는 의무 행동

＊환원(돌아올 還, 으뜸
元): 본디의 상태로 되
돌아감. 또는 그렇게 되
게 함.

◑ 3문단: 로마 제국의
유지 비결인 노블레
스 오블리주 정신

＊지양(멈출 止, 오를 揚):
더 높은 단계로 오르기
위하여 어떤 것을 하지
않음.

◑ 4문단: '노블레스 오
블리주'라는 용어를
가장 먼저 사용한 피
에르 마르크

◑ 5문단: 우리에게 나타
나는 노블레스 오블
리주 정신 – 화랑 정
신, 선비 정신

＊맹주(맹세할 盟, 주인
主): 동맹을 맺은 개인
이나 단체의 우두머리.

＊장악(손바닥 掌, 쥘 握):
손안에 잡아 쥔다는 뜻
으로, 무엇을 마음대로
할 수 있게 됨.

＊대의(큰 大, 옳을 義):
사람으로서 마땅히 행
해야 할 큰 도리.

▶ 주제: 노블레스 오블
리주의 의미와 요구
되는 자세

'노블레스 오블리주(noblesse oblige)'라는 프랑스 말에서 '노블레스(noblesse)'는 고
귀한 신분을 뜻하는 명사이고, '오블리주(oblige)'는 강제하다는 뜻의 동사이다. 이 둘을
합하면 '고귀한 신분은 강제한다.'라는 의미가 된다. '고귀한 신분'은 도대체 무엇을 '강
제'하는 것일까?

고대 로마의 귀족들은 여러 가지 특권을 누렸다. 노블레스 오블리주는 귀족들에게 그
러한 특권에 상응＊하는 의무도 잊지 말라는 의미이다. 고대 로마 귀족들은 전쟁이 일어
나면 자신의 재산을 사회에 환원＊하고 스스로 최전선에 뛰어들어 적들과 용감하게 싸웠
다. 심지어 전쟁에서 목숨을 잃기도 했다. 예를 들어 카르타고의 장군 한니발이 로마와
벌인 제2차 포에니 전쟁에서는 로마 공화정 시대의 최고 관직인 집정관 13명이 목숨을
잃었다고 한다.

또한 로마의 귀족들은 부와 사회적 지위보다는 과소비를 지양＊하고 정신적인 가치를
더 소중히 여겼다고 한다. 많은 학자들은 초기 로마 귀족들의 철저한 노블레스 오블리
주 정신 덕분에 로마가 지중해 세계를 통일하고 고대 세계의 맹주＊가 될 수 있었다고 보
고 있다. 지성을 뽐내던 그리스 인, 발달한 기술을 자랑하던 에트루리아 인, 해상 무역
으로 경제권을 장악＊하고 있던 카르타고 인을 제치고 로마가 천 년 동안 제국을 유지할
수 있었던 비결로 노블레스 오블리주 정신을 꼽는 것이다.

그렇다면 이 용어를 누가 가장 먼저 사용했을까? 사실 이 용어는 고대 로마 시대부터
사용되지는 않았다. 이 용어를 처음 사용한 사람은 프랑스의 정치인이자 작가인 가스통
피에르 마르크로 알려져 있다. ㉠그는 자신의 저서 『격언집』에서 51번째 격언으로 이 용
어를 썼다. 그가 강조하고 싶었던 것은 '귀족들은 권리보다 의무가 더 많다.'였다.

우리에게도 노블레스 오블리주 정신이 있었다. 신라가 삼국을 통일하는 데 원동력이
된 화랑 정신, 대의＊를 위해 목숨까지도 버렸던 조선의 선비 정신이 대표적인 사례이다.
문제는 이러한 우리의 아름다운 전통이 점점 흐릿해지고 있다는 것이다. 21세기의 주역
인 우리들이 이 전통을 되살리는 것은 어떨까?

[지문 해제]

이 글은 '노블레스 오블리주'의 의미와 정신을 역사적인 사례를 통해 설명하고 있다. 노블레스 오블리주는 고대 로마 귀족들이 갖고 있던 특권에 상응하는 의무를 잊지 말라는 정신으로 과거 로마 제국이 세계의 맹주가 될 수 있게 한 원동력이 되었다. '노블레스 오블리주'라는 용어를 가장 먼저 사용한 사람은 프랑스의 정치인이자 작가인 가스통 피에르 마르크로, 그는 이 용어를 통해 귀족들은 권리보다 의무가 더 많다는 것을 강조하였다. 우리나라의 선비 정신, 화랑 정신이 노블레스 오블리주와 유사하다고 볼 수 있다.

[문단 요지]

1문단: 노블레스 오블리주의 의미
2문단: 고대 로마 귀족들의 특권에 상응하는 의무 행동
3문단: 로마 제국의 유지 비결인 노블레스 오블리주 정신
4문단: '노블레스 오블리주'라는 용어를 가장 먼저 사용한 피에르 마르크
5문단: 우리에게 나타난 노블레스 오블리주 정신 – 화랑 정신, 선비 정신

[주제]

노블레스 오블리주의 의미와 요구되는 자세

---

1 구체적 상황에 적용하기 | 정답 ③ |

다음은 윗글을 읽고 나서 작성한 독서 활동지이다. 적절하지 않은 것은?

글을 읽은 후 다음 질문에 답해 보자.

[질문 1] '노블레스 오블리주'의 뜻은 무엇인가?	'노블레스'는 '고귀한 신분', '오블리주'는 '강제하다'라는 의미이다. 1문단 …… ①
[질문 2] 고대 로마의 귀족들은 전쟁이 나면 어떻게 행동했을까?	로마의 귀족들은 자신의 재산을 사회에 환원하고 전쟁에 참여하여 용맹하게 싸웠다. 2문단 ……… ②
[질문 3] 로마가 천 년 동안 제국을 유지할 수 있었던 비결에 대한 학자들의 견해는 무엇인가?	학자들은 로마 귀족들이 뛰어난 기술을 부단히 갈고 닦았기 때문에 오랫동안 로마가 제국을 유지한 것이라고 여기고 있다. … ③ 노블레스 오블리주 정신을 실천하였기 때문에
[질문 4] 노블레스 오블리주 정신에 해당하는 우리의 전통에는 무엇이 있는가?	신라의 화랑 정신이나 조선의 선비 정신이 있다. 5문단 ……… ④ 삼국 통일의 원동력이 됨. 대의를 위해 목숨까지 버림.

[질문 5] 노블레스 오블리주 정신에 해당하는 사례로는 무엇이 있는가?	제2차 포에니 전쟁에서 로마의 집정관들이 전쟁에 참여하여 목숨을 잃었다. 2문단 ……… ⑤

✅ 정답 풀이

3문단을 보면 로마가 천 년 동안 제국을 유지할 수 있었던 비결로 로마의 귀족들이 노블레스 오블리주 정신을 실천하였기 때문이라고 언급하고 있다. 로마의 귀족들이 기술을 부단히 갈고 닦았다는 내용은 이 글에서 언급되지 않았다.

❌ 오답 풀이

① 1문단에서 '노블레스'는 '고귀한 신분', '오블리주'는 '강제하다'라는 뜻이라고 하였다.
② 2문단에서 고대 로마의 귀족들은 전쟁이 일어나면 자신의 재산을 사회에 환원하고 적들과 용감히 싸웠다고 하였다.
④ 5문단에서 노블레스 오블리주 정신과 유사한 우리의 정신으로 화랑 정신과 조선의 선비 정신 등이 있다고 하였다.
⑤ 2문단에서 제2차 포에니 전쟁에서 로마 공화정 시대의 집정관 13명이 목숨을 잃었다고 하였다.

---

2 세부 내용 추론하기 | 정답 ② |

㉠의 이유로 가장 적절한 것은?
① 귀족들에게 과소비의 해로움을 알리기 위해서
② 귀족들은 권리보다 의무가 더 많다는 것을 강조하기 위해서
③ 귀족들은 특권을 유지하기 위해 정치에 참여해야 함을 강조하기 위해서
 특권에 상응하는 의무를 잊지 말아야 함.
④ 귀족들은 정신적 가치보다 물질적 가치를 추구해야 함을 강조하기 위해서
 로마의 귀족들은 과소비를 지양하고 정신적 가치를 더 소중히 여김.
⑤ 귀족들은 공동체의 이익을 위해 재산을 사회에 환원해야 함을 강조하기 위해서

✅ 정답 풀이

4문단을 보면 마르크는 자신의 『격언집』에 '노블레스 오블리주'라는 용어를 사용하였는데, 이를 통해 '귀족들은 권리보다 의무가 더 많다'는 것을 강조하고자 하였다.

❌ 오답 풀이

④ 3문단의 내용으로 보아 노블레스 오블리주를 실천한 귀족들은 물질적 가치보다 정신적 가치를 더 소중히 여겼다.
⑤ 2문단을 보면 고대 로마의 귀족들은 전쟁이 일어나면 자신의 재산을 사회에 환원하고 최전선에 뛰어들었으나, 이것이 마르크가 '노블레스 오블리제'라는 용어를 사용한 이유는 아니다.

● 1문단: 인식론에 대한
　재조명

● 2문단: 인식론이 대두
　된 배경과 인식론에
　서 다루는 문제

*부인(아닐 否, 인정할
　認): 어떤 내용이나 사
　실을 옳거나 그러하다
　고 인정하지 아니함.
*회의적(품을 懷, 의심할
　疑, 과녁 的): 어떤 일에
　의심을 품음. 또는 그런
　것.

● 3문단: 데카르트의 인
　식 방법과 그로 인한
　결과
*오감(다섯 五, 느낄 感):
　시각·청각·후각·미
　각·촉각의 다섯 감각.
*착시(섞일 錯, 볼 視):
　착각으로 잘못 봄.
*반영(되돌릴 反, 비출
　映): 다른 것에 영향을
　받아 어떤 현상이 나타
　남. 또는 어떤 현상을
　나타냄.

● 4문단: 칸트와 헤겔로
　계승·발전된 데카르
　트의 인식론

*보편적(널리 普, 두루
　遍 과녁 的): 두루 널리
　미치는. 또는 그런 것.

▶ 주제: 인식론의 대두
　배경과 데카르트 인
　식론의 특징

　　인식론은 인간의 삶에 대한 이론으로 진리란 무엇이며, 그것을 어떻게 얻는지를 다루
는 분야이다. 인식론에 대한 논의는 고대 그리스에서도 있었으나, 중세 이후 학문에서
는 자연 과학의 발달, 예술에서는 르네상스, 종교에서는 종교 개혁 등을 통해 다시 주목
받게 되었다. 이 사건들은 인류에게 기존의 세계관과 지식을 부인*하게 만들었다. 대략
중세 천 년 동안 의심하지 않았던 모든 지식과 진리들이 어느 순간 틀렸을지도 모른다
는 생각을 하게 된 것이다.

　　기존의 믿음이 흔들리면 사람들은 회의적*인 태도를 갖게 마련이다. 그러면서 그 본
질에 대해 따져 묻게 된다. 마치 믿었던 친구에게 배신을 당하면 '도대체 우정이란 무엇
인가?'라는 질문을 던지는 것처럼 말이다. 자연 과학의 발달로 천동설이 틀렸음을 알게
되었고, 종교 개혁으로 교황이 언제나 진리의 사도가 아닐 수 있음을 알게 되었다. 당연
히 그 당시 사람들은 회의적이 되었다. 그동안 한 번도 의심하지 않았고 믿었던 지식과
진리가 틀렸음을 알았기 때문이다. 그러면서 사람들은 '도대체 지식이란 무엇인가?'라
는 질문을 던졌다. 이 질문이 바로 인식론에서 다루는 문제이다. 이러한 문제에 대해 주
장을 한 대표적인 학자로 데카르트를 들 수 있다.

　　데카르트는 우리의 오감*을 통한 감각이 부정확하다면서, 감각을 통해 얻는 지식도
부정확하다고 생각했다. 수많은 착시* 현상을 생각하면 감각이 부정확해 현실을 제대로
반영*하지 못한다는 것이다. 그러면서 그는 자신이 알고 있는 모든 것을 의심하기 시작
했다. 그 결과 그는 자신의 모든 지식이 감각을 통해 얻은 것임을 알았고, 더 나아가 감
각이 부정확하니 감각을 통해 얻은 지식도 부정확할 수 있다고 주장했다. 그리하여 '나
는 생각한다. 고로 나는 존재한다.'라는 결론을 내렸다. 이 말은 ㉠자신의 지식을 더 이
상 믿을 수 없었지만, 자신이 의심하고 있다는 사실 그 자체는 부인할 수 없었기 때문에
자신이 존재하는 근거를 의심과 생각에 두겠다는 의미인 것이다.

　　이처럼 인식론에 있어서 데카르트는 끊임없이 의심하고 생각하는 것, 즉 이성에 의한
추론 능력과 합리적 판단이 중요하다고 보았다. 이와 더불어 데카르트는 신의 존재처럼
모든 문화권에서 나타나는 보편적*인 본유 관념⦿이 있음을 주장했다. 합리론이라고 불
리는 이러한 입장은 칸트와 헤겔로 계승·발전되었다.

● 본유 관념: 감각이나 경험에 의해서가 아니고 나면서부터 가지고 있는 본디의 관념.

[지문 해제]

이 글은 중세 이후에 대두된 대표적인 인식론인 데카르트의 합리론에 대해 설명하고 있다. 중세 이후 사람들은 진리라고 믿는 것들이 진리가 아닐 수 있다는 회의적인 태도를 보였으며 대상의 본질에 대한 질문을 하게 되었다. 이에 합리론이라 불리는 데카르트의 인식론은 감각을 통해 얻는 지식을 부정하며 끊임없는 추론과 합리적 판단, 이성이 진리를 인식하는 데 있어 중요하다고 보았다.

[문단 요지]

1문단: 인식론에 대한 재조명
2문단: 인식론이 대두된 배경과 인식론에서 다루는 문제
3문단: 데카르트의 인식 방법과 그로 인한 결과
4문단: 칸트와 헤겔로 계승·발전된 데카르트의 인식론

[주제]

인식론의 대두 배경과 데카르트 인식론의 특징

---

1 반응의 적절성 판단하기 | 정답 ② |

윗글을 읽은 독자가 〈보기〉에 대해 보일 수 있는 반응으로 적절하지 <u>않은</u> 것은?

┤ 보 기 ├

로크는 인간의 지식에 있어서 오감에 근거한 외부 세계의 경험이 없다면 그 어떤 지식도 존재할 수 없다는 경험론의 입장에서 대상을 인식해야 한다고 주장했다. 그는 데카르트가 주장했던 인간의 사고 능력은 인정했지만, 본유 관념은 부인했는데, 그 이유는 본유 관념 역시 경험으로 추론된 관념일 뿐이라고 생각했기 때문이다. 또한 로크는 백지 상태인 인간의 마음을 감각 기관을 통해 얻는 경험으로 채워 나가는 것이라고 주장했다. 그리고 이러한 단순한 경험들을 연합해 인간의 복잡하고 고차원적인 관념으로 구성할 수 있다고 주장했다.

(주석) 경험론자 / 합리론자 / 데카르트와 로크의 공통점 / 데카르트와 로크의 차이점 / 로크가 데카르트의 본유 관념을 부인한 근거

① 데카르트와 로크는 모두 인간의 사고 능력을 인정하였군.
② 데카르트와 로크는 모두 보편적인 본유 관념이 있다고 생각했군. *(• 데카르트: 본유 관념 인정 • 로크: 본유 관념 부인)*
③ 로크는 데카르트와 달리 경험론의 입장에서 인식론을 주장했군.
④ 로크는 데카르트와 달리 인간의 마음을 경험으로 채우는 것이라고 생각했군.
⑤ 로크는 데카르트와 달리 경험을 고차원적인 관념으로 구성할 수 있다고 생각했군.

정답 풀이

4문단에 따르면 데카르트는 신의 존재처럼 모든 문화권에서 나타나는 보편적인 본유 관념이 있음을 인정했지만, 〈보기〉에서 로크는 본유 관념 역시 경험으로 추론된 관념일 뿐이라며 부인했다.

오답 풀이

① 〈보기〉의 '그(로크)는 데카르트가 주장했던 인간의 사고 능력은 인정했지만'을 통해 알 수 있다.
③ 〈보기〉에서 로크는 인간의 지식에 있어서 오감에 근거한 경험론의 입장이라고 하였다.
④ 3문단에서 데카르트는 경험을 부정했지만, 〈보기〉에서 로크는 '백지 상태인 인간의 마음을 감각 기관을 통해 얻는 경험으로 채워 나가는 것'이라고 하였다.
⑤ 〈보기〉에서 로크는 단순한 경험들을 연합하여 인간의 복잡하고 고차원적인 관념으로 구성할 수 있다고 주장하였다.

---

2 근거의 적절성 파악하기 | 정답 ② |

㉠의 근거를 추론한 내용으로 가장 적절한 것은?
① 감각이 현실 세계를 정확하게 반영한다. *(감각이 부정확해 현실을 제대로 반영하지 못함.)*
② 감각을 통해 얻은 자신의 지식이 부정확하다.
③ 자신이 의심하고 있다는 사실은 부인할 수 없다.
④ 이성에 의한 추론 능력과 합리적 판단이 중요하다.
⑤ 인간의 감각과 이성적 사고가 균형을 이루어야 한다.

정답 풀이

3문단을 보면 데카르트는 오감을 통한 감각이 부정확하며, 감각을 통해 얻는 지식도 부정확하므로 현실을 제대로 반영하지 못한다고 생각했다. 그러므로 ㉠'자신의 지식을 더 이상 믿을 수 없'다고 한 것이다.

오답 풀이

① 3문단에 따르면 데카르트는 감각이 현실 세계를 정확하게 반영한다고 여기지 않았다.
③ 3문단에 따르면 데카르트가 자신이 의심하고 있다는 사실을 부인하지 않은 것은 맞지만, 이것이 ㉠의 근거에 해당하는 것은 아니다. 데카르트는 자신이 의심하고 있다는 사실 그 자체를 부인할 수 없기 때문에 자신의 존재 근거를 의심과 생각에 두었다.
④ 4문단에 따르면 데카르트가 이성에 의한 추론 능력과 합리적인 판단을 중요하다고 생각한 것은 맞지만, 이것이 ㉠의 근거에 해당하는 것은 아니다.
⑤ 3문단에 따르면 데카르트는 감각을 부정확하다고 생각했다. 그러나 인간의 감각과 이성적 사고가 균형을 이루어야 한다고 언급하지는 않았다.

콜럼버스의 달걀에 대한 문명사적 반론 _ 김민웅

정답 1 ⑤ 2 ④ 3 ③

- ● 1문단: '콜럼버스의 달걀'을 소재로 한 기업 광고
- ● 2문단: 콜럼버스의 달걀에 대한 반론

어떤 기업 광고에서 '콜럼버스의 달걀'을 소재로 하여 상식을 뛰어넘는 생각의 전환을 강조하는 것을 보았다.
⎿일반적으로 상식을 뛰어넘는 발상의 전환을 강조하는 소재로 사용됨.
중심 화제

콜럼버스의 달걀 일화를 요약적으로 제시함.

아메리카 대륙 상륙이 무어 별거냐고 비아냥거리는 소리를 듣자, 콜럼버스는 그 자리에서 사람들에게 달걀을 세워 보라고 하였다. 사람들이 모두 실패한 후에 콜럼버스는 달걀을 집어 들고 퍽 하니 그 밑동을 깨서 세웠다. 이 이야기에는 어떤 일을 해 놓고 보면 별것 아닌 듯 생각하기 쉽지만, 언제나 '최초의 발상 전환'이 매우 어렵다는 메시지가 담겨 있다. 그러나 이 이야기에는 우리가 미처 깨닫지 못하고 있는 것이 또 숨겨져 있다.
콜럼버스의 달걀 일화의 일반적 의미
콜럼버스의 일화의 의미에 대한 반론

- ● 3문단: 콜럼버스의 달걀에 담긴 탐욕적이고 반생명적 발상

* 고안(생각할 考, 책상案): 연구하여 새로운 것을 생각해 냄. 또는 그것.

* 이탈(떼놓을 離, 벗을脫): 어떤 범위나 대열 등에서 떨어져 나가거나 떨어져 나옴.

* 원초적(근원 原, 처음 初과녁 的): 일이나 사물의 맨 처음에 관한. 또는 그런 것.

달걀의 겉모양은 타원형이다. 애초부터 세울 이유가 없도록 설계되어 있는 것이다.
달걀이 타원형으로 생긴 이유를 구체적으로 제시하기 위한 중심 생각
타원형의 달걀에는 둥지에서 구르더라도 그 둥지를 벗어나지 않도록 고안*된 생명의 섭리가 숨어 있는 것이다. 만일 달걀이 타원형이 아닌 원형이었다면 한 번 구를 경우 자칫 둥지에서 멀리 이탈*하기 쉬울 것이며, 모양이 모나게 각을 이루고 있다면 어미 새가 품기 곤란하였을 것이다. 이런 점에서 달걀의 타원형은 그 속의 생명을 지키는 원초적* 방
달걀이 타원형인 이유 ①
달걀이 타원형인 이유 ②
타원형 달걀에 담긴 의미
어선이라 할 수 있겠다. 따라서 ㉠달걀을 세워 보겠다는 것은 곧 그러한 자연의 섭리와 생명의 법칙에 맞서는 행위인 것이다. 먹기 위해서도 아니면서, 둥지에서 벗어나지 않
콜럼버스의 달걀의 의미에 대한 비판적 견해
도록 만들어진 생명체를 자신이 원하는 자리에 군이 고정해 버리겠다는 생각이 '콜럼버스의 달걀'에 담겨 있는 것이다. 그래서 그것은 상식을 깬 발상* 전환의 모델이라기보다 소중한 생명을 파괴해서라도 자신의 목적을 달성해야겠다는 탐욕적*이고 반생명적인 발상으로 볼 수도 있다.
콜럼버스의 달걀에 대한 글쓴이의 관점

- ● 4문단: 원래의 타원형을 지키려는 발상의 전환의 필요성

* 발상(쏠 發, 생각할 想): 어떤 생각을 해냄. 또는 그 생각.

* 탐욕적(탐할 貪, 욕심慾, 과녁 的): 지나치게 탐하는 욕심이 있는. 또는 그런 것.

따라서 오늘날 정작 필요한 발상의 전환은 달걀을 어떻게 하면 세울 수 있을 것이냐는 질문에 갇혀 그 답을 모색하는 일이 아니라, ㉡달걀의 모양이 왜 타원형인가를 진지하게 묻는 일에서부터 시작되어야 한다. ㉢원래의 타원형을 그대로 지키려는 새로운 노력
오늘날 진정으로 필요한 발상의 전환에 대한 물음
새로운 물음: 글쓴이의 관점과 일치하는 노력
이 ㉣'오늘의 상식'을 깨지 못할 때는 생명의 신음 소리가 곳곳에서 계속 들리게 될 것이다. 그리고 그것은 다름 아닌 우리 자신의 죽음으로 다가오게 될 것이다. 바로 이러한
콜럼버스의 달걀 일화의 일반적 의미 → 오늘날 정작 필요한 발상의 전환을 하지 못하게 되는 결과
위기를 극복하려는 마음이야말로 진정한 발상 전환의 출발점이 아니겠는가?
원래의 타원형을 그대로 지키려는 노력

- ▶ 주제: 콜럼버스의 달걀에 대한 새로운 발상의 전환의 필요성

[지문 해제]

이 글은 '콜럼버스의 달걀'에 담긴 기존의 의미에 대한 비판적인 관점을 드러내고 있다. '콜럼버스의 달걀'은 일반적으로 최초의 발상 전환이 매우 어렵다는 메시지가 담겨 있지만, 글쓴이는 '콜럼버스의 달걀'에는 소중한 생명을 파괴해서라도 자신의 목적을 달성하겠다는 탐욕적이고 반생명적인 발상이 담겨 있다며 원래의 타원형을 그대로 지키려고 노력하는 새로운 발상의 전환이 필요하다고 주장하고 있다.

[문단 요지]

1문단: '콜럼버스의 달걀'을 소재로 한 기업 광고
2문단: 콜럼버스의 달걀에 대한 반론
3문단: 콜럼버스의 달걀에 담긴 탐욕적이고 반생명적 발상
4문단: 원래의 타원형을 지키려는 발상의 전환의 필요성

[주제]

콜럼버스의 달걀에 대한 새로운 발상의 전환의 필요성

1 서술상 특징 파악하기 | 정답 ⑤ |

윗글의 서술상 특징으로 적절하지 않은 것은?

① '콜럼버스의 달걀' 일화의 유래와 의미를 간략하게 설명하고 있다. 2문단
② '콜럼버스의 달걀' 일화에 대한 글쓴이의 새로운 생각을 드러내고 있다. 콜럼버스의 달걀은 탐욕적이고 반생명적인 발상임. 3문단
③ '콜럼버스의 달걀' 일화와 관련된 글쓴이의 경험을 소개하며 글을 시작하고 있다. 콜럼버스 달걀을 소재로 한 기업 광고 1문단
④ '콜럼버스의 달걀' 일화에 대한 글쓴이의 주장을 의문문을 통해 마무리하고 있다 4문단 바로 이러한 위기를 극복하려는 마음이야말로 진정한 발상 전환의 출발점이 아니겠는가?
⑤ '콜럼버스의 달걀'에 담긴 기존의 관점과 글쓴이의 관점이 유사함을 밝히고 있다. 글쓴이는 기존의 관점에 반론을 제기함.

✔ 정답 풀이

3문단에서 글쓴이는 '콜럼버스의 달걀'은 탐욕적이고 반생명적인 발상이라며 기존의 관점에 대해 비판적 견해를 드러내고 있다.

✘ 오답 풀이

① 2문단에서 콜럼버스의 달걀 일화를 제시하고 있다.
② 3문단에서 콜럼버스의 달걀은 소중한 생명을 파괴해서라도 자신의 목적을 달성하겠다는 탐욕적이고 반생명적인 발상이라며 새로운 생각을 드러내고 있다.
③ 1문단에서 콜럼버스의 달걀과 관련된 기업 광고를 본 글쓴이의 경험을 소개하며 글을 시작하고 있다.
④ 4문단에서 '바로 이러한 위기를 극복하려는 마음이야말로 진정한 발상 전환의 출발점이 아니겠는가?'라며 의문문의 형식을 통해 자신의 주장을 마무리하고 있다.

2 세부 내용 파악하기 | 정답 ④ |

윗글을 이해한 내용으로 적절하지 않은 것은?

① 달걀의 타원형에는 자연의 섭리와 생명의 법칙이 담겨 있다. 3문단
② 글쓴이는 콜럼버스의 달걀을 탐욕적이고 반생명적인 발상이라고 여기고 있다. 3문단
③ 일부 사람들은 콜럼버스의 신대륙 발견을 누구나 할 수 있는 일이라며 비아냥거렸다. 2문단
④ 글쓴이는 달걀이 원형이었다면 생명을 지키는 원초적 방어선이 강화될 약화될 것이라고 여기고 있다.
⑤ 콜럼버스의 달걀을 소재로 한 기업 광고는 상식을 뛰어넘는 생각의 전환을 강조하기 위한 것이다. 1문단

✔ 정답 풀이

3문단의 '만일 달걀이 타원형이 아닌 원형이었다면 한 번 구를 경우 자칫 둥지에서 멀리 이탈하기 쉬울 것이며'와 '이런 점에서 달걀의 타원형은 그 속의 생명을 지키는 원초적 방어선이라 할 수 있겠다.'로 미루어 보아 달걀의 타원형은 생명을 지키는 방어선이고 원형은 오히려 생명을 약화시킬 수 있음을 추론할 수 있다.

✘ 오답 풀이

① 3문단의 '달걀의 타원형은 그 속의 생명을 지키는 원초적 방어선이라 할 수 있겠다.'를 통해 확인할 수 있다.
② 3문단에서 글쓴이는 콜럼버스의 달걀을 '소중한 생명을 파괴해서라도 자신의 목적을 달성해야겠다는 탐욕적이고 반생명적인 발상'이라고 하였다.
③ 2문단의 '아메리카 대륙 상륙이 무어 별거냐고 비아냥거리는 소리를 듣자'를 통해 확인할 수 있다.
⑤ 1문단에서 '어떤 기업 광고에서 '콜럼버스의 달걀'을 소재로 하여 상식을 뛰어넘는 생각의 전환을 강조하는 것'이라고 하였다.

3 문맥적 의미 파악하기 | 정답 ③ |

㉠~㉣을 문맥상 유사한 것끼리 적절하게 분류한 것은?

① ㉠ / ㉡ / ㉢ / ㉣
② ㉠, ㉢ / ㉡, ㉣
③ ㉡, ㉢ / ㉠, ㉣
④ ㉡, ㉢ / ㉠, ㉢, ㉣
⑤ ㉡ / ㉠, ㉢, ㉣

'콜럼버스의 달걀'에 대한 새로운 관점(글쓴이의 관점)
'콜럼버스의 달걀'에 대한 기존의 관점

✔ 정답 풀이

㉠~㉣을 콜럼버스의 달걀에 대해 기존의 관점과 이에 대해 비판적인 글쓴이의 새로운 관점으로 나누어 볼 수 있는데, ㉠과 ㉣은 기존의 관점에 해당하며, ㉡과 ㉢은 글쓴이의 입장인 새로운 관점에 해당한다.

○ 1문단: 판단과 결정의 개념

우리는 종종 일상생활 속에서 선택을 해야 할 상황에 직면*하게 된다. 선택하는 방법이 많은 경우에는 가장 바람직한 것이 무엇인지를 판단해야 하며, 판단을 통해 방법이 한 가지로 정해진 경우에는 <u>선택한 방법을 실행할 것인지를 결정</u>해야 한다. 이처럼 <u>판단은 주어진 환경 상황을 수량이나 서열* 등에 근거하여 평가하는 과정</u>이며, <u>결정은 판단 과정의 결과로 생성*된 가능한 방법이 자신의 가치에 적합한가를 검증하는 것</u>을 일컫는다.

○ 2문단: 판단과 결정을 방해하는 오류

판단과 결정은 쉽게 이루어지지 못한다. 그 이유는 <u>우리가 판단하고 결정한 것이 과연 타당한 것인가에 대한 확신을 갖기가 어렵기 때문</u>이다. 그리고 이 과정 속에서 오류를 범하게 된다. 성공적인 판단과 결정을 하는 데 범하게 되는 <u>오류에는 적은 관찰의 오류, 과신의 오류</u> 등이 있다.

○ 3문단: 적은 관찰의 오류의 개념과 사례

적은 관찰의 오류란, 「가령 자신이 다니는 학교에 강원도 출신이 10명이고 경기도 출신이 5명이라고 한다면, 강원도민의 수가 경기도민의 수보다 많다고 생각하게 되는 오류를 말한다.」 즉 ⓐ<u>자신이 경험한 한정*된 기억에 근거하여 전체를 추정*하는 오류</u>인 것이다.

* 직면(곧을 直, 낯 面): 어떤 일이나 사물을 직접 당하거나 접함.

○ 4문단: 과신의 오류의 개념과 사례

* 서열(차례 序, 벌일 列): 순서를 좇아 늘어섬. 또는 그 순서.
* 생성(날 生, 이룰 成): 사물이 생겨남. 생겨 이루어지게 함.
* 한정(한계 限, 정할 定): 수량이나 범위 따위를 제한하여 정함. 또는 그 한도.
* 추정(옮을 推, 정할 定): 미루어 생각하여 판정함.

> **〈믿을 만한 논법〉**
> 모든 사람은 죽는다.
> 소크라테스는 사람이다.
> 고로 소크라테스는 죽는다.
>
> **〈믿을 수 없는 논법〉**
> 모든 사람은 도덕적이다.
> 히틀러는 사람이다.
> 고로 히틀러는 도덕적이다.

<u>과신의 오류란 자신이 믿는 방향으로 판단을 결정하는 오류</u>이다. 옆의 두 논법을 비교해 보자. 두 논법 모두 논리적으로 타당한 논법이다. 그러나 <u>소크라테스에 관한 논법은 쉽게 타당하다고 판단하는 반면</u>, 히틀러에 관한 논법은 판단하는 데 시간이 걸리거나 틀렸다는 답변을 하게 된다. 이는 논리적 판단이 논리적 오류가 있는 경우에만 틀렸다는 판단을 해야 하지만 <u>자신의 지식이나 신념과 일치하는지에 따라서 논리적 타당성에 대한 판단을 내리는 경향이 높다는 것</u>을 의미한다.

○ 5문단: 판단과 결정이 실제 상황에서 논리적이지 못한 이유

* 편향(치우칠 偏, 향할 向): 한쪽으로 치우침.

ⓐ<u>우리는 판단과 결정의 과정이 논리적이고 합리적인 기준에 근거해야 한다고 생각하지만 실제의 판단과 결정 상황에서는 그렇지 않다.</u> 자신의 기억, 태도, 믿음 및 경험 등이 판단과 결정에 많은 영향을 미치는 경우가 흔하다. 이는 일반적인 사람의 판단과 결정 과정은 객관적이고 합리적인 것보다는 <u>편향*된 개인의 주관에 근거하기 때문</u>이다.

▶ 주제: 합리적인 판단과 결정을 못하게 하는 오류

[지문 해제]

이 글은 우리가 판단과 결정을 할 때 합리적인 기준에 근거하지 못하는 이유와 관련된 오류인 '적은 관찰의 오류'와 '과신의 오류'에 대해 설명하고 있다. 적은 관찰의 오류란 자신이 경험한 한정된 기억에 근거하여 전제를 추정하는 오류이며, 과신의 오류란 자신이 믿는 방향으로 판단을 결정하는 오류이다.

[문단 요지]

1문단: 판단과 결정의 개념
2문단: 판단과 결정을 방해하는 오류
3문단: 적은 관찰의 오류의 개념과 사례
4문단: 과신의 오류의 개념과 사례
5문단: 판단과 결정이 실제 상황에서 논리적이지 못한 이유

[주제]

합리적인 판단과 결정을 못하게 하는 오류

---

1 구체적 상황에 적용하기 | 정답 ④ |

윗글을 참고하여 〈보기〉를 이해한 내용으로 적절하지 않은 것은?

┤ 보 기 ├

ㄱ. 철수는 우리 학교 남학생이 여학생보다 공부를
   〈적은 관찰〉
잘하기 때문에 영희가 다니는 학교도 남학생이
   〈잘못된 결론(오류)〉
여학생보다 공부를 잘할 것이라고 생각했다.
   〈적은 관찰의 오류〉
ㄴ. 미국인들에게 "자신의 운전 능력이 어떻다고
생각하십니까?"라는 질문으로 설문한 결과,
90% 이상이 "나는 평균 이상으로 운전을 잘하
   〈자신의 신념에 따른 잘못된 결론(오류)〉
는 사람"이라고 답변했다. 〈과신의 오류〉

① ㄱ의 철수는 적은 관찰의 오류를 범하고 있다.
② ㄱ에서 철수의 판단은 한정된 기억에 근거했다고 볼 수 있다.
③ ㄴ의 미국인들에 대한 설문 결과는 과신의 오류가 작용했음을 알 수 있다.
④ ㄴ에서 미국인들은 믿을 만한 자료를 바탕으로 질문에 답변했음을 알 수 있다.
⑤ ㄴ에서 설문 조사를 받은 미국인들은 자신의 신념에 따라 판단을 내렸다고 볼 수 있다.

✓ 정답 풀이

자신의 기억, 태도, 믿음 및 경험 등이 판단과 결정에 영향을 미친다는 5문단의 내용으로 보아, ㄴ에서 미국인들은 자신이 평균 이상으로 운전을 잘한다는 자신의 믿음에 따라 판단을 결정하는 과신의 오류를 범하고 있다고 볼 수 있다.

✗ 오답 풀이

①, ② ㄱ에서 철수는 자신의 관찰 사례를 영희가 다니는 학교에 적용하여 적은 관찰의 오류를 범하고 있다. 3문단에 의하면, 이는 자신의 한정된 기억에 근거하여 전체를 추정하였기 때문이다.
③, ⑤ ㄴ에서 미국인들은 자신이 운전을 평균 이상으로 잘한다는 믿음으로 판단하고 결정하는 과신의 오류를 범하고 있다. 4문단에 의하면, 이는 자신의 신념에 따라 판단한 것이기 때문이다.

---

2 세부 내용 추론하기 | 정답 ① |

㉠의 이유로 가장 적절한 것은?

① 편향된 개인의 주관에 근거하기 때문이다.
② 사람마다 판단하는 기준이 같기 때문이다.
   〈다르기〉
③ 객관적이고 합리적인 기준에 근거하기 때문이다.
   〈편향된 개인의 주관에 근거함.〉
④ 개인의 신념과 사회적 가치가 충돌하기 때문이다.
   〈이 글의 내용과 거리가 멀.〉
⑤ 이성적인 판단이 가치 있는 결과만 가져오는 것은 아니기 때문이다. 〈이 글을 통해 알 수 없음.〉

✓ 정답 풀이

5문단을 보면 실제의 판단과 결정에는 기억, 태도, 믿음, 경험 등이 영향을 미친다고 하였다. 즉 편향된 개인의 주관에 근거하기 때문에 ㉠과 같은 상황이 초래되는 것이다.

---

3 문맥에 어울리는 한자성어 파악하기 | 정답 ① |

ⓐ와 의미가 통하는 한자성어로 가장 적절한 것은?

① 좌정관천(坐井觀天)
② 목불식정(目不識丁) 〈글자를 전혀 모름. 또는 그러한 사람〉
③ 풍전등화(風前燈火)
④ 절차탁마(切磋琢磨) 〈학문이나 인격을 갈고 닦음.〉
⑤ 우이독경(牛耳讀經) 〈우둔한 사람은 아무리 가르치고 일러주어도 알아듣지 못함.〉
   〈사물이 오래 견디지 못하고 매우 위급한 자리에 놓여 있음.〉

✓ 정답 풀이

ⓐ는 한정된 기억을 근거로 판단하는 것이므로 '우물 속에 앉아서 하늘을 본다.'라는 뜻으로, 사람의 견문(見聞)이 매우 좁음을 이르는 말인 '좌정관천(坐井觀天)'이 가장 적절하다.

✗ 오답 풀이

② 목불식정(目不識丁)은 '고무래를 보고도 그것이 고무래 정(丁)자인 줄 모른다.'라는 뜻으로, 글자를 전혀 모름, 또는 그러한 사람을 비유하여 이르는 말이다.
③ 풍전등화(風前燈火)는 '바람 앞의 등불'이라는 뜻으로, 사물이 오래 견디지 못하고 매우 위급한 자리에 놓여 있음을 가리키는 말이다.
④ 절차탁마(切磋琢磨)는 '옥돌을 자르고 줄로 쓸고 끌로 쪼고 갈아 빛을 내다.'라는 뜻으로, 학문이나 인격을 갈고 닦는다는 말이다.
⑤ 우이독경(牛耳讀經)은 '쇠귀에 경 읽기'라는 뜻으로, 우둔한 사람은 아무리 가르치고 일러주어도 알아듣지 못함을 비유하는 말이다.

● 1문단: 자연을 지배하기 위한 새로운 논리학인 귀납법

＊지배(지탱할 支, 나눌 配): 다른 사람·집단·사물 등을 자기 의사대로 복종시켜 부림.

＊해석(풀 解, 가를 析): 사물을 자세하게 풀어서 이론적으로 연구함.

＊논증(말할 論, 증거 證): 몇 가지 전제를 바탕으로 논리적인 추론에 따라 한 명제가 참이라는 것을 증명하는 일.

● 2문단: 연역법의 개념과 특징

● 3문단: 귀납법의 개념과 특징

● 4문단: 새로운 지식을 얻기 위한 방법으로 귀납법이 적합한 이유

＊개별적(낱 個, 나눌 別과녁 的): 다른 것과 상관없이 따로따로인. 또는 그런 것.

＊전제(앞 前, 끌 提): 논리에서 추리를 할 때, 결론의 기초가 되는 판단.

▶ 주제: 귀납법의 개념과 특징

베이컨은 인간이 학문을 하는 목적은 자연을 지배＊하기 위한 것이고, 그것은 자연에 대한 참된 지식을 통해 이루어진다고 생각했다. 그러기 위해서는 자연을 해석＊할 수 있는 새로운 논리학이 필요했는데 이를 귀납법이라고 한다. 다음의 예를 살펴보자.

A: 모든 포유 동물은 심장을 갖고 있다. 일반적인 사실(전제)

말은 포유 동물이다.

그러므로 말은 심장을 갖고 있다. 개별적인 사실(결론)

B: 말은 심장을 갖고 있다. 소는 심장을 갖고 있다. 개는 심장을 갖고 있다. 사람은 심장을 갖고 있다. 개별적인 사실

말, 소, 개, 사람은 모두 포유 동물이다.

그러므로 모든 포유 동물은 심장을 갖고 있다. 일반적인 사실

A와 B는 모두 논증＊이다. 그런데 A는 '모든 포유 동물은 심장을 갖고 있다.'라는 일반적인 사실에서 '말은 심장을 갖고 있다.'라는 좀 더 개별적＊인 사실을 이끌어 냈다. 이것은 전제＊ 속에 결론이 이미 포함되어 있다. 그래서 다른 결론이 나올 수 없다. 이렇게 전제로부터 결론이 필연적으로 이끌어져 나오는 논증을 '연역법'이라고 한다.

B는 '말, 소, 개, 사람은 심장을 갖고 있다.'라는 개별적인 사실에서 '모든 포유 동물은 심장을 갖고 있다.'라는 좀 더 일반적인 결론을 이끌어 냈다. 이 경우에는 전제가 결론의 충분한 근거가 되지 못할 수도 있다. 따라서 경우에 따라 다른 결론이 나올 수도 있다. 이렇게 전제로부터 결론이 확률적으로 이끌어져 나오는 논증을 '귀납법'이라고 한다.

베이컨은 연역법으로는 자연에 대한 새로운 지식을 얻어낼 수 없고, 단지 이미 알고 있는 지식과 일치되는 개별적 지식들을 확인할 수 있을 뿐이라는 것에 불만을 품었다. 앞의 예에서 A의 결론인 '말은 심장을 갖고 있다.'라는 지식은 '모든 포유 동물은 심장을 갖고 있다.'라는 지식과 일치하는 지식일 뿐, 결코 새로운 지식이 아닌 것이다. 하지만 귀납법은 개별적인 사실에서 새로운 지식을 이끌어 낸다. 베이컨에게 필요한 것은 새로운 지식이었기 때문에 그는 귀납법만이 자연에 대한 새로운 지식을 얻기 위한 완전한 논증 방법이라 여겼던 것이다.

[지문 해제]

이 글은 자연을 지배하기 위해 필요한 새로운 논리학으로 제시한 귀납법의 개념과 특징에 대해 설명하고 있다. 베이컨은 인간이 학문을 하는 목적이 자연을 지배하기 위한 것이고, 자연에 대한 새로운 지식을 얻기 위한 논증으로 귀납법이 가장 적절하다고 주장하였다. 전제로부터 결론이 필연적으로 이끌어져 나와 다른 결론이 나올 수 없는 연역법과 달리, 전제로부터 결론이 확률적으로 이끌어져 나오는 귀납법만이 자연에 대한 새로운 지식을 얻을 수 있는 완전한 논증 방법이라고 여겼다.

[문단 요지]

1문단: 자연을 지배하기 위한 새로운 논리학인 귀납법
2문단: 연역법의 개념과 특징
3문단: 귀납법의 개념과 특징
4문단: 새로운 지식을 얻기 위한 방법으로 귀납법이 적합한
　　　이유

[주제]

귀납법의 개념과 특징

---

1 | 핵심 내용 파악하기 | 정답 ③ |

다음은 윗글을 읽고 정리한 메모의 일부이다. ㉮와 ㉯에 들어갈 말로 적절한 것은?

> 연역법은 전제 속에 이미 결론이 포함되어 있어 다른 결론이 나올 수 없으므로 전제로부터 결론이 <u>새로운 지식을 얻어낼 수 없음.</u> ＿＿＿＿㉮＿＿＿ 으로 이끌어져 나온다. 하지만 귀납법은 전제가 결론의 충분한 근거가 되지 못할 수도 있어 경우에 따라 다른 결론이 나올 수도 있 <u>개별적인 사실에서 새로운 지식을 이끌어 냄.</u> 으므로 전제로부터 결론이 ＿＿㉯＿＿ 으로 이끌어져 나온다.

	㉮	㉯		㉮	㉯
①	확률적	필연적	②	확률적	추상적
③	필연적	확률적	④	필연적	추상적
⑤	추상적	구체적			

어떤 사물이 직접 경험하거나 지각할 수 있는 일정한 형태와 성질을 갖추고 있지 않은, 또는 그런 것.

✅ 정답 풀이

2문단을 보면 연역법은 전제로부터 결론이 필연적으로 이끌어져 나오는 논증이라고 하였으므로 ㉮에는 '필연적'이 적절하다. 또한 3문단을 보면 귀납법은 전제로부터 결론이 확률적으로 이끌어져 나오는 논증이라고 하였으므로 ㉯에는 '확률적'이 적절하다.

---

2 | 구체적 상황에 적용하기 | 정답 ④ |

윗글을 바탕으로 〈보기〉를 분석한 내용으로 적절하지 않은 것은?

> ┤ 보 기 ├
> (ㄱ) 개미는 다리가 여섯 개이다.
> (ㄴ) 꿀벌은 다리가 여섯 개이다. 개별적인 사실
> (ㄷ) 잠자리는 다리가 여섯 개이다.
> (ㄹ) 개미, 꿀벌, 잠자리는 모두 곤충이다. 귀납법
> (ㅁ) 그러므로 모든 곤충은 다리가 여섯 개이다.
> 　　　　　　　　　　　일반적인 결론(새로운 지식)

① (ㄱ), (ㄴ), (ㄷ)은 모두 개별적 사실이다.
② (ㄹ)은 (ㄱ), (ㄴ), (ㄷ)에서 이끌어 낸 공통점에 해당한다.
③ (ㅁ)은 베이컨의 관점에서 <u>새로운 지식</u>이라고 할 수 있다. 자연을 지배할 수 있는 지식
④ <u>일반적인 사실</u>에서 좀 더 <u>개별적인 사실</u>을 이끌어 냈다. 개별적인 사실 / 일반적인 결론
⑤ 베이컨이 제시한 <u>자연을 해석하는 새로운 논리학</u>인 귀납법의 논증이다. 1문단

✅ 정답 풀이

3문단을 보면 귀납법은 개별적인 사실에서 일반적인 결론을 이끌어 냄을 확인할 수 있다. 〈보기〉는 (ㄱ), (ㄴ), (ㄷ)과 같은 개별적인 사실에서 (ㅁ)의 일반적인 사실을 이끌어 낸 귀납법 논증이다.

❌ 오답 풀이

① (ㄱ), (ㄴ), (ㄷ)은 각각 개미, 꿀벌, 잠자리에 해당하는 개별적 사실이다.
② (ㄹ)은 (ㄱ), (ㄴ), (ㄷ)에서 다리가 여섯 개인 곤충이라는 공통점을 이끌어 낸 것이다.
③ (ㅁ)은 귀납법 논증의 결과이다. 4문단을 보면 베이컨은 귀납법만이 새로운 지식을 얻을 수 있다고 여기고 있으므로 (ㅁ)은 베이컨의 관점에서 새로운 지식에 해당한다.
⑤ 〈보기〉는 귀납법 논증이며, 1문단에서 베이컨은 자연을 해석할 수 있는 새로운 논리학으로 귀납법을 들고 있다.

인문 01~05 | 독해력 쑥쑥, 어휘 테스트

01 ⓑ	02 ⓒ	03 ⓐ	04 지양	05 부인
06 직면	07 추론	08 전제	09 논증	10 개별적
11 참고	12 편향	13 추정	14 한정	15 보편적
16 ○	17 ○	18 ○	19 ×	20 ×

◐ 1문단: 관점에 따라 다르게 보이는 '오리-토끼' 애매 그림

◐ 2문단: 사물의 객관적인 형상보다 영향을 미치는 관점

◐ 3문단: 한 대상을 바라볼 때 하나의 모습만 인식할 수 있음.

＊관점(볼 觀, 점 點): 사물을 관찰할 때, 그 사람이 보는 입장이나 생각하는 각도

◐ 4문단: '오리-토끼' 그림이 주는 깨달음

＊형상(모양 形, 형상 狀): 사물의 생긴 모양이나 상태.

＊확고한(굳을 確, 굳을 固): 태도나 여건 따위가 확실하고 굳은.

＊배제(밀칠 排, 덜 除): 받아들이지 아니하고 물리쳐 제외함.

▶ 주제: 관점의 양면성

이 그림은 루트비히 비트겐슈타인의 ㉠'오리 – 토끼' 애매 그림이다. 사람들에게 이것을
〔그림을 소개함으로써 독자의 흥미와 관심을 유발함.〕
보여 주고 무엇을 그린 것이냐고 물으면 오리라고도 하고 토끼라고도 할 것이다. 왼쪽 방향을 보고 있는 오리를 그린 것인지, 오른쪽 방향을 보고 있는 토끼를 그린 것인지, 그것을
〔관점에 따라 달리 보임.〕
결정짓는 것은 오로지 보는 사람의 관점＊이라는 것을 알게 해 준다. 즉, 이 그림의 선
〔중심 화제〕
모양이 어떤 방향으로 향하고 있는지를 인지하고 그 형상＊의 이미지를 결정짓는 것은
〔같은 대상도 사람의 마음에 따라 다르게 보일 수 있다는 것을 알게 함.〕
그림 자체가 아니라 보는 사람의 마음 안에 존재한다는 것이다. 관찰자의 관점이 어느 쪽에 놓이는가에 따라서 그림이 다르게 보이기 때문이다.

사람들은 대체로 주변에 있는 사물들이 객관적으로 존재한다고 믿고 그것들은 모두 확고한＊ 형상을 지니고 있다고 생각해 왔을 것이다. 그런데 이 '오리 – 토끼' 그림을 보면서 비로소 그게 아니라는 것, 그림보다는 그것을 바라보는 사람의 관점이 갖는 역할
〔사물들이 객관적으로 존재하고 확고한 형상을 지닌다는 점〕 〔글쓴이가 '오리-토끼' 애매 그림을 소개한 이유〕
이 더 크다는 것을 깨닫고 놀랐을 것이다. 이렇게 대상을 바라보고 그것이 어떠한지 또 무엇인지 판단하는 힘은 내 눈이나 마음에 존재한다는 사실을 아는 순간, 그것만으로도
〔관점에 따라 달라진다〕
우리는 세상을 보는 눈이 확 달라졌을 것이다.

똑같은 그림이 보는 사람의 관점에 따라 오리가 되기도 하고 토끼가 되기도 한다. 오리의 주둥이와 토끼의 귀가 번갈아 교체되면서 마치 동영상처럼 좌우로 움직이는 것이다. 그런데 우리는 이 그림을 오리와 토끼로 동시에 인식할 수는 없다. 아무리 애를 써
〔어떤 대상을 하나의 모습으로만 인식할 수 있음.〕
도 오리로 보일 때에는 토끼 모습이 사라지고, 토끼로 보일 때에는 오리가 지워진다. 우리가 이 그림을 바라볼 때는 언제나 둘 중 어느 하나만을 선택할 수밖에 없는 것이다.

이렇듯 관점이라는 것은 내 마음 안에 품고 있는 자유이면서도 때로는 그 때문에 어쩔
〔관점은 선택의 자유는 있지만 한쪽으로 의견이 치우칠 수밖에 없음.〕
수 없이 한쪽만을 선택하게 되는 원인이 된다. 즉, 관점을 갖는다는 것은 선택한다는 것이고 선택한다는 것은 다른 한쪽을 배제＊하지 않으면 안 된다는 것을 의미한다. 그래서
〔'관점을 갖는다는 것'의 의미〕
현실은 다양성을 지니는데도 우리는 늘 그 일면만을 볼 수밖에 없음을 이 '오리 – 토끼'
〔'오리-토끼' 그림이 주는 깨달음〕
그림이 깨닫게 해 주는지도 모른다.

[지문 해제]

  이 글은 '오리-토끼' 그림을 제시하여 관점의 양면성에 대해 설명하고 있다. 사람이 사물을 바라볼 때 사물의 형상보다는 사물을 바라보는 관점의 역할이 매우 크다. 또한 두 가지 모습을 동시에 인식하기 어려워 하나의 모습만 인식할 수 있다. 이처럼 관점은 대상을 인식하는 방법이기는 하지만 어느 일면만을 바라볼 수밖에 없다는 깨달음을 준다.

[문단 요지]

  1문단: 관점에 따라 다르게 보이는 '오리-토끼' 애매 그림
  2문단: 사물의 객관적인 형상보다 영향을 미치는 관점
  3문단: 한 대상을 바라볼 때 하나의 모습만 인식할 수 있음.
  4문단: '오리-토끼' 그림이 주는 깨달음

[주제]

  관점의 양면성

---

1 읽기 전략 파악하기 　　　　　| 정답 ⑤ |

윗글에 대한 읽기 전략으로 적절하지 <u>않은</u> 것은?

① '오리 - 토끼' 그림을 본 경험이 있는지를 머릿속에 떠올려 보았다.

② 제목을 통해 '오리 - 토끼' 그림에 대한 설명하는 글임을 예측해 보았다.

③ 반복적으로 나오는 단어인 '관점'이 핵심어임을 파악하고 이에 주목해 보았다.

④ '관점에 따라 대상이 다르게 인식될 수 있다.'라는 글쓴이의 중심 생각을 파악해 보았다.

⑤ 글의 내용을 '오리 - 토끼 그림을 감상하는 다양한 관점과 예술적 가치'라고 요약해 보았다.

✔ 정답 풀이

이 글은 관점이 대상을 인식하게 하지만 어느 일면만을 바라보게 한다는 관점의 양면성에 대해 언급하고 있다. '오리-토끼' 그림을 감상하는 두 가지 관점은 제시되었으나, '오리-토끼' 그림의 예술적 가치에 대해서는 언급하지 않았다.

✘ 오답 풀이

①, ② 이 글에는 '오리-토끼' 그림이 제시되어 있으므로 그림과 제목을 보고 글의 내용을 떠올려 보거나 이전에 그림을 본 경험이 있는지를 떠올려 보기, 그림에 대해 설명하는 글임을 예측하기 등은 읽기 전 활동으로 적절하다.

③, ④ 글을 읽는 중에 글에 반복되어 나타나는 핵심어를 찾고, 글쓴이가 글을 쓴 목적이 담겨 있는 중심 생각을 파악해 보는 활동은 적절하다.

---

2 다른 상황에 적용하기 　　　　　| 정답 ② |

윗글을 바탕으로 ㉠과 〈보기〉의 ㉡을 비교한 내용으로 적절하지 <u>않은</u> 것은?

┌─── 보 기 ───

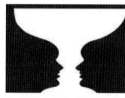

㉡이것은 덴마크의 심리학자 에드가 루빈(EdgarRubin)의 그림으로, 한순간 술잔으로 보였다가 다음 순간에는 두 사람이 얼굴을 맞대고 있는 것처럼 보인다. 하지만 두 가지가 동시에 보이지는 않는다. 즉, 술잔이 전경이 되면 얼굴은 배경이 되고, 얼굴이 전경이 되면 술잔이 배경이 된다.
= '오리-토끼' 그림에서 오리와 토끼를 동시에 인식할 수 없음.
관점을 가짐=선택함.=어느 한 쪽을 배제함.

① ㉡은 ㉠과 같이 하나의 그림에 두 대상을 담고 있군.

② ㉡은 ㉠과 같이 두 대상을 동시에 인식할 수 있겠군. 없겠군

③ ㉡은 ㉠과 같이 대상이 무엇인지는 보는 사람의 마음에 따라 결정되겠군.

④ ㉠과 ㉡은 모두 현실은 다양하지만 대상의 단면만을 볼 수밖에 없음을 깨닫게 하는군.

⑤ ㉡은 ㉠과 같이 관찰자의 관점이 어느 쪽에 놓이는가에 따라 대상이 다르게 보이겠군.

✔ 정답 풀이

3문단의 '우리는 이 그림을 오리와 토끼로 동시에 인식할 수는 없다.'를 통해 '오리-토끼' 그림이든 〈보기〉의 그림이든 한 그림에 나타나는 두 가지 대상을 동시에 인식할 수 없음을 알 수 있다.

✘ 오답 풀이

① ㉠은 오리 또는 토끼를, ㉡은 술잔 또는 두 사람이 얼굴을 맞대고 있는 모습을 담고 있다. 따라서 ㉠과 ㉡은 모두 하나의 그림에 두 대상을 담고 있다고 볼 수 있다.

③ 1문단에서 '오리-토끼' 그림에서 그 형상의 이미지를 결정짓는 것은 그림 자체가 아니라 보는 사람의 마음 안에 존재한다고 하였으므로, 〈보기〉의 ㉡도 역시 보는 사람의 마음에 따라 형상의 이미지가 컵 또는 마주보는 사람으로 결정될 것이다.

④ 4문단에서 '현실은 다양성을 지니는데도 우리는 늘 그 일면만을 볼 수밖에 없'다고 하였으므로 ㉠과 ㉡은 모두 두 가지 대상으로 볼 수 있으나 관찰자가 무엇을 인식하느냐에 따라 어느 한 쪽 대상 즉 일면만을 볼 수밖에 없을 것이다.

⑤ 1문단의 '관찰자의 관점이 어느 쪽에 놓이는가에 따라서 그림이 다르게 보이기 때문'을 통해 ㉠과 ㉡은 모두 관찰자의 관점에 따라 대상을 다르게 인식할 수 있을 것이다.

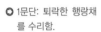
○ 1문단: 퇴락한 행랑채
　　를 수리함.

　　　　행랑채●가 퇴락*하여 지탱*할 수 없게끔 된 것이 세 칸이었다. 나는 마지못하여 이를
　　　　　　　　중심 화제
모두 수리하였다. 그런데 그중의 두 칸은 앞서 장마에 비가 샌 지가 오래 되었으나, 나
　　즉각적인 대처를 하지 않음.
는 그것을 알면서도 이럴까 저럴까 망설이다가 손을 대지 못했던 것이고, 나머지 한 칸
　　　　　　　　　　　　행랑채를 수리해야 함을 알고 있으면서 미뤄왔음.
은 비를 한 번 맞고 샜던 것이라 서둘러 기와를 갈았던 것이다. 이번에 수리하려고 본즉
　　　　　　　　즉시 수리함.
비가 샌 지 오래된 것은 그 서까래●, 추녀●, 기둥, 들보●가 모두 썩어서 못쓰게 되었던
　　　　　　　　　　　　　수리를 미룬 결과 비용이 많이 들게 됨.
까닭으로 수리비가 엄청나게 들었고, 한 번밖에 비를 맞지 않았던 한 칸의 재목*들은 완
　　　　　　　　　　　　　　　　　　　수리를 바로 한 결과 비용이 많이 들지 않음.
전하여 다시 쓸 수 있었던 까닭으로 그 비용이 많지 않았다.

○ 2문단: 삶을 사는 바
　　른 자세

* 퇴락(무너질 頹, 떨어질
　落): 무너지고 떨어짐.

　　　　나는 이에 느낀 것이 있었다. 사람의 몸에 있어서도 마찬가지라는 사실을. 잘못을 알
　　　　　　　　　　　　　　　글쓴이가 경험을 통해 깨달은 점
고서도 바로 고치지 않으면 곧 그 자신이 나쁘게 되는 것이 마치 나무가 썩어서 못 쓰게
되는 것과 같으며, 잘못을 알고 고치기를 꺼리지 않으면 해(害)를 받지 않고 다시 착한
　　글쓴이가 행랑채를 바로 수리하지 않은 것과 같은 결과가 나타남.　　　　　　　글쓴이가 깨달은 점 ②
사람이 될 수 있으니, 저 집의 재목처럼 말끔하게 다시 쓸 수 있는 것이다.
　　　　　　　　　　　　　글쓴이가 행랑채를 바로 수리하여 비용이 들지 않은 것과 같은 결과가 나타남.

○ 3문단: 정치 개혁의
　　필요성

　　　　뿐만 아니라 나라의 정치도 이와 같다. 백성을 좀먹는 무리들을 내버려두었다가는 백
　　　　　　행랑채에 대한 경험을 정치에도 적용함: 유추의 설명 방법　　　　　　행랑채를 바로 고치지 않은 결과 많은 비용이 든 것과 같은 이치임.
성들이 도탄*에 빠지고 나라가 위태롭게 된다. 그런 연후에 급히 바로잡으려 하면 이미
썩어버린 재목처럼 때는 늦은 것이다. 어찌 삼가지 않겠는가.

● 행랑채: 행랑으로 된 집채. 문간채.
● 서까래: 마룻대에서 도리 또는 보에 걸쳐 지른 나무.
● 추녀: 네모지고 끝이 번쩍 들린, 처마의 네 귀에 있는 큰 서까래. 또는 그 부분의 처마.
● 들보: 칸과 칸 사이의 두 기둥을 건너질러서 도리와는 'ㄱ' 자, 마룻대와는 '+' 자 모양을 이루는 나무.

* 지탱(지탱할 支, 버틸
　撑): 오래 버티거나 배
　겨 냄.
* 재목(재목 材, 나무 木):
　건축·기구 제작의 재
　료가 되는 나무.
* 도탄(진흙 塗, 숯 炭):
　몹시 곤궁하거나 고통
　스러운 지경.

▶ 주제: 잘못을 미리 알
　　고 그것을 고쳐 나가
　　는 자세의 중요성

[지문 해제]

이 글은 집을 수리한 일상적인 경험을 통해 얻은 깨달음을 제시하고 있다. 글쓴이는 행랑채가 잘못된 것을 알고도 바로 수리하지 않아 큰 손해를 보고 난 후 잘못된 점은 바로 고쳐야 한다는 깨달음을 얻는다. 행랑채를 수리한 경험을 사람의 몸에 유추하고 나라의 정치로 확장하여 삶에서 잘못을 미리 알고 고쳐 나가는 자세의 중요성을, 더 나아가 백성의 안정된 삶을 위한 시의적절한 개혁 정치의 필요성을 깨닫고 있다.

[문단 요지]

1문단: 퇴락한 행랑채를 수리함.
2문단: 삶을 사는 바른 자세
3문단: 정치 개혁의 필요성

[주제]

잘못을 알고 그것을 고쳐 나가는 자세의 중요성

1 전개 방법 파악하기 | 정답 ④ |

윗글의 전개 방법으로 가장 적절한 것은?

① 대화~~형식을~~ 빌려 글을 전개하고 있다.
② 글을 쓴 동기와 목적을 ~~분명히~~ 드러내고 있다.
③ 옛 성현의~~말을~~ 인용하여 이야기를 전개하고 있다.
④ 체험을 제시한 후 그로부터 유추한 의미를 제시하
  행랑채를 수리한 경험   잘못을 미리 알고 그것을 즉시 고쳐 나가야 한다.
  고 있다.
⑤ 기존의 통념을~~깨뜨리는~~ 방식을 통해 말하고자 하
  는 바를 드러내고 있다.

✔ 정답 풀이

이 글은 행랑채를 수리한 글쓴이의 경험을 사람의 몸과 정치에 유추하여 잘못된 것을 즉각 바로 잡아야 한다는 깨달음을 제시하고 있다.

✘ 오답 풀이

① 이 글은 체험과 깨달음의 구성 방식을 취하고 있을 뿐, 대화 상황이 제시되지 않았다.
② 이 글을 읽고 글을 쓴 동기나 목적을 알 수 있지만, 글을 쓴 동기나 목적이 글의 겉에 분명히 드러나 있지는 않다.
③ 이 글에서 옛 성현의 말을 인용한 부분은 찾을 수 없다.
⑤ 이 글에서 기존에 갖고 있던 생각을 깬 부분은 찾을 수 없다.

2 구체적 상황에 적용하기 | 정답 ② |

윗글을 읽은 독자가 〈보기〉의 A에게 보일 수 있는 반응으로 적절하지 않은 것은?

┤ 보 기 ├

A는 컴퓨터로 국어 과제를 하는데 컴퓨터가 간혹 멈추는 문제가 발생했다. 그러나 A는 '나중에 고치면 되겠지.'라는 생각으로 즉각적인 대처 없이 과
                          즉각적인 대처를 하지 않음.
제를 계속했다. 다음 날 과제를 마무리하려고 컴퓨터를 켰지만 컴퓨터가 아예 작동하지 않았고, 결국 처음부터 다시 과제를 하게 되었다.
잘못을 즉시 바로 잡지 않아서 큰 대가를 치름.

① A가 과제를 하기 전에 윗글을 읽었다면 컴퓨터가 멈추었을 당시 문제를 해결하려고 했겠군.
② A와 윗글의 글쓴이에게 주는 교훈으로 '감탄고토(甘呑苦吐)'라는 고사성어가 적절하겠군.
  제 비위에 맞으면 좋아하고 맞지 않으면 싫어한다.
③ A와 윗글의 글쓴이의 행동 모두 '호미로 막을 것을 가래로 막는다.'라는 속담의 상황과 유사하겠
  커지기 전에 처리하였으면 쉽게 해결되었을 일을 방치하여
  군.   두었다가 나중에 큰 힘을 들이게 됨.
④ 컴퓨터에 문제가 발생했을 때 바로 조치를 취했다면 A는 처음부터 과제를 다시 하지 않을 수 있었겠군.
⑤ A가 컴퓨터에 생긴 문제에 즉각적인 대처를 하지 않은 것은 윗글의 글쓴이가 행랑채 수리를 미룬 행위와 유사하겠군.

✔ 정답 풀이

'감탄고토(甘呑苦吐)'는 '달면 삼키고 쓰면 뱉는다.'라는 뜻으로, 제 비위에 맞으면 좋아하고 맞지 않으면 싫어한다는 의미이다. 〈보기〉의 A와 이 글의 글쓴이 모두 잘못된 점을 즉시 조치하지 않아 낭패를 보았으나 제 비위에 맞게 행동한 것은 아니므로 '감탄고토(甘呑苦吐)'의 상황이라고 볼 수 없다.

✘ 오답 풀이

① A가 이 글을 먼저 읽었다면 잘못을 즉시 바로잡아야겠다는 깨달음을 얻었을 것이며 컴퓨터의 문제를 즉시 조치했을 것이라고 추론할 수 있으므로 적절한 반응이다.
③ '호미로 막을 것을 가래로 막는다'는 커지기 전에 처리하였으면 쉽게 해결되었을 일을 방치하여 두었다가 나중에 큰 힘을 들이게 된 경우를 비유적으로 이르는 말로, 이 글의 글쓴이와 〈보기〉에서 A의 상황과 유사하므로 적절한 반응이다.
④ 독자는 이 글을 읽고 잘못을 알면 즉시 바로잡아야 한다는 교훈을 얻었을 것이다. A가 컴퓨터에 문제가 있다는 잘못을 즉각 바로 잡았다면 처음부터 다시 과제를 하지 않았을 것이므로 적절한 반응이다.
⑤ 이 글의 글쓴이가 행랑채 수리를 바로 하지 않아 큰 비용을 들인 것과 〈보기〉에서 A가 컴퓨터를 바로 고치치 않아 과제를 처음부터 다시 하게 된 것은 잘못을 즉시 바로잡지 않았다는 점에서 유사하므로 적절한 반응이다.

가 우리 민족은 예로부터 풀의 꽃이나 잎을 관상*의 대상으로 삼았을 뿐만 아니라 생활 재료로도 광범위*하게 활용하며 살아왔다. 한마디로 우리 문화를 '풀 문화'라고 부를 수 있을 정도로, 풀은 우리 민족의 생활과 매우 밀접하게* 관련되어 있다.

나 우리 민족이 생활 재료로 활용한 풀의 종류는 매우 다양하다. 식품이나 약재는 물론 주거, 의복 그리고 집에서 쓰는 온갖 도구, 농사에 필요한 각종 도구의 재료로 사용된 풀의 종류만도 수백 종에 이를 것으로 추측된다. 「산간에 사는 사람들은 산에서 나는 거의 모든 풀을 생활 재료로 활용했고, 갯가에 사는 사람들이나 평야에 사는 사람들 역시 주변에 자생*하는 풀들을 채집하여 생활 재료로 이용하며 살았다.」

다 초가집의 지붕 재료로 논이 많은 평야에서는 볏짚을 주로 사용하였고, 산간에서는 갈대, 산죽, 삼대 따위를 사용하였으며, 제주도에서는 대부분 띠를 사용하였다. 그뿐만 아니라 풀은 방 안의 깔개를 만드는 데도 없어서는 안 되는 중요한 재료였다. 가난한 사람들은 볏짚을 깔고 살기도 했지만 대부분은 갈대로 엮은 삿자리, 띠로 엮은 띠자리 등을 바닥에 깔고 살았다.

라 의복은 대체로 목화와 삼, 모시, 칡 등의 풀을 원료로 하였다. 아주 오래 전부터 우리 민족은 삼이나 모시를 재배하여 실을 만들고 천을 짜서 옷을 해 입었으며, 산에 가면 지천으로 뻗어 있는 칡을 이용하여 갈포라고 하는 기막히게 아름다운 옷감을 짜기도 하였다.

마 또 풀을 이용하여 생활에 필요한 용기나 농기구를 만들었다. 논농사를 많이 짓는 고장에서는 흔히 볏짚으로 만들었지만, 그렇지 않은 고장에서는 산에 나는 싸리, 칡, 갈대, 띠 등이나 갯가에서 자라는 부들 등으로 삼태기, 맷방석, 바구니, 채독 따위를 엮었다.

바 풀 놀이라는 것도 있었다. 어린아이들이 모여 정해진 시간 안에 누가 더 많은 종류의 풀을 뜯어 오는가를 겨루는 시합으로, 이것은 농촌에서 살아가는 데 필요한 자연 학습이었다. 이 놀이를 통해 아이들은 자연스럽게 식물과 친숙해질 수 있었고, 식물의 이름을 배울 수 있었으며 아울러 먹을 수 있는 풀과 약이 되는 풀을 구분할 수도 있었다.

사 이처럼 우리 민족은 예로부터 다양한 풀 문화를 가지고 있었다. 이러한 풀 문화는 하루아침에 이루어진 것이 아니라, 오랜 세월 조상들이 생활에 풀을 활용하면서 얻은 지혜의 산물이다. 우리 민족이 유난히 의식주, 생활용품, 농사 도구, 놀이 등에 풀을 많이 활용한 것은 자연 속에서 자연과 더불어 살아가려는 자연주의적 생활 철학에 그 근원*이 있다고 보아야 할 것이다.

(가): 풀과 밀접한 관련을 맺으며 살아온 우리 민족

(나): 생활 재료로 활용된 풀

* **관상**(볼 觀, 상줄 賞): 취미에 맞는 동식물 따위를 보면서 즐김.

(다): 지붕의 재료나 깔개로 활용된 풀

* **광범위**(넓을 廣, 법 範, 둘레 圍): 범위가 넓음. 또는 넓은 범위.

(라): 의복의 재료로 활용된 풀

* **밀접하다**(빽빽할 密, 사귈 接--): 아주 가깝게 맞닿아 있다.

(마): 생활에 필요한 도구로 활용된 풀

(바): 풀 놀이의 개념과 효과

* **자생**(스스로 自, 날 生): (식물이) 저절로 나서 자람.

(사): 자연주의적 생활 철학이 근원인 우리 민족의 풀 문화

* **근원**(뿌리 根, 근원 源): 사물이 생겨나는 본바탕.

▶ **주제:** 우리 민족의 생활과 밀접한 풀 문화

[지문 해제]

이 글은 '풀 문화'라고 부를 정도로 풀이 우리 민족의 생활과 밀접하게 연관되어 있음을 설명하고 있다. 우리 민족은 지붕, 방 안의 깔개, 의복, 생활에 필요한 용기나 농기구 등의 재료로 풀을 다양하게 사용했다. 또한 정해진 시간 안에 더 많은 종류의 풀을 뜯어오는 것을 겨루는 시합인 풀 놀이도 있었다. 이와 같은 풀 문화는 우리 조상들이 물려준 지혜의 산물이자 자연주의적인 생활 철학의 근원이라고 볼 수 있다.

[문단 요지]

(가): 풀과 밀접한 관련을 맺으며 살아온 우리 민족
(나): 생활 재료로 활용된 풀
(다): 지붕의 재료나 깔개로 활용된 풀
(라): 의복의 재료로 활용된 풀
(마): 생활에 필요한 도구로 활용된 풀
(바): 풀 놀이의 개념과 효과
(사): 자연주의적 생활 철학이 근원인 우리 민족의 풀 문화

[주제]

우리 민족의 생활과 밀접한 풀 문화

1 글의 내용 도식화하기 | 정답 ⑤ |

〈보기〉는 윗글을 도식화하여 나타낸 것이다. 적절하지 <u>않</u>은 것은?

───┤ 보 기 ├───

방 안의 깔개 · ㉠ 초가집의 지붕
생활 재료로 다양하게 쓰인 풀
ⓒ 생활용기 · ⓒ 농기구
ⓔ 의복 · ㉫ 가축 사료, 퇴비

① ㉠　　② ㉡　　③ ㉢　　④ ㉣　　⑤ ㉤

✔ 정답 풀이

이 글에서는 풀이 우리 민족의 생활과 밀접하게 연관되어 다양하게 사용되어 왔음을 설명하고 있다. 그러나 풀이 가축 사료나 퇴비의 재료로 사용되었다는 점은 이 글을 통해 확인할 수 없다.

✘ 오답 풀이

① (다)에서 초가집의 지붕 재료로 논이 많은 평야에서는 볏짚을 주로 사용하였고, 산간에서는 갈대, 산죽, 삼대 따위를 사용하였으며, 제주도에서는 대부분 띠를 사용하였다고 하였다.
②, ③ (마)에서 풀을 이용하여 생활에 필요한 용기나 농기구를 만들었다고 하였다.
④ (라)에서 의복은 대체로 목화와 삼, 모시, 칡 등의 풀을 원료로 사용했다고 하였다.

2 글의 흐름 이해하기 | 정답 ⑤ |

윗글에서 〈보기〉의 내용을 첨가할 수 있는 부분으로 가장 적절한 것은?

───┤ 보 기 ├───

풀을 가지고 하는 놀이에는 각시놀이, 피리 불기 등이 있었다. 각시놀이는 어린 여자 아이들의 놀이였다. 요즘의 소꿉놀이와 같은 것인데, 무릇*과 같은 가늘고 긴 풀로 각시를 만들어 헝겊으로 옷을 해 입혔고, 풀을 이용하여 병풀이며 이불까지 만들어 신방 모양으로 꾸며 놓고 각시놀이를 했다.

● 무릇: 백합과의 여러해살이풀.

① (나)의 뒤　　② (다)의 뒤　　③ (라)의 뒤
④ (마)의 뒤　　⑤ (바)의 뒤

✔ 정답 풀이

〈보기〉에서는 풀을 가지고 하는 놀이를 열거한 후, 이 중 각시놀이에 대해 상세하게 설명하고 있다. 즉 〈보기〉는 '풀 놀이'의 구체적 사례에 해당한다고 볼 수 있다. 이 글에서 '풀 놀이'에 대해 다룬 문단은 (바)이므로, (바) 뒤에 첨가하는 것이 가장 적절하다.

3 세부 내용 파악하기 | 정답 ④ |

윗글을 읽고 대답할 수 있는 질문으로 적절하지 <u>않</u>은 것은?

① 갯가에서 자라는 풀에는 어떤 것이 있을까? (마)
② 갈포라는 옷감은 어떤 식물을 이용하여 만든 것인가? (라)
③ 우리 민족의 생활 속에 풀이 많이 활용된 이유는 무엇일까?
④ 오늘날의 풀 문화라고 부를 수 있는 것에는 어떤 것이 있을까? 오늘날의 풀 문화에 대해 언급하지 않음.
⑤ 평야에 사는 사람들은 초가집의 지붕 재료로 주로 무엇을 사용했나? 주변에 자생하는 풀을

✔ 정답 풀이

이 글에서는 오늘날의 풀 문화에 대해 언급하지 않았다.

✘ 오답 풀이

③ (사)의 '우리 민족이 유난히 의식주, 생활용품, 농사 도구, 놀이 등에 풀을 많이 활용한 것은 자연 속에서 자연과 더불어 살아가려는 자연주의적 생활 철학에 그 근원이 있다고 보아야 할 것이다.'를 통해 확인할 수 있다.
⑤ (다)의 '초가집의 지붕 재료로 논이 많은 평야에서는 볏짚을 주로 사용하였고,~'를 통해 확인할 수 있다.

I · 인문

○ 1문단: 달걀을 포장해야 하는 이유

＊곤달걀: 곯은 달걀.
＊상실(죽을 喪, 잃을 失): 어떤 것이 아주 없어지거나 사라짐.

○ 2문단: 충격과 습기를 막아주는 한국의 달걀 꾸러미

○ 3문단: 반만 싸고 반은 드러나게 한 한국의 달걀 꾸러미

○ 4문단: 기능성과 정보성을 갖춘 한국의 달걀 꾸러미

＊미학(아름다울 美, 배울 學)(철학): 자연이나 인생 및 예술 따위에 담긴 미의 본질과 구조를 해명하는 학문.
＊모순(창 矛, 방패 盾): 어떤 사실의 앞뒤, 또는 두 사실이 이치상 어긋나서 서로 맞지 않음을 이르는 말.

○ 5문단: 형태나 구조를 드러낸 아름다움을 갖춘 한국의 달걀 꾸러미

＊발휘(쏠 發, 휘두를 揮): 재능이나 능력 따위를 떨쳐 나타냄.

○ 6문단: 포장 문화의 이상적인 모형인 한국의 달걀 꾸러미

▶ 주제: 기능성, 정보성, 아름다움을 갖춘 한국의 달걀 꾸러미

달걀은 깨지기 쉽다. 그 껍질은 작은 병아리 소리에도 무너지는 가장 민감한 생명의 벽이다. 또 달걀은 구르기 쉽다. 둥근 모양을 하고 있어서 어떤 수를 써도 세울 수가 없다. 달걀은 또 썩기 쉽다. 자칫 부패하여 먹을 수 없는 곤달걀＊이 되고 만다. 이렇게 깨지기 쉽고, 구르기 쉽고, 썩기 쉬운 그 특성 때문에 달걀은 무엇으로 싸 두지 않으면 안 된다. 인류가 맨 처음 물건을 싸는 포장 문화에 눈뜨게 된 것도 어쩌면 달걀 때문이었을지도 모른다.

한국인은 짚으로 달걀 꾸러미를 만들었다. 충격과 습기를 막아주는 그 부드러운 재료 자체가 이미 새의 둥지와 같은 구실을 한다. 짚으로 만든 달걀 꾸러미는 가장 포근하고 안전한 달걀의 집, 제2의 둥지이다.

그러나 한국의 달걀 꾸러미가 보여 주는 놀라움은 그 재료의 응용에만 있는 것이 아니다. 그 점이라면 일본의 달걀 꾸러미도 마찬가지이다. 문제는 같은 짚을 사용하면서도 달걀을 다 싸 버린 일본 사람들과 달리 한국 사람들은 그것을 반만 싸고 반은 그대로 두어 밖으로 드러나게 했다는 데 있다.

왜 반만 쌌을까? 기능만을 생각한다면 일본 사람들처럼 다 싸는 것이 안전하지 않을까? 그러나 물리적인 기능만을 생각하여 그것을 짚으로 다 싸 버린다면 달걀의 형태와 구조는 완전히 가려져 그 의미를 상실＊하게 될 것이다. 포장한 짚만 보이고 그 알맹이는 보이지 않게 될 것이므로 사람들은 그것이 얼마나 깨지기 쉬운 물건인지를 모르게 될 것이다. 즉, 달걀의 정보성은 사라지고 만다. 그렇게 되면 달걀 꾸러미의 기능이 달걀의 형태와 구조를 가리게 되어 물리적인 의미밖에 지닐 수 없게 된다. 그러고 보면 한국 사람들이 달걀을 반만 쌌다는 것은 기능만 생각한 것이 아니라 그 정보성을 중시했다는 증거이다. 달걀 꾸러미를 들고 다니는 사람들은 그것이 깨지기 쉬운 달걀임을 감각으로 느낄 수 있어 조심하게 될 것이다.

또한 달걀이 상품으로 전시되었을 때, 한국의 달걀 꾸러미는 그 신선도나 크기에 관한 정보를 소비자에게 알려줄 수도 있다. 물리적 정보만이 아니라 형태와 구조를 나타내 보임으로써 달걀 꾸러미는 디자인의 미학＊을 완성한다. 내용물을 가리면서 동시에 드러내는 모순＊, 거기에서 한국의 포장 문화는 자신의 존재 이유를 발휘＊하는 것이다.

이처럼 한국의 달걀 꾸러미는 깨지지 않게 내용물을 보호하는 합리적인 기능성, 포장된 내용물을 남에게 보여 주는 정보성, 그리고 형태와 구조를 드러낸 아름다움의 세 가지 특성을 동시에 만족하는 ㉠포장 문화의 이상적인 모형이라고 할 수 있다.

[지문 해제]

이 글은 기능성, 정보성, 아름다움을 모두 갖춘 한국의 달걀 꾸러미에 대해 설명하고 있다. 한국의 달걀 꾸러미는 짚으로 만들어 신선도를 유지하고 충격을 막아주는 기능성이 있으며, 달걀의 반만 포장하여 소비자에게 달걀에 대한 정보를 주는 정보성도 갖추고 있다. 그리고 달걀 꾸러미의 형태와 구조를 드러내 보여 아름다움을 갖추고도 있다. 글쓴이는 이러한 세 가지 특성을 갖춘 한국의 달걀 꾸러미를 포장 문화의 이상적인 모형이라고 극찬하며 글을 마무리하고 있다.

[문단 요지]

1문단: 달걀을 포장해야 하는 이유
2문단: 충격과 습기를 막아주는 한국의 달걀 꾸러미
3문단: 반만 싸고 반은 드러나게 한 한국의 달걀 꾸러미
4문단: 기능성과 정보성을 갖춘 한국의 달걀 꾸러미
5문단: 형태나 구조를 드러낸 아름다움을 갖춘 한국의 달걀 꾸러미
6문단: 포장 문화의 이상적인 모형인 한국의 달걀 꾸러미

[주제]

기능성, 정보성, 아름다움을 갖춘 한국의 달걀 꾸러미

---

1 근거의 적절성 파악하기 | 정답 ④ |

윗글의 글쓴이가 |한국의 달걀 꾸러미|를 ㉠과 같이 평가한 이유를 〈보기〉에서 골라 짝지은 것은?

┤ 보 기 ├

ㄱ. 짚으로 달걀 전체를 감싸서 충격과 습기를 막았기 때문이다.
　달걀 전체를 감싼 것은 일본의 달걀 꾸러미
ㄴ. 달걀의 신선도나 크기에 관한 정보를 소비자가 알 수 있게 해 주기 때문이다. 5문단
ㄷ. 달걀에 대한 물리적 정보뿐만 아니라 형태와 구조를 나타내 보이는 아름다움을 주기 때문이다.
　　　　　　　　　　　　　　　　　5문단
ㄹ. 달걀의 유통 기한을 표시할 수 있는 환경을 제공해 주기 때문이다.
　　　달걀의 유통 기한에 대해서는 언급하지 않음.

① ㄱ, ㄴ ② ㄱ, ㄷ ③ ㄱ, ㄹ ④ ㄴ, ㄷ ⑤ ㄴ, ㄹ

✔ 정답 풀이

6문단을 보면 글쓴이가 한국의 달걀 꾸러미를 포장 문화의 이상적인 모형이라고 평가한 이유는 깨지지 않게 내용물을 보호하는 합리적인 기능성과 포장된 내용물을 남에게 보여 주는 정보성, 형태와 구조를 드러낸 아름다움의 세 가지 특성을 모두 갖췄기 때문이다. ㄴ은 정보성에 해당하는 진술이고, ㄷ은 아름다움에 해당하는 진술이다.

❌ 오답 풀이

ㄱ. 3문단으로 미루어 보아 짚으로 달걀을 감싼 것은 맞지만 달걀 전체를 싼 것은 일본의 달걀 꾸러미에 해당한다. 한국의 달걀 꾸러미는 반만 싸고 반은 그대로 두어 밖으로 드러나게 하였다.
ㄹ. 이 글에서 달걀의 유통 기한을 표시할 수 있는 환경을 제공했다는 내용은 제시되지 않았다.

---

2 글의 내용 심화·확장하기 | 정답 ④ |

윗글을 읽은 독자가 글의 중심 내용과 관련된 심화 및 확장 학습을 하고자 할 때, 가장 적절한 것은?

① 달걀을 재료로 하여 만들어지는 다양한 요리에 대해 알아본다.
　　　　　　　　　　　이 글의 중심 내용과 거리가 멂.
② 오늘날에는 달걀 꾸러미를 어떤 소재로 제작하는지 조사해 본다.
　　　　　　　　　　이 글의 중심 내용과 거리가 멂.
③ 일본의 달걀 꾸러미와 우리나라의 달걀 꾸러미의 차이점을 비교해 본다. 3문단에서 언급함.
④ 포장 문화의 이상적인 모형을 보여 준 달걀 꾸러미와 비슷한 사례를 찾아본다.
⑤ 달걀 값이 비싸진 이유를 조사하고 앞으로 어떻게
　　이 글의 중심 내용과 거리가 멂.
　대처할 것인지에 대해 토론해 본다.

✔ 정답 풀이

중심 내용과 연관된 심화 및 확장 학습을 하기 위해서는 글의 중심 내용과 관련된 내용이어야 하며, 글에서 다루지 않아야 한다는 두 조건을 충족해야 한다. 이 글의 중심 내용은 기능성, 정보성, 아름다움을 갖춘, 포장 문화의 이상적인 모형인 한국의 달걀 꾸러미이다. 그러므로 ④와 같이 포장 문화의 이상적인 면모를 보여 주는 달걀 꾸러미와 비슷한 사례는 없는지 찾아보는 활동은 주제와 연관성이 있고, 이 글에서는 다루지 않은 내용이므로 심화 및 확장 학습의 활동으로 적절하다.

❌ 오답 풀이

① 달걀을 재료로 하여 만들어지는 요리는 이 글의 주제와의 관련성이 없으므로 적절하지 않다.
② 달걀 꾸러미의 소재가 이 글의 중심 내용이 아니므로 심화 및 확장 학습 활동으로 적절하지 않다.
③ 일본의 달걀 꾸러미와 우리나라의 달걀 꾸러미의 차이점은 3문단에서 다룬 내용이므로 심화 및 확장 학습 활동으로 적절하지 않다.
⑤ 달걀 값에 대한 내용은 이 글의 중심 내용이 아니므로 심화 및 확장 학습 활동으로 적절하지 않다.

영화 속에 나타난 우리 방언 _ 강범모

○ 1문단: 방언이 중요한
역할을 한 영화 「황산
벌」

영화 「황산벌」(2003)은 언어가 중요한 역할을 하는 흔치 않은 작품 중 하나이다. 그것
은 이 영화가 서기 660년, 황산벌에서 백제의 계백 장군과 신라의 김유신 장군이 일전
을 벌인 역사적 사건을 소재로 하면서, 백제인들이 호남 방언을 사용하고 신라인들이
영남 방언을 사용하는 것으로 연출하는 독특한 방법을 사용했기 때문이다. 영화에 나타
난 재미있는 방언의 사용에 대하여 살펴보자.

○ 2문단: 영남 방언과
호남 방언의 표현상
의 차이

백제의 의자왕과 계백과 군사들이 사용하는 호남 방언에는 '잉(응), 했당께(했다니
까), 야(예), 나가(내가), 니가(네가), 쪼께(조금)' 등의 표현이 있다. 김유신과 신라 군사
들은 '문둥이(경상도 사람), 더버(더워), 억수로(매우), 몬하다(못하다)' 등의 영남 방언
을 사용한다. 특히 의자왕과 계백이 사용하는 '거시기'는 방언적 차이뿐만 아니라 사용
맥락을 알아야 그것이 가리키는 뜻을 이해할 수 있는 특징을 가진 대명사이다. 백제인
과 맥락을 공유하지 않는 김유신과 신라군은 '거시기'의 뜻을 처음에 이해할 수 없었고
나중에 그것을 파악한 이후에야 백제군에 승리할 수 있었다.

○ 3문단: 영남 방언과
호남 방언의 발음상
의 차이

이러한 표현상의 차이 이외에 영남 방언에는 표준어와 호남 방언에는 없는 성조°가
있다. 그리고 일부 영남 방언의 특징인 쌍시옷(ㅆ) 발음의 약화가 있다. 예를 들어, '쌀'
을 '살'로 발음하고 '싸움'을 '사움'으로 발음하는 것이다. 영화에서 김유신이 군량미를
당군에게 보급*하는 신라군의 임무를 자조적*으로 일컫는 말의 발음은 '살 배달'이다.
반면에 계백은 '쌀 배달'이라고 쌍시옷을 분명하게 발음한다.

○ 4문단: 신분을 드러내
기도 하는 방언

영화 초반부에 백제 군사 두 명이 첩자로 신라군 속으로 들어가는 장면이 있다. 그들
은 신분을 감추기 위하여 호남 방언을 숨기고 영남 방언을 사용하지만, 무의식 중에 '거
시기, 했당께' 등 호남 방언을 사용함으로써 정체가 탄로*난다. 언어가 신분을 드러낸
셈이다.

• 성조: 음절 안에서의 소리 높이의 차이.

＊보급(기울 補, 넉넉할
給): 물품을 계속해서
대어 줌.
＊자조적(스스로 自, 비웃
을 嘲, 과녁 的): 스스로
를 비웃는. 또는 그런 것.
＊탄로(옷 터질 綻, 이슬
露): 비밀 따위를 드러냄.

▶ 주제: 영화 「황산벌」
에 사용된 방언의 특
징과 역할

[지문 해제]

이 글은 영화 「황산벌」을 통해 알 수 있는 방언의 역할과 특징에 대해 설명하고 있다. 영화 「황산벌」에서 방언은 중요하고 특별한 역할을 담당하는데, 백제군이 사용하는 호남 방언 중 '거시기'의 이해 여부와, 신라군이 사용하는 영남 방언 중 성조와 쌍시옷 발음의 약화가 전쟁의 승패를 좌우하기도 하였다. 또한 이 두 방언은 발음상 차이를 보이며 신분을 드러내는 역할도 하였다.

[문단 요지]

1문단: 방언이 중요한 역할을 한 영화 「황산벌」
2문단: 영남 방언과 호남 방언의 표현상의 차이
3문단: 영남 방언과 호남 방언의 발음상의 차이
4문단: 신분을 드러내기도 하는 방언

[주제]

영화 「황산벌」에 사용된 방언의 특징과 역할

---

1 글쓰기 전략 파악하기 | 정답 ② |

윗글의 글쓰기 전략으로 가장 적절한 것은?
① 영화에 사용된 방언의 장단점을 비교하고 있다.
② 영화에 사용된 방언을 예를 들어 설명하고 있다.
③ 영화에 사용된 방언의 변천 과정을 설명하고 있다.
④ 영화에 사용된 방언과 오늘날의 방언을 대조하고 있다.
⑤ 영화에 방언이 사용된 효과를 열거하여 설명하고 있다.

✔ 정답 풀이

2문단에서 영화 「황산벌」에 사용된 호남 방언 '잉(응), 했당께(했다니까), 야(예), 나가(내가), 니가(네가), 쪼께(조금)', 영남 방언 '문둥이(경상도 사람), 더버(더워), 억수로(매우), 몬하다(못하다)'를 예로 들어 방언의 특징과 역할에 대해 설명하고 있다.

✘ 오답 풀이

① 영화 「황산벌」에 사용된 방언의 특징을 언급하였을 뿐, 방언의 장단점을 비교한 부분은 찾을 수 없다.
③ 영화 「황산벌」에 사용된 방언의 변천 과정을 설명한 부분은 찾을 수 없다.
④ 영화 「황산벌」에 사용된 방언과 오늘날의 방언을 대조하여 설명한 부분은 찾을 수 없다.
⑤ 4문단에서 영화 「황산벌」에 사용된 방언이 신분을 드러내는 역할을 한다고는 하였으나, 방언의 효과에 대해 열거한 부분은 찾을 수 없다.

---

2 구체적 상황에 적용하기 | 정답 ④ |

〈보기〉는 영화 「황산벌」에 나오는 대사의 일부이다. 윗글을 바탕으로 〈보기〉를 이해한 내용으로 적절하지 않은 것은?

┤ 보 기 ├

"나가 황산벌에서 싸우기 전에 갑옷에 대해서 거시기한 거 까먹지를 말고 병사들에게 잘 거시기하라고 단단히들 일러!"호남 방언의 예

① 〈보기〉를 말할 때에는 성조 없이 발음해야 할 것이다.3문단 호남 방언에는 성조가 없음.
② 〈보기〉의 '거시기'는 사용 맥락을 공유해야 이해할 수 있을 것이다.2문단
③ 김유신과 신라 군사 등은 방언적 차이로 〈보기〉를 이해하기가 힘들 것이다. 영남 방언 구사
④ 〈보기〉에서 '싸우기'의 쌍시옷 발음을 '사우기'로 약하게 발음해야 할 것이다.2문단 쌍시옷 발음의 약화는 영남 방언의 특징임.
⑤ '나가, 거시기' 등이 사용된 것으로 보아 〈보기〉는 호남 방언임을 알 수 있다.

✔ 정답 풀이

〈보기〉는 '나가, 거시기' 등으로 미루어 보아 호남 방언임을 알 수 있다. 3문단에서 쌍시옷 발음의 약화는 영남 방언의 특징이라고 하였으므로 호남 방언에서 '싸우기'의 쌍시옷 발음을 '사우기'로 약하게 발음하는 것은 적절하지 않다.

✘ 오답 풀이

① 3문단에서 성조는 영남 방언의 특징으로 표준어와 호남 방언에는 없다고 하였다. 〈보기〉는 호남 방언이므로 성조 없이 발음해야 할 것이다.
② 2문단에서 '거시기'는 방언적 차이뿐만 아니라 사용 맥락을 알아야 그것이 가리키는 뜻을 이해할 수 있는 특징을 가진 대명사라고 하였다.
③ 〈보기〉는 호남 방언이므로 영남 방언을 구사하는 김유신과 신라 군사들은 방언적 차이로 〈보기〉의 대사를 이해하기 힘들 것이다.
⑤ 2문단에서 제시된 호남 방언의 예로 보아 〈보기〉는 호남 방언이라고 볼 수 있다.

인문 06~10	독해력 쑥쑥, 어휘 테스트			
01 모순	02 심화	03 확장	04 도식화	05 자조적
06 상실	07 전개	08 보급	09 평가	10 지탱
11 탄로	12 도탄	13 관점	14 관상	15 재목
16 형상	17 ○	18 ○	19 ×	20 ×

○ 1문단: 지번 주소의
　표기 방법과 한계

○ 2문단: 도로명 주소의
　도입 배경과 표기 방법

○ 3문단: 도로명 주소의
　장점

○ 4문단: 도로명 주소의
　사용 분야 및 확인 방법

＊운행(돌 運, 갈 行): 정
　하여진 길을 따라 차량
　따위를 운전하여 다님.

＊고시(알릴 誥, 보일 示):
　글로 써서 게시하여 널
　리 알림. 주로 행정 기
　관에서 일반 국민들을
　대상으로 어떤 내용을
　알리는 경우를 이름.

＊민원(백성 民, 원할 願):
　주민이 행정 기관에 대
　하여 원하는 바를 요구
　하는 일.

▶ 주제: 도로명 주소의
　도입 배경과 표기 방
　법 및 장점

　우리가 기존에 쓰던 주소는 '지번* 주소'이다. 이는 '서울특별시 중구 소망동 146번지'
와 같이 행정 구역*과 번지를 통해 건물의 위치를 나타낸 것이다. 지번 주소는 1910년
대에 세금을 걷기 위해 토지를 나누면서 번호를 붙인 '번지수'를 사용한 것이다. 처음에
는 하나의 토지 위에 건물이 하나씩 있었기 때문에 지번 주소에 불편함이 없었다. 하지
만 건물이 점점 많이 들어서면서 번지수를 계속 추가해야 했고, 그 결과 번지수의 순서
가 복잡해졌다. 결국 사람들은 번지수만 보고는 처음 가는 건물의 위치를 찾기가 어려
워졌다.

　지번 주소가 지니고 있는 ⊙이러한 문제점을 고치기 위해 새로운 주소 체계를 도입했
는데, 바로 '도로명 주소'이다. 도로명 주소는 도로에는 이름을 붙이고 건물에는 도로를
따라 순서대로 번호를 붙여, 도로명과 건물 번호로 표기하는 주소를 뜻한다. 기존의 지
번 주소와 앞부분은 동일하지만 동과 번지 대신에 도로명과 건물 번호를 쓰기 때문에
뒷부분은 다르다. 예를 들어, 앞에서 언급한 지번 주소는 '서울특별시 중구 소망로 8'과
같이 표기하게 된다.

　도로명 주소에는 건물의 위치, 도로 시작 지점부터 건물까지의 거리 등과 같은 정보
가 포함되어 있기 때문에 지도가 없어도 처음 찾아가는 건물의 위치를 빨리 찾을 수 있
다. ⊙이러한 장점 덕분에 화재나 응급 환자 발생 등 긴급한 상황에서 신속하게 대응할
수 있고, 우편이나 택배 등의 배달 시간 및 운행*비용을 줄일 수 있다. 뿐만 아니라 도
로명 주소는 영국, 중국 등 세계 여러 나라에서 오래 전부터 쓰던 주소 체계이기 때문에
외국인 관광객이 우리나라를 방문했을 때 길을 보다 쉽게 찾을 수 있다.

　도로명 주소는 2011년에 고시*된 이후 기존 지번 주소와 함께 사용되다가 2014년부
터 본격적으로 사용되기 시작했다. 공공기관에서 전입 · 출생 · 혼인 신고 등 각종 민원*
신청이나 서류를 제출할 때는 반드시 도로명 주소를 사용해야 한다. 주민등록증이나 운
전 면허증을 새로 발급받거나 다시 발급 받을 때도 도로명 주소로 표기해야 한다. 우편,
택배, 인터넷 쇼핑 등 일상생활에서는 도로명 주소를 사용하는 것이 의무는 아니지만
권장되고 있다. 도로명 주소를 모를 때는 행정안전부에서 운영하는 '새주소 안내 누리
집' 또는 포털 사이트에 지번 주소를 입력하면 도로명 주소를 쉽게 확인할 수 있다.

● 지번: 토지의 일정한 구획을 표시한 번호. 토지 번호.
● 행정 구역: 행정 기관의 권한이 미치는 범위의 일정한 구역. 특별시 · 광역시 · 도 · 시 · 군 · 읍 · 면 · 동 등이 있음.

[지문 해제]

기존에 쓰던 지번 주소가 건물이 많이 들어서면서 번지수가 복잡해져 건물의 위치를 찾기 어려워지자, 도로명과 건물 번호를 표기하는 도로명 주소가 도입되었다. 도로명 주소는 지도가 없어도 건물의 위치를 빨리 찾을 수 있다는 장점이 있다.

[문단 요지]

1문단: 지번 주소의 표기 방법과 한계
2문단: 도로명 주소의 도입 배경과 표기 방법
3문단: 도로명 주소의 장점
4문단: 도로명 주소의 사용 분야 및 확인 방법

[주제]

도로명 주소의 도입 배경과 표기 방법 및 장점

1 세부 내용 파악하기 | 정답 ⑤ |

윗글을 읽고 알 수 있는 내용으로 적절하지 <u>않은</u> 것은?

① '지번 주소'를 표기하는 방식
행정 구역과 번지를 통해 건물의 위치를 나타냄.
② '지번 주소'를 사용하기 시작한 때
지번 주소는 1910년대에 세금을 걷기 위해 토지를 나누면서 번호를 붙임.
③ '도로명 주소'에 포함되어 있는 정보
건물의 위치, 도로 시작 지점부터 건물까지의 거리 등과 같은 정보
④ '도로명 주소'를 모를 때 확인하는 방법
'새주소 안내 누리집' 또는 포털 사이트에 지번 주소 입력
⑤ '지번 주소'와 '도로명 주소'가 함께 사용된 이유

✔ 정답 풀이

4문단에 '도로명 주소는 2011년에 고시된 이후 기존 지번 주소와 함께 사용되다가 2014년부터 본격적으로 사용되기 시작했다.'라고 언급되어 있다. 그러나 이 글에서 지번 주소와 도로명 주소가 함께 사용된 이유는 찾아볼 수 없다.

2 글의 내용 추론하기 | 정답 ③ |

윗글로 미루어 알 수 있는 내용으로 적절하지 <u>않은</u> 것은?

① 지번 주소에서는 모든 도로에 이름을 붙일 필요가 없었다. 1문단, 2문단
② 영국에서 온 여행객은 지번 주소보다 도로명 주소가 친숙할 것이다. 3문단
③ 우편물을 보낼 때 지번 주소를 적으면 받는 사람에게 전달되지 않는다. 4문단
도로명 주소 사용이 의무가 아님.
④ 2015년에 결혼한 A씨는 혼인 신고를 할 때 도로명 주소를 사용해야 한다. 4문단
⑤ 1985년에 태어난 사람은 도로명 주소보다 지번 주소를 더 오래 사용했을 것이다. 1문단

✔ 정답 풀이

4문단에 '우편, 택배, 인터넷 쇼핑 등 일상생활에서는 도로명 주소를 사용하는 것이 의무는 아니지만 권장되고 있다.'라고 언급되어 있다. 따라서 우편물을 보낼 때 도로명 주소가 아닌 지번 주소를 적어도 받는 사람에게 전달될 것이다.

✘ 오답 풀이

① 1문단에 따르면 지번 주소는 행정 구역과 번지로 표기하는 주소이고, 2문단에 따르면 도로명 주소는 도로명과 건물 번호로 표기하는 주소이다. 따라서 도로명 주소에는 모든 도로에 이름을 붙여야 하지만, 지번 주소에는 모든 도로에 이름을 붙일 필요가 없다.
② 3문단에서 '도로명 주소는 영국, 중국 등 세계 여러 나라에서 오래 전부터 쓰던 주소 체계이기 때문에 외국인 관광객이 우리나라를 방문했을 때 길을 보다 쉽게 찾을 수 있다.'라고 하였다. 따라서 영국에서 온 여행객은 지번 주소보다 도로명 주소가 친숙할 것이다.
④ 4문단에 따르면 도로명 주소는 2014년부터 사용되기 시작했으며, 공공기관에서 혼인 신고 등을 할 때는 반드시 도로명 주소를 사용해야 한다. 따라서 2015년에 결혼한 사람은 혼인 신고를 할 때 도로명 주소를 사용해야 할 것이다.
⑤ 1문단에 따르면 지번 주소는 1910년대부터 사용했고, 4문단에 따르면 도로명 주소는 2014년부터 사용했다. 따라서 1985년에 태어난 사람은 지번 주소를 더 오래 사용했을 것이다.

3 지시어의 의미 파악하기 | 정답 ⑤ |

㉠과 ㉡이 가리키는 바로 가장 적절한 것은?

① ㉠: 하나의 토지 위에 건물이 하나씩 있다.
지번 주소를 사용하던 초기 상황
② ㉠: 세금을 걷으려고 만들어 낸 주소 체계이다.
지번 주소의 도입 배경
③ ㉡: 공공기관에서의 사용이 의무화되었다.
④ ㉡: 택배 배달 시간과 운행 비용을 줄일 수 있다.
도로명 주소의 장점
⑤ ㉡: 지도가 없어도 처음 찾아가는 건물의 위치를 빨리 찾을 수 있다.

✔ 정답 풀이

㉠은 지번 주소의 문제점으로, ㉠ 바로 앞 문단인 1문단을 보면 건물이 점점 많이 들어서면서 번지수의 순서가 복잡해져 번지수만 보고는 처음 가는 건물의 위치를 찾기가 어려워졌다고 하였다. ㉡은 도로명 주소의 장점으로, '이러한'의 앞 문장을 보면, 도로명 주소는 '지도가 없어도 처음 찾아가는 건물의 위치를 빨리 찾을 수 있다.'라고 언급되어 있다. 따라서 ㉠은 '번지수만 보고는 처음 가는 건물의 위치를 찾기 어려운 점', ㉡은 '지도가 없어도 처음 찾아가는 건물의 위치를 빨리 찾을 수 있는 점'이라고 할 수 있다.

'알파걸'은 있는데 왜 '알파우먼'은 없지? _ 이해진

정답 **1** ② **2** ②

◆ 1문단: '알파걸'의 개념과 증가 현상

'알파걸'이란 그리스 알파벳의 첫 자모*인 '알파(α)'에서 유래한 것으로, 학업과 운동, 리더십 등 모든 분야에서 또래 남학생과 동등하거나 그 이상의 성과를 보이는 뛰어난 여학생을 가리킨다. 여학생들의 학업 성적이 우수하다는 이유를 들어 남학생들이 진학할 때 남녀 공학을 기피*하는 현상, 각종 국가고시에서 여성 합격자의 비율이 점점 증가하는 현상 등을 통해 우리나라에서도 알파걸이 점차 많아지고 있음을 확인할 수 있다.

◆ 2문단: '알파걸'이 사회적 성공에 어려움을 겪는 현실

이처럼 실력이 우수한 알파걸은 증가하고 있는데, 이들이 사회에 진출한 후에는 자신의 능력을 제대로 발휘하지 못하는 경우가 많다. 어떤 기업의 여성 관리자들을 대상으로 한 조사에 따르면, 조사 대상 여성 관리자가 소속된 팀이나 부서의 평균 인원은 16.4명이고, 그중 남성이 9.6명, 여성이 6.8명으로 남성의 비율이 약 17% 정도 더 많았다. 그런데 여성 관리자들의 직속* 상사 성별 비율은 남성이 무려 80.1%로, 상위 직급으로 올라갈수록 여성의 비율이 많이 줄어드는 것으로 나타났다. 그래서 "'알파걸'은 있는데 '알파 우먼'은 없다."라는 목소리가 등장했다.

* 자모(글자 字, 어미 母): 한 개의 음절을 자음과 모음으로 갈라서 적을 수 있는 낱낱의 글자.
* 기피(꺼릴 忌, 피할 避): 꺼리거나 싫어하여 피함.

◆ 3문단: '알파걸'이 사회적 성공에 어려움을 겪는 원인

위에서 언급한 조사 결과를 통해 우리 사회에서 여성이 승진이나 사회적인 성공에 어려움을 겪고 있음을 알 수 있는데, 이처럼 여성의 지위 상승이 어려운 현실을 가리켜 '유리 천장'이라고 한다. '유리 천장'이란 마치 투명한 유리처럼 없는 것 같이 우리 눈에 보이지는 않지만 현실적으로 존재하는 장벽이라는 뜻에서 붙여진 이름이다. '알파걸'이 '알파 우먼'이 되지 못하는 원인 중 하나가 바로 우리 사회 곳곳에 있는 이 유리 천장들이 여성의 성공을 가로막기 때문일 것이다.

◆ 4문단: '유리 천장'을 없애기 위한 노력의 사례

[A]
유럽의 몇몇 나라에서는 이미 이 유리 천장을 없애기 위해 노력하고 있는데, 대표적인 사례가 '여성 임원 할당*제'이다. 이는 기업이나 공공기관의 임원 자리 중에서 일정 비율 이상을 여성에게 할당하는 제도인데, 이 비율을 충족하지 못했을 때에는 벌금을 부과하거나 정부 보조금 지원을 제한하게 된다. 2003년에 세계에서 가장 먼저 이 제도를 도입한 노르웨이는 기업의 고위직 임원 중 여성 비율을 40%까지 올리는 기록을 세웠으며, 스웨덴, 핀란드, 프랑스 등의 국가들도 40%의 할당제 장치를 설정해 여성 인력 활용을 극대화하고 있다.

* 직속(곧을 直, 엮을 屬): 직접적으로 속하여 있음. 또는 그런 소속.
* 할당(나눌 割, 당할 當): 몫을 갈라 나눔. 또는 그 몫.

◆ 5문단: '유리 천장'을 없애려는 노력의 필요성

유리 천장은 우리 사회 전반에 오랫동안 존재해 왔기 때문에 여성 개인의 노력과 능력만으로는 없애기가 쉽지 않다. 따라서 법과 제도를 통해 여성에 대한 차별을 없애려는 노력이 지속되어야 할 것이다.

▶ 주제: 여성에게 사회적 성공의 기회를 평등하게 부여해야 함.

[지문 해제]

이 글은 우리나라에서 '알파걸'이 증가하고 있으나 '알파우먼'은 없다는 문제를 제기하고 있다. 여성이 사회에 진출한 후, 보이지 않는 장벽에 막혀 승진이나 사회적 성공을 이루기 어려운 현실을 제시한 후 법과 제도를 통해 유리 천장을 없애기 위해 노력해야 한다고 주장하고 있다.

[문단 요지]

1문단: '알파걸'의 개념과 증가 현상
2문단: '알파걸'이 사회적 성공에 어려움을 겪는 현실
3문단: '알파걸'이 사회적 성공에 어려움을 겪는 원인
4문단: '유리 천장'을 없애기 위한 노력의 사례
5문단: '유리 천장'을 없애려는 노력의 필요성

[주제]

여성에게 사회적 성공의 기회를 평등하게 부여해야 함.

1 | 글쓰기 계획 파악하기 | 정답 ② |

다음 글쓰기 계획 중 윗글에 반영되지 않은 것은?

① 다른 나라의 사례를 제시하여 주장을 강조해야겠군.
  노르웨이, 스웨덴, 핀란드, 프랑스 등 4문단
② 개인적인 일화를 소개하여 독자의 공감을 유도해야겠군.
③ 구체적인 수치를 제시하여 글에 대한 신뢰성을 높여야겠군.
  여성 관리자의 비율 2문단
④ 개념이 만들어진 유래를 설명하여 의미의 이해를 도와야겠군.
  알파걸 1문단
⑤ 개념과 관련된 주위 현상을 제시하여 독자의 흥미를 높여야겠군.
  남학생들의 남녀 공학 기피, 각종 고시에서 여성 합격자의 비율 증가 1문단

✔ **정답 풀이**

이 글에서 개인적인 일화를 소개하는 부분은 찾아볼 수 없다.

✘ **오답 풀이**

① 4문단을 보면 여성 임원 할당제를 도입한 국가의 사례로 노르웨이, 스웨덴, 핀란드, 프랑스 등을 들고 있으며, 이를 통해 유리 천장을 없애야 한다는 주장을 강조하고 있다.
③ 2문단에서 어떤 기업의 여성 관리자들을 대상으로 한 조사를 구체적인 수치를 들어 제시함으로써 독자로 하여금 글을 더 신뢰하게 하고 있다.
④ 1문단에 "'알파걸'이란 그리스 알파벳의 첫 자모인 '알파(α)'에서 유래한 것'이라고 유래를 설명함으로써, 뛰어난 성과를 보이는 여학생이라는 '알파걸'의 의미에 대한 이해를 돕고 있다.
⑤ 1문단에서 '여학생들의 학업 성적이 우수하다는 이유를 들어 남학생들이 진학할 때 남녀 공학을 기피하는 현상, 각종 국가고시에서 여성 합격자의 비율이 점점 증가하는 현상 등을 들고 있다.

2 | 글의 내용 비판적으로 이해하기 | 정답 ② |

〈보기〉를 읽고 [A]를 비판할 때 제기할 수 있는 질문으로 가장 적절한 것은?

> ┤ 보 기 ├
>
> ○○회사는 10명 중 6명을 임원으로 승진시키려고 한다. 평가 기준에 따라 성적을 매겨 보니 1등과 3등은 여성, 2등과 4~6등은 남성이었다. 이 회사는 50%를 여성 임원으로 임명해야 하는 규정이 있었기 때문에, 6등인 남성 대신 7등이었던 여성을 승진 대상으로 결정하였다.
> 남성이라는 이유만으로 탈락

① 여성 임원 할당제를 시행한다고 해서 유리 천장이 사라질까? [A]의 내용임.
② 여성 임원 할당제를 하면 남성에 대한 역차별이 발생하지 않을까?
③ 벌금을 부과한다고 해서 여성 임원 할당제를 시행하는 기업이 늘어날까? 〈보기〉와 관련 없는 내용임.
④ 임원 자리 중에서 여성에게 할당하는 비율을 더 늘려야 하는 것이 아닐까?
⑤ 유럽의 국가들은 우리나라와는 환경이 다르기 때문에 여성 임원 할당제가 가능한 것이 아닐까?

✔ **정답 풀이**

[A]는 여성에 대한 차별을 없애기 위한 노력의 일환으로 여성 임원 할당제가 필요하다는 내용이며, 〈보기〉는 여성 임원 할당제 때문에 선발될 수 있었던 남성이 임원 승진에서 탈락했다는 내용이다. 따라서 〈보기〉와 같이 여성 임원 할당제를 시행하면 남성에 대한 역차별이 발생할 수 있다는 점을 근거로 [A]의 여성 임원 할당제의 필요성을 비판하는 질문이 가장 적절하다.

✘ **오답 풀이**

① [A]의 여성 임원 할당제에 대한 비판적 질문에 해당한다.
③ 〈보기〉는 여성 임원 할당제로 인해 피해를 입는 남성이 있다는 점을 문제 삼고 있으므로 적절하지 않은 질문이며, 〈보기〉의 내용과도 거리가 멀다.
④ [A]에는 임원 자리 중 여성에게 할당된 비율이 40%이고, 〈보기〉에는 50%로 제시되어 있다. 그러나 〈보기〉는 여성 임원 할당제로 인해 피해를 입는 남성이 있다는 점을 문제 삼고 있으므로 '임원 자리 중에서 여성에게 할당하는 비율을 더 늘려야 하는 것이 아닐까?'라고 비판하는 것은 적절하지 않다.
⑤ '유럽의 국가들은 우리나라와는 환경이 다르기 때문에 여성 임원 할당제가 가능한 것이 아닐까?'라고 비판을 하려면, 〈보기〉에 여성 임원 할당제를 시행하는 것이 어렵다는 내용이 언급되어야 한다.

○ (가): 문화재 관리 정책의 변화

가 최근 문화재 개방이 활발하게 추진되고 있다. 창덕궁, 창경궁의 전각* 내부가 관람
과 휴식의 장소로 개방되고 종묘 망묘루가 자료관으로 개방된 데 이어, 경복궁 등 궁
궐 네 곳의 전각 아홉 개를 회의장과 교육장으로 활용할 수 있도록 개방하였다. 경복
궁, 경희궁 등 서울의 궁궐들은 조선 왕조가 문화적 역량*을 모아 세운 역사 유산으
로, 서울 중심에 있어 접근성이 뛰어나지만 제대로 활용되지 못하고 있다. 문화재 당
국은 궁궐을 원형대로 보존하는 데 치중하여 개방은 최소화하고 궁궐에서 행사를 개
최하는 일을 금지했다. 관람객들은 궁궐에서 개방이 허용된 곳만을 부분적으로 둘러
보는 것에 만족해야 했다.

○ (나): 우리나라 문화재 관리 정책의 문제점 ①

나 우리의 궁궐과 달리 외국의 궁궐은 다양한 행사 장소로 활용되고 있다. 프랑스의 베
르사유 궁전에서는 종종 협회나 기업이 주최하는 축하연, 음악회 등이 열린다. 오스
트리아의 벨베데레 궁전은 유명한 화가들의 작품을 전시하는 미술관으로 활용되고 있
어서 이를 찾는 관람객들의 발길이 끊이지 않는다. 이에 비해 우리는 궁궐 내 전각들
에 대한 활용도가 낮아 우리 문화를 홍보할 수 있는 기회가 극히 제한되어 있다.

○ (다): 우리나라 문화재 관리 정책의 문제점 ②

다 '출입 금지' 위주의 문화재 관리 정책이 갖는 문제는 ㉠여름 장마철 창덕궁에 곰팡
이가 번식하는 사례에서도 찾아볼 수 있다. 우리의 전통 건축물은 목조* 건물이 대부
분이다. 목조 건물을 구성하는 기둥, 대들보, 기와 등은 시간이 흐르면서 조금씩 낡게
되지만, 사람이 살면서 온돌에 불을 들이고 창을 열어 환기하는 등 온도와 습도를 유
지해 주면 건물이 마르지 않고 숨을 쉬어 오래 보존할 수 있다. 따라서 우리의 전통
건축물을 효과적으로 보존하기 위해서는 개방을 최소화하는 것보다 문화재를 개방하
고 활용하는 것이 좋다.

○ (라): 문화재 개방 및 활용의 의의

라 현재 추진되고 있는 각종 문화재의 개방 및 활용 방안이 성공적으로 이루어진다면
국민들에게 더 이상 '접근이 금지된 문화재'가 아니라 '살아 있는 문화재', '함께하는
문화재'라는 새로운 인식을 심어 주고, 국민들이 함께 문화재를 가꾸고 보존해 나가야
한다는 의식을 공유할 수 있게 될 것이다. 국민에게 문화재를 누릴 권리를 주고 문화
재를 효과적으로 보존하기 위해 우리도 문화재를 적극 활용해야 한다.

＊전각(큰 집 殿, 문설주
閣): 임금이 거처하는
집.
＊역량(힘 力, 헤아릴 量):
어떤 일을 해낼 수 있
는 힘.
＊목조(나무 木, 지을 造):
건물의 주요 뼈대를 나
무로 짜 맞추는 구조.

▶ 주제: 문화재 개방 및
활용의 필요성

[지문 해제]
　문화재 당국은 문화재 개방을 최소화해 왔으나 이 때문에 우리 문화를 홍보할 수 있는 기회가 부족하고, 전통 건축물인 목조 건물을 보존하는 데 어려움이 있었다. 이러한 이유로 최근에는 문화재의 개방이 활발하게 추진되고 있다.

[문단 요지]
(가): 문화재 관리 정책의 변화
(나): 우리나라 문화재 관리 정책의 문제점 ①
(다): 우리나라 문화재 관리 정책의 문제점 ②
(라): 문화재 개방 및 활용의 의의

[주제]
문화재 개방 및 활용의 필요성

1　세부 내용 파악하기　｜ 정답 ④ ｜

윗글의 내용과 일치하지 <u>않는</u> 것은?

① 문화재 당국은 문화재를 원형대로 보존하는 것에 중점을 두었다. (가)
② 외국의 궁궐은 다양한 행사를 열어 문화를 누리는 장소로 이용되기도 한다. (나) 축하연, 음악회, 미술관
③ 경복궁은 서울 중심에 있어서 접근성이 뛰어나지만 제대로 활용되지 못했다. (가)
④ 최근에는 문화재 개방 정책에 따라 모든 문화재를 교육 장소로 사용할 수 있다.
⑤ 우리 전통 건축물의 대부분인 목조 건물은 시간이 흐르면서 조금씩 낡게 된다. (다) 예 창덕궁의 곰팡이

✔ 정답 풀이

(가)에 따르면 최근에 문화재 개방이 활발하게 추진되고 있으며, 경복궁 등 궁궐 네 곳의 전각 아홉 개는 교육장으로 활용할 수 있도록 개방하였다. 그러나 모든 문화재를 교육 장소로 사용할 수 있는지는 확인할 수 없다.

2　세부 내용 추론하기　｜ 정답 ② ｜

윗글을 참고할 때 ㉠의 이유로 가장 적절한 것은?

① 문화재를 관리하는 인력이 부족했기 때문 글에 관련 내용 없음.
② 관람객들에게 문화재 개방을 최소화했기 때문
③ 문화재를 복원하는 데 시간이 오래 걸리기 때문 글에 관련 내용 없음.
④ 우리 문화를 홍보할 수 있는 기회가 거의 없기 때문 낮은 문화재 활용도의 결과임.
⑤ 국민들이 문화재를 보존해야 한다는 의식이 없었기 때문

✔ 정답 풀이

(다)에 의하면, ㉠은 '출입 금지' 위주의 문화재 관리 정책의 문제점을 보여 주는 사례임을 알 수 있다. 즉, 문화재 개방을 최소화했기 때문에 ㉠과 같은 문제가 발생한 것이다.

3　글을 비판적으로 이해하기　｜ 정답 ② ｜

〈보기〉를 읽고 글쓴이에게 제기할 수 있는 질문으로 가장 적절한 것은?

┤ 보 기 ├

　경복궁이 야간 개방을 하면서 하룻밤 최고 4만 6000여 명의 인파가 몰렸다. 관람객 중 일부는 품계석(品階石)*을 딛고 올라서서 기념 사진을 찍기 훼손될 위험 있음 도 했고, 경회루 잔디밭에서 돗자리를 깔고 술판을 벌이기도 했다.

* 품계석(品階石): 조선 시대에, 품계를 새겨서 대궐 안의 정전(正殿) 앞뜰에 세운 돌.

① 문화재의 활용 방안을 구체적으로 제시해야 하지 않을까요? (가)에 이미 제시됨.
② 문화재를 개방하면 문화재가 훼손될 가능성이 있지 않을까요?
③ 문화재 개방에 대한 국민들의 관심을 유도해야 하지 않을까요?
④ 문화재 관리 방식을 변경하려면 법적 절차를 거쳐야 하지 않을까요? 이 글과 〈보기〉에 언급되지 않음.
⑤ 문화재를 개방한다고 해서 국민들이 문화재를 충분히 누릴 수 있을까요? 〈보기〉에 제시됨.

✔ 정답 풀이

〈보기〉는 경복궁을 개방하면서 많은 인파가 몰렸고, 관람객 중 일부가 문화재를 훼손하는 행동을 했다는 내용이다. 문화재 개방에 따른 문화재의 훼손 가능성에 대해 언급한 〈보기〉의 입장에서 이 글의 글쓴이의 입장을 비판한다면, ②와 같은 질문을 제기하는 것이 가장 적절하다.

✘ 오답 풀이

① (가)에 이미 문화재의 활용 방안이 구체적으로 제시되어 있으므로 적절하지 않은 질문이다.
③ 문화재 훼손을 우려하는 〈보기〉의 내용을 고려할 때 문화재 개방에 대한 국민들의 관심 유도는 적절하지 않은 질문이다.
④ 〈보기〉에는 문화재 관리 방식의 변경과 관련된 법적 절차에 대해 언급되어 있지 않으므로 적절하지 않은 질문이다.
⑤ 〈보기〉에 문화재 개방에 따라 국민들이 문화재를 즐기고 있다는 내용이 언급되어 있으므로 적절하지 않은 질문이다.

환율과 시소게임 _ 한진수

○ 1문단: '환율'의 개념

이탈리아의 유명한 식당에서 피자와 스파게티를 먹고 나서 우리나라 돈을 낼 수는 없다. 한 나라의 돈은 해당 국가에서만 유통되기 때문이다. 그래서 해외 여행을 가려면 은행에 가서 우리나라 돈을 여행을 가고자 하는 나라의 돈으로 교환해야 한다. 일본에 가려면 엔으로, 중국에 가려면 위안으로, 미국에 가려면 달러로 환전해야 한다. 이때, 우리나라 돈의 얼마를 외국 돈의 얼마로 교환할 것인지를 생각해야 하는데, 이 교환 비율을 '환율(換率)'이라고 한다.
환율의 개념
중심 화제

○ 2문단: 달러와의 환율에 관심이 큰 이유

세계 각국의 돈이 다양한 것처럼 환율도 가지가지이다. 그런데 미국의 달러가 언론에 가장 자주 등장하는 것은 달러가 국제적 화폐로 사용되고 있기 때문이다. 또한 미국이 달러와의 환율에 관심이 큰 이유 ①
세계 경제의 중심인 까닭에 우리의 관심이 가장 많이 집중되는 것도 미국 돈과의 환율
달러와의 환율에 관심이 큰 이유 ②
이다.

○ 3문단: 환율을 표시하는 방법

환율을 표시하는 방법으로 크게 두 가지 정도를 생각해 볼 수 있다. 첫째는 우리나라 원화를 기준으로 환율을 표시하는 것이다. '1원=0.001달러' 또는 '0.001달러/1원'과 같
환율을 표시하는 방법 ①   환율을 표시하는 방법의 예
이 1원은 몇 달러에 해당하는지를 표시하는 방법이다. 다른 하나는 '1달러=1,000원' 또는 '1,000원/1달러'와 같이 미국 돈 1달러를 기준으로 환율을 표시하는 것이다. 즉, 미
환율을 표시하는 방법 ②
국 돈 1달러를 얻기 위해서 우리 돈을 얼마나 지급해야 하는지를 나타내는 방법이다. 두
미국 돈 1달러를 기준으로 환율을 표시하는 방법
가지 방법 중 어떤 방법으로 표현하든 돈의 가치에는 변함이 없다. 기준으로 삼는 돈이 원화인지, 달러인지의 차이가 있을 뿐이다. 다만 미국 달러가 기축 통화● 중 하나이기 때문에 일반적으로 후자가 쓰인다.
미국 돈 1달러를 기준으로 환율을 표시하는 방법

○ 4문단: 일종의 시소게임인 환율과 원화의 가치

┌ 한편, 환율과 원화●의 가치는 일종의 시소게임이다. 환율이 1달러에 1,000원에서
│ 1,100원으로 올랐다고 가정해 보자. 지금까지는 미국의 돈 1달러를 사기 위해서
│ 1,000원을 내면 되었지만, 이제는 1,100원을 지불해야 한다. 즉, 우리나라 돈의 대
│ 외* 가치가 하락한 것이다. 이와 같이 우리나라 돈의 가치가 하락하는 현상을 원화
[A] 가 절하*되었다고 말한다. 그런데 여기에서 한 가지 재미있는 점을 발견할 수 있다.
│ 환율이 올랐다는 것과 원화의 가치가 하락했다는 것이 같은 의미인데, 오르고 내리
│ 는 방향이 서로 반대라는 점이다. 시소 양 끝에는 '환율'과 '원화 가치'가 타고 있어
│ 서 환율이 오르면 원화 가치는 내리고, 원화 가치가 오르면 환율은 내리게 된다. 이
│   핵심 내용
└ 러한 점에서 환율과 원화의 가치는 일종의 시소게임이라고 하는 것이다.

* 대외(대답할 對, 바깥 外): 외부 또는 외국에 대함.
* 절하(끊을 切, 아래 下): 물가나 화폐 가치의 수준을 낮춤.

● 기축 통화: 국제 간의 결제나 금융 거래의 기본이 되는 화폐. 예전에는 영국의 파운드가 사용되었으나 현재는 미국의 달러와 일본의 엔 따위가 상용되고 있다.
● 원화: 한국의 화폐 단위인 '원'으로 표시된 화폐.

▶ 주제: 환율 표시 방법 및 원화 가치와의 관계

[지문 해제]
　이 글은 환율의 표시 방법 및 환율과 원화 가치와의 관계에 대해 설명하고 있다. 환율은 자기 나라 돈과 다른 나라 돈의 교환 비율을 의미하는 것으로, 원화를 기준으로 표시할 수도 있고, 달러를 기준으로 표시할 수도 있다. 한편, 환율이 오르면 원화 가치는 내리고, 원화 가치가 오르면 환율은 내리게 된다.

[문단 요지]
　1문단: '환율'의 개념
　2문단: 달러와의 환율에 관심이 큰 이유
　3문단: 환율을 표시하는 방법
　4문단: 일종의 시소게임인 환율과 원화의 가치

[주제]
　환율 표시 방법 및 원화 가치와의 관계

1 세부 내용 파악하기 | 정답 ⑤ |

윗글의 내용과 일치하지 않는 것은?
① 한 나라의 돈과 다른 나라 돈의 교환 비율을 '환율'이라고 한다. 1문단
② 다른 나라에 가서 돈을 쓰려면 해당 국가의 돈으로 바꾸어야 한다. 1문단
③ 달러는 국제적 화폐로 사용되고 있기 때문에 언론에 자주 등장한다. 2문단
④ '0.01위안/원'은 1원이 중국의 몇 위안에 해당하는지를 표시하는 방법이다. 3문단
⑤ 달러는 기축 통화이므로 일반적으로 환율을 표시할 때 원화를 기준으로 한다.
　　　　　　　　　달러

✓ 정답 풀이

3문단에서 '미국 달러가 기축 통화 중 하나이기 때문에 일반적으로 후자가 쓰인다.'라고 하였는데, 여기서 '후자'는 원화를 기준으로 환율을 표시하는 것이 아니라, '미국 돈 1달러를 기준으로 환율을 표시하는 것'을 의미한다.

✗ 오답 풀이

① 1문단에서 우리나라 돈의 얼마를 외국 돈의 얼마로 교환할 것인지를 생각해야 하는데, 이 교환 비율을 환율(換率)이라고 하였다.
② 1문단에서 '해외 여행을 가려면 은행에 가서 우리나라 돈을 여행을 가고자 하는 나라의 돈으로 교환해야 한다.'라고 하였다.
③ 2문단에서 '미국의 달러가 언론에 가장 자주 등장하는 것은 달러가 국제적 화폐로 사용되고 있기 때문'이라고 언급하였다.
④ 3문단에 따르면 '0.001달러/1원'은 1원이 몇 달러에 해당하는지 표시하는 방법이므로, '0.01위안/원'은 1원이 중국의 몇 위안에 해당하는지를 표시하는 방법으로 볼 수 있다.

2 구체적 사례에 적용하기 | 정답 ④ |

[A]를 읽고 〈보기〉에 대해 이해한 내용으로 적절하지 않은 것은?

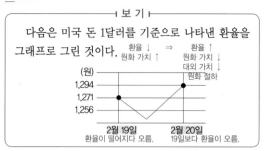

┤ 보 기 ├
　다음은 미국 돈 1달러를 기준으로 나타낸 환율을 그래프로 그린 것이다. 환율 ↓　⇒　환율 ↑
　　　　　　　　　　　　　　　　　원화 가치 ↑　　원화 가치 ↓
　　　　　　　　　　　　　　　　　　　　　　　　대외 가치 ↓
　(원)　　　　　　　　　　　　　　　　　　　　　원화 절하
　1,294
　1,271
　1,256
　　　2월 19일　　　　　2월 20일
　　환율이 떨어지다 오름.　19일보다 환율이 오름.

① 19일에는 원화의 가치가 상승하다가 하락했다.
　　　　　　　　　　　　　1271원 → 1256원 이하
② 19일과 비교했을 때 20일은 원화가 절하되었다.
　　환율 상승 → 원화 가치 하락 → 원화 절하
③ 20일은 원화와 달러의 교환 비율이 하루 전보다 올랐다.
　　　　　　20일은 19일에 비해 환율 상승
④ 20일은 전날에 비해 우리나라 돈의 대외 가치가 상승했다.
　　　　　　　　　　　　　　　　　　　하락
⑤ 달러를 사려면 19일보다 20일에 더 많은 금액을 지불해야 한다.
　1달러를 사기 위해 19일에는 1271원, 20일에는 1294원 지불해야 함.

✓ 정답 풀이

19일에 1달러를 사려면 1,271원 또는 그 이하를 지불하면 됐지만, 20일에는 1,294원을 지불해야 한다. [A]에 따르면 1달러를 살 때 지불해야 하는 돈이 1,000원에서 1,100원으로 오르면 우리나라 돈의 대외 가치가 하락한 것이다. 따라서 20일에 1달러를 사려면 전날에 비해 더 많은 금액을 지불해야 하므로 우리나라 돈의 대외 가치가 하락한 것으로 볼 수 있다.

✗ 오답 풀이

① 19일에는 1,271원으로 시작했는데 그래프가 아래쪽으로 향하여 1,256원 이하까지 떨어졌다가 이후 다시 높아졌다. 즉, 환율이 하락했다가 상승한 것이다. [A]에 따르면 환율이 오르면 원화 가치가 내리고, 원화 가치가 오르면 환율이 내린다. 따라서 19일에는 원화의 가치가 상승하다가 하락한 것으로 볼 수 있다.
② 20일은 19일에 비해 환율이 상승했다. [A]에 따르면 환율이 상승하면 원화 가치가 내리게 되는데, 우리나라 돈(원화)의 가치가 하락하는 현상을 원화가 절하되었다고 한다. 따라서 20일은 19일과 비교했을 때 원화가 절하되었다고 볼 수 있다.
③ 20일은 하루 전인 19일에 비해 환율이 상승했다. 1문단에 따르면 우리나라 돈과 달러를 포함한 외국 돈과의 교환 비율을 '환율'이라고 한다. 따라서 '20일은 원화와 달러의 교환 비율이 하루 전보다 올랐다.'는 진술은 적절하다.
⑤ 19일에 1달러를 사려면 1,271원 또는 그 이하를 지불하면 됐지만, 20일에는 1,294원을 지불해야 한다.

II
·
사
회

◉ 1문단: 안락사의 개념
과 종류

◉ 2문단: 안락사에 대한
우리나라의 판례

◉ 3문단: 안락사 허용
반대 입장의 근거

◉ 4문단: 안락사 허용
찬성 입장의 근거

＊ 방조죄(도울 **幫**, 도울
助, 허물 **罪**): 남의 범죄
행위를 도움으로써 성
립하는 범죄.

＊ 존엄(높을 **尊**, 엄할 **嚴**):
인물이나 지위 따위가
감히 범할 수 없을 정
도로 높고 엄숙함.

◉ 5문단: 생명의 존엄성
에 대한 인식의 필요성

＊ 불가침(아닐 **不**, 옳을
可, 침노할 **侵**): 침범해
서는 안 됨.

▶ 주제: 안락사에 대한
찬반 논쟁

'안락사'란 회복할 수 없는 질병으로 죽음에 가까워진 환자를 인공적인 방법으로 죽음
에 이르게 하는 것을 의미한다. _{안락사의 개념} 죽음에 이르게 하는 방법에 따라 '적극적 안락사'와 '소
극적 안락사'로 나눌 수 있다. _{안락사의 구분 기준} '적극적 안락사'는 _{안락사의 종류} 회복이 불가능한 환자의 수명을 단축하
기 위해 인위적인 행동을 하는 것으로, _{적극적 안락사의 개념} 죽음에 이를 정도의 약물을 주사하는 경우가
이에 해당한다. _{적극적 안락사의 예} 반면 '소극적 안락사'는 환자의 생명을 연장하기 위한 _{소극적 안락사의 개념} 치료를 하지 않는
것으로, 환자에게서 인공 호흡기나 인공 심장 등을 제거하는 경우가 이에 해당한다. _{소극적 안락사의 예}

우리나라는 안락사를 불법으로 규정하고 있는데, 소극적 의미의 안락사는 점차 허용
하는 방향으로 변화되고 있다. _{안락사에 대한 우리나라의 현황} 1997년에 어떤 환자에 대해 회복 가능성이 없다고 판단
하고 치료를 중단한 의사에게 살인 방조죄＊가 선고되었다. 이는 소극적 의미의 안락사도
허용되지 않았음을 보여 준다. 그러나 2009년에는 회복 가능성이 없는 환자의 치료 장치
를 제거해 달라는 환자 가족들의 소송에서 소극적 안락사를 인정하는 취지의 판결이 내
려졌다. 이를 계기로 우리 사회에서는 안락사에 대한 열띤 찬반 논쟁이 시작되었다. _{중심 화제}

헌법 제10조에 '모든 국민은 인간으로서의 존엄＊과 가치를 가지며, 행복을 추구할 권
리를 가진다. 국가는 개인이 가지는 불가침＊의 기본적 인권을 확인하고 이를 보장할 의
무를 가진다.'라고 분명하게 드러나 있다. 안락사를 허용해서는 안 된다는 입장에서는
인간의 생명은 침범해서는 안 되는 기본적 인권이며, 회복이 불가능한 환자도 기본적
인권을 지닌다고 본다. _{안락사 허용 반대 입장의 근거} 그런데 안락사는 결과적으로 죽음에 이르게 하는 행위라는 점에
서 인간 생명의 기본권에 위배되며, 따라서 엄격히 '살인'이라는 형사법에 해당한다고
주장한다.

한편, 안락사를 허용해야 한다는 입장에서도 앞서 언급한 헌법 제10조를 근거로 제시
한다. 그들은 인간이 존엄과 가치를 가지며 행복을 추구할 권리가 있기 때문에 회복이
불가능한 환자도 자신의 생명에 대한 결정권을 가지고 있다고 본다. 따라서 환자 자신
의 자유로운 의사에 따라 치료를 받을 권리도 있고 거부할 권리도 있으며, 극심한 고통
에서 벗어날 권리가 있다고 주장한다. _{안락사 허용 찬성 입장의 근거} 이러한 측면에서 의사가 회복이 불가능한 환자에
대해 무조건 치료해야 하는 것은 아니며, 의사의 설명을 충분히 들은 후 환자가 치료를
거부하기로 결정했다면 치료를 계속 할 필요는 없다고 주장한다.

이처럼 우리나라에서는 안락사의 허용 문제를 두고 찬성 측과 반대 측의 논쟁이 오랜
기간 동안 이어져 오고 있다. 그러나 어떤 입장에 있든 간에 생명의 존엄성에 대한 인식
을 바탕으로 안락사 문제에 신중하게 접근하려는 _{생명의 존엄성에 대한 인식의 필요성} 태도를 지녀야 할 것이다.

[지문 해제]

이 글은 안락사 허용에 대한 찬반 논쟁을 다루고 있다. 안락사를 허용해야 한다는 입장에서는 환자는 자유로운 의사에 따라 치료를 받거나 거부할 권리가 있다고 주장하며, 안락사 허용을 반대하는 입장에서는 인간의 생명은 인간의 기본권이므로 침범해서는 안 된다고 주장한다.

[문단 요지]

1문단: 안락사의 개념과 종류
2문단: 안락사에 대한 우리나라의 판례
3문단: 안락사 허용 반대 입장의 근거
4문단: 안락사 허용 찬성 입장의 근거
5문단: 생명의 존엄성에 대한 인식의 필요성

[주제]

안락사에 대한 찬반 논쟁

---

1 세부 내용 파악하기 │ 정답 ③ │

윗글의 내용에 대한 이해로 적절하지 않은 것은?

① 환자의 치료 장치를 제거하는 것은 소극적 안락사이다. 1문단
② 우리나라에서 회복이 불가능한 환자에게 약물을 _{적극적 안락사} 주사하는 것은 불법이다. 1문단
_{우리나라는 안락사를 불법으로 규정함}
③ 우리나라는 안락사에 대해 반대하는 의견보다 찬성하는 의견이 훨씬 많다. 이 글에서 언급하지 않음.
④ 회복 가능성이 있는 질병을 가진 환자라면 안락사의 고려 대상이 될 수 없다. _{안락사의 고려 대상은 회복할 수 없는 질병으로 죽음에 가까워진 환자임.}
⑤ 적극적 안락사와 소극적 안락사를 나누는 기준은 죽음에 이르게 하는 방법이다. 1문단

✔ **정답 풀이**

2문단에 '우리 사회에서는 안락사에 대한 열띤 찬반 논쟁이 시작되었다.'라고 언급되어 있고, 3, 4문단에 안락사에 대한 찬성 측 의견과 반대 측 의견이 제시되어 있다. 그러나 우리나라에서 어떤 의견이 더 우세한지는 알 수 없다.

✘ **오답 풀이**

① 1문단에서 소극적 안락사의 사례로 '환자에게서 인공 호흡기나 인공 심장 등을 제거하는 경우'를 들고 있다.
② 1문단에서 적극적 안락사의 사례로 '죽음에 이를 정도의 약물을 주사하는 경우'를 들고 있으며, 2문단에서 우리나라에서는 안락사를 불법으로 규정하고 있다고 하였다. 따라서 우리나라에서 회복이 불가능한 환자에게 약물을 주사하는 것은 불법이다.
④ 1문단에 안락사란 '회복할 수 없는 질병으로 죽음에 가까워진 환자를 인공적인 방법으로 죽음에 이르게 하는 것'이라고 하였

다. 따라서 회복 가능성이 있는 질병을 가진 환자는 안락사의 대상이 될 수 없다.
⑤ 1문단에 '죽음에 이르게 하는 방법에 따라 '적극적 안락사'와 '소극적 안락사'로 나눌 수 있다.'라고 언급되어 있다.

---

2 구체적 사례에 적용하기 │ 정답 ④ │

〈보기〉에서 안락사를 허용해서는 안 된다는 입장의 설득력을 높이기 위한 사례를 짝지은 것으로 가장 적절한 것은?

┤ 보 기 ├

ㄱ. 10년간 식물인간인 아들의 병원비를 내느라 신 _{가족에게 경제적 부담을 줌. → 안락사를} 용 불량자가 된 아버지의 사례 _{허용해야 한다.}
ㄴ. 치료를 계속해서 받고 싶지만 자신의 의사를 말할 수 없는 상황에 처한 환자의 사례
ㄷ. 회복이 불가능하다는 의사의 판단과 달리 식물 인간 상태에서 다시 회복된 환자의 사례
ㄹ. 쓰러진 뒤 5년간 의식이 돌아오지 않는 어머니를 치료하다가 중증 우울증에 걸린 딸의 사례
_{가족에게 정신적 부담을 줌. → 안락사를 허용해야 한다.}

① ㄱ, ㄴ   ② ㄱ, ㄷ   ③ ㄱ, ㄹ
④ ㄴ, ㄷ   ⑤ ㄷ, ㄹ

✔ **정답 풀이**

만약 안락사가 허용되는 상황이라면 ㄴ의 환자는 치료를 계속 받고 싶어도 자신의 의사와 상관없이 가족들의 뜻에 따라 안락사를 당하게 될 수도 있으며, 다시 살아날 수도 있는 ㄷ의 환자는 죽게 되는 상황이 발생할 수도 있다. 따라서 ㄴ과 ㄷ은 안락사를 허용하면 안 된다는 입장의 설득력을 높이기 위한 사례로 적절하다.

✘ **오답 풀이**

ㄱ, ㄷ. 10년간 식물인간인 아들의 병원비를 내느라 신용 불량자가 된 아버지의 사례나 5년 동안 의식이 없는 어머니를 치료하다가 중증 우울증에 걸린 딸의 사례를 보면, 회복 불가능한 환자를 치료하는 것이 가족들에게 큰 경제적·정신적 부담을 준다는 사실을 알 수 있다. 따라서 ㄱ과 ㄷ은 안락사를 허용해야 한다는 입장의 설득력을 높이기 위한 사례로 적절하다.

사회 01~05	독해력 쑥쑥, 어휘 테스트			
01 ⓑ	02 ⓓ	03 ⓐ	04 ⓒ	05 ⓔ
06 기피	07 지번	08 민원	09 운행	10 진출
11 ○	12 ○	13 ×	14 ×	15 ○
16 고시	17 일화	18 할당	19 직속	20 신뢰성

○ 1문단: 국민들의 적극적인 정치 참여가 필요한 이유

○ 2문단: 국민의 정치 참여 방법 ①-선거권 행사, 정당 활동

* 행사(갈 行, 하여금 使): 권리의 내용을 실현함.

* 공청회(공변될 公, 들을 聽, 모일 會): 국회나 행정 기관 등이 중요한 안건을 심의하기 위하여 공개 석상에서 이해관계자 또는 학식·경험이 있는 사람에게서 의견을 듣는 모임.

○ 3문단: 국민의 정치 참여 방법 ②-이익 집단 또는 시민 단체 활동

* 이해관계(이로울 利, 해칠 害, 빗장 關, 걸릴 係): 서로 이해가 미치는 사이의 관계.

○ 4문단: 국민의 정치 참여 방법 ③-언론 활동

* 로비(Lobby): 정치인·정당·국회의원 등의 권력자들에게 어떤 단체나 기업 등을 위해서 이해 문제를 진정하거나 부탁하는 활동.

▶ 주제: 국민의 정치 참여 필요성과 참여 방법

오늘날 대부분의 국가는 국가의 의사 결정을 국민이 직접 하지 않고 대표자에게 맡기는 대의 민주주의를 선택하고 있다. 인구가 늘어나면서 온 국민이 한자리에 모이기 어려워졌고, 사회가 전문화됨에 따라 정책을 결정하는 과정에 전문적인 지식이 필요해졌기 때문이다. 그러나 대의 민주주의를 선택했다고 해서 국민이 정치 참여에 소홀해지면 정책 결정 과정에 국민의 의사를 정확히 반영하기 어려우며, 권력을 이용한 개인적 이익을 추구하는 등 불법적인 권력 행사가 나타날 수 있다. 따라서 국민들의 적극적인 정치 참여가 필요하다.

국민은 다양한 방법으로 정치에 참여할 수 있는데, 가장 대표적인 참여 방식은 선거권을 행사*하는 것이다. 국민은 선거를 통해 국가 기관을 구성하고, 주요 공약에 대한 견해를 밝히며, 정당이나 정부에 대한 지지 여부를 드러낼 수 있다. 다음으로, 정당을 통해 정치에 참여하는 방법도 있다. 「국회의원이 아닌 일반 시민도 정당에 가입할 수 있으며, 정당에 가입하지 않고도 정당을 통해 정책 결정에 영향을 미칠 수 있다. 정당의 공청회*나 정책 토론회에 참가하여 의견을 제시할 수도 있고, 어떤 문제에 대해 주요 정당 간의 대립이 발생할 때 특정 정당을 지지하거나 반대함으로써 정책에 대한 의견을 제시할 수도 있다.」

이익 집단 또는 시민 단체에 가입하여 활동함으로써 정치에 참여할 수도 있다. 이익 집단은 대한 의사협회, 노동조합, 장애인 협회 등 공통의 목표나 이해관계*가 있는 사람들이 자신들의 이익을 실현하기 위해 만든 단체이다. 이들은 「정치 후원금, 로비* 활동, 소송 제기, 언론 보도, 파업 등 다방면에 걸쳐 정책 결정 과정에 영향을 미칠 수 있다.」 한편, 시민 단체는 공공 문제를 해결하기 위해 시민들이 자발적으로 만든 단체로, 「사회적 쟁점에 대한 여론을 환기하기 위해 꾸준히 정보를 제공하고 대안을 마련하여 제시하기도 한다.」

이 외에도 자신의 정치적 견해를 신문·방송·라디오 등의 언론을 통해 직접 제시하는 방법도 있다. 「사회적 쟁점에 대한 자신의 의견을 '독자 투고란'에 기고하거나 방송사의 토론 프로그램 또는 전화 연결에 참여하면 된다.」 한편 오늘날에는 정보 통신 기기가 발달함에 따라 정치 참여의 시간적·공간적 제약을 줄이고, 정보에 대한 접근성을 높여 시민의 정치 참여 양상을 크게 변화시키고 있는데, 누리 소통망(SNS) 등을 이용하는 방법 등이 대표적이다. 「누리 소통망 등을 통해 자신의 정치적 입장을 밝히고 다른 사람들의 동참을 유도하거나, 변화가 필요하다고 생각되는 사회 현실을 직접 찾아내 알릴 수도 있다.」

[지문 해제]

이 글은 국민들의 정치 참여가 필요한 이유 및 참여 방법에 대해 설명하고 있다. 정책 결정 과정에서 국민의 의사를 정확히 반영하고 불법적 권력 행사를 막기 위해서 국민들의 정치 참여가 필요한데, 국민들은 선거권 행사, 정당 활동, 이익 집단 또는 시민 단체 활동, 언론 활동, 누리 소통망 등을 통해 정치에 참여할 수 있다.

[문단 요지]

1문단: 국민들의 적극적인 정치 참여가 필요한 이유
2문단: 국민의 정치 참여 방법 ①-선거권 행사, 정당 활동
3문단: 국민의 정치 참여 방법 ②-이익 집단 또는 시민 단체 활동
4문단: 국민의 정치 참여 방법 ③-언론 활동

[주제]

국민의 정치 참여 필요성과 참여 방법

1　세부 내용 파악하기　　| 정답 ③ |

윗글의 내용에 대한 이해로 적절하지 않은 것은?

① 정보 통신 기기의 발달로 시민의 정치 참여 양상이 크게 변화하고 있다. 4문단
② 국민이 정치에 잘 참여하지 않으면 권력을 불법적으로 행사할 수도 있다. 1문단
③ 누리 소통망에서 정치적 견해를 밝히는 것은 언론을 통한 정치 참여 방식이다. 누리 소통망은 언론으로 볼 수 없음.
④ 국가 기관의 구성 과정에서 선거권을 행사하는 것은 대표적 정치 참여 방식이다. 2문단
⑤ 어떤 쟁점에 있어서 자신과 같은 의견을 가진 정당을 지지하는 것도 정치에 참여하는 방법이다. 2문단

✔ 정답 풀이

4문단에 따르면 언론은 신문·방송·라디오 등의 매체를 의미한다. 누리 소통망(SNS)은 정보 통신 기기가 발달함에 따라 등장한 매체로 언론으로 보기 어렵다.

✖ 오답 풀이

④ 2문단에서 국민이 정치에 참여할 수 있는 가장 대표적인 방식은 선거권을 행사하는 것인데, 국민은 선거를 통해 국가 기관을 구성한다고 하였다.
⑤ 2문단에서 정당을 통해 정치에 참여하는 방법을 설명하면서 '어떤 문제에 대해 주요 정당 간의 대립이 발생할 때 특정 정당을 지지하거나 반대함으로써 정책에 대한 의견을 제시할 수도 있다.'라고 하였다. 따라서 어떤 쟁점에 있어서 자신과 같은 의견을 가진 정당을 지지하는 것도 정치에 참여하는 방법이라고 볼 수 있다.

2　반응의 적절성 파악하기　　| 정답 ④ |

윗글을 읽고 〈보기〉에 대해 보인 반응으로 적절하지 않은 것은?

┤ 보 기 ├

서울 도심에서 비정규직 노동조합이 최저 임금 1만원, 비정규직 철폐 등을 요구하는 총파업에 돌입했다. 학교 비정규직, 병원 하청 노동자, 대학 청소 노동자 등 약 35개 비정규직 노동조합의 조합원 5만 여 명이 모였으며, 물리적 충돌 없이 평화롭게 마무리되었다.
(이익 집단, 공통의 목표)

① 이익 집단에 가입하여 정책 결정 과정에 영향을 미친 사례이군.
② 비정규직 노동조합원들은 자신들의 이익을 실현하기 위해 파업에 참가했겠군.
③ 소송을 제기하여 비정규직을 철폐하는 정책을 만들도록 영향을 미칠 수도 있겠군.
④ 비정규직 노동조합은 공공 문제를 해결하기 위해 시민들이 자발적으로 만든 단체이군. 자신들의 이익을 실현하기 위해 / 비정규직 노동조합은 이익 단체임. / 시민 단체
⑤ 학교 비정규직, 병원 하청 노동자, 대학 청소 노동자는 공통적으로 비정규직 철폐를 목표로 하는군.

✔ 정답 풀이

3문단에 따르면 이익 집단은 자신들의 이익을 실현하기 위해 만든 단체이고, 시민 단체는 공공 문제를 해결하기 위해 시민들이 자발적으로 만든 단체이다. 〈보기〉의 비정규직 노동조합은 비정규직 노동자들이 '비정규직 철폐' 등 자신들의 이익을 실현하기 위해 만든 단체이므로 이익 집단이다. ④에서 '공공 문제를 해결하기 위해 시민들이 자발적으로 만든 단체'는 시민 단체이다.

✖ 오답 풀이

①, ② 3문단에서 이익 집단에 가입하여 정치에 참여할 수도 있는데, 이익 집단은 파업 등 다방면에 걸쳐 정책 결정 과정에 영향을 미칠 수 있다고 하였다. 따라서 〈보기〉의 노동조합 조합원들은 자신들의 이익을 실현하기 위한 이익 집단으로 정책 결정 과정에 영향을 끼치기 위해 파업에 참여했다고 볼 수 있다.
③ 3문단에 이익 집단은 '정치 후원금, 로비 활동, 소송 제기, 언론 보도, 파업 등 다방면에 걸쳐 정책 결정 과정에 영향을 미칠 수 있다.'라고 언급되어 있다. 따라서 비정규직 노동조합에서 소송을 제기하여 비정규직을 철폐하는 정책을 만들도록 영향을 미칠 수 있을 것이다.
⑤ 〈보기〉에 따르면 학교 비정규직, 병원 하청 노동자, 대학 청소 노동자 등은 비정규직 노동조합을 만들어 비정규직 철폐를 요구하는 총파업에 돌입하였다.

미성년자도 계약을 할 수 있을까?

정답 **1** ② **2** ②

○ 1문단: 계약을 맺은 사람들의 의사의 중요성

다른 사람들과 거래를 하고 관계를 맺으려면 기본적으로 사람과 사람 사이에 일정한 약속이 있어야 하는데, 법에서는 이러한 약속을 '계약'이라 한다. 자본주의 사회에서는 '계약 자유의 원칙'에 따라 기본적으로 계약에 참여한 사람들이 원하는 대로 법적인 관계를 형성한다. 그래서 계약에서는 계약을 맺은 사람들의 의사가 무엇보다 중요하다.

○ 2문단: 계약이 무효가 되는 경우

하지만 개인들의 자유로운 의사에 따라 맺어진 계약이라 하더라도 모든 계약이 사회적으로 인정되는 것은 아니다. 계약 내용이 지나치게 이치*에 어긋나거나 사회의 규범이나 이익에 반대되는 것이라면 그 계약은 무효가 될 수도 있다. 예를 들어 돈을 받고 자신의 신체 일부를 판매하는 계약은 아무리 계약을 맺은 사람들의 의사에 따른 것이라도 사회적으로 인정되기 어렵기 때문에 법적으로 인정되지 않는다.

○ 3문단: 미성년자가 계약을 맺을 때 법정 대리인의 동의가 필요한 이유

법적으로 인정되는 계약을 하려면 합리적으로 의사 결정을 할 수 있는 능력이 필요하다. 그런데 만 19세 미만의 미성년자는 성인에 비해 사회 경험이 적기 때문에 의사를 결정하는 능력이 부족하여 자신에게 불리한 계약을 맺을 가능성이 크다. 이러한 미성년자를 보호하기 위해 우리나라 민법에서는 미성년자 혼자서는 법적인 계약을 맺을 수 없고, 법정 대리인*의 동의를 받도록 정해 두었다. 미성년자의 법정 대리인은 부모인데, 부모가 없는 경우 또는 부모가 대리인을 할 수 없는 경우에는 할머니, 삼촌, 고모 등의 친척이 법정 대리인이 될 수 있다. 법정 대리인의 동의를 받지 않은 계약은 미성년자 본인이나 법정 대리인이 취소할 수 있다.

○ 4문단: 미성년자와 거래하는 상대방을 보호하기 위한 법적 장치

하지만 미성년자를 보호하는 이런 제도는 거래하는 상대방에게 피해를 줄 수도 있다. 예를 들어, 미성년자가 휴대 전화를 계약한 뒤 취소하기를 반복한다면 판매자는 불안한 상태에 놓이게 될 것이다. 따라서 판매자는 미성년자의 법정 대리인에게 계약을 취소할 것인지 답을 요구할 수 있다. 법정 대리인이 계약을 취소하겠다고 답하거나, 특별한 절차를 밟아 답을 해야 하는 경우에 법정 대리인이 그 절차를 밟지 않으면 판매자는 계약을 취소해야 한다. 하지만 특별한 절차를 밟지 않아도 되는 경우에 법정 대리인이 정해진 기간 동안 아무런 답을 하지 않으면 판매자는 계약을 취소하지 않아도 된다. 아울러 미성년자가 부모의 도장을 몰래 찍거나 성인의 신분증을 위조하는 등 판매자를 속여서 계약을 맺었을 때에도 판매자는 계약을 취소하지 않아도 된다.

* 이치(다스릴 理, 보낼 致): 사물의 정당한 조리. 또는 도리에 맞는 취지.
* 대리인(대신할 代, 다스릴 理, 사람 人): 남의 일을 대신 처리해 주는 사람.

▶ 주제: 미성년자가 법적 계약을 맺을 때의 요건

[지문 해제]

이 글은 미성년자도 법적 계약을 할 수 있는지에 대해 설명하고 있다. 미성년자는 성인에 비해 사회 경험이 적어서 의사 결정 능력이 부족하기 때문에 자신에게 불리한 계약을 맺을 가능성이 크다. 그래서 미성년자는 법정 대리인의 동의가 있어야 계약을 할 수 있도록 법에 규정하고 있다. 하지만 이러한 법은 미성년자와 거래하는 상대방에게 피해를 줄 수도 있기 때문에 거래 상대방을 보호하는 법적 장치도 마련하고 있다.

[문단 요지]

1문단: 계약을 맺은 사람들의 의사의 중요성
2문단: 계약이 무효가 되는 경우
3문단: 미성년자가 계약을 맺을 때 법정 대리인의 동의가 필요한 이유
4문단: 미성년자와 거래하는 상대방을 보호하기 위한 법적 장치

[주제]

미성년자가 법적 계약을 맺을 때의 요건

---

1 세부 내용 파악하기 | 정답 ② |

윗글을 읽고 학습 활동을 한 것이다. 적절하지 않은 것은?

> 윗글을 읽고 맞는 것에는 ○, 틀린 것에는 ×를 하시오.
> • 미성년자를 보호하는 제도는 판매자에게 피해를 줄 수도 있다. (○) ·············· ①
>   4문단
> • 미성년자의 부모가 없는 경우에는 친척이 법정 대리인이 될 수 ~~없다~~. (○) ·············· ②
>   있다
> • 계약에서는 계약을 맺은 사람들의 의사가 중요하므로 ~~모든~~ 계약이 인정된다. (×) ·········· ③
>   자유 의사로 맺은 계약이라도 모든 계약이 사회적으로 인정되는 것은 아님.   2문단
> • 우리나라 민법에서는 미성년자가 성인에 비해 의사를 결정하는 능력이 부족하다고 본다. (○) ······ ④
>   3문단
> • 판매자가 미성년자와 계약을 체결했을 경우 법정 대리인에게 취소 여부를 ~~반드시~~ 물어 보아야 한다. (×) ·············· ⑤
>   계약 취소 여부를 반드시 물어야 하는 것은 아님.   4문단

✔ 정답 풀이

3문단에 따르면 '미성년자의 법정 대리인은 부모인데, 부모가 없는 경우 또는 부모가 대리인을 할 수 없는 경우에는 할머니, 삼촌, 고모 등의 친척이 법정 대리인이 될 수 있다.'라고 하였다. 따라서 미성년자의 부모가 없는 경우 친척이 법정 대리인이 될 수 있다.

✘ 오답 풀이

④ 3문단에서 '미성년자는 성인에 비해 사회 경험이 적기 때문에 의사를 결정하는 능력이 부족하여 자신에게 불리한 계약을 맺을 가능성이 크'며, '이러한 미성년자를 보호하기 위해 우리나라 민법에서는 미성년자 혼자서는 법적인 계약을 맺을 수 없고, 법정 대리인의 동의를 받도록 정해 두었다.'라고 하였다.

---

2 구체적 사례에 적용하기 | 정답 ② |

윗글을 참고할 때 계약을 취소할 수 있는 사례로 가장 적절한 것은?

① 만 16세인 A는 만 21세인 가족의 신분증을 허락 없이 사용해 휴대 전화를 샀다.
   판매자를 속여 맺은 계약은 취소할 수 없음.

② 만 18세인 B는 부모님의 허락을 받지 않고 혼자서 오토바이를 구매하는 계약을 했다.
   미성년자   법정 대리인의 동의를 받지 않았으므로 취소가 가능함.

③ 만 17세인 C는 부모님과 함께 다이어트 식품 회사에 가서 정기 배송을 받는 계약을 했다.
   법정 대리인의 동의를 받았으므로 취소할 수 없음.

④ 만 14세인 D는 부모님 몰래 계약서에 부모님의 도장을 찍어서 영어 학습지를 3년간 구독하는 계약을 했다.
   판매자를 속여 맺은 계약은 취소할 수 없음.

⑤ 만 15세인 E와 계약을 한 연예기획사는 E의 부모님에게 계약에 동의하는지 물었으나 끝까지 답을 듣지 못했다.
   계약 취소 여부에 대해 법정 대리인에게 물었으나, 답이 없는 경우는 취소할 수 없음.

✔ 정답 풀이

3문단에 따르면, 미성년자는 만 19세 미만인데, '우리나라 민법에서는 미성년자 혼자서는 법적인 계약을 맺을 수 없고, 법정 대리인의 동의를 받도록 정해 두었'으며, '법정 대리인의 동의를 받지 않은 계약은 미성년자 본인이나 법정 대리인이 취소할 수 있다.'라고 하였다. ②에서 B는 만 18세로 미성년자인데, 부모의 허락을 받지 않고 혼자서 계약을 했으므로 계약을 취소할 수 있다.

✘ 오답 풀이

① 4문단에서 미성년자가 성인의 신분증을 위조하는 등 판매자를 속여서 계약을 맺었을 때 판매자는 계약을 취소하지 않아도 된다고 하였다.

③ 부모님과 함께 가서 계약한 것이므로 법정 대리인인 부모의 동의를 받은 계약으로 볼 수 있다.

④ D가 부모님 몰래 부모님의 도장을 찍어 계약을 한 것은 판매자를 속여서 계약을 맺은 것이므로 계약을 취소할 수 없다.

⑤ 4문단에 '판매자는 미성년자의 법정 대리인에게 계약을 취소할 것인지 답을 요구할 수 있'는데, '법정 대리인이 정해진 기간 동안 아무런 답을 하지 않으면 판매자는 계약을 취소하지 않아도 된다.'라고 하였다. E가 체결한 계약에 대해 부모님이 동의 여부를 끝까지 답하지 않았으므로 계약을 취소하지 않아도 된다.

- **1문단**: 언론의 특정 후보 공개 지지에 대한 논쟁

- **2문단**: 언론의 특정 후보 지지가 영향력이 없다고 생각하는 근거 ① – 선별 효과 이론

＊**사설**(단체 社, 말씀 說): 신문이나 잡지에서, 글쓴이의 주장이나 의견을 써내는 논설.

- **3문단**: 언론의 특정 후보 지지가 영향력이 없다고 생각하는 근거 ② – 보강 효과 이론

＊**선별**(가릴 選, 나눌 別): 가려서 따로 나눔.

- **4문단**: 언론이 특정 후보를 공개적으로 지지하는 것에 대한 찬반 논쟁

＊**보강**(기울 補, 강할 強): 보태고 채워서 더 튼튼하게 함.
＊**인지**(알 認, 알 知): 어떤 사실을 인정하여 앎.
＊**강화**(강할 強, 될 化): 수준이나 정도를 더 높임.

- **5문단**: 언론의 특정 후보 지지가 언론의 공정성에 미칠 영향을 고려해야 함.

▶ **주제**: 언론의 특정 후보 공개 지지에 대한 논쟁

미국은 선거철이 되면 사설＊을 통해 특정 후보나 정당을 공개적으로 지지하는 언론사들이 많다. 후보가 소속되어 있는 정당, 후보가 지닌 정치적 신념, 후보가 제시한 정책 등을 분석하여 언론사의 입장과 같거나 그것에 근접한 후보를 선택하여 지지하는 것이다. 그러나 언론이 특정 후보를 지지하는 것이 실제로 영향력이 있는지, 언론이 특정 후보를 공개적으로 지지하는 행위가 과연 바람직한지와 관련하여 오랫동안 의문이 제기되고 있다.

'언론이 특정 후보를 지지하는 것이 실제로 영향력이 있는가'에 대해 대부분의 학자들은 그렇지 않다고 생각하며, 그 근거로 '선별＊ 효과 이론'과 '보강＊ 효과 이론'을 든다. 선별 효과 이론에 따르면, 개인은 미디어가 전달하는 메시지를 모두 받아들이는 것이 아니라 선택하여 받아들이고, 선택적으로 인지＊하고, 선택적으로 기억한다. 예를 들면, 「A 후보를 싫어하는 사람은 A 후보와 관련된 기사를 읽는 것을 싫어할 뿐만 아니라, 그것을 부정적으로 인지하고, 부정적인 면만을 기억하는 경향이 있다.」

한편 보강 효과 이론에 따르면, 미디어가 전달하는 메시지는 개인의 태도나 의견을 변화시키지 못하고, 기존의 태도와 의견을 강화＊할 뿐이다. 예를 들어 「A 후보가 전달하는 메시지는 A 후보를 좋아하는 사람에게는 긍정적인 태도를 강화시키지만, 그를 싫어하는 사람에게는 부정적인 태도를 강화시킨다는 것이다.」 이 두 이론을 종합해 볼 때, 언론이 특정 후보를 지지한다 하더라도 유권자가 후보를 선택하는 데 큰 영향을 미치지 못한다는 것이다.

이렇듯 언론이 특정 후보를 지지한다고 해도 이것이 선거 결과에 미치는 영향이 크지 않다는 학자들의 의견이 대부분이지만, '언론이 특정 후보를 공개적으로 지지하는 행위가 과연 바람직한가'에 대한 논쟁은 끊이지 않고 있다. 바람직하지 않다는 입장은 언론이 공정한 보도를 해야 하는 임무를 맡고 있기 때문에 특정한 후보를 지지하면 언론의 공정성을 훼손할 수 있다고 주장한다. 반면, 바람직하다는 입장은 어차피 각 언론사는 지지하는 정당이나 후보가 있어서 기사를 통해 간접적으로 입장을 드러내는 경우가 많다고 주장한다. 그러므로 직접 의견을 밝히면 일반 기사에는 영향을 미치지 않아 오히려 공정할 것이라고 주장한다.

현재 우리나라는 언론이 특정 후보를 지지하는 것을 법적으로 막고 있으나, 언론이 특정 후보를 공개적으로 지지하는 행위가 바람직한가에 대한 의견은 팽팽하게 맞서 있다. 언론이 특정 후보에 대한 지지를 드러내는 것 또는 드러내지 않는 것이 언론의 공정성에 미칠 영향을 다양한 측면에서 고려하여 이 쟁점에 대한 결론을 내려야 할 것이다.

[지문 해제]

이 글은 '언론이 특정 후보를 공개적으로 지지하는 것이 영향력이 있는지', '언론이 특정 후보를 공개적으로 지지하는 것이 적절한지'에 대한 논쟁을 소개하고 있다. 대부분의 학자는 선별 효과 이론과 보강 효과 이론을 들어 언론의 특정 후보에 대한 공개적 지지가 영향력이 없다고 주장한다. 그러나 언론이 특정 후보를 공개적으로 지지하는 것이 적절한지에 대해서는 찬반 논쟁이 뜨겁다.

[문단 요지]

1문단: 언론의 특정 후보 공개 지지에 대한 논쟁
2문단: 언론의 특정 후보 지지가 영향력이 없다고 생각하는 근거 ① – 선별 효과 이론
3문단: 언론의 특정 후보 지지가 영향력이 없다고 생각하는 근거 ② – 보강 효과 이론
4문단: 언론이 특정 후보를 공개적으로 지지하는 것에 대한 찬반 논쟁
5문단: 언론의 특정 후보 지지가 언론의 공정성에 미칠 영향을 고려해야 함.

[주제]

언론의 특정 후보 공개 지지에 대한 논쟁

---

1 세부 내용 파악하기 | 정답 ④ |

윗글의 내용과 일치하지 않는 것은?

① 미국의 언론사는 후보를 분석하는 과정을 거쳐 지지하는 후보를 결정한다. 1문단
② 선별 효과 이론에 따르면 개인은 미디어가 전달하는 메시지를 선택적으로 받아들인다. 2문단
③ 보강 효과 이론에 따르면 언론의 특정 후보 지지가 유권자의 후보 선택에 큰 영향을 미치지 못한다. 3문단
④ 언론의 특정 후보 지지가 바람직하다는 입장은 언론의 공정성은 그다지 중요하지 않다고 생각한다. 4문단
⑤ 우리나라에서는 언론이 특정 후보를 공개적으로 지지하는 행위가 바람직한가에 대한 논쟁이 끝나지 않았다. 5문단

✔ 정답 풀이

4문단에서 언론이 특정 후보를 지지하는 것이 바람직하다고 생각하는 입장은 '직접 의견을 밝히면 일반 기사에는 영향을 미치지 않아 오히려 공정할 것이라고 주장한다.'라고 하였다. 즉, 특정 후보를 지지하는 것이 바람직하다고 생각하는 입장도 언론의 공정성이 중요하다고 생각함을 알 수 있다.

---

2 글의 내용 비판적으로 이해하기 | 정답 ③ |

윗글을 읽은 뒤 심화 학습을 하기 위한 질문으로 적절하지 않은 것은?
<small>알고 있는 것을 바탕으로 좀 더 깊게 배워서 익히는 것</small>

① 특정 후보를 지지하는 언론이 일반 기사를 통해 어떻게 입장을 드러낼까?
② 우리나라에서 언론이 특정 후보를 지지하는 것을 막는 법 조항은 무엇일까?
③ 언론이 특정 후보를 공개적으로 지지하는 행위가 바람직하다고 주장하는 근거는 무엇일까?
<small>글에 이미 언급되어 있으므로 심화 학습이 필요 없음.</small>
④ 언론의 특정 후보 지지가 선거 결과에 영향을 미친다고 생각하는 학자들의 근거는 무엇일까?
⑤ 언론의 특정 후보 지지가 언론의 공정성에 미치는 영향을 판단하려면 어떤 측면을 고려해야 할까?

✔ 정답 풀이

'심화 학습'이란 '알고 있는 것을 바탕으로 좀 더 깊게 배워서 익히는 것'을 뜻한다. 따라서 글에서 찾을 수 있는 내용은 심화 학습을 위한 주제로 적절하지 않다. ③에서 언론이 특정 후보를 공개적으로 지지하는 행위가 바람직하다는 주장의 근거는 4문단에 이미 언급되어 있으므로 심화 학습의 내용으로 적절하지 않다.

✘ 오답 풀이

① 4문단에 '어차피 각 언론사는 지지하는 정당이나 후보가 있어서 기사를 통해 간접적으로 입장을 드러내는 경우가 많다'고 언급되어 있다. 따라서 특정 후보를 지지하는 언론이 일반 기사를 통해 어떻게 입장을 드러낼지에 대해 심화 학습하는 것은 적절하다.
② 5문단에 '현재 우리나라는 언론이 특정 후보를 지지하는 것을 법적으로 막고 있'다고 언급되어 있다. 따라서 우리나라에서 언론이 특정 후보를 지지하는 것을 막는 법 조항은 무엇인지에 대해 심화 학습하는 것은 적절하다.
④ 2문단에 "언론이 특정 후보를 지지하는 것이 실제로 영향력이 있는가'에 대해 대부분의 학자들은 그렇지 않다고 생각'한다고 언급되어 있으며, 2~3문단에 걸쳐 그 근거를 제시하고 있다. 그러나 영향을 미친다고 생각하는 학자들의 근거는 제시되어 있지 않다. 따라서 언론의 특정 후보 지지가 선거 결과에 영향을 미친다고 생각하는 학자들의 근거는 무엇일지에 대해 심화 학습하는 것은 적절하다.
⑤ 5문단에 '언론이 특정 후보에 대한 지지를 드러내는 것 또는 드러내지 않는 것이 언론의 공정성에 미칠 영향을 다양한 측면에서 고려하여 이 쟁점에 대한 결론을 내려야 할 것이다.'라고 언급되어 있다. 따라서 언론의 특정 후보 지지가 언론의 공정성에 미치는 영향을 판단하려면 어떤 측면을 고려해야 할지에 대해 심화 학습하는 것은 적절하다.

○ **1문단:** 유명인이 중복 출연하는 광고의 효과에 대한 문제 제기

○ **2문단:** 유명인이 여러 광고에 중복 출연할 경우의 문제점 ①

○ **3문단:** 유명인이 여러 광고에 중복 출연할 경우의 문제점 ②

○ **4문단:** 유명인이 여러 광고에 중복 출연할 경우의 문제점 ③

○ **5문단:** 적절한 유명인을 광고 모델로 선정하는 것의 중요성

＊극대화(다할 極, 큰 大, 될 化): 아주 커짐.

＊광고주(넓을 廣, 알릴 告, 주인 主): 광고활동을 하는 주체자.

▶ **주제:** 유명인 모델의 광고 효과를 높이기 위한 방법

광고에 가수나 배우와 같은 유명인이 등장하면 소비자의 눈길을 확실하게 사로잡을 수 있다. 이러한 이유로 몇몇 유명인들은 여러 상품의 광고에 중복 출연하고 있다. 이는 광고업계에서 오래전부터 해 오던 방식이고, 소비자들도 이를 당연하게 여기고 있다. 그런데 한 유명인이 여러 상품의 광고에 중복 출연하는 것은 과연 높은 광고 효과를 보장할 수 있을까? 유명인이 중복 출연하는 광고의 효과를 점검해 볼 필요가 있다.

광고 효과가 제대로 나타나려면 상품의 특성에 적합한 이미지를 갖는 인물이 광고 모델로 출연해야 한다. 예를 들어, 자동차, 카메라, 공기 청정기, 치약과 같은 상품은 상품의 성능이나 효능이 중요하므로 전문성과 신뢰성이 있는 모델이 적합하다. 이와는 달리 상품이 주는 감성적인 느낌이 중요한 보석, 초콜릿과 같은 상품은 매력 있고 친근한 모델이 적합하다. 그런데 ⊙유명인이 자신의 이미지에 상관없이 여러 유형의 상품 광고에 중복 출연하면 유명인의 이미지와 상품의 특성이 어울리지 않아 광고 효과가 나타나지 않을 수 있다.

ⓛ광고 효과는 유명인의 긍정적인 이미지를 상품에 옮김으로써 나타나며, 광고 모델이었던 유명인을 생각했을 때 그 상품이 떠오르면 광고 효과가 극대화*된다. 하지만 ⓒ유명인이 여러 유형의 광고에 중복 출연하면 유명인의 이미지가 여러 상품으로 나누어지기 때문에 소비자는 유명인을 특정 상품과 연결하여 기억하는 것이 어려워진다. 예를 들어 화장품 광고의 모델인 어떤 배우가 휴대 전화, 아이스크림 등 여러 상품의 광고 모델로 등장한다면, 그 배우를 생각해도 그 배우가 광고한 화장품이 떠오르지 않는 경우가 발생할 수 있다. 결국 화장품 광고 효과에 부정적인 영향을 미치게 된다.

또한, 유명인 광고 모델이 여러 광고에 중복 출연하면, 소비자는 그 모델이 경제적인 이익만을 추구한다는 생각을 하게 된다. 결국 ㉣소비자들은 유명인 광고 모델의 진실성을 의심하게 되어 광고 메시지가 객관적이지 않다고 생각하게 될 것이다.

요약하자면, 유명인의 광고 효과를 높이려면 [㉮] 그러면 유명인의 긍정적인 이미지가 상품에 전달되어 상품을 기억하기 쉬워지고, 광고 메시지를 믿을 만하다고 생각하게 된다. ㉤유명인이 여러 광고에 중복 출연함에 따라 광고 효과가 제대로 나타나지 않으면 광고주*가 써야 하는 비용이 많아진다. 이는 결국 상품 가격 상승으로 이어질 수 있으므로 유명인을 광고 모델로 쓸 때에는 신중하게 선정하는 것이 매우 중요하다.

[지문 해제]

이 글은 유명인이 여러 광고에 중복 출연하는 것에 대해 문제 제기를 한 뒤, 유명인의 광고 효과를 높이기 위한 방법 및 적절한 유명인을 광고 모델로 선정하는 것의 중요성에 대해 언급하고 있다. 유명인의 광고 효과를 높이기 위해서는 유명인이 자신의 이미지에 맞는 한 상품의 광고에 지속적으로 나와야 소비자가 상품을 기억하기 쉽고, 광고 메시지를 믿을 만하다고 생각하게 된다.

[문단 요지]

1문단: 유명인이 중복 출연하는 광고의 효과에 대한 문제 제기
2문단: 유명인이 여러 광고에 중복 출연할 경우의 문제점 ①
3문단: 유명인이 여러 광고에 중복 출연할 경우의 문제점 ②
4문단: 유명인이 여러 광고에 중복 출연할 경우의 문제점 ③
5문단: 적절한 유명인을 광고 모델로 선정하는 것의 중요성

[주제]

유명인 모델의 광고 효과를 높이기 위한 방법

---

1 | 자료 활용의 적절성 판단하기 | 정답 ③ |

㉠~㉤ 중 〈보기〉의 자료를 근거로 제시하기에 가장 적절한 것은?

┤ 보 기 ├

간섭 현상이란, 새로운 정보가 기존에 알고 있던 정보를 떠올리는 것을 방해하거나, 기존에 알고 있던 정보가 새로운 정보를 방해해서 기억하기 어렵게 만드는 것을 뜻한다. 한 유명인이 동시에 여러 제품 광고에 출연하면, 새로운 광고와 기존 광고 간에 간섭 현상이 발생하여 ~~그 유명인이 광고한 제품을 생각해 내기 어렵다~~는 연구 결과가 있다. 핵심 내용

① ㉠   ② ㉡   ③ ㉢   ④ ㉣   ⑤ ㉤

✔ 정답 풀이

〈보기〉는 한 유명인이 동시에 여러 제품 광고에 출연하면 소비자는 그 유명인이 광고한 제품을 생각해 내기 어렵다는 내용이다. 이는 ㉢과 관련이 있다.

✖ 오답 풀이

① ㉠은 유명인이 동시에 여러 제품 광고에 출연하면 '유명인의 이미지와 상품의 특성이 어울리지 않아 광고 효과가 나타나지 않을 수 있다'는 내용이다. 그런데 〈보기〉는 유명인이 동시에 여러 제품 광고에 출연하면 '소비자가 그 유명인이 광고한 제품을 생각해 내기 어렵다'는 것이다. 따라서 〈보기〉의 자료를 ㉠의 근거로 제시하는 것은 적절하지 않다.

② ㉡은 '광고 효과는 유명인의 긍정적인 이미지를 상품에 옮김으로써 나타난다'는 내용이다. 그런데 〈보기〉에서는 유명인이 동시에 여러 제품 광고에 출연했을 경우의 문제점을 언급하고 있다. 따라서 〈보기〉의 자료를 ㉡의 근거로 제시하는 것은 적절하지 않다.

④ ㉣은 유명인이 동시에 여러 제품 광고에 출연하면 '소비자들이 광고 메시지가 객관적이지 않다고 생각하게 될 것'이라는 내용이다. 그런데 〈보기〉는 유명인이 동시에 여러 제품 광고에 출연하면 '소비자가 그 유명인이 광고한 제품을 생각해 내기 어렵다'는 것이다. 따라서 〈보기〉의 자료를 ㉣의 근거로 제시하는 것은 적절하지 않다.

⑤ ㉤은 유명인이 동시에 여러 제품 광고에 출연하면 '광고 효과가 제대로 나타나지 않아 광고주가 많은 비용을 쓰게 될 수 있다'는 내용이다. 그런데 〈보기〉는 유명인이 동시에 여러 제품 광고에 출연하면 '소비자가 그 유명인이 광고한 제품을 생각해 내기 어렵다'는 것이다. 따라서 〈보기〉의 자료를 ㉤의 근거로 제시하는 것은 적절하지 않다.

---

2 | 글의 내용 추론하기 | 정답 ⑤ |

문맥상 ㉮에 들어갈 내용으로 가장 적절한 것은?

① 유명인이 적게 받는 것이 좋다.
② 유명인이 에만 출연하는 것이 좋다.
③ 유명인이 을 지속적으로 하는 것이 좋다.
이 글에 언급되지 않음.
④ 유명인이 가급적 와 노출 빈도수를 높이는 것이 좋다.
다양한 광고에 중복 출연하면 광고 효과가 떨어짐.
⑤ 유명인이 자신의 이미지에 맞는 한 상품의 광고에만 지속적으로 나오는 것이 좋다.

✔ 정답 풀이

㉮의 바로 앞부분은 '요약하자면, 유명인의 광고 효과를 높이려면'이다. 즉, ㉮에는 앞의 내용을 요약하면서, 유명인의 광고 효과를 높이기 위한 방법이 들어가야 한다. 그리고 ㉮의 바로 뒷부분을 보면, ㉮와 같이 하면 소비자가 '상품을 기억하기 쉬워지고, 광고 메시지를 믿을 만하다고 생각하게 된다.'라고 하였다. 또한 이 글에서는 한 유명인이 여러 상품의 광고에 중복 출연하면 유명인을 특정 상품과 연결하여 상품을 기억하기 어렵고, 광고 메시지가 객관적이지 않다고 생각하게 된다고 언급되어 있다. 따라서 ㉮의 앞뒤에 제시된 내용과 이 글의 내용을 종합해 볼 때, ㉮에는 '유명인이 자신의 이미지에 맞는 한 상품의 광고에만 지속적으로 나오는 것이 좋다.'라는 내용이 들어가는 것이 가장 적절하다.

1문단: 푸드뱅크의 개념과 목적

2문단: 푸드뱅크의 장단점

3문단: 푸드뱅크와 푸드마켓의 공통점과 차이점

* 일괄적(한 一, 묶을 括, 과녁 的): 한데 묶거나 아우르는. 또는 그런 것.
* 설립(베풀 設, 설 立): 기관이나 조직체 따위를 만들어 일으킴.
* 촉박(재촉할 促, 닥칠 迫): 기한이 바싹 닥쳐와서 가까움.

4문단: 푸드뱅크와 푸드마켓의 활성화 방안

▶ 주제: 푸드뱅크와 푸드마켓의 장단점 및 활성화 방안

'푸드뱅크'는 식품의 생산·유통·판매·소비 과정에서 남는 식품을 기부 받아 홀로 사는 노인, 장애인, 굶는 어린이, 노숙자 등 어려운 이웃에게 나누어 주는 사회 복지 제도이다. 저소득층의 먹거리 문제를 해결하는 데 도움을 주고, 그러한 과정을 통해 식품의 자원 낭비를 줄이고 나눔 문화 및 공동체 의식을 널리 퍼뜨리는 데 그 목적이 있다. 1967년 미국에서 처음 시작된 이래 캐나다·프랑스·독일 등을 중심으로 발전하였으며, 우리나라에는 2016년 기준 전국적으로 435개의 푸드뱅크가 운영되고 있다.

푸드뱅크는 장애인이나 홀로 사는 노인 등 특히 움직임이 불편한 사람들에게 식품을 직접 전달할 수 있고, 대량으로 기부 받은 식품 또는 유통 기한이 길지 않은 식품을 짧은 시간 안에 나누어 줄 수 있는 장점이 있다. 그러나 기부 받은 물품을 일괄적*으로 나누어 주기 때문에 기부를 받는 사람이 식품을 받을 시간대를 직접 선택할 수 없으며, 기부를 받을 사람이 원하지 않는 식품을 받는 경우가 발생하기도 한다. 또한 식품을 기부 받고 나누어 주는 과정에서 운송비가 많이 든다는 단점도 있다. 이러한 문제점을 보완하기 위해 등장한 것이 '푸드마켓'이다.

푸드마켓은 푸드뱅크와 설립* 목적은 같지만 운영 방식에 차이가 있다. 소외 계층에게 일괄적으로 나누어 주는 푸드뱅크와 달리, 푸드마켓은 기부를 하는 사람과 기부를 받는 사람이 각각 원하는 시간대에 직접 방문하여 음식물을 기부하고 선택할 수 있는 슈퍼마켓 형태의 매장이다. 푸드마켓에서는 기부를 받는 사람이 원하는 기부품을 선택할 수 있으며, 음식을 나누어 주기 위한 운송 비용을 줄일 수 있다. 그러나 유통 기한이 촉박*한 기부품을 장기간 보관하기 어렵다는 점에서 푸드마켓도 한계를 지닌다. 이러한 장단점을 고려하여 우리나라는 움직임이 불편한 사람들은 푸드뱅크로, 신체 활동이 비교적 자유로운 사람들은 푸드마켓을 이용할 수 있도록 푸드뱅크와 푸드마켓이 동시에 운영되고 있다.

푸드뱅크와 푸드마켓은 앞서 언급한 바와 같이 다양한 측면에서 긍정적인 효과를 가져다 주므로 더욱 활성화할 필요가 있다. 푸드뱅크와 푸드마켓의 활성화를 위해서는 무엇보다 지속적인 홍보 활동을 통해 많은 사람들의 참여를 이끌어 내야 한다. 그리고 기부되는 음식을 안전하게 보관하기 위한 냉동·냉장차 등의 장비가 확보되어야 하며, 이러한 제도를 운영하기 위한 예산도 안정적으로 지원되어야 한다. 또한, 업무를 원활하게 수행하기 위해서 전문 인력을 배치하는 등 충분한 인력이 확보되어야 한다.

[지문 해제]

이 글은 푸드뱅크와 푸드마켓의 장단점 및 활성화 방안에 대해 설명하고 있다. 푸드뱅크와 푸드마켓은 남는 식품을 기부 받아 어려운 이웃에게 나누어 주는 사회 복지 제도로, 설립 목적은 같으나 운영 방식에 차이가 있다. 푸드뱅크와 푸드마켓은 다양한 측면에서 긍정적 효과가 있으므로 활성화할 필요가 있다.

[문단 요지]

1문단: 푸드뱅크의 개념과 목적

2문단: 푸드뱅크의 장단점

3문단: 푸드뱅크와 푸드마켓의 공통점과 차이점

4문단: 푸드뱅크와 푸드마켓의 활성화 방안

[주제]

푸드뱅크와 푸드마켓의 장단점 및 활성화 방안

---

1 세부 내용 파악하기 | 정답 ② |

윗글을 통해 알 수 있는 내용으로 적절하지 <u>않은</u> 것은?

① 푸드뱅크와 푸드마켓의 개념 _{1문단} _{3문단}

② 푸드뱅크와 푸드마켓의 현황 _{푸드뱅크의 현황만 제시됨.}

③ 푸드뱅크와 푸드마켓의 장단점 _{2문단. 3문단}

④ 푸드뱅크와 푸드마켓의 설립 목적 _{1문단}

⑤ 푸드뱅크와 푸드마켓의 활성화 방안 _{4문단}

✔ **정답 풀이**

1문단에 '1967년 미국에서 처음 시작된 이래 캐나다 · 프랑스 · 독일 등을 중심으로 발전하였으며, 우리나라에는 2016년 기준 전국적으로 435개의 푸드뱅크가 운영되고 있다.'라고 푸드뱅크의 현황이 언급되어 있다. 그러나 푸드마켓의 현황에 대해서는 언급되어 있지 않다.

---

2 서술상 특징 파악하기 | 정답 ① |

윗글의 서술 방식으로 가장 적절한 것은?

① 두 대상을 비교 · 대조하여 독자의 이해를 돕고 있다.

② 구체적 사례를 들어 대비되는 대상을 검증하고 있다.

③ 진행 과정을 자세히 설명하여 잘못된 통념을 지적하고 있다.

④ 서로 반대되는 의견을 종합하여 절충적 대안을 제시하고 있다.

⑤ 전문가의 의견을 제시하여 독자의 인식 변화를 이끌어 내고 있다.

✔ **정답 풀이**

이 글은 푸드뱅크와 푸드마켓의 설립 목적은 같지만 운영 방식에 차이가 있다며 각각의 장단점 등을 비교 · 대조하여 설명하고 있다.

---

3 글의 내용 추론하기 | 정답 ③ |

윗글로 미루어 알 수 있는 내용으로 적절하지 <u>않은</u> 것은?

① 푸드뱅크는 푸드마켓과 달리 식품을 대상자에게 직접 나누어 준다. _{소외층에게 일괄적으로 나누어 줌. 식품을 기부하고 선택할 수 있음.}

② 식품을 대량으로 기부하고 싶을 때는 푸드뱅크를 이용하는 것이 좋다. _{대량으로 기부 받은 식품을 짧은 시간 안에 나누어 줄 수 있음.}

③ 유통 기한이 얼마 남지 않은 식품이라면 푸드마켓에 기부하는 것이 좋다. _{푸드뱅크}

④ 푸드마켓은 기부를 받는 사람이 원하지 않는 식품을 받는 경우가 발생하지 않는다. _{기부를 받는 사람이 원하는 기부품을 선택할 수 있음.}

⑤ 푸드뱅크와 푸드마켓을 효과적으로 운영하기 위해서는 전문 인력이 충분히 있어야 한다. _{4문단}

✔ **정답 풀이**

3문단에서 '유통 기한이 촉박한 기부품을 장기간 보관하기 어렵다는 점에서 푸드마켓도 한계를 지닌다.'라고 하였고, 2문단에서 푸드뱅크는 '유통 기한이 길지 않은 식품을 짧은 시간 안에 나누어 줄 수 있는 장점이 있다.'라고 하였다. 따라서 유통 기한이 얼마 남지 않은 식품은 푸드마켓이 아닌 푸드뱅크에 기부하는 것이 좋다.

✖ **오답 풀이**

① 3문단에 '소외 계층에게 일괄적으로 나누어 주는 푸드뱅크와 달리, 푸드마켓은 기부를 하는 사람과 기부를 받는 사람이 각각 원하는 시간대에 직접 방문하여 음식물을 기부하고 선택할 수 있는 슈퍼마켓 형태의 매장이다.'라고 언급되어 있다.

② 2문단에 푸드뱅크는 대량으로 기부 받은 식품을 짧은 시간 안에 나누어 줄 수 있다고 언급되어 있다.

④ 3문단에 '푸드마켓에서는 기부를 받는 사람이 원하는 기부품을 선택할 수 있'다고 언급되어 있다.

⑤ 4문단에 '업무를 원활하게 수행하기 위해서 전문 인력을 배치하는 등 충분한 인력이 확보되어야 한다.'라고 언급되어 있다.

사회 06~10 독해력 쑥쑥, 어휘 테스트

01 촉박	02 일괄적	03 통념	04 사설	05 절충
06 공청회	07 이해관계	08 하청	09 이치	
10 대리인	11 극대화	12 광고주	13 보강	14 강화
15 로비	16 ⓑ	17 ⓐ	18 ⓒ	19 ⓑ	20 ⓐ

○ 1문단: 투명 인간의 실현 가능성에 대한 의문

○ 2문단: 투명 인간이 되기 위한 두 가지 조건

＊충족(채울 充, 넉넉할 足): 일정한 분량을 채워 모자람이 없게 함.

○ 3문단: 공기와 물, 다이아몬드 속에서의 빛의 속력

○ 4문단: 물과 다이아몬드의 굴절률과 빛의 반사율

○ 5문단: 빛이 인체에 흡수·반사되지 않을 경우 발생하는 일

＊망막(그물 網, 막 膜): 눈알의 가장 안쪽에 있는 맥락막 안에 시각 신경의 세포가 막 모양으로 층을 이룬 부분.

○ 6문단: 투명 인간이 다른 물체를 보는 방법

＊감지(느낄 感, 알 知): 느끼어 앎.

＊방사(놓을 放, 쏠 射): 물체로부터 열이나 전자기파가 사방으로 방출됨.

▶ 주제: 투명 인간이 되기 위한 조건

공상 과학 영화에 나왔던 화상 통화나 음성 인식 기술이 현실화 되었듯이 미래에는 투명 인간이 되는 것도 실현될 수 있을까?

먼저, 사람이 보이지 않으려면 어떤 조건을 충족*시켜야 하는지부터 알아보자. 첫째,
_{중심 화제}
모든 가시광선, 즉 사람의 눈으로 볼 수 있는 빛이 인체에 전혀 흡수되지 않고 통과되어
_{투명 인간이 되기 위한 조건 ①: 가시광선의 인체 통과}
야 한다. 둘째, 어떤 가시광선도 인체로부터 반사되지 않아야 한다. 빛의 속력이 다른
_{투명 인간이 되기 위한 조건 ②: 가시광선의 인체 반사 금지}
두 물질 사이의 표면에서는 빛의 일부가 반사된다. 두 투명한 물질 사이의 경계면에서
빛이 반사되면 반사된 빛에 따라 경계면을 볼 수 있게 된다. 투명한 그릇에 물을 넣으면
_{두 물질의 경계면에서 빛이 반사되는 예}
공기와 물의 경계면을 볼 수 있는 이유가 바로 이 반사된 빛 때문이다.
_{빛의 반사}

우리가 알고 있는 투명한 액체나 고체 속에서 빛의 속력은 공기 속에서의 속력에 비하여 몇십 퍼센트 느리다. 공기 속에 비하여 물속에서는 빛의 속력이 25% 정도, 다이아몬드 속에서는 60% 정도 줄어든다. 물질 속에서의 빛의 속력을 알면 두 물질의 경계면에
_{빛의 속력 비교: 공기 〉 물 〉 다이아몬드}
서 빛이 꺾이는 정도인 굴절률을 계산할 수 있고, 굴절률을 알면 빛의 반사율을 계산할 수 있다.

이러한 방법으로 물과 다이아몬드의 굴절률과 빛의 반사율을 계산해 보면 물의 굴절률은 1.3 정도이며, 표면에서 빛은 2% 정도가 반사된다. 다이아몬드의 굴절률은 2.4 정도이며 표면에서 빛은 17% 정도가 반사된다. 그런데 빛이 반사되면 경계면이 보여 투명 인간이 될 수 없으므로 투명 인간의 반사율은 '0'이 되어야 하는 것이다.
_{투명 인간의 인체로부터 빛이 반사되지 않아야 하는 이유}

이처럼 모든 빛이 전혀 흡수되지도 않고 반사되지도 않으면 투명 인간이 되어 그 누구
_{전제 조건}
도 투명 인간을 볼 수 없게 된다. 하지만 투명 인간 또한 자신의 눈에 들어온 빛이 망
_{결과 ①}
막*에 상을 맺지 못하고 통과해 버리게 되어 자신이 자신을 볼 수 없을 뿐더러 다른 사
_{투명 인간이 아무 것도 볼 수 없는 이유}　　　　　　　　　　　_{결과 ②}
람이나 어떠한 물체도 보지 못하게 된다. 만약 투명 인간의 눈이 빛을 감지*한다면 빛을 조금 흡수해야 할 테니 그 눈이 어둡게 보여 완전한 투명 인간이 될 수 없다.

투명 인간이 다른 물체를 보기 위해서는 그의 눈이 빛을 보는 눈이 아니라 적외선을
_{투명 인간이 다른 물체를 보기 위한 조건}
감지하는 눈이면 된다. 적외선은 태양이 방출하는 빛을 프리즘으로 분산시켰을 때 적색
_{적외선의 개념}
선의 끝보다 더 바깥쪽에 있는 전자기파로, 넓은 뜻의 빛이기는 하지만 사람의 눈에는
보이지 않는다. 그런데 우리 주위의 모든 물체는 적외선을 방사*하므로 적외선을 감지
_{적외선의 특징}　　　　　　　　　_{적외선을 감지할 수 있는 눈이 모든 물체를 볼 수 있는 이유}
할 수 있는 눈은 모든 물체를 볼 수 있는 것이다. 반면에 인간의 눈은 적외선을 감지하지 못하므로 투명 인간이 적외선을 흡수하든 반사하든 우리에게는 보이지 않을 것이다.
_{투명 인간이 적외선을 감지해도 여전히 투명 인간일 수 있는 이유}

[지문 해제]

　이 글은 투명 인간이 되기 위한 조건에 대해 설명하고 있다. 투명 인간이 되려면 모든 가시광선이 인체에 흡수되지 않고 통과되어야 하며, 어떤 가시광선도 인체로부터 반사되지 않아야 한다. 이렇게 되면 투명 인간은 자신도 보지 못하게 되는데, 모든 사람과 물체는 적외선을 방사하므로 투명 인간이 적외선을 감지하게 되면 다른 사람과 물체를 볼 수 있게 된다.

[문단 요지]

　1문단: 투명 인간의 실현 가능성에 대한 의문
　2문단: 투명 인간이 되기 위한 두 가지 조건
　3문단: 공기와 물, 다이아몬드 속에서의 빛의 속력
　4문단: 물과 다이아몬드의 굴절률과 빛의 반사율
　5문단: 빛이 인체에 흡수 · 반사되지 않을 경우 발생하는 일
　6문단: 투명 인간이 다른 물체를 보는 방법

[주제]

　투명 인간이 되기 위한 조건

---

1 세부 내용 파악하기　　　　| 정답 ② |

윗글의 내용과 일치하지 <u>않는</u> 것은?

① 사람의 눈에는 보이지 않지만 모든 사람과 물체는 적외선을 방사한다. 6문단
② 빛의 속력이 동일한(→다른) 두 물질 사이의 표면에서는 빛의 일부가 반사된다. 2문단
③ 모든 빛이 전혀 흡수되지도, 반사되지도 않아야 투명 인간이 될 수 있다. 2문단, 5문단
④ 빛의 반사로 인해 투명한 그릇에 물을 넣으면 공기와 물의 경계면을 볼 수 있다. 2문단
⑤ 투명한 액체나 고체 속에서의 빛의 속력은 공기 속에서의 속력에 비하여 더 느리다. 3문단

✔ 정답 풀이

2문단에서 빛의 속력이 다른 두 물질 사이의 표면에서는 빛의 일부가 반사된다고 하였다.

✖ 오답 풀이

① 6문단에서 적외선은 사람의 눈에는 보이지 않으며, 우리 주위의 모든 물체는 적외선을 방사한다고 하였다.
③ 2문단과 5문단에서 모든 빛이 전혀 흡수되지도 않고 반사되지도 않으면 투명 인간이 될 수 있다고 하였다.
④ 2문단에서 투명한 그릇에 물을 넣을 때 공기와 물의 경계면을 볼 수 있는 이유는 빛이 반사되기 때문이라 하였다.
⑤ 3문단에서 투명한 액체나 고체 속에서 빛의 속력은 공기 속에서의 속력에 비하여 몇십 퍼센트 느리다고 하였다.

---

2 구체적 사례에 적용하기　　　　| 정답 ⑤ |

윗글을 바탕으로 〈보기〉를 이해한 내용으로 적절한 것은?

┌─────── | 보 기 | ───────┐

　빛의 굴절로 인해 투명한 컵에 물과 설탕물을 넣고 젓가락을 그 안에 넣으면 젓가락이 구  물　설탕물 부려져 보이는데, 설탕물의 농도가 진해질수록 더욱더 많이 구부러져 보인다.(단, 한 컵의 물에 설탕을 섞은 것 이외에 두 컵의 모든 조건은 동일함.)

└──────────────────────────┘

① '물'과 '설탕물' 속에서의 빛의 속력은 서로 같다. 굴절률이 다르므로 빛의 속력도 서로 다르다.
② '물'의 표면에서보다 '설탕물'의 표면에서 더 적은(→많은) 빛이 반사된다.
③ '설탕물'의 농도가 진해질수록 설탕물 속에서의 빛의 속력은 빨라진다. 느려진다
④ '물'과 '설탕물' 모두 공기와의 경계면을 사람의 눈으로 확인할 수 없다. 있다.
⑤ '물'보다 '설탕물'의 굴절률이 더 크며, '설탕물'의 농도가 진해질수록 굴절률은 더 커진다. 굴절률은 빛의 속도가 느릴수록 커진다.

✔ 정답 풀이

〈보기〉의 그림은 '물'보다 '설탕물'에서 젓가락이 구부러져 보이는 정도가 더 심한데, 3문단에서 두 물질의 경계면에서 빛이 꺾이는 정도를 굴절률이라고 하였으므로 '설탕물'의 굴절률이 '물'보다 더 크다고 할 수 있다. 또한 〈보기〉에서 설탕물의 농도가 진해질수록 더욱더 많이 구부러져 보인다고 하였으므로 굴절률이 더 커진다고 볼 수 있다.

✖ 오답 풀이

① 3문단을 통해 물속과 다이아몬드 속에서의 빛의 속력의 차이가 굴절률의 차이로 이어지고 있음을 알 수 있다. '물'과 '설탕물'의 굴절률도 차이가 있으므로 빛의 속력에도 차이가 있을 것이다.
② 3문단의 물과 다이아몬드의 예를 통해 굴절률이 크면 빛의 반사율도 커짐을 알 수 있다. 이를 고려하면 '물'보다 굴절률이 큰 '설탕물'의 빛의 반사율이 '물'보다 더 클 것이다.
③ 3, 4문단을 통해 물질 속에서 빛의 속력이 느릴수록 굴절률이 커진다는 것을 알 수 있다. 〈보기〉에서 '설탕물'의 농도가 진해질수록 굴절의 정도가 커졌다고 하였으므로 빛의 속력은 점점 더 느려질 것이다.
④ 2문단에서 투명한 그릇 속에 물을 넣으면 공기와 물의 경계면을 볼 수 있게 되는데 그 이유가 반사된 빛 때문이라고 하였다. 〈보기〉의 '물'과 '설탕물'에서는 젓가락이 굴절되어 보이므로 공기 속에서의 빛의 속력과 차이가 있음을 알 수 있다. 따라서 '물'과 '설탕물' 모두에서 공기와의 경계면을 관찰할 수 있을 것이다.

- 1문단: 원자의 구성과 이온화 현상

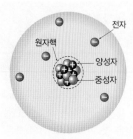

〈원자의 구조〉

○ 마찰을 하면 왜 전기를 띠게 되는 것일까? 물질은 원자로 이루어져 있다. 원자는 하나의 알갱이가 아니라 (+)전하를 띤 양성자와 전기를 띠지 않은 중성자로 이루어진 핵과, (−)전하를 띤 전자들로 구성되어 있다. 평소 원자는 전기를 띠지 않는다. 그런데 원자 속에 있던 전자의 일부가 자신이 속한 원자를 벗어나 공기 중으로 날아가거나 다른 원자로 이동하는 현상이 발생하면 (+)전하와 (−)전하 사이의 균형이 깨어져 전자를 잃은 원자는 (+)전기를 띠는 양이온이 되고, 전자를 얻은 원자는 (−)전기를 띠는 음이온이 되는 이온화 현상이 발생한다.

- 2문단: 마찰 전기가 발생하는 이유

이처럼 전자의 이동이 일어나려면 약간의 에너지가 필요하다. 왜냐하면 평상시 원자핵이 (+)전하를 이용하여 (−)전하를 꽉 붙잡고 있기 때문이다. 두 물체를 비벼 마찰을 시키면 열에너지가 발생하는데 이 열에너지를 이용하면 일부의 전자가 이동할 수 있게 되고, 이로 인해 전기를 띠는 현상이 생긴다. 이를 마찰 전기라고 한다.

- 3문단: 마찰 전기에 의해 번개가 발생하는 과정

* 대류(대할 對, 흐를 流): 기체나 액체에서, 물질이 이동함으로써 열이 전달되는 현상.

* 방전(놓을 放, 번개 電): 전지 또는 전기를 띤 물체에서 전기가 외부로 흘러나오는 현상.

우리가 무서워하는 천둥, 번개 또한 마찰 전기에 의한 것이다. 「구름 속에 섞여 있는 수많은 물방울과 얼음은 대류*에 의해 순환하는데, 순환하다 서로 마찰하면 얼음에서 전자가 나와 물방울로 이동한다. 그렇게 (−)전자를 얻은 물방울들은 무거워져서 구름의 아래로, 전자를 잃어 (+)를 띤 얼음 조각들은 가벼워져서 구름의 위로 가게 되어 구름 전체가 전기를 띠게 되는 것이다. 그런데 구름에 (−)전하가 너무 많이 쌓이게 되면 마주 보는 (+)전하의 땅으로 전자가 이동한다. 이때 이동하던 전자가 공기와 부딪혀 빛을 내는데 이것이 바로 번개이다.」「」: 마찰 전기에 의해 이온화 현상이 발생하는 과정

- 4문단: 번개가 전기 현상임을 밝혀낸 프랭클린의 실험

번개가 전기 현상이라는 것을 실험으로 밝혀낸 사람은 미국인 벤자민 프랭클린이다. 1752년 그는 번개가 정전기 방전*에 의한 전류일 것이라고 확신하여 전기가 흐르는 뾰족한 금속을 연에 매달아 하늘로 날렸다. 번개가 이 금속침으로 모인 뒤 연줄을 따라 아래로 흘러 와 연줄에 묶인 금속 열쇠를 통해 감전되게 하는 것으로 이 사실을 증명하였다.

- 5문단: 낙뢰에 대한 두려움에서 벗어나게 해 준 피뢰침

* 낙뢰(떨어질 落, 우레 雷): 벼락이 떨어짐. 또는 그 벼락.

사실 이 연날리기 실험은 매우 위험한 것이었다. 1753년 러시아 과학아카데미의 유능한 물리학자가 이와 비슷한 실험을 하다가 번개에 감전되어 죽기도 했다. 하지만 프랭클린 덕에 피뢰침이 발명되어 사람들은 더 이상 낙뢰*를 두려워하지 않게 되었다. 지금도 높은 건물의 꼭대기에는 피뢰침이 있는데 이것을 전선으로 땅속에 연결함으로써 번개가 쳐도 그 전기가 땅으로 흘러 사람과 건물에 피해를 주지 않는 것이다.

▶ 주제: 번개가 발생하는 이유

이 글은 마찰 전기에 의해 번개가 발생하는 이유에 대해 설명하고 있다. 두 물체를 비벼 마찰을 시키면 열에너지가 발생하는데 이 열에너지를 이용하면 전자가 이동하고, 이로 인해 물체가 전기를 띠는 현상을 마찰 전기라고 한다. 천둥·번개도 마찰 전기에 의해 발생한다. 번개가 전기 현상임을 실험으로 밝혀낸 사람은 벤자민 프랭클린으로, 프랭클린 덕에 피뢰침이 발명되어 번개가 쳐도 사람과 건물에 피해를 주지 않게 되었다.

[문단 요지]
1문단: 원자의 구성과 이온화 현상
2문단: 마찰 전기가 발생하는 이유
3문단: 마찰 전기에 의해 번개가 발생하는 과정
4문단: 번개가 전기 현상임을 밝혀낸 프랭클린의 실험
5문단: 낙뢰에 대한 두려움에서 벗어나게 해 준 피뢰침

[주제]
번개가 발생하는 이유

1 핵심 내용 요약하기 | 정답 ① |

㉠에 대한 대답을 〈보기〉와 같이 정리하였을 때, ㉮와 ㉯에 들어갈 말로 가장 적절한 것은?

┤ 보 기 ├

마찰을 통해 발생한 (㉮)을/를 이용하여 일부의 (㉯)가 한 물체로부터 다른 물체로 이동할 수 있게 되기 때문이다.

	㉮	㉯
①	열에너지	전자
②	열에너지	양~~성자~~ 양성자는 이동하지 않음.
③	이온~~화~~ 현상	중~~성자~~ 중성자의 이동과 관련된 내용은 언급하지 않음.
④	이온~~화~~ 현상	전자 이온화 현상은 원자가 전자를 잃거나 얻은 상태를 의미함.
⑤	운동~~에너지~~ 언급되지 않음.	양~~성자~~

✔ 정답 풀이

2문단에서 전자의 이동이 일어나려면 약간의 에너지가 필요하다고 하였다. 또 두 물체를 비벼 마찰을 시키면 열에너지가 발생하며, 이 열에너지를 이용하면 일부의 전자가 이동할 수 있게 되고, 이로 인해 전기를 띠는 현상이 마찰 전기라고 하였다. 따라서 ㉮에는 '열에너지'가, ㉯에는 '전자'가 들어가야 한다.

❌ 오답 풀이

② 전자와 달리 (+)전하를 띤 양성자는 이동하지 않는다.
③ 중성자의 이동과 관련된 내용은 이 글에서 언급되지 않았다.

④ 이온화 현상은 전자가 이동할 경우 전자를 잃은 원자는 양이온이 되고, 전자를 얻은 원자는 음이온이 되는 것을 가리킨다.
⑤ 운동 에너지와 관련된 내용은 이 글에서 언급되지 않았다.

2 구체적 상황에 적용하기 | 정답 ④ |

〈보기〉는 피뢰침이 번개를 맞은 상황을 나타낸 그림이다. 윗글을 참고하여 〈보기〉를 이해한 내용으로 적절하지 않은 것은?

┤ 보 기 ├

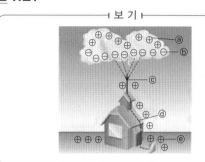

① ⓐ는 얼음 조각들이 전자를 잃고 가벼워져서 구름의 위로 가게 된 것이다. 3문단
② ⓑ는 (−)전하를 얻은 물방울들이 무거워져서 구름의 아래로 내려오게 된 것이다. 3문단
③ ⓒ의 발명으로 인해 사람들이 낙뢰에 대한 두려움으로부터 벗어날 수 있게 되었다. 5문단
④ ⓓ처럼 번개가 건물의 표면을 타고 흘러야 사람과 건물에 피해를 주지 않을 수 있다. 5문단 전선으로 땅속에 연결해야
⑤ ⓔ와 ⓑ가 반대의 전하를 띠게 될 때 번개가 발생할 수 있는 환경이 조성된다. 3문단 ⓔ는 (+), ⓑ는 (−)

✔ 정답 풀이

5문단에서 높은 건물의 꼭대기에 있는 피뢰침을 전선으로 땅속에 연결함으로써 번개가 쳐도 그 전기가 땅으로 흘러 사람과 건물에 피해를 주지 않게 되었다고 하였다. 이를 고려하면 번개가 건물의 표면을 타고 흐르면 감전될 위험이 있어 건물과 사람에 피해를 주게 된다고 추측할 수 있다.

❌ 오답 풀이

① 3문단에서 전자를 잃어 (+)를 띤 얼음 조각들은 가벼워져서 구름의 위로 가게 된다고 하였다.
② 3문단에서 (−)전자를 얻어 무거워진 물방울들은 구름의 아래로 가게 된다고 하였다.
③ 5문단에서 프랭클린 덕에 피뢰침이 발명되어 사람들은 더 이상 낙뢰를 두려워하지 않게 되었다고 하였다.
⑤ 3문단에서 구름에 (−)전하가 너무 많이 쌓이게 되면 마주보는 (+)전하의 땅으로 전자가 이동하게 되고, 이때 이동하던 전자가 공기에 부딪히면 번개가 발생한다고 하였다.

소행성 지구 충돌, 인류도 공룡처럼 멸종할까? _ 강양구

정답 **1** ③ **2** ①

● 1문단: 2013년 첼랴빈
스크 운석 낙하 사건

● 2문단: 지구와 혜성
충돌의 결과를 보여
주는 「딥 임팩트」

● 3문단: 혜성 조각이
지구에 떨어질 경우
벌어질 수 있는 일들

* 풍비박산(바람 風, 날
飛, 우박 雹, 흩을 散):
사방으로 날아 흩어짐.

● 4문단: 대충돌 위협과
관련된 대처 방안 모
색의 중요성

* 궤도(길 軌, 길 道): 행
성, 혜성, 인공위성 따
위가 중력의 영향을 받
아 다른 천체의 둘레를
돌면서 그리는 곡선의
길.

● 5문단: 소행성과 지구
의 충돌을 방지하는
대책 마련 촉구

▶ 주제: 소행성과 지구
가 충돌할 가능성과
현실적 대책 마련의
중요성

　　2013년 2월 15일, 러시아 첼랴빈스크 주에서 잇따라 크고 작은 운석●들이 첼랴빈스
크 시내를 융단 폭격했다. 이 난리로 가옥 7200여 채가 피해를 입었고, 약 1500명이 다
쳤다. 사고의 원인은 지름 17m 크기의 소행성이었다. 지구와 충돌한 소행성이 대기권
에 진입하면서 고도 약 15㎞ 지점에서 폭발해 여러 개의 운석 조각으로 나뉘어 첼랴빈
스크를 덮친 것이다.

　　이 재난을 지켜보면서 오래전의 영화 「딥 임팩트」를 떠올린 사람도 있었다. 이 영화는
혜성이 지구와 충돌할 때 어떤 일이 일어날지를 생생히 보여 주었다. 영화 속에서 인류
는 지구로 날아오는 혜성을 막고자 핵폭탄을 터뜨렸다. 그러나 혜성은 파괴되기는커녕
둘로 쪼개졌다. 그중에서 지름 4.8㎞의 큰 혜성은 지구를 비켜 갔지만, 지름 800m의
작은 혜성은 대서양 한복판에 떨어졌다. 이것이 떨어지는 순간 해일이 일어나 뉴욕이
물에 잠기고 수백 만 명이 목숨을 잃고 말았다.

　　영화 속의 피해는 과장이 아니다. 지름 800m 크기의 혜성 조각이 대서양에 떨어진다
면 뉴욕을 비롯한 미국 동부 지역이 풍비박산* 날 수 있다. 만약 지름 4.8㎞의 큰 혜성
이 지구에 떨어진다면 인류의 문명은 지구에서 사라질지도 모른다. 인류 대부분이 목숨
을 잃을 것이기 때문이다. 지름 10㎞의 혜성이나 소행성이 지구에 떨어진다면 지구 생
물 종의 50% 이상이 멸종할 것이다.

　　잘 알려져 있지 않지만 지구에는 매년 수만 톤의 운석이 떨어지고 있다. 혜성이나 소
행성이 우주를 떠돌다 지구 중력에 끌려 지구 대기권으로 들어온다. 초속 40km 정도의
엄청난 속도로 지구 대기로 진입한 소행성은 수많은 파편을 만들고, 파편의 대부분은
대기와의 마찰로 가열되면서 별똥별로 사라지지만 큰 파편은 지표면까지 도달하여 운석
이 된다. 대충돌은 과거의 사건이 아니라 언제 다시 인류에게 닥칠지 모르는 실제적인
위협이며, 대충돌의 위협에 어떻게 대처해야 하는가가 우리 인류에게 주어진 중요한 과
제인 것이다.

　　현재까지는 소행성의 궤도*를 바꿔 지구와 충돌하지 않게 하는 것이 최선의 방책으로
꼽히고 있다. 과학자들은 소행성에 원자력 엔진을 달아 궤도를 바꾸는 방법, 초대형 돛
을 소행성에 설치해 돛에 태양풍이 작용하여 소행성의 궤도를 바꾸는 방법, 소행성 근
처에서 핵폭탄을 폭발시켜 충격파로 인해 소행성의 궤도만 바꾸는 방법 등을 생각하고
있다. 하지만 이 방법들이 실제 상황이 벌어졌을 때 얼마나 효과적일지 현재로서는 알
수가 없다. 인류가 6,600만 년 전 지구에서 사라진 공룡처럼 되지 않기 위해서는 지구
인들이 힘을 합쳐 차분하게 현실적인 대책을 마련해야 되겠다.

● 운석: 지구상에 떨어진 별똥. 대기 중에 돌입한 유성(流星)이 다 타버리지 않고 땅에 떨어진 것으로, 철 · 니켈 합금과
　규산염 광물이 주성분이다.

[지문 해제]

이 글은 소행성과 지구가 실제로 충돌할 수 있음을 설명하고 인류가 소행성과 지구의 대충돌에 대처하는 방안을 마련해야 한다고 주장하고 있다.

[문단 요지]

1문단: 2013년 첼랴빈스크 운석 낙하 사건
2문단: 지구와 혜성 충돌의 결과를 보여 주는 「딥 임팩트」
3문단: 혜성 조각이 지구에 떨어질 경우 벌어질 수 있는 일들
4문단: 대충돌 위협과 관련된 대처 방안 모색의 중요성
5문단: 소행성과 지구의 충돌을 방지하는 대책 마련 촉구

[주제]

소행성과 지구가 충돌할 가능성과 현실적 대책 마련의 중요성

1 글쓰기 전략 파악하기 | 정답 ③ |

윗글에 사용된 글쓰기 전략으로 적절하지 <u>않은</u> 것은?

① 화제와 관련된 영화를 소개하며 독자의 이해를 돕고 있다.
소행성의 지구 충돌을 소재로 한 영화 「딥 임팩트」 소개. 2문단

② 화제와 관련된 여러 해결 방안을 소개하고 그 한계를 지적하고 있다. 5문단
실제 상황에서 얼마나 효과적인지는 알 수 없음.

③ 전문가의 말을 인용하여 글쓴이의 주장에 대한 신뢰도를 높이고 있다.

④ 구체적 상황을 가정하여 화제가 지닌 위험성과 심각성을 제시하고 있다.
지름 800m, 4.8km, 10km의 혜성 조각이나 혜성, 소행성이 각각 지구에 떨어 졌을 상황을 가정함. 3문단

⑤ 실제 사건을 제시하면서 글을 시작하여 화제에 대해 흥미를 유발하고 있다. 1문단
러시아 첼랴빈스크에 소행성과 지구의 충돌로 인해 발생한 운석이 떨어져 피해를 입었던 실제 사건을 제시함.

✅ **정답 풀이**

이 글에서 전문가의 말을 인용한 부분은 찾아볼 수 없다.

2 글을 참고하여 자료 이해하기 | 정답 ① |

윗글을 참고하여 〈보기〉를 이해한 내용으로 적절한 것은?

─ 보 기 ─

그간 학계에서는 공룡의 멸종 이유를 놓고 다양한 논쟁을 이어왔다. 과학자들은 당시의 비밀을 밝히기 위해 6600만 년 전 지금의 멕시코 유카탄 반도에 소행성이 떨어져 생성된 분화구에 구멍을 뚫어 샘플을 채취해 왔다. 지금까지의 연구 성과로 재구성한 공룡의 멸종 과정은 다음과 같다.

먼저 소행성이 초속 18km의 속도로 지구로 날아와 충돌했다. 그 영향으로 발생한 유독 물질이 태양
1단계: 지구와 소행성의 충돌
2단계: 유독 물질 발생

을 가려 지구의 온도가 급속히 떨어졌고, 10년 이상이나 영하의 온도가 지속되었다. 이로 인해 먹이
3단계: 지구 온도가 급격히 내려감.
사슬이 무너져 백악기 말 공룡을 비롯한 당시 지구 생명체의 약 70%가 사라졌다. 흥미로운 점은 만약
4단계: 먹이사슬 파괴로 인한 공룡 멸종
이 소행성이 30초 일찍 혹은 늦게 떨어졌다면 바다에 부딪혀 공룡이 멸종하지는 않았을 것이며, 이 소
① 아주 짧은 시간이 공룡의 운명을 가름.
행성의 충돌로 인해 역설적으로 인류를 포함한 작은 동물이 번성할 수 있는 기회를 맞게 되었을 수도 있다는 것이다.
② 소행성 충돌이 작은 동물이 번성할 수 있는 기회가 됨.

① 지구 생물 종의 약 70%가 멸종하는 일이 발생하였으므로 당시 충돌한 소행성의 크기는 지름 10km 이상이었겠군. 3문단

② 지구 중력에 의해 지구 대기권으로 들어온 6600만 년 전의 소행성은 파괴되지 <u>않은</u> 채 전체가 멕시코 유카탄 반도에 떨어졌겠군. 4문단
수많은 파편을 만듦.

③ 6600만 년 전의 소행성이 바다에 부딪혔더라면 해일이 일어나 공룡을 비롯한 상당수의 지구 생명체들이 <u>멸종</u>하게 되었겠군.
〈보기〉에서 소행성이 바다와 부딪 혔으면 공룡이 멸종하지는 않았을 것이라고 함.

④ 소행성이 초속 18km보다 더 빠른 속도로 날아와 충돌했다면 파편의 크기가 더 작아져 지구에 전혀 피해를 입히지 <u>않을</u> 수 있었겠군.
초속 40km 정도의 속도로 지구 대기로 진입한 소행성도 그 일부가 지표면에 도달할 수 있음. 4문단

⑤ 첼랴빈스크 주에서 많은 사람이 다쳤듯이 6600만 년 전에도 지구에 떨어진 운석에 부딪혀 대부분의 공룡들이 죽거나 다치게 된 것이겠군. 1문단
소행성이 지구와 충돌하며 발생한 유독 물질로 인해 공룡이 멸종하게 됨.

✅ **정답 풀이**

3문단에서 지름 10km 이상의 소행성이 지구에 떨어진다면 지구 생물 종의 50% 이상이 멸종할 것이라고 하였다. 이를 고려하면 〈보기〉에서 6600만 년 전, 지구에 소행성이 떨어져 지구 생명체의 약 70%가 사라졌다고 하였으므로 그 당시 떨어진 소행성의 크기는 지름 10km 이상일 것이다.

❌ **오답 풀이**

② 4문단에서 지구 대기로 진입한 소행성은 수많은 파편을 만들고, 큰 파편은 지표면까지 도달하여 운석이 된다고 하였다.

③ 〈보기〉에서 소행성이 바다와 부딪혔다면 공룡이 멸종하지는 않았을 것이라고 하였다.

④ 4문단에서 초속 40km 정도의 속도로 지구 대기로 진입한 소행성 파편의 일부가 지표면까지 도달해 운석이 되었다고 하였다. 따라서 초속 18km보다 더 빠른 속도로 충돌했다면 지구에 피해를 입었을 것이다.

⑤ 〈보기〉에서는 운석이 공룡과 부딪혀서가 아니라 소행성이 지구에 충돌하며 발생한 유독 물질로 인해 지구 기온이 하강하여 먹이사슬이 파괴되고, 그로 인해 공룡이 멸종하게 되었다면서 공룡의 멸종 과정을 재구성하였다.

- 1문단: 황사의 개념과 특징
- 2문단: 황사의 원인 ① - 자연적 요인과 인위적 요인
- 3문단: 황사의 원인 ② - 일회용 나무젓가락 생산을 위한 숲의 훼손
- 4문단: 숲의 훼손으로 인한 중국 대륙의 사막화 현상
- 5문단: 황사의 책임은 세계 여러 나라에 있음.
- 6문단: 황사의 해결 방안

* 인위적(사람 人, 할 爲, 과녁 的): 자연의 힘이 아닌 사람의 힘으로 이루어지는. 또는 그런 것.
* 열도(벌일 列, 섬 島): 길게 줄을 지은 모양으로 늘어서 있는 여러 개의 섬.
▶ 주제: 황사의 원인과 해결 방안

황사는 바람을 타고 하늘 높이 올라간 미세한 모래 먼지가 대기 중에 퍼져 있다가 서서히 떨어지는 현상 또는 그 모래흙을 말한다. 황사의 고향은 중국과 몽골 경계에 걸친 드넓은 건조 지역과 그 둘레에 있는 반건조 지역이다. 황사 현상은 해마다 3~5월에 많이 발생하는데, 그중 10~30%가 우리나라에 영향을 미친다.

황사의 원인은 크게 자연적 요인과 인위적* 요인으로 나눌 수 있다. 가뭄과 강풍, 풍부한 모래 등은 자연적 요인에 속한다. 지나친 경작과 목축 활동, 땔감과 식물 채취, 무분별한 물 사용, 그리고 급격한 인구 증가와 이익 추구 등은 인위적 요인에 해당한다.

일회용 나무젓가락도 황사의 원인 중 하나이다. 우리나라 사람들이 1년 동안 사용하는 일회용 젓가락은 약 25억 개인데, 90% 이상을 중국에서 수입하고 있다. 중국에서는 일회용 나무젓가락을 만들기 위해 1년에 2,500만 그루의 나무를 베고 있다. 그뿐 아니라 화장지와 종이를 만들기 위해 또 나무를 베고, 목축을 하기 위해 숲을 없애고 있다. 그 결과 중국 양쯔강 둘레의 산림은 최근 수십 년간 85%나 훼손되었다.

중국 대륙에서 숲이 하나 사라지는 것은 그만큼 빈 공터가 생기는 것에 그치지 않는다. 숲이 사라진 땅을 복원하지 않아 차츰 모래 언덕으로 변하고, 강한 바람이 불면 모래 먼지가 대륙을 넘어 한반도와 일본 열도*로 날아간다. 황사가 심할 때에는 심지어 미국 서부까지 날아가는 일도 있다고 한다. 중국 대륙의 27%는 이미 사막화가 되었고, 황사가 불면 중금속까지 섞어 날려 보낸다. 최근 황사에는 아황산가스나 카드뮴, 납, 알루미늄, 구리, 다이옥신°까지 묻어 온다고 한다.

㉠황사의 발원지는 중국 대륙이지만 모든 책임이 중국에만 있다고 단언하기는 쉽지 않다. 선진 산업국을 포함한 세계 여러 나라는 자꾸만 싼 물건을 찾는다. 땅이 넓어 원료가 풍부하고 인구가 많아 일할 사람이 많은 중국은 선진국처럼 잘살기 위해 값싼 상품을 많이 만들어 팔아야 하는 형편이다. 이에 중국 사람들은 환경 보전이나 절제보다는 경제 성장이 우선이 된 것이다.

우리 역시 중국에서 들여온 값싼 물건들을 자주 사용한다. 우리가 가게에 잘 진열된 일회용 상품을 구매하여 별 생각 없이 쓰고 버린 덕분에 해마다 봄이면 공기 정화기를 돌리고, 마음대로 외출을 할 수 없게 된 것이다. 지금처럼 일회용품을 즐겨 쓰고 원산지에서 어떤 일이 벌어지고 있는지에 대해 관심을 기울이지 않는다면 우리는 해마다 반갑지 않은 불청객을 맞아야 할 것이다. 이 불청객은 점점 더 자주, 탁하고 강한 바람으로 올 것이다. 황사 문제를 해결하기 위해서는 중국은 물론, 우리나라를 포함한 세계 모든 나라들도 일회용품의 소비를 줄이고, 미래를 내다보는 의식 있는 소비에 눈을 떠야 할 것이다.

- 다이옥신(dioxine): 독성이 강하며, 암을 유발하거나 기형아 출산의 원인이 된다. 플라스틱이나 쓰레기를 소각할 때 생긴다.

[지문 해제]

 이 글은 황사의 원인에 대해 설명하면서 일회용 나무젓가락의 무분별한 사용도 황사의 원인 중 하나임을 언급하고 있다. 일회용 젓가락의 대부분은 중국산으로, 이를 만드는 과정에서 숲이 훼손되고 훼손된 숲은 차츰 모래 언덕으로 변하여 황사가 발생하게 된다. 황사의 발원지는 중국이지만 자꾸 싼 물건을 찾아 산림을 훼손하게 만드는 세계 여러 나라들도 황사를 유발하는 책임이 있다.

[문단 요지]

 1문단: 황사의 개념과 특징
 2문단: 황사의 원인 ①－자연적 요인과 인위적 요인
 3문단: 황사의 원인 ②－일회용 나무젓가락 생산을 위한 숲 훼손
 4문단: 숲의 훼손으로 인한 중국 대륙의 사막화 현상
 5문단: 황사의 책임은 세계 여러 나라에게 있음.
 6문단: 황사의 해결 방안

[주제]

 황사의 원인과 해결 방안

---

1 논지 전개 방식 파악하기 | 정답 ② |

윗글에 대한 설명으로 가장 적절한 것은?

① 황사가 주로 봄에 발생하는 이유를 설명하고 있다.
② 황사의 원인을 분석하고 해결 방안을 제시하고 있다. 2~5문단 / 6문단
③ 일회용품을 사용하는 것의 장점과 단점을 설명하고 있다.
④ 사막화가 되고 있는 중국 대륙을 되살리는 방안을 모색하고 있다.
⑤ 환경 보전과 경제 성장을 동시에 이룰 수 있는 방법을 제안하고 있다.

✔ **정답 풀이**

이 글은 2~5문단에서 황사의 원인을 설명한 후, 6문단에서 황사의 해결 방안을 제시하고 있다.

✘ **오답 풀이**

① 1문단에서 황사가 해마다 3~5월에 발생한다고는 하였으나, 그 이유를 설명하지는 않았다.
③ 3~5문단에서 일회용 나무젓가락을 사용하는 것이 황사의 원인 중 하나라고 하였을 뿐, 일회용품 사용의 장점을 설명하지는 않았다.
④ 4문단에서 중국 대륙의 27%가 사막화가 되었다고는 하였으나 이를 되살리는 방안에 대해서 언급하지는 않았다.
⑤ 5문단에서 중국 사람들이 환경 보전이나 절제보다는 경제 성장을 우선하고 있다고 하였으나, 이 두 가지를 동시에 이룰 수 있는 방법을 제안하지는 않았다.

---

2 반응의 적절성 파악하기 | 정답 ⑤ |

윗글에 대한 독자의 반응으로 적절한 것끼리 묶은 것은?

ⓐ 인간의 지나친 경작과 목축 활동이 황사의 원인이 될 수 있군. 2문단
ⓑ 우리가 사용하고 있는 일회용 나무젓가락은 모두 중국에서 생산되는군. 3문단
ⓒ 황사의 인위적 요인을 해결한다면 황사는 더 이상 발생하지 않게 되겠군. 2문단
ⓓ 선진 산업국들은 환경 보전이나 절제보다는 경제 성장을 우선시 여기는군. 5문단
ⓔ 황사는 중국과 몽골 경계에 걸친 건조 지역과 그 둘레에 있는 반건조 지역에서 발생하는군. 1문단

① ⓐ, ⓑ   ② ⓑ, ⓒ   ③ ⓒ, ⓓ
④ ⓓ, ⓔ   ⑤ ⓐ, ⓔ

✔ **정답 풀이**

2문단에서 황사의 원인은 크게 자연적 요인과 인위적 요인으로 나눌 수 있는데 그중 지나친 경작과 목축 활동은 인위적 요인에 해당한다고 하였다.(ⓐ) 또한 1문단에서 황사의 고향은 중국과 몽골 경계에 걸친 건조 지역과 그 둘레에 있는 반건조 지역이라고 하였다.(ⓔ)

---

3 근거의 적절성 파악하기 | 정답 ⑤ |

㉠의 이유로 가장 적절한 것은?

① 중국뿐만 아니라 우리나라에서도 황사가 발생하기 때문이다. 1문단 / 우리나라에서 발생 ✕
② 황사는 인간의 힘으로는 어쩔 수 없는 자연 현상이기 때문이다. 2문단 / 인위적 요인도 존재함.
③ 환경 보전이나 절제보다 경제 성장을 우선시하는 것은 세계적 추세이기 때문이다. 이 글에서 찾을 수 없는 내용임.
④ 중국 또한 황사의 심각성을 인지하고 이를 해결하기 위해 노력하고 있기 때문이다. 이 글에서 찾을 수 없는 내용임.
⑤ 우리의 무분별한 일회용품 사용 또한 중국의 환경 훼손에 영향을 끼치기 때문이다. 5문단

✔ **정답 풀이**

5~6문단에서 알 수 있듯이 황사의 발원지는 중국이지만, 우리가 일회용 상품을 구매하여 별 생각 없이 쓰고 버린 것이 황사의 원인 중 하나이기 때문에 황사 발생의 모든 책임이 중국에만 있다고 단언하기는 어렵다.

● 1문단: 유전자 조작 작물과 유전자 조작 식품의 개념

● 2문단: 유전자 조작의 위험성을 보여 주는 사건

* 유선염(젖 乳, 샘 腺, 불꽃 炎): 젖꼭지에 생긴 상처로 화농균이 침입하여 일어나는 젖샘의 염증.

● 3문단: 유전자 조작 작물 자체의 위험성을 보여 주는 연구 결과

* 투여(던질 投, 줄 與): 약 따위를 환자에게 복용시키거나 주사함.

● 4문단: 유전자 조작의 이로운 점

● 5문단: 'GMO 완전 표시제' 도입 촉구

* 검출(검사할 檢, 날 出): 화학 분석에서, 시료(試料) 속에 화학종이나 미생물 따위의 존재 유무를 알아내는 일.

▶ 주제: 유전자 조작의 안전성에 대한 논란과 'GMO 완전 표시제' 도입의 필요성

어떤 한 종으로부터 필요한 유전자를 잘라내 다른 종에 삽입해 만든 농작물을 '유전자 조작 작물'이라 하고, 이 농산물을 가공하면 '유전자 조작 식품(GMO)'이라고 한다. 우리가 사 먹는 가공식품의 경우 상당 부분은 유전자 조작 작물을 사용하고 있다. 그렇다면 이러한 유전자 조작 작물은 과연 우리 몸에 안전한 것일까?

1989년에 L-트립토판 사건이 있었다. 일본의 한 화학 기업에서 유전자 조작을 통해 필수아미노산의 하나인 L-트립토판을 생산해 미국으로 수출했고, 이는 건강식품의 원료로 사용되었다. 그런데 이것을 먹은 사람들에게 부작용이 일어나 38명이 목숨을 잃고, 수천 명이 심각한 근육 질환을 앓게 되었다. 이 사건을 조사한 연구자들은 트립토판 자체에는 독성이 없는데, 유전자가 조작된 세균이 트립토판 이외의 다른 독성 물질을 만들어 근육 질환을 일으킨 것 같다고 보고했다. 이 경우처럼 유전자 조작은 과학자들의 의도와는 전혀 다른 결과를 가져올 수 있다.

㉠유전자 조작 작물 자체가 독성을 지닐 수 있다는 연구 결과도 있다. 1999년 영국의 로웨트 연구소는 유전자 조작 감자를 먹은 쥐들이 면역 이상과 성장 장애를 일으켰다고 보고했다. 또 미국의 몬토사가 개발한 유전자 조작 소 성장 호르몬은 송아지의 성장을 촉진하고 젖소의 우유 생산량을 20% 가량 늘려주는 대신, 암을 유발하거나, 소가 일찍 죽거나, 유선염*에 잘 감염된다는 보고가 있었다. 일리노이 대학에서는 이 소 성장 호르몬을 투여*한 소의 우유를 먹은 사람은 유방암과 대장암에 걸릴 위험이 높다는 논문을 발표하기도 했다.

반면 ㉡유전자 조작 식품이 유해하지 않다는 연구 결과도 있으며, 유전자 조작의 이로운 점도 보고되고 있다. 유전자 재조합 기술이 제일 먼저 산업적으로 응용된 분야는 의학 치료제 분야이다. 당뇨병 환자에게 꼭 필요한 호르몬인 인슐린은 과거에는 값이 비싸고 면역 반응 등의 문제가 있었다. 그런데 유전자 조작으로 만든 인슐린 덕분에 당뇨병 환자들은 손쉽게 인슐린 치료제를 사용할 수 있게 되었고, 면역 거부 반응이나 병균 감염과 같은 문제도 걱정할 필요가 없어졌다. 또한 유전자 재조합 기술을 통해 B형 간염 백신이 개발되었고, 말라리아, 에이즈 백신 등의 연구도 계속되고 있다.

유전자 조작 식품을 먹느냐, 먹지 않느냐는 소비자가 선택할 문제이지만, 유전자 조작 식품에는 유전자 조작 여부를 명확히 표시해야 한다. 우리나라도 유전자 조작 식품 표시제에 따라 원재료 함량과 상관없이 유전자 변형 DNA나 단백질이 조금이라도 검출*되면 GMO로 표시하도록 하고 있다. 하지만 가공 후에 유전자 변형 DNA 단백질이 남아 있지 않은 경우에는 표시를 안 해도 된다. 때문에 간장, 된장, 식용유 등의 가공 식품에 유전자 조작 원료를 사용했어도 GMO를 표시할 의무가 없다. 이는 국민의 알 권리와 선택권을 침해하는 것이므로 GMO 원료를 사용한 모든 식품에 GMO 표기를 하는 'GMO 완전 표시제'를 도입해야 할 것이다.

[지문 해제]

이 글은 유전자 조작의 유해성에 대한 논란을 소개한 후, 'GMO 완전 표시제'의 도입을 촉구하고 있다. 우리나라는 가공 후에 유전자 변형 DNA 단백질이 남아 있지 않은 경우에는 유전자 조작 여부를 표시하지 않고 있어 소비자의 알 권리와 선택권을 침해하고 있으므로 'GMO 완전 표시제'를 도입해야 한다.

[문단 요지]

1문단: 유전자 조작 작물과 유전자 조작 식품의 개념
2문단: 유전자 조작의 위험성을 보여 주는 사건
3문단: 유전자 조작 작물 자체의 위험성을 보여 주는 연구 결과
4문단: 유전자 조작의 이로운 점
5문단: 'GMO 완전 표시제' 도입 촉구

[주제]

유전자 조작의 안전성에 대한 논란과 'GMO 완전 표시제' 도입의 필요성

1 핵심 내용 이해하기 | 정답 ⑤ |

윗글을 통해 알 수 있는 내용으로 적절하지 <u>않은</u> 것은?

① 유전자 조작의 유해성 2, 3문단
   L-트립토판 사건과 유전자 조작과 관련한 연구 결과
② 유전자 조작의 이로운 점 4문단
   유전자 조작으로 만든 인슐린과 B형 간염 백신
③ 유전자 조작 작물의 개념 1문단
   어떤 한 종으로부터 필요한 유전자를 잘라내 다른 종에 삽입해 만든 농작물
④ 우리나라의 유전자 조작 식품 표시제 5문단
   유전자 변형 DNA 단백질이 검출되지 않으면 유전자 조작 원료를 사용했어도
⑤ 세계의 유전자 조작 작물의 재배 현황 이를 표시하지 않아도 됨.

✔ **정답 풀이**

이 글에서 세계의 유전자 조작 작물의 재배 현황에 대해서는 언급하지 않았다.

❌ **오답 풀이**

① 2문단의 L-트립토판 사건과 3문단의 유전자 조작과 관련한 연구 결과를 근거로 유전자 조작의 유해성을 제기하고 있다.
② 4문단에서 유전자 조작으로 만든 인슐린과 B형 간염 백신 등을 예로 들어 유전자 조작의 이로운 점을 제시하고 있다.
③ 1문단에서 '어떤 한 종으로부터 필요한 유전자를 잘라내 다른 종에 삽입해 만든 농작물'을 유전자 조작 작물이라고 하였다.
④ 5문단에서 원재료 함량과 상관없이 유전자 변형 DNA 단백질이 조금이라도 검출되면 GMO로 표시해야 하나, 검출되지 않으면 유전자 조작 원료를 사용했어도 GMO를 표시하지 않아도 되는 우리나라의 유전자 조작 식품 표시제에 대해 설명하고 있다.

2 구체적 사례에 적용하기 | 정답 ③ |

㉠과 ㉡의 사례로 볼 수 있는 것을 〈보기〉에서 골라 바르게 짝지은 것은?

┤ 보 기 ├

ⓐ 브라질너트 유전자를 삽입한 콩을 먹은 사람들에게서 알레르기가 유발되어 미국 파이오니어 하이브레드사가 제품 개발을 중단했다.
   유전자 조작 작물이 독성을 지니고 있을 가능성이 있음.
ⓑ 미국 퍼듀 대학과 농무부(USDA) 연구팀이 유전자 변형을 통해 항산화 물질인 라이코펜 함량이 기존 토마토보다 3배 높은 토마토를 개발했다.
   유전자 조작으로 인한 긍정적 결과
ⓒ 프랑스 칸 대학의 연구 팀이 실험용 쥐에게 유전자 조작 옥수수를 2년 동안 먹인 결과, 200마리의 실험용 쥐 중에 50~80%에서 종양이 발생했다.
   유전자 조작 작물이 독성이 있을 가능성이 있음.
ⓓ 필리핀 민다나오 섬의 유전자 조작 옥수수 재배 농장 부근에 사는 농부들에게서 유전자 조작 옥수수의 꽃가루가 날리는 시기에 발열, 호흡기 질환, 피부병 등이 나타났다.
   유전자 조작 작물이 독성이 있을 가능성이 있음.
ⓔ '황금쌀'은 비타민A 생성 물질인 베타카로틴이 들어 있는 유전자 조작 벼 품종으로, 야맹증 치료 및 식량 부족으로 인한 영양소 결핍 등의 문제를 해결하기 위해 몬산토사가 주도적으로 개발 중이다.
   유전자 조작으로 인한 긍정적 결과이므로 이로운 점에 해당함.

	㉠	㉡
①	ⓐ, ⓑ, ⓒ	ⓓ, ⓔ
②	ⓐ, ⓑ	ⓒ, ⓓ, ⓔ
③	ⓐ, ⓒ, ⓓ	ⓑ, ⓔ
④	ⓒ, ⓓ, ⓔ	ⓐ, ⓑ
⑤	ⓑ, ⓒ, ⓓ	ⓐ, ⓔ

✔ **정답 풀이**

〈보기〉의 ⓐ, ⓒ, ⓓ는 유전자 조작 작물의 섭취나 접촉으로 인해 문제가 발생한 사례이다. 유전자 조작 작물을 먹은 사람이나 쥐에게서 알레르기, 종양 등의 이상 증상이 나타났고, 유전자 조작 작물의 꽃가루가 각종 질병을 일으켰으므로 유전자 조작 작물 자체가 독성을 지닐 수 있음을 보여 주는 사례에 해당한다. ⓑ, ⓔ는 유전자 조작을 통해 항산화 물질이나 비타민A 생성 물질이 함유된 작물을 개발한 것이므로 유전자 조작의 이로운 점을 보여 주는 사례에 해당한다.

과학 01~05 독해력 쑥쑥, 어휘 테스트

01 복원	02 충족	03 촉진	04 순환	05 망막
06 도입	07 진입	08 발명	09 증명	10 풍비박산
11 ○	12 ×	13 ○	14 ×	15 ○
16 ㉢	17 ㉣	18 ㉡	19 ㉤	20 ㉠

○ 1문단: 자유낙하의 개념과 발생 원인

○ 2문단: 물체의 질량에 영향을 받지 않는 자유낙하

○ 3문단: 물체의 자유낙하 시간에 차이가 발생하는 이유 – 공기의 저항

* 저항(거스를 抵, 막을 抗): 물체의 운동 방향과 반대 방향으로 작용하는 힘.

* 분자(나눌 分, 아들 子): 물질에서 화학적 형태와 성질을 잃지 않고 분리될 수 있는 최소의 입자.

○ 4문단: 시간에 따른 물체의 자유낙하 거리를 구하기 위한 실험의 가정과 그 결과

○ 5문단: 실험을 통해 밝혀낸 시간에 따른 물체의 자유낙하 거리의 규칙

* 비례(견줄 比, 법식 例): 한쪽의 양이나 수가 증가하는 만큼 그와 관련 있는 다른 쪽의 양이나 수도 증가함.

▶ 주제: 자유낙하의 특징과 시간에 따른 자유낙하 거리의 규칙

자유낙하란 처음에 정지해 있던 물체가 아래로 떨어지는 운동이다. 자유낙하는 지구
중심 화제   '자유낙하'의 개념
가 물체를 잡아당기기 때문에 ㉠일어난다. 반면 우주 공간에서는 물체가 바닥에 떨어지
자유낙하의 발생 원인: 지구의 중력이 존재함.
지 않는다. 잡아당기는 그 무엇이 없기 때문이다.
우주에서는 자유낙하가 발생하지 않는 이유: 중력이 존재하지 않음.

물체의 자유낙하는 물체의 질량과는 아무 관계가 없다. 그러니까 무거운 것이든 가벼
자유낙하의 특징
운 것이든 같은 높이에서 떨어뜨리면 같은 시간에 바닥에 떨어진다. 그렇다면 조그만
부연 설명: 자유낙하가 물체의 질량과 관계가 없음을 보여 줌.
쇠구슬과 종이 한 장을 같은 높이에서 떨어뜨려 보자. 쇠구슬이 더 빨리 떨어지고 종이
앞선 설명과 일치하지 않는 결과가 발생함.
는 늦게 떨어진다. 물체의 자유낙하는 물체의 질량과 관계없다고 했는데 왜 쇠구슬이
더 빨리 떨어지는 것일까?
문답 형식으로 내용을 전개함.

그것은 공기의 저항* 때문이다. 공기는 질량을 가진 공기 분자*들로 이루어져 있다.
공기의 구성 요소
종이는 떨어지면서 많은 공기 분자들과 충돌을 하지만 쇠구슬은 그렇지 않다. 그래서
자유낙하는 물체의 질량과 관계가 없음에도 종이가 더 늦게 떨어지는 이유
공기와 충돌을 많이 하는 종이가 늦게 떨어지게 된다. 공중에 날고 있는 비행기나 헬리
콥터에서 사람이 뛰어내릴 때, 안전하게 땅으로 떨어져 내리도록 하는 데 사용하는 낙
하산도 이러한 공기의 저항을 이용한 것이다. 때문에 이 실험을 공기가 없는 달에서 한
유사한 사례를 제시함.   달에는 공기가 없어 공기의 저항이 발생하지 않기 때문에
다면 종이와 쇠구슬은 동시에 바닥에 떨어지게 될 것이다. 굳이 달까지 가지 않더라도
종이를 구겨 공처럼 작게 만들면 공기와 닿는 넓이가 작아져 공기 저항을 적게 받아 쇠
종이와 쇠구슬이 동시에 떨어지게 하는 방법
구슬과 비슷하게 떨어지게 된다.

그렇다면 자유낙하하는 물체의 위치는 시간에 따라 어떻게 달라질까? 만약 1m 간격
문단의 중심 화제
으로 유리창이 있는 50m 높이의 탑이 있다고 가정해 보자. 이 탑의 맨 위로 올라가 쇠
앞 내용을 적용하여 특정 상황을 가정함.
구슬을 떨어뜨려 1초 간격으로 어느 유리창에서 쇠구슬이 보이는지 관찰하면, 1초 후
탑 아래로 5m 떨어진 유리창에서 쇠구슬이 보이고, 다시 1초 후에는 탑 아래로 20m 떨
어진 곳에서, 다음 1초 후에는 45미터 떨어진 유리창에서 쇠구슬이 보인다.

이 값들은 어떤 규칙을 가지고 있을까? 우선 모든 수들이 5의 배수이므로 5와 어떤
수와의 곱으로 나타내 보자.

0초	5×0m
1초	5×1m
2초	5×4m
3초	5×9m

5로 나눈 몫이 1, 4, 9로 변하고 있는데 이는 $1=1^2$, $4=2^2$, $9=3^2$이므로 각 시간 동안
쇠구슬이 낙하한 거리는 시간의 제곱에 비례*함을 알 수 있다. 즉, 일정 시간 동안 쇠구
실험을 통해 밝혀낸 결과
슬이 낙하한 거리를 정리하면, 낙하 거리=5×(시간)²이다.
시간에 따른 물체의 자유낙하 거리를 구하는 공식

[지문 해제]

이 글은 자유낙하와 자유낙하 거리의 규칙에 대해 설명하고 있다. 자유낙하란 처음에 정지해 있던 물체가 아래로 떨어지는 운동으로, 지구의 중력에 의해 발생한다. 자유낙하하는 물체의 질량에 영향을 받지 않지만, 공기의 저항 때문에 물체 간 낙하 시간에서 차이가 발생할 수 있다. 자유낙하를 하는 물체의 낙하하는 거리는 시간의 제곱에 비례한다.

[문단 요지]

1문단: 자유낙하의 개념과 발생 원인
2문단: 물체의 질량에 영향을 받지 않는 자유낙하
3문단: 물체의 자유낙하 시간에 차이가 발생하는 이유 – 공기의 저항
4문단: 시간에 따른 물체의 자유낙하 거리를 구하기 위한 실험의 가정과 그 결과
5문단: 실험을 통해 밝혀낸 시간에 따른 물체의 자유낙하 거리의 규칙

[주제]

자유낙하의 특징과 시간에 따른 자유낙하 거리의 규칙

---

1 세부 내용 파악하기 | 정답 ① |

윗글에서 알 수 있는 내용으로 적절하지 않은 것은?

① 물체의 자유낙하는 물체의 질량에 영향을 받는다.
　물체의 자유낙하는 물체의 질량과 관계없음. 2문단
② 공기는 질량을 가진 공기 분자들로 이루어져 있다. 3문단
③ 일정 시간 동안 낙하한 거리는 5×(시간)²으로 정리할 수 있다. 5문단
④ 처음에 정지해 있던 물체가 아래로 떨어지는 운동을 자유낙하라 한다. 1문단
⑤ 낙하산은 공기와 충돌을 많이 할수록 늦게 떨어지는 원리를 이용한 것이다. 4문단

✔ 정답 풀이

2문단에서 물체의 자유낙하하는 물체의 질량과는 아무 관계가 없다고 하였다.

✘ 오답 풀이

② 3문단에서 공기는 질량을 가진 공기 분자들로 이루어져 있다고 하였다.
③ 5문단에서 일정 시간 동안 쇠구슬이 낙하한 거리를 정리하면, 낙하 거리 = 5×(시간)²이라고 하였다.
④ 1문단에서 자유낙하란 처음에 정지해 있던 물체가 아래로 떨어지는 운동이라고 하였다.
⑤ 3문단에서 공기와 충돌을 많이 하는 종이가 쇠구슬보다 늦게 떨어지는 것과 같이 낙하산도 공기의 저항을 이용한 것이라고 하였다.

---

2 글의 내용 추론하기 | 정답 ④ |

윗글을 바탕으로 추론한 것으로 가장 적절한 것은?

① 물체가 공기와 닿는 면적이 작을수록 공기의 저항을 많이 받는다. 3문단
　적게 받음
② 달은 물체를 잡아당기지 않기 때문에 물체가 바닥에 떨어지지 않는다. 3문단
　떨어짐
③ 50m 높이에서 쇠구슬을 떨어뜨리면 4초 동안 낙하하는 거리는 20m이다. 5문단
　80m
④ 무게만 다른 두 쇠구슬이 1m 높이에서 바닥에 떨어지는 데 걸리는 시간은 같다. 3, 4문단
⑤ 우주 공간에서 종이와 쇠구슬을 같은 높이에서 떨어뜨리면 같은 시간에 바닥에 떨어진다. 1문단
　떨어지지 않음.

✔ 정답 풀이

2문단에서 자유낙하하는 물체의 질량과는 관계가 없다고 하였다. 또 3문단을 통해 물체가 공기와 닿는 넓이에 따라 공기 저항을 달리 받음을 알 수 있다. 따라서 무게만 다른 두 쇠구슬은 공기와 닿는 넓이가 같으므로 무게와 상관 없이 같은 높이에서 떨어뜨릴 때 바닥에 떨어지는 데 걸리는 시간은 같다.

✘ 오답 풀이

①, ② 3문단에서 종이를 구겨 공처럼 작게 만들면 공기와 닿는 넓이가 작아져 공기 저항을 적게 받으며, 공기가 없는 달에서는 종이와 쇠구슬은 동시에 바닥에 떨어진다고 하였다.
③ 5문단에서 일정 시간 동안 낙하한 거리는 5×(시간)²이라고 하였다. 따라서 4초 동안 쇠구슬이 낙하하는 거리는 5×(4)²=80m이다.
⑤ 1문단에서 우주 공간에서는 잡아당기는 그 무엇이 없기 때문에 물체가 바닥에 떨어지지 않는다고 하였다.

---

3 문맥적 의미 파악하기 | 정답 ② |

밑줄 친 부분의 의미가 ㉠과 가장 유사한 것은?

① 아침에 일찍 일어나 못다 한 숙제를 마저 했다.
　(사람이) 잠을 깨다.
② 신호등 고장으로 이 일대에 교통대란이 일어났다.
　(사건이나 증상이 일정한 장소에서) 어떤 원인으로 말미암아 나타나다.
③ 최근에 개헌에 대한 논의가 활발하게 일어나고 있다.
　(움직임이나 기세가) 성(盛)하게 되다.
④ 우리 회사는 부도가 났지만 기사회생으로 다시 일어났다.
　(사람이) 병이나 고난 따위를 이겨 내다.
⑤ 공연이 끝나자 관객들이 모두가 자리에서 일어나 박수를 쳤다.
　(사람이 일정한 자리에서) 누웠다가 앉거나 앉았다가 서다.

✔ 정답 풀이

㉠은 '(사건이나 증상이 일정한 장소에서) 어떤 원인으로 말미암아 나타나다.'라는 의미이며 이와 가장 유사한 것은 ②이다.

○ 1문단: 우리나라 10대들의 카페인 섭취가 많은 이유

우리나라도 일반 성인들은 물론 10대들의 카페인 섭취*가 많은 편이다. 과다한 학습량으로 인해 수면 시간이 부족한 청소년들이 잠을 쫓기 위해 커피나 카페인이 많이 들어간 에너지 음료를 선호하기 때문이다.
_{우리나라 10대들의 카페인 섭취가 많은 이유}

○ 2문단: 에너지 음료의 성분인 구연산과 타우린의 긍정적 기능

에너지 음료에는 일반적으로 각성* 효과가 있는 카페인, 구연산, 타우린 등이 포함되어 있다. 말린 오징어, 문어 등 어패류 표면에 붙은 흰 가루가 타우린인데, 세포 내에 수분을 공급하고 단백질 합성을 촉진해 피로 회복에 도움을 준다. 구연산 역시 몸의 산화를 중화시켜 피로 회복에 도움을 주고, 해로운 성분을 몸 밖으로 배출해 건강에 도움을 주는 것으로 알려져 있다.

○ 3문단: 에너지 음료의 성분인 카페인의 긍정적 기능

그런데 문제는 에너지 음료 속 카페인의 함량*이다. 원래 카페인은 대뇌피질의 감각 중추를 흥분시키는 작용을 한다. 또 신진대사를 자극해 피로를 줄이고 정신을 각성시켜 일시적으로 졸음을 막아 주는 효과가 있다. 야간 작업을 하는 사람들에게 일시적으로 정신을 맑게 하고 기억력, 판단력, 지구력을 높여 주는 것이다.

○ 4문단: 카페인을 과다 섭취할 경우 발생할 수 있는 부작용

하지만 카페인을 과다하게 섭취하면 도리어 짜증, 불안, 신경과민, 불면, 두통 등의 다양한 증상이 나타날 수 있다. 특히 어린이나 청소년들에게는 성인보다 부작용이 더 심하게 나타난다. 카페인을 지나치게 많이 섭취할 경우 칼슘 공급에 문제가 생겨 뼈의 성장이 지체되고 성인이 된 후 골다공증을 앓을 수도 있다. 심하면 위통, 현기증, 식욕 감퇴뿐만 아니라 심장 발작까지 생길 수 있다.

○ 5문단: 1일 카페인 권장 섭취량

이 때문에 식품의약품안전처에서는 1일 카페인 권장 섭취량을 성인 400㎎, 임산부 300㎎, 청소년(체중 60kg 기준) 150㎎ 이하로 제한할 것을 권고하고 있다. 그런데 에너지 음료에는 60㎎~80㎎ 정도의 많은 카페인이 포함되어 있다. 문제는 우리가 에너지 음료 이외에도 하루에 섭취하는 카페인의 양이 적지 않다는 것이다. 캔커피(74㎎), 커피믹스(69㎎), 콜라(23㎎) 등에도 상당량의 카페인이 들어 있다.

○ 6문단: 고카페인 음료의 위험성에 대한 경각심 당부

잠을 쫓기 위해 에너지 음료나 카페인이 다량으로 포함된 음료를 지나치게 많이 마시면 각성 상태는 유지될 수 있어도 집중력이 떨어져 오히려 공부에 방해를 받을 수 있다. 뿐만 아니라 건강에도 치명적일 수 있다는 사실을 명심해야 한다.

* 섭취(잡을 攝, 취할 取): 생물체가 양분 따위를 몸속에 빨아들이는 일.
* 각성(깨달을 覺, 깰 醒): 깨어 정신을 차림.
* 함량(머금을 含, 헤아릴 量): 물질이 어떤 성분을 포함하고 있는 분량.
▶ 주제: 고카페인 음료를 과다 섭취할 때의 위험성

[지문 해제]

이 글은 청소년들의 카페인 과다 섭취의 위험성에 대해 설명하고 있다. 에너지 음료에 들어 있는 카페인을 과다하게 섭취할 경우 짜증, 불안 등의 다양한 증상이 나타날 수 있으며, 특히 어린이나 청소년들에게는 성인보다 부작용이 더 심하게 나타난다. 이 때문에 식약처에서는 청소년 1일 카페인 권장 섭취량을 150mg 이하로 제한할 것을 권고하고 있다.

[문단 요지]

1문단: 우리나라 10대들의 카페인 섭취가 많은 이유
2문단: 에너지 음료의 성분인 구연산과 타우린의 긍정적 기능
3문단: 에너지 음료의 성분인 카페인의 긍정적 기능
4문단: 카페인을 과다 섭취할 경우 발생할 수 있는 부작용
5문단: 1일 카페인 권장 섭취량
6문단: 고카페인 음료의 위험성에 대한 경각심 당부

[주제]

고카페인 음료를 과다 섭취할 때의 위험성

---

1 설명 방식 파악하기 | 정답 ② |

윗글에서 사용한 설명 방식을 〈보기〉에서 모두 고른 것은?

┤ 보 기 ├

ㄱ. 전문가의 말을 인용하여 주장을 뒷받침하고 있다.
ㄴ. 공공기관의 자료를 제시하여 내용의 신뢰도를 높이고 있다. 5문단
ㄷ. 대상의 성분을 분석하여 각 성분이 가진 특성을 설명하고 있다. 2~4문단
ㄹ. 친숙한 대상을 예로 들어 설명함으로써 독자의 이해를 돕고 있다. 2, 5문단
ㅁ. 특정 주제에 대한 상반된 관점을 모두 소개하여 중립적 태도를 보이고 있다.

① ㄱ, ㄴ, ㄷ   ② ㄴ, ㄷ, ㄹ   ③ ㄷ, ㄹ, ㅁ
④ ㄱ, ㄷ, ㅁ   ⑤ ㄴ, ㄹ, ㅁ

✅ 정답 풀이

5문단에서 식품의약품안전처에서 권고한 1일 카페인 권장 섭취량을 제시하여 글의 신뢰성을 높이고 있다(ㄴ). 2~4문단에서 에너지 음료의 성분을 카페인, 구연산, 타우린으로 나눈 후 각 성분의 특성을 설명하고 있다(ㄷ). 2문단에서 '말린 오징어, 문어 등 어패류의 표면에 붙은 흰 가루'를 예로 들어 타우린에 대해 설명하고 있으며, 5문단에서 하루에 섭취하는 카페인의 양이 적지 않음을 보여 주기 위해 '캔커피, 커피믹스, 콜라'를 예로 들고 있다(ㄹ).

---

2 자료 활용 방안 파악하기 | 정답 ① |

〈보기〉는 신문 기사의 일부이다. 〈보기〉를 윗글에 추가하려고 할 때 활용 방안으로 가장 적절한 것은?

┤ 보 기 ├

얼마 전, 미국의 한 고교생이 카페인 과다 섭취에 따른 급성부정맥으로 사망하는 사건이 발생했다. 이 학생은 사망하기 전 두 시간 동안 커피와 카페인이 들어 있는 탄산수, 그리고 에너지 음료를 과다하게 마신 것으로 드러났다. 건강한 학생이 카페인 음료 섭취만으로 사망에 이르는 일이 발생하면서 미국 사회에서는 에너지 음료의 위험성에 대한 사회적 경각심이 일어나고 있다.

① 글의 첫 부분에 제시하여 청소년의 카페인 과다 섭취에 대한 문제를 제기하게 된 배경으로 활용한다.
② 1문단 뒤에 제시하여 우리나라뿐만 아니라 미국의 청소년들도 잠을 쫓기 위해 카페인을 과다 섭취함을 보여 주는 사례로 활용한다.
　　잠을 쫓기 위해 마셨는지 알 수 없음.
③ 4문단 뒤에 제시하여 카페인을 지나치게 많이 섭취한 청소년이 성인이 되었을 때 부작용이 발생한 근거로 활용한다. 청소년에게 발생한 사건임.
④ 5문단 뒤에 제시하여 에너지 음료 이외에 카페인이 함유된 음료의 종류를 소개하는 자료로 활용한다.
　　카페인 음료를 소개하는 기사가 아님.
⑤ 글의 마지막 부분에 제시하여 청소년의 카페인 섭취를 금지해야 한다는 주장을 뒷받침하는 사례로 활용한다.
　　카페인 섭취 금지를 주장하고 있지 않음.

✅ 정답 풀이

〈보기〉는 청소년의 카페인 과다 섭취가 목숨까지 잃게 할 수도 있음을 보여 주는 예이다. 따라서 이를 글의 첫부분에 언급하여 청소년의 카페인 과다 섭취에 대한 문제를 제기하게 된 배경으로 활용할 수 있다.

❌ 오답 풀이

② 〈보기〉에서 미국의 한 고교생이 카페인을 과다 섭취한 이유를 밝히지는 않았다. 1문단에 따르면 잠을 쫓기 위해 카페인을 과다 섭취하는 사람은 우리나라의 청소년들이다.
③ 〈보기〉는 고교생, 즉 청소년에게 발생한 사건이다. 따라서 카페인을 과다 섭취한 청소년이 성인이 되었을 때 나타나는 부작용의 사례로 활용하는 것은 적절하지 않다.
④ 〈보기〉는 카페인 과다 섭취의 위험성을 보여 주는 사례이므로 이를 활용하여 카페인이 함유된 음료의 종류를 소개하는 것은 적절하지 않다.
⑤ 글쓴이는 청소년이 카페인을 과다 섭취하는 것에 대한 경각심을 지녀야 함을 주장하고 있을 뿐, 카페인 섭취를 금지해야 한다고 주장하고 있지는 않다.

● 1문단: 바다의 역할과 산성화의 원인

바다는 인간에게 귀중한 자원과 영양을 제공할 뿐 아니라 날씨와 기후에도 매우 중요한 역할을 한다. 예를 들어 「석유와 석탄, 천연가스가 연소될 때 대기 중에 뿜어내는 이산화탄소의 3분의 1을 바다가 흡수함으로써 기후에 부담을 줄여 준다.」 ㉠우리는 그 덕을 톡톡히 보고 있지만, 정작 바다는 그 때문에 신음하고 있다. 이산화탄소의 농도가 높아지면서 바다의 화학 성분이 바뀌고 있는 것이다. 이른바 바다의 산성화이다.
〔바다의 다양한 역할〕
〔「」: 바다가 기후에 중요한 역할을 하는 구체적 사례〕
〔바다를 의인화하여 표현함.〕
〔중심 화제〕

● 2문단: 산의 증가가 바다에 미치는 영향

산의 증가가 바다에 미치는 영향은 심각하다. 예컨대 산이 증가하면 바다 속에 석회를 형성시켜 해양 생태계에 변화를 일으킨다. ㉡수많은 생물종이 서식*하고 있어 '바다의 원시림' 또는 '물고기들의 산란장'으로 불리는 형형색색의 산호초가 죽는 것도 그 때문이다.
〔바다의 산성화가 지닌 심각성〕
〔산의 증가가 바다에 미치는 영향〕
〔산의 증가로 인해 해양 생태계가 변화하여 발생한 결과〕

● 3문단: 바다의 수온 상승이 가진 위험성 ①

바닷물도 강물처럼 쉴 새 없이 이동한다. ㉢물살과 밀물, 썰물은 바닷물을 끊임없이 순환시키고 찬물과 더운물을 교환시킨다. 그런데 급격한 기후 변화로 바다의 온도가 근심스러울 정도로 상승하고 있다. ㉣바다가 열병에 시달리고 있는 것이다. 더운물은 찬물보다 밀도가 낮아 부피가 크기 때문에 수온이 상승하면 바다의 수위도 덩달아 올라간다. 게다가 극지방의 빙하까지 녹아내리면 해수면 상승은 더욱 가속화될 것이다. 북극의 영구 동토층이 녹는 것도 시간 문제이다. 잦은 태풍과 홍수가 지금 우리가 맞고 있는 수온 상승의 뚜렷한 결과이다. 더구나 극지방의 빙하가 녹으면 또 다른 재앙이 기다리고 있다. 수만 년 넘게 얼음 밑에 갇혀 있던 메탄이 대기 중에 그대로 방출되면서 이산화탄소보다 몇 배는 더 강력한 온실 효과가 나타날 것이기 때문이다.
〔부연 설명〕
〔급격한 기후 변화가 바다에 미친 영향〕〔바다를 의인화하여 표현함.〕
〔수온이 높아지면 바다 수위가 올라가는 이유〕
〔수온 상승으로 인해 발생하는 자연 재해〕
〔극지방의 빙하가 녹을 경우 발생할 수 있는 문제점〕

● 4문단: 바다의 수위 상승이 가진 위험성 ②

그 다음에 무슨 일이 발생할지는 상상하기 어렵지 않다. 해안선들이 사라지고, 몰디브처럼 작은 섬들은 바다 속으로 가라앉을 것이다. 지난 수백 년 동안 바다와 인접한 지역은 무역과 산업, 여행, 어업, 화물 수송에 편리하여 인기가 높았다. 그래서 수많은 사람이 해안 근처로 모여들었고, 지속적으로 인구가 증가했다. 그런데 현재 이러한 인구 밀집 지역 중 일부는 벌써 해수면과 높이가 거의 같아졌다. 이런 상황에서 바닷물이 범람한다면 이 나라들은 속수무책*으로 위험에 노출될 것이다. 밀어닥치는 물을 막으려면 둑을 쌓아야 하는데, 그럴 만한 경제력이 없기 때문이다. 그래서 이들 나라에 사는 사람들은 새로운 고향을 찾아 나서는 '바다 피난민'이 될 수밖에 없다. ㉤시한폭탄의 시계는 지금도 째깍거리며 가고 있다.
〔바다의 수위가 계속해서 높아질 경우 발생할 수 있는 상황〕
〔바다 인접 지역이 인기가 많은 이유〕
〔바다와 인접한 인구 밀집 지역〕
〔바다와 인접한 나라들이 속수무책으로 위험에 노출될 수밖에 없는 이유〕
〔현 상황의 위험성과 심각성을 비유적 표현으로 나타냄.〕

* 서식(살 棲, 숨 쉴 息): 생물 따위가 일정한 곳에 자리를 잡고 삶.
* 속수무책(묶을 束, 손 手, 없을 無, 채찍 策): 손을 묶은 것처럼 어찌할 도리가 없어 꼼짝 못 함.

▶ 주제: 이산화탄소 배출이 바다에 미치는 영향

[지문 해제]

이 글은 화석 연료가 연소될 때 발생하는 이산화탄소가 바다에 미치는 영향을 언급하면서 문제를 제기하고 있다. 이산화탄소의 배출로 인해 바다의 수위가 상승할 경우 작은 섬들은 바다 속으로 가라앉게 되며, 둑을 쌓을 경제력이 없는 나라의 경우 바다 피난민이 될 수밖에 없다.

[문단 요지]

1문단: 바다의 역할과 산성화의 원인
2문단: 산의 증가가 바다에 미치는 영향
3문단: 바다의 수온 상승이 가진 위험성 ①
4문단: 바다의 수위 상승이 가진 위험성 ②

[주제]

이산화탄소 배출이 바다에 미치는 영향

---

1 설명 방식 파악하기 | 정답 ④ |

㉠~㉤에 대한 설명으로 적절하지 않은 것은?

① ㉠: 대조의 방식을 활용하여 바다가 산성화되고 있음을 강조하고 있다. 바다의 이산화탄소 흡수 역할이 인간과 바다에게 미치는 영향을 대조하여 제시함.

② ㉡: 산호초의 별칭을 제시하여 산호초가 지닌 특징을 제시하고 있다. '바다의 원시림', '물고기들의 산란장'

③ ㉢: 앞 문장의 내용을 부연하여 바닷물이 이동하는 방법을 설명하고 있다. 이동 → 순환, 교환

④ ㉣: 바다를 의인화하여 바다가 지닌 생명력과 역동성을 나타내고 있다. 바다를 의인화하여 수온이 상승하고 있음을 나타냄.

⑤ ㉤: 비유적 표현을 활용하여 현 상황이 지닌 심각성을 드러내고 있다. 시한폭탄의 시계 이대로 문제를 해결하지 않으면 수위 상승으로 인한 각종 문제 상황이 현실화될 것임.

✔ 정답 풀이

㉣은 바다의 온도가 상승하고 있는 것을 열병에 걸린 것처럼 의인화하여 표현한 것이다. 이는 독자가 바다의 수온 상승이 가진 문제점과 심각성에 더욱 공감하게 할 뿐, 바다의 생명력과 역동성을 드러낸 것은 아니다.

✘ 오답 풀이

① 대조의 방식을 활용하여 이산화탄소를 흡수하는 바다의 역할이 인간과 바다에 상반되는 결과를 가져옴을 제시함으로써 바다가 산성화되어 입는 피해를 강조하고 있다.

② 산호초의 별칭인 '바다의 원시림', '물고기들의 산란장'을 언급하여 산호초의 특징과 역할을 제시하고 있다.

③ 바닷물도 강물처럼 쉴 새 없이 이동한다는 앞 문장의 내용을 부연하여 설명하고 있다.

⑤ 비유적 표현을 통해 이산화탄소 배출로 인해 바다가 겪고 있는 문제들이 결국 인간에게 큰 해가 됨을 강조하고 있다.

---

2 구체적 사례에 적용하기 | 정답 ③ |

윗글을 참고하여 〈보기〉를 탐구한 것으로 적절한 것은?

─┤ 보 기 ├─

제주발전연구원의 발표에 따르면, 서귀포시 지역의 평균 해수면 상승폭은 연간 6㎜, 제주시 지역은 5㎜로 관측되었다고 한다. 이는 전 지구의 해수면 상승폭인 1.8㎜의 약 3배에 이르는 수치이다. 그리고 이 지역의 겨울철 기온도 1930년대의 평균 5.6도에서 2000년대에는 평균 7.2도로 높게 나타났다. 또한 제주 바다에는 수온 상승과 밀접한 관계를 갖고 있는 것으로 추정되는 그물코돌산호와 거품돌산호 등의 군집이 최근 몇 년 동안 보고되고 있다. (단, 평균 해수면은 바닷물 표면의 높이를 하루, 1개월, 1년 등 일정 기간 평균한 값임.)

① 산의 증가로 인해 제주 지역 바다의 해양 생태계가 변화하고 있는 것이겠군. 수온 상승으로 인한 변화임.

② 높은 해수면 상승폭으로 인해 제주 지역은 해수면과 높이가 거의 같아졌겠군. 이 글을 통해 알 수 없음.

③ 제주 지역의 해수면이 상승한 것은 제주 지역의 겨울철 기온 상승과 밀접한 연관을 맺고 있겠군. 3문단 수온이 상승하면 수위도 올라감.

④ 서귀포시의 해수면 상승폭이 제주시보다 높은 것은 서귀포시의 대기 중에 메탄이 방출되었기 때문이겠군. 메탄 방출은 미래에 발생할 수도 있는 일임.

⑤ 제주 지역의 해수면 상승폭이 전 지구 평균보다 높은 것을 보니 제주 바다의 이산화탄소 흡수 기능이 뛰어난가 보군. 이산화탄소 흡수는 바다의 산성화와 관련됨.

✔ 정답 풀이

3문단에서 더운물은 찬물보다 밀도가 낮아 부피가 크기 때문에 수온이 상승하면 바다의 수위도 올라간다고 하였다. 이를 고려하면 제주 지역의 겨울철 기온 상승은 바다의 온도를 높이고, 이는 다시 해수면 상승으로 이어졌을 것이다.

✘ 오답 풀이

① 2문단에서 바다 속에 산이 증가하면 해양 생태계에 변화를 일으킨다고 하였다. 〈보기〉의 제주 바다에서도 해양 생태계에 변화가 발생하지만 이는 수온 상승에 의한 변화이다.

② 제주 지역의 해수면 상승폭이 높다는 이유만으로 제주 지역이 해수면과 높이가 거의 같아졌다고 볼 수 있는 근거는 찾을 수 없다.

④ 3문단에서 극지방의 빙하가 녹으면 얼음 밑에 갇혀 있던 메탄이 대기 중에 방출될 수 있다고 하였는데 이는 미래에 발생할 가능성이 있는 일이지 현재 제주 지역에 발생한 일이 아니다.

⑤ 1문단을 고려하면 바다의 이산화탄소 흡수는 바다의 산성화와 연관된 것이지 해수면의 상승과는 관련이 없다.

회전하는 스케이터가 더 빨리 회전하려면 _최상일

○ 1문단: 팔을 벌리는 정도에 따라 달라지는 회전 속도

피겨 스케이팅은 선수가 피겨 스케이트화를 신고 아이스 링크 위를 달리며 음악에 맞추어 다양하고 화려한 기술을 선보이는 스포츠이다. 피겨 스케이팅 경기를 보면 제자리에서 팔을 벌리고 천천히 회전하던 선수가 팔을 몸 가까이에 붙이면서 갑자기 빨리 돌기 시작하는 것을 볼 수가 있다. 스케이트 끝으로 특별한 동작을 하는 것도 아니다. 펴고 있던 팔을 몸 가까이로 움직였을 뿐인데 회전 속도가 빨라진 것이다. 팔을 얼마나 벌리는가에 따라 회전 속도가 달라지는 이유는 무엇일까?

○ 2문단: 각운동량과 각운동량 보존 법칙의 개념

이 현상*을 설명하는 데 필요한 물리학적 개념은 각운동량이다. 행성, 달, 별, 은하 등 대부분의 천체*는 회전하며, 이러한 천체들은 모두 계속하여 회전하거나 원운동을 하려는 성질인 각운동량을 가지고 있다. 각운동량(L)은 물체의 질량(m)과 속도(v)를 곱한 운동량(mv)과, 물체의 질량 중심과 회전축 사이의 거리(r)를 곱한 값, 즉 $L=mv \times r$로 표현한다. 회전 운동을 하는 물체는 외부에서 어떤 힘이 작용하지 않는 한 일정한 빠르기로 회전 운동을 유지하는데 이것을 각운동량 보존 법칙이라고 한다. 각운동량이 보존*되는 경우에는 질량이 회전축 가까운 곳으로 이동하면 질량은 그대로인 상태에서 회전축 사이의 거리(r)가 짧아지는 것이므로 회전 속도가 빨라지게 된다.

* 현상(나타날 現, 모양 象): 인간이 지각할 수 있는, 사물의 모양과 상태.

○ 3문단: 팔을 벌리는 정도에 따라 회전 속도가 달라지는 이유

[A]
㉮스케이트를 타는 사람이 스케이트의 뾰족한 끝을 빙판 위에 세우고 회전을 할 경우, 회전축은 스케이트 끝에서 몸의 중심을 지나 머리 한가운데로 이어지는 직선이 된다. 이때 활짝 펴고 있던 팔을 몸 가까이에 붙이면 멀리 있던 팔의 질량이 회전축 가까이에 오게 되므로 r의 값이 작아진다. 그러면 각운동량을 보존하기 위해 회전 속도가 커지게 되어 스케이터가 더 빨리 돌 수 있게 되는 것이다. 즉 스케이터가 처음 돌기 시작할 때에는 팔을 활짝 펴고 돌다가 점차 팔을 몸 가까이에 가져가면, 회전 속도가 더 빨라지는 것이다.

○ 4문단: 몸을 움츠리는 정도에 따라 회전 속도가 달라지는 이유

이 현상은 다이빙 선수들이 공중에서 회전을 하는 경우에도 볼 수 있다. 다이빙 보드에서 뛰는 순간에는 온몸을 쭉 펴고, 뛴 후에는 몸을 움츠려서 가슴 가까이 무릎을 당기면 회전이 빨라진다. 이처럼 물체의 질량은 변화하지 않지만, 그 질량이 회전축에 가까워질수록 회전 속도가 빨라지는 것이다.

* 천체(하늘 天, 몸 體): 우주에 존재하는 모든 물체. 항성, 행성, 위성, 혜성, 성단, 성운, 성간 물질, 인공위성 따위를 통틀어 이르는 말.

* 보존(지킬 保, 있을 存): 잘 보호하고 간수하여 남김.

▶ 주제: 스케이터와 다이빙 선수의 회전 속도가 빨라지는 이유

1 세부 내용 파악하기 | 정답 ⑤ |

윗글에 대한 내용으로 적절하지 <u>않은</u> 것은?

① 회전하는 물체는 계속해서 회전하거나 원운동을 하려는 성질을 갖고 있다. _{2문단}
② 스케이터가 제자리에서 회전할 때, 팔을 얼마나 벌리는가에 따라 회전 속도가 달라진다. _{1문단}
③ 회전 운동을 하는 물체는 외부에서 어떤 힘이 작용하지 않는 한 일정한 빠르기로 회전 운동을 유지한다. _{2문단}
④ 다이빙 선수들이 공중에서 회전을 하는 경우에는 뛴 후 몸을 최대한 움츠려야 회전 속도가 더욱 빨라진다. _{4문단}
⑤ 각운동량이 보존되는 경우에는 질량이 그대로인 상태에서 질량이 회전축 가까운 곳으로 이동하면 회전 속도가 ~~느려지게~~ 된다. _{2문단}
빨라지게

✔ 정답 풀이

2문단에서 각운동량이 보존되는 경우에는 질량이 그대로인 상태에서 질량이 회전축 가까운 곳으로 이동하면 회전 속도가 빨라지게 된다고 하였다.

2 구체적 사례에 적용하기 | 정답 ① |

〈보기〉는 ㉮를 그림으로 나타낸 것이다. [A]를 참고하여 〈보기〉를 추론한 것으로 적절하지 <u>않은</u> 것은?

┤ 보 기 ├

㉠   ㉡

(단, ㉠의 r의 값이 ㉡의 r의 값보다 더 크다. 이때 스케이터의 질량은 일정하고 각운동량은 보존된다.)

① ㉠과 ㉡의 r의 값의 차이가 클수록 회전 속도의 차이는 ~~작아지게~~ 되겠군.
커짐
② 스케이터의 회전축과 팔의 질량 중심 사이의 거리는 ㉡보다 ㉠이 더 멀다. _{회전축과 질량 중심 사이의 거리가 r이므로}
③ 외부에서 어떤 힘이 작용하지 않는 한 ㉠보다 ㉡의 회전 속도가 더 빠르겠군. _{r의 값이 작을수록 v의 값은 커지게 되므로}
④ ㉠보다 ㉡의 r의 값이 더 작은 이유는 활짝 펴고 있던 팔을 몸 가까이에 붙였기 때문이겠군. _{스케이터의 몸이 회전축이고 회전축과 질량 중심 사이의 거리가 r이므로}
⑤ ㉠과 ㉡의 회전축은 스케이트 끝에서 몸의 중심을 지나 머리 한가운데로 이어지는 직선이 되겠군.

✔ 정답 풀이

[A]에서 스케이터가 처음 돌기 시작할 때에는 팔을 활짝 펴고 돌다가, 점차 팔을 몸 가까이에 가져가면 회전 속도가 빨라진다고 하였다. ㉠과 ㉡의 r의 값의 차이가 크다는 것은 스케이터의 팔과 몸 사이의 거리가 짧아지게 되었다는 것이므로 각운동량이 보존되는 상태라면 회전 속도(v)의 값은 더 커지게 된다.

✘ 오답 풀이

② [A]에서 스케이터가 활짝 펴고 있던 팔을 몸 가까이에 붙이면 멀리 있던 팔의 질량이 회전축 가까이에 오게 되므로 r의 값이 작아진다고 하였다. 이때 〈보기〉에서 ㉠의 r의 값이 ㉡보다 크다고 하였으므로 ㉠이 스케이터의 회전축과 팔의 질량 중심 사이의 거리가 더 멀다는 것을 알 수 있다.
③ [A]에서 r의 값이 작아지면 각운동량을 보존하기 위해 회전 속도가 커지게 되어 스케이터가 더 빨리 돌 수 있다고 하였다. 따라서 ㉠보다 ㉡의 r의 값이 작다면 ㉠보다 ㉡의 회전 속도가 더 빠르다.
④ [A]에서 스케이터의 회전축은 스케이트 끝에서 몸의 중심을 지나 머리 한가운데로 이어지는 직선이 되며, 이때 활짝 펴고 있던 팔을 몸 가까이에 붙이면 r의 값이 작아진다고 하였다. 〈보기〉의 스케이터는 제자리에서 회전하고 있으므로 회전축은 변함이 없는 상태이고 ㉠보다 ㉡의 r의 값이 작은 것은 활짝 펴고 있던 팔을 몸 가까이 붙였기 때문이라 할 수 있다.
⑤ [A]에서 스케이트를 타는 사람이 스케이트의 뾰족한 끝을 빙판 위에 세우고 회전을 할 경우, 회전축은 스케이트 끝에서 몸의 중심을 지나 머리 한가운데로 이어지는 직선이 된다고 하였다.

우주선을 동쪽으로 발사하는 이유 _ 고호관 외

정답 **1** ④ **2** ⑤

● (가): 대부분의 나라가
동쪽을 향해 우주선
을 발사함.

가 전 세계의 여러 나라는 서로 다른 우주 기지에서 서로 다른 우주선을 발사한다. 하지만 우주선을 발사할 때 대부분의 우주선이 동쪽을 향하게 발사한다는 점은 비슷하다. 왜 우주선은 동쪽을 향해 발사되는 것일까?
<small>중심 화제</small>

● (나): 우주선을 동쪽을
향해 발사하는 이유

나 그 이유는 바로 지구가 서쪽에서 동쪽으로 자전하기 때문이다. 지구의 자전 속도는
<small>대부분의 나라가 우주선을 동쪽을 향해 발사하는 이유</small>
대략 시속 1,666km이므로 지금 이 순간에도 우리는 시속 1,666km의 속도로 동쪽으로
<small>지구가 서쪽에서 동쪽으로 시속 1,666km의 속도로 자전하고 있기 때문</small>
이동하고 있는 셈이다. 물론 이 속도는 지구의 적도를 기준으로 하는 속도이기 때문에, 북위 35~40도 사이에 위치하고 있는 우리나라의 자전 속도는 이보다 조금 속도
<small>각 국가의 위치에 따라 자전 속도가 달라짐.</small>
가 느린 1,337km 정도다.

● (다): 우주선을 동쪽을
향해 발사할 경우 얻
을 수 있는 이점

다 이렇게 자전 방향인 동쪽으로 우주선을 발사하면 우주선의 속도에 자전 속도를 더
<small>우주선을 동쪽을 향해 발사할 경우 얻을 수 있는 이점</small>
할 수 있게 된다. 예를 들어, 「우리가 야구공을 아무리 힘껏 던져도 시속 150km로 공을
<small>「」: 독자에게 친숙한 사례에 빗대어 설명함.</small>
던지는 것은 거의 불가능하다. 하지만 시속 300km로 달리고 있는 고속 열차에서 시속
10km의 속도로 공을 던진다면, 시속 310km라는 엄청나게 빠른 공을 던질 수 있게 된
다.」

● (라): 로켓 발사장 부
지를 적도 부근에서
선정하는 이유

라 이와 마찬가지로 지구의 자전 방향인 동쪽으로 우주선을 발사하면 우주선의 속도에
해당 위도°의 자전 속도가 더해져 우주선은 그만큼 더 빠른 속도를 낼 수 있게 된다.
즉 우주선을 동쪽으로 발사한다면 자전 때문에 생기는 회전 속도를 덤으로 얻어 그만
큼 더 빠른 속도를 낼 수 있으므로 연료를 아낄 수 있다. 그러면 우주선의 연료가 절
약되고, 연료를 덜 싣게 되니 돈도 아낄 수 있게 되는 셈이다. 적도는 자전에 의한 회
<small>우주선이 빠른 속도를 낼 경우의 이점</small>
전 속도가 가장 빠르기 때문에 발사 속도의 이득을 가장 많이 볼 수 있는 지역이다.
<small>적도 지역이 발사 속도의 이득을 가장 많이 볼 수 있는 이유</small>
특히 지구와 함께 도는 높은 궤도의 정지 위성은 적도 가까운 곳에서 발사해야 지구
자전 속도의 힘을 가장 많이 받을 수 있다. 그래서 각국은 로켓 발사장을 지을 때 최
<small>지구 자전 속도의 힘을 가장 많이 받을 수 있기 때문에</small>
대한 바닷가를 끼고 있으며 적도와 가까운 곳에 부지를 선정*한다.

● (마): 로켓을 서쪽으로
발사할 경우의 단점
과 그 예

마 한편 동쪽이 아닌 다른 방향으로 로켓을 발사한다면 지구의 자전 때문에 생기는 공
<small>특정 상황을 가정함.</small>
짜 속도를 얻을 수 없다. 서쪽으로 발사하는 경우, 실제 속도에서 자전 속도를 빼야
하기 때문에 무척이나 비효율적일 수밖에 없다. 이스라엘은 서쪽 지중해를 뺀 나머지
<small>서쪽으로 발사하는 국가</small>
삼면이 내륙으로 둘러싸여 있는 데다 주변국과의 관계로 부득이하게 서쪽 지중해로
<small>이스라엘이 서쪽으로 로켓을 발사하는 이유</small>
로켓을 발사한다. 이스라엘의 주 발사장은 북위 31.5도 부근에 있는 ㉠팔마심 발사장
으로, 이곳의 자전 속도는 시속 1,422km다. 그래서 이스라엘의 경우 우주선을 발사할
때 시속 1,422km의 속도만큼 연료를 허비*하는 셈이다.

* 선정(가릴 選, 정할 定):
여럿 가운데서 어떤 것
을 뽑아 정함.

* 허비(빌 虛, 쓸 費): 헛
되이 씀. 또는 그렇게
쓰는 비용.

▶ 주제: 우주선을 동쪽을
향해 발사하는 이유

● 위도: 지구 위의 위치를 나타내는 좌표축 중에서 가로로 된 것. 적도를 중심으로 하여 남북으로 평행하게 그은 선이
다. 적도를 0도로 하여 남북으로 각 90도로 나누는데 북쪽의 것을 북위, 남쪽의 것을 남위라고 한다.

이 글은 우주선을 동쪽을 향해 발사하는 이유에 대해 설명하고 있다. 지구의 자전 방향인 동쪽으로 우주선을 발사하면 적도를 기준으로 할 때 우주선의 속도에 자전 속도인 1,666km를 더할 수 있게 되어 우주선의 연료를 아낄 수 있다. 하지만 이스라엘의 경우 부득이하게 서쪽 지중해로 로켓을 발사하는데, 이 때문에 시속 1,422km 속도만큼 연료를 손해보게 된다.

[문단 요지]
(가): 대부분의 나라가 우주선을 동쪽을 향해 발사함.
(나): 우주선을 동쪽을 향해 발사하는 이유
(다): 우주선을 동쪽을 향해 발사할 경우 얻을 수 있는 이점
(라): 로켓 발사장 부지를 적도 부근에 선정하는 이유
(마): 로켓을 서쪽으로 발사할 경우의 단점과 그 예

[주제]
우주선을 동쪽을 향해 발사하는 이유

1 설명 방식 파악하기 | 정답 ④ |

(가)~(마)에 대한 설명으로 적절하지 않은 것은?

① (가): 의문의 형식을 활용하여 화제를 제시하고 있다. '왜 우주선은 동쪽을 향해 발사되는 것일까?'
② (나): 구체적인 수치를 제시하여 내용의 신뢰성을 확보하고 있다. '지구의 자전 속도 시속 1,666km, 우리나라의 자전 속도 1,337km' 등
③ (다): 친숙한 사례에 빗대어 설명함으로써 독자의 이해를 돕고 있다. 자전 방향으로 우주선을 발사하면 우주선의 속도에 자전 속도를 더할 수 있게 된다는 사실을 야구공을 던지는 상황에 빗대어 설명함. 4문단
④ (라): 점층적 전개를 통해 화제의 특징을 부각하여 전달하고 있다.
⑤ (마): 예외적 상황을 제시하여 화제를 다양한 측면에서 설명하고 있다. 이스라엘을 예로 들어 로켓의 발사 방향이라는 글의 화제를 다양한 측면에서 다루고 있음. 4문단

✔ 정답 풀이
(라)에서 우주선을 동쪽으로 발사할 경우 얻을 수 있는 이점을 '더 빠른 발사 속도 → 연료의 절약 → 돈의 절약' 순으로 제시하고 있다. 하지만 이는 점층적 전개가 아니라 한 가지 이점을 다른 이점과 연관지어 제시한 것이다.

2 구체적 사례에 적용하기 | 정답 ⑤ |

윗글의 ㉠과 〈보기〉의 ㉡을 비교한 것으로 적절하지 않은 것은?

┌─── 보기 ───
프랑스 국립 우주 연구 센터(CNES)에 의해 창설된 ㉡기아나 우주 센터는 적도에서 가까운 북위 5

도 부근에 위치하고 있다. 이 센터는 지리적 조건으로 인해 동쪽에서 북쪽까지 약 102°의 각도 내에서 로켓을 발사할 수 있어 위성의 종류에 따라 발사 방향을 선택할 수 있다.

① ㉠은 이스라엘, ㉡은 프랑스의 우주 기지이다. ㉠은 (마)에서, ㉡은 〈보기〉에서 알 수 있음.
② ㉠에 비해 ㉡은 적도와 가까운 곳에 위치하고 있다. ㉠은 북위 31.5도 부근, ㉡은 북위 5도 부근에 위치함.
③ ㉠에 비해 ㉡은 우주선 발사 시 연료를 더 절약할 수 있다. 발사 속도가 빠를수록 연료를 더 아낄 수 있음.
④ ㉡과 달리 ㉠은 지구의 자전 때문에 생기는 공짜 속도를 얻을 수 없다. ㉠은 서쪽으로 발사하므로 공짜 속도를 얻을 수 없음.
⑤ ㉠과 달리 ㉡은 우주선을 발사할 때 실제 속도에서 해당 위도의 지구 자전 속도를 빼야 한다. ㉠에 해당하는 설명임.

✔ 정답 풀이
(라)에서 지구 자전 방향인 동쪽으로 우주선을 발사하면 우주선의 속도에 해당 위도의 자전 속도가 더해진다고 하였다. 〈보기〉에서 ㉡은 동쪽으로 우주선을 발사할 수 있다고 하였으므로 우주선을 발사할 때 실제 속도에 해당 위도의 자전 속도가 더해질 것이다. 하지만 (마)의 ㉠은 서쪽으로 발사하기 때문에, 실제 속도에서 해당 위도의 자전 속도를 빼야 한다.

✖ 오답 풀이
① (마)에서 ㉠이 이스라엘의 주 로켓 발사장임을, 〈보기〉에서 ㉡이 프랑스의 로켓 발사장임을 알 수 있다.
② (마)에서 ㉠은 북위 31.5도 부근에 위치하고 있다고 하였고, 〈보기〉에서 ㉡은 북위 5도 부근에 위치하고 있다고 하였다. 따라서 ㉡이 적도와 더 가깝다.
③ (라)에서 우주선을 동쪽으로 발사하면 자전 때문에 생기는 회전 속도를 덤으로 얻어 그만큼 더 빠른 속도를 낼 수 있고, 연료를 아낄 수 있다고 하였다. 그런데 ㉠은 서쪽으로 발사하므로 공짜 속도를 얻을 수 없고, 동쪽으로 발사하는 ㉡은 공짜 속도를 얻을 수 있다.
④ (마)에서 ㉠은 로켓을 서쪽으로 발사하기 때문에 시속 1,422km의 속도를 손해 보게 된다고 하였다. 이와 달리 〈보기〉에서 ㉡은 로켓 발사 방향을 북쪽부터 동쪽까지 확장할 수 있다고 하였으므로 공짜 속도를 얻을 수 있을 것이다.

과학 06~10 독해력 쑥쑥, 어휘 테스트				
01 ⓓ	02 ⓑ	03 ⓐ	04 ⓒ	05 ⓔ
06 경각심	07 현상	08 이용	09 섭취	10 각성
11 ×	12 ○	13 ○	14 ×	15 ○
16 허비하다	17 권고하다	18 서식하다		
19 선호하다	20 보존하다			

기술 01 잠김 방지 제동 장치 _ 한국과학기술정보연구원

정답 **1** ④ **2** ⑤

○ **(가): 바퀴가 잠기면 발생하는 현상**

가 자동차가 '끼익'하는 요란한 소리를 내면서 멈추는 것을 본 적이 있을 것이다. 브레이크를 작동하여 갑자기 멈추면 바퀴는 회전을 멈추지만 자동차는 관성*에 의해 곧바로 멈추지 않기 때문인데, 이때 일부 바퀴가 잠기는 현상이 발생한다. 바퀴가 잠기면
_{바퀴가 회전을 멈춰서 움직이지 않음.}
어떤 일이 벌어질까? 바퀴가 회전하고 있어야 핸들로 차의 방향을 바꿀 수 있는데, 바퀴가 잠긴 상태에서는 아무리 핸들을 돌려도 조종이 되지 않는다. 또한, 브레이크를
_{바퀴가 잠기는 현상의 문제점 ①}
밟는 순간부터 멈출 때까지의 거리가 길어져 빠르게 멈출 수 없다. 그래서 바퀴가 잠
_{바퀴가 잠기는 현상의 문제점 ②}
기는 것은 위험한 상황을 초래한다.

○ **(나): 잠김 방지 제동 장치의 기능**

나 바퀴가 잠기는 문제를 해결하려면 브레이크를 밟았다 놓았다 하는 작동을 신속하게
_{바퀴가 잠기는 문제의 해결 방안}
반복적으로 해야 하는데, 사람의 능력으로는 그렇게 빠르게 여러 번 밟는 것이 쉽지 않다. 그래서 개발된 장치가 ㉠'잠김 방지 제동*장치(Anti-lock Braking System,
_{중심 화제}
ABS)'이다. 일반 브레이크는 한 번 밟으면 계속해서 작동하는 반면, ABS는 브레이크를 잡았다 놓기를 1초에 열 번 이상 반복한다. 즉, ABS가 작동하면 브레이크를 아주 빠른 속도로 여러 번 밟는 효과가 난다. 사람의 발로는 조절하기 힘든 최적의 상태로
_{ABS의 기능}
만들어 주는 것이다.

○ **(다): 잠김 방지 제동 장치의 장점 및 한계**

다 ABS는 일반 브레이크와 달리 브레이크가 작동하는 상태에서도 핸들을 돌려 장애물
_{ABS의 장점 ①}
을 피할 수 있다. 또 브레이크를 밟는 순간부터 멈출 때까지의 거리가 일반 브레이크
보다 짧기 때문에 빠르게 멈출 수도 있다. 뿐만 아니라 바퀴가 미끄러지지 않도록 앞
_{장점 ②}   _{장점 ③}
뒤의 바퀴가 균형을 유지하도록 돕는 역할도 한다. 하지만 ABS는 앞뒤의 바퀴에 제
동력을 똑같이 분배한다는 점이 한계로 지적된다. 사람이 타거나 짐을 실었을 때처럼
_{ABS의 한계}
상황에 따라 무게 중심이 달라지는데도 ABS는 앞뒤의 바퀴에 제동력을 똑같이 나누
기 때문에 효율성이 떨어진다는 것이다.

○ **(라): 잠김 방지 제동 장치의 단점을 보완한 전자 제어 제동력 배분 장치**

라 ABS의 이러한 단점을 보완하기 위해 ㉡'전자 제어 제동력 배분 장치(Electronic
_{앞뒤 바퀴에 제동력을 똑같이 분배하여 효율성이 떨어지는 점}
Brake Force Distribution, EBD)'가 개발되었다. 일반적으로 자동차는 앞바퀴에 제동력이 집중되는데, 차에 사람이 많이 타거나 짐을 많이 실어서 자동차 뒷부분에 무게가 늘어나면 제동력을 조정해야 한다. 이러한 상황에서 EBD는 ABS와 달리 자동차에 승차한 인원이나 짐의 무게에 따라 앞뒤의 바퀴에 제동력을 적절하게 배분함으로
_{EBD의 장점}
써 안정된 브레이크 성능을 발휘하게 해 준다.

* **관성**(익숙할 慣, 성품 性): 정지한 물체는 정지해 있으려고 하고, 움직이는 물체는 계속 움직이려고 하는 성질.

* **제동**(마를 制, 움직일 動): 기계나 자동차 따위의 운동을 멈추게 함.

▶ **주제:** 잠김 방지 제동 장치와 전자 제어 제동력 배분 장치의 기능

[지문 해제]

이 글은 잠김 방지 제동 장치의 장단점 및 단점을 보완하기 위해 개발된 전자 제어 제동력 배분 장치에 대해 설명하고 있다. 잠김 방지 제동 장치는 브레이크를 아주 빠른 속도로 여러 번 밟는 효과를 주기 때문에 급정지했을 때에도 핸들을 돌려 장애물을 피할 수 있다. 또한 앞뒤 바퀴가 균형을 잡도록 돕지만, 앞뒤 바퀴에 제동력을 똑같이 나눠서 효율성이 떨어진다. 이러한 단점을 보완한 전자 제어 제동력 배분 장치는 상황에 따라 앞뒤 바퀴에 제동력을 적절하게 배분함으로써 안정된 브레이크 성능을 발휘하게 한다.

[문단 요지]

(가): 바퀴가 잠기면 발생하는 현상
(나): 잠김 방지 제동 장치의 기능
(다): 잠김 방지 제동 장치의 장점 및 한계
(라): 잠김 방지 제동 장치의 단점을 보완한 전자 제어 제동력 배분 장치

[주제]

잠김 방지 제동 장치와 전자 제어 제동력 배분 장치의 기능

1 세부 내용 파악하기 | 정답 ④ |

윗글을 읽고 답할 수 있는 질문으로 적절하지 않은 것은?

① 바퀴가 잠기는 것이 위험한 이유는? (가)
  아무리 핸들을 돌려도 조종이 되지 않으며, 빠르게 멈출 수 없음.
② 바퀴가 잠기는 문제를 해결하기 위한 방법은? (나)
  브레이크를 밟았다 놓았다 하는 작동을 신속하게 반복적으로 해야 함.
③ 일반 브레이크와 잠김 방지 제동 장치의 차이점은?(나), (다)
  ㄱ 한 번 밟으면 계속해서 작동 ㄴ브레이크를 잡았다 놓기를 1초에 열 번 이상 반복
④ 전자 제어 제동력 배분 장치가 갖는 장점과 한계점은?
⑤ 잠김 방지 제동 장치가 일반 브레이크에 비해 빠르게 멈출 수 있는 이유는? (다)
  브레이크를 밟는 순간부터 멈출 때까지의 거리가 일반 브레이크보다 짧기 때문

✔ 정답 풀이

(라)에 전자 제어 제동력 배분 장치는 상황에 따라 앞뒤 바퀴에 제동력을 적절하게 배분함으로써 안정된 브레이크 성능을 발휘하게 해 준다는 장점이 언급되어 있다. 그러나 한계점에 대한 내용은 찾아볼 수 없다.

✖ 오답 풀이

① (가)에 바퀴가 잠긴 상태에서는 아무리 핸들을 돌려도 조종이 되지 않으며, 빠르게 멈출 수 없어서 위험하다고 언급되어 있다.
② (나)에 바퀴가 잠기는 문제를 해결하려면 브레이크를 밟았다 놓았다 하는 작동을 신속하게 반복적으로 해야 한다고 언급되어 있다.
③ (나)에 '일반 브레이크는 한 번 밟으면 계속해서 작동하는 반면, ABS는 브레이크를 잡았다 놓기를 1초에 열 번 이상 반복한다.', (다)에 'ABS는 일반 브레이크와 달리 브레이크가 작동하는 상

태에서도 핸들을 돌려 장애물을 피할 수 있다. 또 브레이크를 밟는 순간부터 멈출 때까지의 거리가 일반 브레이크보다 짧기 때문에 빠르게 멈출 수도 있다.'라고 언급되어 있다.
⑤ (다)에 잠김 방지 제동 장치는 '브레이크를 밟는 순간부터 멈출 때까지의 거리가 일반 브레이크보다 짧기 때문에 빠르게 멈출 수도 있다.'라고 언급되어 있다.

2 두 대상의 차이점 파악하기 | 정답 ⑤ |

윗글을 통해 알 수 있는 ㉠과 ㉡의 차이점으로 가장 적절한 것은?

① ㉠에 비해 ㉡은 제동력 측면에서 효율성이 떨어진다.
② ㉡에 비해 ㉠은 보다 안정된 브레이크 성능을 발휘한다.
③ ㉡과 달리 ㉠은 바퀴가 잠기는 현상이 발생하지 않는다. 이 글을 통해 알 수 없음.
④ ㉠과 달리 ㉡은 바퀴가 잠겨도 차의 방향을 바꿀 수 있다. 이 글을 통해 알 수 없음.
⑤ ㉠과 달리 ㉡은 상황에 따라 앞뒤 바퀴에 제동력을 적절하게 배분한다.

✔ 정답 풀이

(다)에 'ABS는 앞뒤의 바퀴에 제동력을 똑같이 분배한다는 점이 한계로 지적된다.'라고 언급되어 있으며, (라)에 'ABS의 이러한 단점을 보완하기 위해 '전자 제어 제동력 배분 장치(EBD)'가 개발되었다.'라고 언급되어 있다. 따라서 ㉠과 달리 ㉡은 상황에 따라 앞뒤 바퀴에 제동력을 적절하게 배분한다고 볼 수 있다.

✖ 오답 풀이

① (다)에 'ABS는 앞뒤의 바퀴에 제동력을 똑같이 나누기 때문에 효율성이 떨어진다'고 언급되어 있으며, (라)에서 이러한 단점을 보완한 것이 ㉡이라고 말하고 있다.
② (라)에 따르면 앞뒤 바퀴에 똑같은 제동력이 분배되는 ㉠의 단점을 보완하기 위해 ㉡이 개발되었다. ㉡은 상황에 따라 앞뒤 바퀴에 제동력을 적절히 배분함으로써 안정된 브레이크 성능을 발휘하게 해 준다고 하였으므로, ㉠에 비해 ㉡은 보다 안정된 브레이크 성능을 발휘할 것이다.
③ (나)에 따르면 바퀴가 잠기는 문제를 해결하기 위해 개발된 장치가 ㉠이다. 따라서 ㉠은 바퀴가 잠기는 현상이 발생하지 않을 것이다. 하지만 이 글을 통해 ㉡이 바퀴가 잠기는 현상이 발생하는지 여부를 확인할 수 없다.
④ (다)에 따르면 ABS는 일반 브레이크와 달리 브레이크가 작동하는 상태에서도 핸들을 돌려 장애물을 피할 수 있다. 따라서 ㉠은 바퀴가 잠겨도 차의 방향을 바꿀 수 있음을 알 수 있다. 그러나 ㉡은 바퀴가 잠겨도 차의 방향을 바꿀 수 있는지 이 글에서 확인할 수 없다.

○ 1문단: 사물인터넷의 개념

[A] 　사물인터넷이란, 사물이 인터넷을 통해 서로 다른 사물들에 연결되는 것을 말한다. 사람 · 사물 · 공간 · 데이터 등을 인터넷으로 서로 연결하고, 이로부터 수집된 다양한 정보를 분석한 뒤 서로 공유하여 활용하도록 하는 것을 의미한다. 사물에 센서를 부착해서 데이터를 수집한 뒤, 특정 행동을 수행*할 수 있는 다른 사물로 전송하면 우리가 프로그램을 입력한 대로 수행하는 것이다. 예를 들어 화분에 센서를 부착하면 화분 주변 상태에 대한 정보를 또 다른 센서가 부착된 수도꼭지로 제공하여 자동으로 물을 줄 수 있다.

○ 2문단: 사물인터넷의 장점

　사물들이 인터넷으로 연결되면 그 자체로 있을 때보다 성능이 더 좋아진다. 화분은 꽃을 심는 그릇이고, 수도꼭지는 물을 나오게 하는 장치이지만, 이 두 사물에 센서를 부착하고 인터넷을 통해 연결하면 상황에 맞게 물을 줄 수 있게 되는 것이다. 사물인터넷은 정보를 공유하면서 작업을 자동으로 수행하기 때문에 사람의 도움이 거의 필요 없다. 또한 다양한 사물들이 서로 연결되면서 정보가 융합*되기 때문에 인간에게 더 좋은 서비스를 제공할 수 있다.

○ 3문단: 사물인터넷의 전망

　앞으로 사물인터넷 안에서 얼마나 많은 사물들이 연결될까? ㉮연구 기관들마다 제시하는 수치는 다르지만 향후 5년 안에 적게는 50억 개, 많게는 2,000억 개의 사물들이 연결될 것으로 보고 있다. 각 개인의 체온에 따라 욕실물이 자동으로 설정되고, 국가 비상 사태를 자동으로 알리는 등 사물인터넷은 개인, 기업, 더 나아가 국가 전체에 엄청난 혜택을 가져다줄 것이다. 이에 따라 수많은 회사들은 엄청난 수익을 발생시키는 등 사물인터넷이 미치는 경제적 영향 역시 엄청날 것이다.

○ 4문단: 사물인터넷의 문제점

　이처럼 사물인터넷은 분명 우리에게 편리한 삶을 제공할 것이지만, 보안 문제는 더욱 심각해질 것이다. 기존에는 사용자가 먼저 정보를 제공하지 않으면 정보가 유출될 염려가 거의 없었다. 하지만 사물인터넷 환경에서는 센서가 부착된 사물의 정보를 해킹하면 사용자가 제공하지 않은 정보들도 쉽게 수집할 수 있게 된다. 최근 인기를 끌고 있는 홈 CCTV는 집 밖에서도 집안을 실시간으로 확인할 수 있는 장점이 있지만, 해킹을 당하면 집안의 상황이 외부인에게 그대로 노출된다는 문제점도 동시에 안고 있는 것이다.

* 수행(따를 遂, 다닐 行): 생각하거나 계획한 대로 일을 해냄.
* 융합(화할 融, 합할 合): 다른 종류의 것이 녹아서 서로 구별이 없게 하나로 합하여지거나 그렇게 만듦. 또는 그런 일.

▶ 주제: 사물인터넷의 장단점과 전망

1 구체적 사례에 적용하기 | 정답 ③ |

〈보기〉는 사물인터넷의 사례를 도식화한 것이다. 이에 대한 설명으로 적절하지 않은 것은?

┤ 보 기 ├

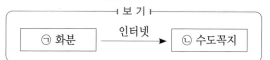

① ㉠과 ㉡에 센서를 부착한 뒤 인터넷으로 연결한다.
② ㉠의 데이터를 ㉡으로 전송하면 ㉡은 프로그램이 입력된 대로 수행한다.
③ ㉠과 ㉡의 정보는 사용자가 먼저 제공하지 않으면 유출될 염려가 거의 없다.
④ ㉠과 ㉡은 그 자체로 있을 때보다 인터넷으로 연결되면 성능이 더 좋아진다.
⑤ ㉠과 ㉡은 자동으로 작업을 수행하기 때문에 사람의 도움이 거의 필요 없다.

✔ 정답 풀이

4문단에 '기존에는 사용자가 먼저 정보를 제공하지 않으면 정보가 유출될 염려가 거의 없었다. 하지만 사물인터넷 환경에서는 센서가 부착된 사물의 정보를 해킹하면 사용자가 제공하지 않은 정보들도 쉽게 수집할 수 있게 된다.'라고 언급되어 있다. ㉠과 ㉡은 서로 다른 사물이 인터넷으로 연결된 사례이므로, 사용자가 제공하지 않은 정보들도 해킹하면 쉽게 수집할 수 있다.

✘ 오답 풀이

①, ② 1문단에서 사물인터넷이란, 사물이 인터넷을 통해 서로 다른 사물들에 연결되는 것으로, 사물에 센서를 부착해서 데이터

를 수집한 뒤, 특정 행동을 수행할 수 있는 다른 사물로 전송하면 프로그램을 입력한 대로 수행하는 것이라고 하였다.
④, ⑤ 2문단에서 사물들이 인터넷으로 연결되면 그 자체로 있을 때보다 성능이 더 좋아지며, 정보를 공유하면서 작업을 자동으로 수행하기 때문에 사람의 도움이 거의 필요 없다고 하였다.

2 설명 방식 파악하기 | 정답 ② |

[A]에 사용된 설명 방식으로 가장 적절한 것은?
① 사물인터넷이 지니는 장점과 단점을 비교하였다.
② 사물인터넷에 대해 정의한 후 예를 들어 설명하였다.
③ 사물인터넷의 종류를 나열하고 각각의 특징을 분석하였다.
④ 사물인터넷을 사용 방법에 따라 나누고 특징을 비교하였다.
⑤ 사물인터넷에 관한 통계 자료와 전문가의 의견을 인용하였다.

✔ 정답 풀이

[A]에서는 사물인터넷의 정의를 내린 뒤, 화분에 센서를 부착했을 경우의 예를 들어 설명하고 있다.

3 문맥적 의미 파악하기 | 정답 ② |

문맥을 고려할 때 ㉮의 의미로 가장 적절한 것은?
① 50억 개의 사물들은 이미 인터넷을 통해 연결되어 있다.
② 향후 5년 안에 수많은 사물들이 인터넷을 통해 연결될 것이다.
③ 연구 기관들은 사물들이 인터넷을 통해 얼마나 연결될지 예측하지 못한다.
④ 많은 사물들이 인터넷을 통해 연결되는 것을 부정적으로 보는 연구 기관도 있다. 이 글을 통해 확인할 수 없음.
⑤ 향후 5년 안에 2,000억 개의 사물들이 인터넷을 통해 연결되는 것은 불가능하다.

✔ 정답 풀이

㉮는 앞 문장에 대한 답으로, 향후 5년 안에 수많은 사물들이 인터넷을 통해 연결될 것이라는 의미이다.

✘ 오답 풀이

③ 연구 기관들마다 제시하는 수치가 다를 뿐이지, 사물들이 인터넷을 통해 얼마나 연결될지 예측하지 못하는 것은 아니다.
④ 많은 사물들이 인터넷을 통해 연결되는 것을 부정적으로 보는 연구 기관이 있는지는 이 글을 통해 확인할 수 없다.

● 1문단: 경주의 문화재들이 강진에도 보존될 수 있었던 이유

2016년 경주에서는 진도 5.8의 지진이 발생했다. 이는 지금까지 우리나라에서 관측된 지진 가운데 가장 강력한 규모이다. 지진으로 인해 경주와 그 일대 지역의 건물들은 벽이 갈라지고, 유리가 깨지는 등 피해가 있었다. 하지만 경주 지역에 집중되어 있는 불국사, 석굴암 등 신라 시대 문화재들은 극히 일부만 훼손된 것으로 드러나 관심이 모아졌다. 전문가들은 '그랭이 공법'이라는 건축 방식을 통해 경주의 문화재들이 보존될 수 있었다고 말한다.
　　　　중심 화제 ↑　　　　　　　　이유

● 2문단: 그랭이 공법의 개념

'그랭이 공법'이란 건물을 쌓는 바닥에 있는 바위인 '자연석'을 제거하지 않고, 기둥을 자연석의 모양에 맞게 다듬어서 기둥과 자연석이 마치 톱니바퀴 물리듯 맞물리도록 맞추는 전통 건축 방식을 일컫는다.
　　　　　　　　그랭이 공법의 개념
즉, 그랭이 공법은 자연석 위로 건물을 그대로 쌓아올린 것이며, 이는 있는 그대로의 자연을 활용하여 짓는 공법이다. 그랭이 공법은 통일 신라에 의해 꽃을 피웠지만, 이를 처음 개발한 국가는 고구려이다.
　　　　　　그랭이 공법의 특징
그들은 땅에 깊게 묻혀 있는 자연석들이 성곽을 단단하게 지지해 준다는 점을 일찌감치 파악하고 있었던 것이다.
　　　　그랭이 공법의 시초

● 3문단: 그랭이 공법의 원리

당시 고구려인들은 아무리 울퉁불퉁하고 불규칙한 모양을 가진 바위라 하더라도, 이를 그대로 다른 돌이나 나무에 옮겨 그릴 수 있는 대나무로 만든 집게 모양의 연장을 만들어 사용했다. 한쪽 다리에 먹물을 찍은 뒤 다른 재료에 그대로 옮기도록 한 것인데, 이 연장이 바로 '그랭이'다. '그랭이'의 구조는 오늘날의 컴퍼스(compasses)와 비슷하
　　　　　　　　　　'그랭이'의 개념
다. 기둥을 자연석 위에 수직으로 세우고 '그랭이'의 두 다리 가운데 먹물을 묻힌 쪽은
　　　　　　　　　　그랭이의 구조
기둥의 밑 부분에, 나머지 한쪽은 자연석의 윗면에 닿게 하여 자연석 윗면의 높낮이에
　　　　그랭이 공법의 원리
따라 '그랭이'를 상하로 오르내리면서 기둥을 한 바퀴 돌면 기둥 밑 부분에 자연석의 요철*에 따른 선이 그려지는 것이다.

● 4문단: 그랭이 공법이 서양 건축 방식보다 견고한 이유

자연석의 윗면에 맞춰 기둥을 올린 '그랭이 공법'보다 자연석에 구멍을 낸 뒤 그 위에
　　　　　　　　　　　　　　　　　　서양식 건축 방식
기둥을 박은 서양의 건축 방식이 더 견고하다고 주장하는 사람들도 많다. 하지만 실험 결과 ⊙'그랭이 공법'으로 세운 건물이 지진에 더 강한 것으로 밝혀졌다. 서양 건축 방식을 따라 지은 건물은 지진 발생 시 내려앉거나 반파*될 확률이 상대적으로 높았다. 반면 '그랭이 공법'을 통해 지은 건물은 자연석과 기둥 사이의 공간 때문에 지진으로 인한
　　　　　　　　　그랭이 공법이 지진에 강한 이유
충격이 건물에 전달되는 정도가 현격*하게 줄어드는 것으로 파악되었다.

＊ 요철(오목할 凹, 볼록할 凸): 오목함과 볼록함.
＊ 반파(반 半, 깨뜨릴 破): 반쯤 부서짐.
＊ 현격(매달 縣, 사이가 뜰 隔): 사이가 많이 벌어져 있음. 또는 차이가 매우 심함.

▶ 주제: 그랭이 공법의 개념과 원리

이 글은 그랭이 공법의 개념과 원리에 대해 설명하고 있다. 그랭이 공법은 건물을 쌓는 바닥에 있는 바위를 제거하지 않고, 기둥을 바위의 모양에 맞게 다듬어서 기둥과 바위가 맞물리도록 맞추는 전통 건축 방식이다. 그랭이 공법은 자연석과 기둥 사이의 공간 때문에 지진으로 인한 충격이 건물에 전달되는 정도가 크게 줄어든다는 장점이 있다.

1문단: 경주의 문화재들이 강진에도 보존될 수 있었던 이유
2문단: 그랭이 공법의 개념
3문단: 그랭이 공법의 원리
4문단: 그랭이 공법이 서양 건축 방식보다 견고한 이유

그랭이 공법의 개념과 원리

1 시각 자료에 적용하기 | 정답 ④ |

〈보기〉는 '그랭이 공법'을 그림으로 표현한 것이다. 윗글을 참고할 때 적절하지 않은 것은?

── 보 기 ──

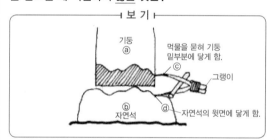

기둥 ⓐ
먹물을 묻혀 기둥 밑부분에 닿게 함. ⓒ
그랭이
ⓑ 자연석
ⓓ 자연석의 윗면에 닿게 함.

① ⓐ는 기둥, ⓑ는 바닥에 있던 자연석이다. 3문단
② ⓑ를 제거하지 않고 ⓐ를 ⓑ 위에 수직으로 세운다. 2문단, 3문단
③ ⓒ에는 먹물을 묻혀 ⓐ의 밑 부분에, ⓓ는 ⓑ의 윗면에 닿게 한다. 3문단
④ 그랭이를 좌우로 돌려서 ⓑ의 윗면 높낮이에 따라 오르내리게 한다. 상하
⑤ 그랭이가 ⓐ를 한 바퀴 돌면 ⓐ의 밑 부분에 ⓑ의 윗면 모양에 따라 선이 그려진다. 3문단

✔ 정답 풀이

3문단에 그랭이는 자연석(ⓑ) 윗면의 높낮이에 따라 상하로 오르내린다고 언급되어 있다. 따라서 그랭이를 좌우로 돌린다는 진술은 적절하지 않다.

✖ 오답 풀이

① 3문단에 기둥을 자연석 위에 수직으로 세운다고 언급되어 있으므로 ⓐ는 기둥, ⓑ는 자연석으로 볼 수 있다.

② 2문단에서 그랭이 공법은 건물을 쌓는 바닥에 있는 바위인 자연석(ⓑ)을 제거하지 않는다고 하였으며, 3문단에서 기둥(ⓐ)을 자연석(ⓑ) 위에 수직으로 세운다고 하였다. 따라서 자연석(ⓑ)을 제거하지 않고 기둥(ⓐ)을 자연석(ⓑ) 위에 수직으로 세운다는 진술은 적절하다.

③ 3문단에 '기둥을 자연석 위에 수직으로 세우고 '그랭이'의 두 다리 가운데 먹물을 묻힌 쪽(ⓒ)은 기둥(ⓐ)의 밑 부분에, 나머지 한쪽(ⓓ)은 자연석의 윗면(ⓑ)에 닿게 하여'라고 언급되어 있다.

⑤ 3문단에 '기둥(ⓐ)을 한 바퀴 돌면 기둥(ⓐ) 밑 부분에 자연석(ⓑ)의 요철에 따른 선이 그려지는 것이다.'라고 언급되어 있다.

2 근거의 적절성 파악하기 | 정답 ⑤ |

〈보기〉는 ㉠의 이유를 메모한 것이다. ㉡에 들어갈 내용으로 가장 적절한 것은?

── 보 기 ──

왜냐하면 '그랭이 공법'으로 세운 건물은 ___㉡___ 이다.

① 지진으로 인한 충격이 발생하지 않기 때문 지진의 충격이 건물에 전달되는 정도가 현격히 줄어듦.
② 자연석에 구멍을 내고 그 위에 기둥을 박았기 때문 서양식 건축 방식
③ 자연석의 윗면과는 상관없이 기둥을 단단하게 박았기 때문
④ 지진이 발생했을 때 내려앉을 확률이 상대적으로 높기 때문 서양식 건축 방식
⑤ 자연석과 기둥 사이의 공간이 지진으로 인한 충격을 줄여주기 때문

✔ 정답 풀이

4문단에서 그랭이 공법으로 지은 건물은 자연석과 기둥 사이의 공간이 있어서 지진으로 인한 충격이 건물에 전달되는 정도가 현격하게 줄어든다고 하였다. 이 때문에 그랭이 공법으로 세운 건물이 지진에 더 강한 것이다. 따라서 ㉡에 들어갈 내용으로 가장 적절한 것은 ⑤이다.

✖ 오답 풀이

① 4문단에 따르면 그랭이 공법으로 지은 건물은 지진으로 인한 충격이 건물에 전달되는 정도가 현격하게 줄어든다. 따라서 지진으로 인한 충격이 발생하지 않는다는 것은 적절하지 않다.

② 4문단에 따르면 자연석에 구멍을 낸 뒤 그 위에 기둥을 박은 것은 서양의 건축 방식이다.

③ 4문단에 따르면 그랭이 공법은 자연석의 윗면에 맞춰 기둥을 올렸다. 따라서 그랭이 공법이 자연석의 윗면과는 상관없이 기둥을 단단하게 박았다는 진술은 적절하지 않다.

④ 4문단에 따르면 지진이 발생했을 때 내려앉을 확률이 상대적으로 높은 것은 서양 건축 방식을 따라 지은 건물이다.

● 1문단: 증강현실 기술의 개념

모바일 게임 '포켓몬 고'의 인기가 치솟았던 적이 있다. 이는 '포켓몬'을 잡으러 다니는 게임인데, '포켓몬'이 나타나는 곳은 게임 속 공간이 아니라 지금 자신이 게임을 하고 있는 공간이다. 즉, 우리 집 앞의 놀이터일 수도 있고, 내가 다니는 학교일 수도 있다. 이를 가능하게 하는 것은 '증강현실'이다. 증강현실에서 '증강'은 수나 양을 늘려 더 강하게 한다는 뜻이며, '증강현실 기술'은 실제 내가 있는 현실 세계에 3차원의 가상 이미지를 겹쳐 보여 주는 기술을 말한다.

● 2문단: 증강현실과 가상현실의 차이점

많은 사람들이 증강현실과 가상현실을 혼동하는데, 이 둘은 다르다. 가상현실은 특수한 주변 장치를 이용하여 배경과 자신을 포함한 모든 것을 인공적으로 만든다. 그래서 현실과는 무관*한 세계이다. 반면 증강현실은 실제 배경은 그대로 두고 그 위에 가상의 이미지를 겹쳐서 하나의 영상으로 보여 준다. 따라서 증강현실은 가상현실에 비해 훨씬 현실적이다.

● 3문단: 증강현실 기술의 원리

증강현실 기술의 원리는 다음과 같다. 사용자가 '증강현실 애플리케이션'을 실행한 후 스마트폰 카메라로 특정 거리나 건물을 비추면 'GPS 수신기'를 통해 위도·경도, 기울기·중력 등 '현재 위치 정보'가 스마트폰에 기록된다. 그 후에 '현재 위치 정보'는 인터넷을 통해 '위치 정보 시스템'으로 전송되며, '위치 정보 시스템'은 해당 지역의 상세 정보를 자신의 데이터베이스에서 검색한 후, 그 결과를 다시 스마트폰으로 전송한다. 이 데이터를 수신*한 스마트폰은 '증강현실 애플리케이션'을 통해 현재의 지도 정보와 가상의 이미지를 겹친 후 실시간 화면으로 보여 준다. 이렇게 데이터를 주고받는 과정이 지속적으로 수행되기 때문에 스마트폰을 들고 거리를 지나면 해당 지역 및 주변에 대한 상세 정보가 순차적으로 화면에 나타나게 된다.

● 4문단: 증강현실 기술의 활용 사례 및 전망

증강현실 기술은 다양한 분야에서 활용되고 있는데, 대표적인 것이 증강현실을 이용한 지도 검색 애플리케이션이다. ㉠가까운 서점을 가려고 할 때, 증강현실 애플리케이션을 실행하고 스마트폰 카메라로 길거리를 비추면 주변에 있는 서점의 위치가 자동으로 표시된다. 뿐만 아니라 서점까지 걸어가는 경로를 화살표로 표시해 주기도 한다. 한편, 지금까지는 증강현실 기술이 스마트폰이나 태블릿 PC 등을 통해 구현*되어 왔지만, ㉡앞으로는 이러한 기기가 없이도 증강현실 기술이 활용될 수 있을 것으로 전망된다.

* 무관(없을 無, 빗장 關): 관계나 상관이 없음.
* 수신(받을 受, 믿을 信): 전신이나 전화, 라디오, 텔레비전 방송 따위의 신호를 받음. 또는 그런 일.
* 구현(갖출 具, 나타날 現): 어떤 내용이 구체적인 사실로 나타나게 함.

▶ 주제: 증강현실 기술의 원리와 활용 분야

[지문 해제]

이 글은 증강현실 기술의 원리와 활용 분야에 대해 설명하고 있다. 증강현실 기술은 현실 세계에 3차원의 가상 이미지를 겹쳐 보여 주는 기술로, 현실과는 무관한 가상현실과는 다르다. 증강현실 기술은 '증강현실 애플리케이션', 'GPS 수신기', '위치 정보 시스템' 등을 이용하여 실현되는데, 지금까지는 스마트폰이나 태블릿이 필요했지만 앞으로는 이러한 기기가 없어도 활용될 수 있을 것으로 전망된다.

[문단 요지]

1문단: 증강현실 기술의 개념
2문단: 증강현실과 가상현실의 차이점
3문단: 증강현실 기술의 원리
4문단: 증강현실 기술의 활용 사례 및 전망

[주제]

증강현실 기술의 원리와 활용 분야

1 핵심 내용 이해하기 | 정답 ④ |

윗글을 참고할 때 ㉠의 원리에 대한 설명으로 적절하지 않은 것은?
3문단에 제시됨.

┌─────────────────────────────────────┐
│ 'GPS 수신기'를 통해 현재 위치 정보가 스마 │ … ①
│ 트폰에 기록된다.   │
└─────────────────────────────────────┘
                ↓
┌─────────────────────────────────────┐
│ 현재 위치 정보는 인터넷을 통해 '위치 정보 │ … ②
│ 시스템'으로 전송된다.   │
└─────────────────────────────────────┘
                ↓
┌─────────────────────────────────────┐
│ '위치 정보 시스템'은 자신의 데이터베이스에 │ … ③
│ 서 해당 지역에 서점이 있는지 검색한다.   │
└─────────────────────────────────────┘
                ↓
┌─────────────────────────────────────┐
│ '위치 정보 시스템'은 검색한 결과를 스마트폰 │ … ④
│ 의 카메라로 전송한다.   │
└─────────────────────────────────────┘
                ↓
┌─────────────────────────────────────┐
│ 스마트폰은 현재 지도 정보에 가상의 서점 이 │ … ⑤
│ 미지를 겹쳐서 실시간 화면으로 보여 준다. │
└─────────────────────────────────────┘

✔ 정답 풀이

3문단에서 '위치 정보 시스템'은 해당 지역의 상세 정보를 자신의 데이터베이스에서 검색한 후, 그 결과를 다시 스마트폰으로 전송한다.'라고 언급되어 있다. 따라서 검색 결과를 스마트폰의 카메라로 전송한다는 진술은 적절하지 않다.

2 구체적 사례에 적용하기 | 정답 ① |

〈보기〉는 ㉡의 사례를 찾아본 것이다. 이에 대한 이해로 적절하지 않은 것은?

┤ 보 기 ├

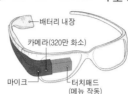

배터리 내장
카메라(320만 화소)
마이크
터치패드
(메뉴 작동)

구글이 개발한 스마트 안경은 일반 안경처럼 착용하는데, 스마트폰처럼 운영 체제가 내장되어 있어서 안경으로 인터넷 검색·사진 촬영 등을 할 수 있다. 기본적으로 음성 명령으로 작동하며, 한쪽 렌즈에 화면 출력용 프리즘이 장착되어 있어 사용자 눈앞으로 약 25인치 크기의 가상 화면이 나타난다.

① 스마트 안경을 쓰면 자신을 포함한 ~~모든 것이 인~~ 공적으로 바뀐다.
증강현실이 구현된 기술   가상현실
② 스마트 안경을 쓰든지 벗든지 상관없이 앞에 보이는 배경은 동일하다.
③ 스마트 안경은 스마트폰이나 태블릿 PC 없이 증강현실 기술이 구현된 사례이다.
④ 스마트 안경은 현실 세계에 가상 이미지를 겹쳐서 보여 주는 기술이 구현된 것이다.
⑤ 스마트 안경은 증강현실 기술이 쓰였다는 점에서 '포켓몬 고' 게임과 공통점을 지닌다.

✔ 정답 풀이

〈보기〉의 스마트 안경은 ㉡의 사례로 제시된 것이다. 그런데 2문단에 따르면 자신을 포함한 모든 것을 인공적으로 만드는 것은 증강현실이 아니라 가상현실이다. 따라서 스마트 안경을 쓰면 자신을 포함한 모든 것이 인공적으로 바뀐다는 진술은 적절하지 않다.

✘ 오답 풀이

② 스마트 안경은 증강현실 기술이 구현된 것으로, 2문단에 따르면 증강현실은 실제 배경은 그대로 둔다고 하였다. 따라서 스마트 안경을 쓰든지 벗든지 앞에 보이는 배경은 동일하다.
③ 〈보기〉는 ㉡의 사례이므로 스마트 안경은 스마트폰이나 태블릿 PC 없이 증강현실 기술이 구현된 것이라고 볼 수 있다.
④ 증강현실 기술은 현실 세계에 3차원의 가상 이미지를 겹쳐 보여 주는 것이다. 따라서 스마트 안경은 현실 세계에 가상 이미지를 겹쳐서 보여 주는 기술이 구현된 것으로 볼 수 있다.
⑤ 스마트 안경에는 증강현실 기술이 사용되었으며, '포켓몬 고' 게임을 가능하게 하는 것은 '증강현실'이다. 따라서 스마트 안경과 '포켓몬 고' 게임은 증강현실 기술이 쓰였다는 점에서 공통점을 지닌다고 볼 수 있다.

○ 1문단: 프로펠러의 기원

　　알폰스 페노는 1871년에 고무줄로 프로펠러를 돌려서 생긴 추진력*으로 비행하는 장난감 비행기 '프라노포'를 개발했다. '프라노포'는 길이 50㎝의 작은 모형 비행기로서 11초 동안 40m를 비행했으며, 근대 비행기의 표본이 되었다. 프로펠러는 1903년 라이트 형제의 최초 동력 비행에도 사용되면서, 초기 항공 발전에 지대한 영향을 끼쳤다.

○ 2문단: 비행기가 양력을 발생시키는 원리

　　헬리콥터가 날아가는 원리를 이해하기 위해서는 '양력'과 '추력'에 대해 알아야 한다. 우선, 양력은 중력*에 반대 방향으로 작용하는 힘으로서, 항공기를 뜨게 하는 역할을 한다. 비행기는 큰 날개가 양력을 발생시켜 뜨는데, 이 힘을 일으키려면 지속적으로 바람이 불어야 한다. 비행기가 이륙하기 전 활주로를 달리는 이유는 바로 맞바람이 불게 하기 위해서이다. 바람이 불지 않는 날 연을 띄우려면 앞으로 달려가야 하는 것과 같은 이치이다.

○ 3문단: 헬리콥터가 뜨는 원리

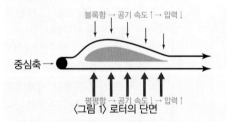

볼록함 → 공기 속도↑ → 압력↓
중심축 →
평평함 → 공기 속도↓ → 압력↑
〈그림 1〉 로터의 단면

　　이와 달리 헬리콥터는 '로터●'가 양력을 발생시킨다. 중심축을 기준으로 로터가 좌우로 회전하면 공기의 흐름이 생기는데, 〈그림 1〉처럼 볼록한 위쪽을 지날 때는 공기의 속도가 빨라지고, 평평한 아래쪽을 지날 때는 느려진다. '베르누이의 정리'에 따르면 공기의 속도가 빨라지면 압력이 낮아지고 속도가 느려지면 압력이 높아지므로, 날개 위쪽의 압력은 낮아지고 아래쪽의 압력은 높아진다. 그러면 위쪽으로 작용하는 힘이 더 커져서 양력이 발생하고, 이에 헬리콥터가 뜨게 된다. 이처럼 헬리콥터는 로터가 바람을 일으키기 때문에 비행기처럼 활주로를 달릴 필요 없이 그 자리에서 수직으로 뜨고 내릴 수 있다.

○ 4문단: 비행기와 헬리콥터가 추력을 발생시키는 원리

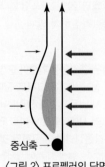

중심축 →
〈그림 2〉 프로펠러의 단면

*추진력(밀 推, 나아갈 進, 힘 力): 물체를 밀어 앞으로 내보내는 힘.
*중력(무거울 重, 힘 力): 지구 중심에서 물체를 끌어당기는 힘.

　　한편, 추력이란 항공기를 밀거나 당기는 추진력으로서 항공기를 앞으로 가게 해 주는 힘이다. 비행기와 헬리콥터는 모두 프로펠러가 추력을 발생시켜 앞으로 나가게 하는데, 프로펠러가 추력을 발생시키는 원리도 로터와 비슷하다. 중심축을 기준으로 프로펠러가 위아래로 회전하면 공기의 흐름이 생기는데, 볼록한 쪽을 지날 때는 공기의 속도가 빨라져 압력이 낮아지고, 평평한 쪽을 지날 때는 속도가 느려져 압력이 높아진다. 그러면 〈그림 2〉처럼 압력이 높은 오른쪽에서 압력이 낮은 왼쪽으로 힘이 가해지면서 앞으로 나가게 되는 것이다.

▶ 주제: 비행기와 헬리콥터가 날아가는 원리

● 로터: 헬리콥터의 회전 날개의 총칭.

1   세부 내용 파악하기 | 정답 ④ |

다음은 과학 카페에 올린 질문이다. 윗글을 참고할 때, 답변으로 가장 적절한 것은?

질문 | 비행기가 뜨기 전에 활주로를 달리는 이유는 무엇인가요?

ㄴ맞바람이 불어야 양력이 발생함.
① 맞바람이 불어야 추력이 발생하여 비행기가 뜰 수 있기 때문입니다. (항공기를 앞으로 가게 하는 힘 / 양력)

② 로터가 바람을 일으켜야 양력이 발생하여 비행기(헬리콥터)가 뜰 수 있기 때문입니다.

③ 공기의 속도가 빨라져야 압력이 낮아지면서 비행기가 뜰 수 있기 때문입니다.

④ 지속적으로 맞바람이 불어야 양력이 발생하여 비행기가 뜰 수 있기 때문입니다.

⑤ 프로펠러(로터, 헬리콥터)가 좌우로 회전해야 공기의 흐름이 생겨서 비행기(헬리콥터)가 뜰 수 있기 때문입니다.

✔ 정답 풀이

2문단에서 '비행기는 큰 날개가 양력을 발생시켜 뜨는데, 이 힘을 일으키려면 지속적으로 바람이 불어야 한다. 비행기가 이륙하기 전 활주로를 달리는 이유는 바로 맞바람이 불게 하기 위해서이다.'라고 언급되어 있다.

✖ 오답 풀이

① 4문단에 따르면 추력은 항공기를 앞으로 가게 해 주는 힘이다. 또한 2문단에서 맞바람이 불어야 양력이 발생한다고 하였다.

② 로터가 바람을 일으킴으로써 양력을 발생시켜 뜨는 것은 비행기가 아니라 헬리콥터이다.

③ 헬리콥터의 로터가 양력을 발생시키는 원리와 관련 있는 내용이다.

⑤ 3문단에 따르면 로터가 좌우로 회전하면 공기의 흐름이 생기는데, 이를 이용해 뜨는 것은 헬리콥터이다.

2   핵심 원리 파악하기 | 정답 ③ |

다음은 프로펠러가 추력을 발생시키는 원리를 정리한 표이다. ㄱ~ㄷ에 들어갈 말로 적절한 것은?

> 프로펠러가 중심축을 기준으로 (ㄱ)로 회전함.
> → 공기의 흐름이 생김.
>
> ↓
>
> • 공기의 흐름이 프로펠러의 볼록한 쪽을 지날 때: 공기의 속도가 빨라져서 압력이 낮아짐.
> • 공기의 흐름이 프로펠러의 평평한 쪽을 지날 때: 공기의 속도가 느려져서 압력이 높아짐.
>
> ↓
>
> 압력이 (ㄴ)으로 힘이 가해지면서 (ㄷ).

	ㄱ	ㄴ	ㄷ
①	위아래	높은 쪽에서 낮은 쪽	항공기를 뜨게 함.
②	위아래	낮은 쪽에서 높은 쪽	항공기를 뜨게 함.
③	위아래	높은 쪽에서 낮은 쪽	항공기를 앞으로 나가게 함.
④	좌우	낮은 쪽에서 높은 쪽	항공기를 앞으로 나가게 함.
⑤	좌우	높은 쪽에서 낮은 쪽	항공기를 앞으로 나가게 함.

✔ 정답 풀이

4문단에서 '중심축을 기준으로 프로펠러가 위아래로 회전하면 공기의 흐름이 생기는데, 볼록한 쪽을 지날 때는 공기의 속도가 빨라져 압력이 낮아지고, 평평한 쪽을 지날 때는 속도가 느려져 압력이 높아진다. 그러면 〈그림 2〉처럼 압력이 높은 오른쪽에서 압력이 낮은 왼쪽으로 힘이 가해지면서 앞으로 나가게 되는 것이다.'라고 언급되어 있다.

기술 01~05	독해력 쑥쑥, 어휘 테스트			
01 반파	02 제동	03 이륙	04 구현	05 전송
06 최적	07 수행	08 수익	09 유출	10 수신
11 공법	12 중력	13 활주로	14 관성	15 융합
16 ㄱ	17 ㄴ	18 ㅁ	19 ㄹ	20 ㄷ

○ 1문단: 전자레인지의
발명 계기

차가운 음식을 데우거나 냉동 식품을 해동*할 수 있는 편리함 덕분에 필수 가전제품이 된 전자레인지는 '마그네트론'이라는 레이더 장비를 개발하던 연구원인 스펜서가 발명하였다. 그는 주머니에 넣어둔 초콜릿이 평소와 달리 완전히 녹아 버린 것을 보고, 마그네트론이 만들어 낸 '마이크로파'가 영향을 주었을 것이라 생각하였다. ㉠ 스펜서는 자신의 가설을 검증하기 위해 옥수수 알갱이를 마그네트론 옆에 놓았는데, 이때 알갱이가 터지면서 팝콘이 되는 것을 확인하였다. 그는 이러한 원리를 응용해 전자레인지를 개발하기에 이른다.

○ 2문단: 이전의 조리법
과는 다른 전자레인
지의 조리법

사람들이 옛날부터 사용해 온 조리법은 음식물이 담긴 용기*를 가열하여 음식물의 외부를 가열한 뒤 점차 내부까지 뜨겁게 하는 방법이었다. ㉡ 이런 조리법과 달리 전자레인지는 마그네트론에서 만들어진 마이크로파를 이용하여 음식물을 가열하기 때문에, 식품을 중심부터 표면까지 고르게 익게 하는 것이다. ㉢

○ 3문단: 전자레인지의
작동 원리

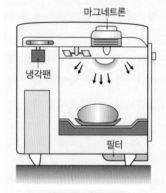
〈전자레인지의 단면〉

전자레인지의 원리를 자세히 살펴보자. 전자레인지를 작동시키면 마그네트론에 전류가 흐르게 되고, 마그네트론에서는 2.45GHz의 높은 주파수*로 진동하는 마이크로파가 만들어진다. 이렇게 만들어진 마이크로파는 유리, 도자기, 플라스틱 용기 등에는 흡수되지 않고 통과하지만, 음식물 안에 있는 물 분자가 마이크로파를 흡수해 격렬하게 운동하면서 온도가 높아져 식품이 익는다. ㉣ 모든 음식물에는 수분이 있기 때문에 마이크로파에 의해 조리가 가능한 것이다.

○ 4문단: 전자레인지 사
용 시 주의할 점

전자레인지를 사용할 때 주의할 점 중 하나는 은박지나 금속 용기를 사용해서는 안 된다는 것이다. 은박지나 금속 용기는 마이크로파를 반사하기 때문에 음식이 가열되지 않을 뿐만 아니라, 전자레인지 내부에서 만들어진 마이크로파가 흡수되는 곳 없이 계속 반사·축적되기만 하므로 위험한 사고가 발생할 수도 있다. ㉤ 이와 같은 이유로 ㉮ 빈 그릇만 전자레인지 안에 넣고 전자레인지를 작동시키는 것도 위험하다.

＊해동(풀 解, 얼 凍): 얼
었던 것이 녹아서 풀림.
또는 그렇게 하게 함.
＊용기(얼굴 容, 그릇 器):
물건을 담는 그릇.
＊주파수(두루 周, 물결
波, 셀 數): 전파나 음파
가 1초 동안에 진동하
는 횟수.

▶ 주제: 전자레인지의
작동 원리와 사용 시
주의할 점

[지문 해제]

　이 글은 전자레인지의 작동 원리와 사용 시 주의할 점에 대해 설명하고 있다. 음식물이 담긴 용기를 가열하여 음식물의 외부를 가열한 뒤 점차 내부까지 뜨겁게 하는 기존의 조리법과 달리, 전자레인지는 마그네트론에서 만들어진 마이크로파를 이용하여 음식물을 중심부터 표면까지 고르게 익게 한다. 단, 은박지나 금속 용기는 마이크로파를 반사하기 때문에 전자레인지에 사용해서는 안 된다. 빈 그릇만 전자레인지 안에 넣고 작동시키는 것도 마이크로파가 흡수되는 곳 없이 반사·축적되기만 하므로 위험하다.

[문단 요지]

　1문단: 전자레인지의 발명 계기
　2문단: 이전의 조리법과는 다른 전자레인지의 조리법
　3문단: 전자레인지의 작동 원리
　4문단: 전자레인지 사용 시 주의할 점

[주제]

　전자레인지의 작동 원리와 사용 시 주의할 점

IV · 기술

1 핵심 원리 파악하기　　　　| 정답 ③ |

〈보기〉는 '전자레인지'가 음식물을 데우는 원리이다. 순서대로 나열한 것은?

┤ 보 기 ├

　ⓐ 마그네트론에서 마이크로파가 만들어짐.
　ⓑ 전자레인지를 작동시키면 마그네트론에 전류가 흐름.
　ⓒ 마이크로파가 그릇을 통과한 뒤 음식물 안에 있는 물 분자에 흡수됨.
　ⓓ 음식물 안에 있는 물 분자가 격렬하게 운동하면서 온도가 높아져 음식이 익음.

① ⓐ - ⓑ - ⓒ - ⓓ　　② ⓐ - ⓒ - ⓑ - ⓓ
③ ⓑ - ⓐ - ⓒ - ⓓ　　④ ⓑ - ⓒ - ⓐ - ⓓ
⑤ ⓒ - ⓑ - ⓐ - ⓓ

✔ 정답 풀이

3문단에 전자레인지의 원리가 설명되어 있다. 전자레인지를 작동시키면 마그네트론에 전류가 흐르게 되고(ⓑ), 마그네트론에서는 마이크로파가 만들어진다(ⓐ). 이렇게 만들어진 마이크로파는 유리, 도자기, 플라스틱 용기 등에는 흡수되지 않고 통과하지만, 음식물 안에 있는 물 분자가 마이크로파를 흡수해(ⓒ) 격렬하게 운동하면서 온도가 높아져 식품이 익는다(ⓓ).

2 글의 흐름 파악하기　　　　| 정답 ② |

㉠~㉤ 중 〈보기〉의 내용이 들어갈 위치로 가장 적절한 것은?

┤ 보 기 ├

　하지만 식품은 금속처럼 열이 잘 전달되는 편이 아니기 때문에, 식품의 중심 부분은 익지 않았는데 표면은 너무 가열되어 타 버리는 경우가 발생하였다.
　　　　〈보기〉의 핵심 내용

① ㉠　　② ㉡　　③ ㉢　　④ ㉣　　⑤ ㉤

✔ 정답 풀이

〈보기〉에서는 식품의 중심 부분은 익지 않았는데 표면은 너무 가열되어 타 버리는 경우를 언급하고 있다. 2문단에서는 옛날부터 사용해 온 조리법과 전자레인지의 조리법을 대조하여 설명하고 있는데, 전자레인지는 식품을 중심부터 표면까지 고르게 익게 한다고 하였다. 따라서 〈보기〉에 제시된 내용은 옛날부터 사용해 온 조리법의 문제점으로 볼 수 있으므로 ㉡에 들어가는 것이 적절하다.

3 글의 내용 추론하기　　　　| 정답 ④ |

㉮의 이유를 추론한 것으로 가장 적절한 것은?
① 마이크로파는 은박지나 금속 용기에 흡수되기 때문 / 반사
② 전자레인지는 식품을 중심부터 표면까지 고르게 익히기 때문 ㉮와 거리가 먼 내용임.
③ 높은 주파수로 진동하는 마이크로파가 만들어지지 않기 때문
④ 마이크로파가 흡수되는 곳 없이 계속 반사·축적되기만 하기 때문
⑤ 전자레인지에는 유리, 도자기, 플라스틱 용기를 사용하면 안 되기 때문

✔ 정답 풀이

㉮의 앞부분에서 전자레인지를 사용할 때 은박지나 금속 용기는 마이크로파를 반사하기 때문에 전자레인지 내부에서 만들어진 마이크로파가 흡수되는 곳 없이 계속 반사·축적되기만 하므로 위험한 사고가 발생할 수 있다고 하였다. 이와 같은 이유로 빈 그릇만 전자레인지 안에 넣고 작동시키는 것도 위험하다고 하였다. 즉, 음식물 안에 있는 물 분자가 마이크로파를 흡수해야 하는데, 빈 그릇만 전자레인지 안에 넣고 작동시키면 마이크로파가 흡수되는 곳이 없어서 마이크로파가 계속 반사·축적되기만 하기 때문에 위험하다는 것이다.

○ 1문단: 수술 로봇의 역할과 종류

과학 소설에나 존재했던 수술하는 로봇이 현실 세계에서 활용되고 있다. 현재까지 개발된 수술 로봇은 스스로 판단해서 수술을 할 수는 없고, 의사의 조종에 따라 수술 도구를 움직이는 역할을 한다. 로봇 수술기에는 '이솝', '제우스', '다빈치' 등 몇 가지 종류가 있는데, 그중에서 가장 발전된 형태가 다빈치이다. 다빈치는 1999년 미국에서 처음 출시되어 현재 미국과 유럽의 거의 모든 대학 병원에서 사용할 정도로 보편화*되었다.

○ 2문단: '다빈치'의 구성

다빈치는 의사가 로봇을 조종하는 데 쓰이는 '수술 콘솔'과 의사의 조종에 따라 수술을 수행하는 '로봇 카트'로 이루어져 있다. 이 둘은 전선으로 연결되어 있어서 수술실 환경에 따라 어느 정도 거리가 떨어져 있어도 상관없다. 로봇 카트는 약 2m의 높이로 무게가 544kg이나 나가는 꽤 거대한 물체이다. 로봇 카트에는 4개의 팔이 있는데, 가운데 있는 팔에는 환자의 몸속을 들여다보는 카메라가 붙어 있고, 나머지 팔 3개는 수술용 기구를 다룬다.

○ 3문단: '다빈치'를 이용하여 수술을 진행하는 과정

로봇 카트는 의사의 지시에 따라 환자의 몸에 하나 또는 여러 개의 구멍을 뚫은 뒤, 카메라가 붙어 있는 팔과 수술용 팔을 몸속에 넣는다. 그러면 의사는 3차원 입체 영상을 보면서 로봇 카트의 팔이 수술을 하도록 조종한다. 로봇 카트는 의사의 손동작을 그대로 흉내 낼 수 있도록 만들어졌기 때문에 의사가 양쪽 손의 엄지와 검지를 수술 콘솔 안에 있는 골무에 끼우고 움직이면 로봇 카트의 팔에 붙어 있는 수술집게도 그대로 따라 움직인다.

○ 4문단: '다빈치'를 활용하여 수술할 때의 문제점

그런데 다빈치를 활용하여 수술을 할 때에 제기되는 몇 가지 문제점이 있다. 먼저, 의사가 미세한 감각을 직접 느낄 수 없다는 것이다. 의사가 직접 수술할 때는 환부*를 꿰매던 실을 잡아 당겨 보면 환부의 상태를 바로 느낄 수 있지만, 다빈치로 수술을 할 때는 실이 당겨지는 화면을 보고 짐작만 할 수 있기 때문이다. 또 수술 도중 환자를 움직이게 하려면 로봇 팔을 환자의 몸속에서 꺼내야 하기 때문에 수술을 중단해야 한다는 점, 기존의 수술에 비해 비용이 비싸다는 점 등이 해결해야 할 문제점으로 지적된다.

○ 5문단: '다빈치'를 이용하여 수술할 때의 장점

＊보편화(널리 溥, 두루 遍, 될 化): 널리 일반인에게 퍼짐. 또는 그렇게 되게 함.

＊환부(근심 患, 거느릴 部): 병이나 상처가 난 자리.

▶ 주제: 수술 로봇 '다빈치'를 활용한 수술 과정 및 장단점

하지만 다빈치를 이용하면 환자의 몸속을 자세히 볼 수 있다는 장점이 있다. 3D 카메라로 환자의 몸속을 볼 수 있기 때문에 입체 영상으로 먼 곳과 가까운 곳을 쉽게 구분할 수 있고, 수술 부위를 10배까지 확대해서 보는 것이 가능하다. 이는 의사가 시야를 확보하여 환자의 몸에 상처를 적게 할 수 있기 때문에 환자의 회복이 훨씬 빠르게 된다.

[지문 해제]

이 글은 수술 로봇 중 '다빈치'의 구성과 역할 및 이를 이용한 수술의 장단점에 대해 설명하고 있다. 다빈치는 의사가 로봇을 조종하는 데 쓰이는 '수술 콘솔'과 의사의 조종에 따라 수술을 수행하는 '로봇 카트'로 이루어져 있다. 다빈치를 활용하여 수술을 할 때는 의사가 미세한 감각을 직접 느낄 수 없다는 점, 수술 도중 환자를 움직이기 위해 수술을 중단해야 한다는 점, 기존 수술에 비해 비용이 비싸다는 점 등의 문제점이 있다. 하지만 환자의 몸속을 자세히 볼 수 있어서 의사의 시야가 넓어짐에 따라 환자의 몸에 상처를 적게 내어 환자의 회복이 훨씬 빨라진다는 장점이 있다.

[문단 요지]

1문단: 수술 로봇의 역할과 종류
2문단: '다빈치'의 구성
3문단: '다빈치'를 이용하여 수술을 진행하는 과정
4문단: '다빈치'를 활용하여 수술할 때의 문제점
5문단: '다빈치'를 이용하여 수술할 때의 장점

[주제]

수술 로봇 '다빈치'를 활용한 수술 과정 및 장단점

---

1 글쓰기 계획 파악하기 | 정답 ② |

다음은 글쓴이가 작성한 글쓰기 계획이다. 윗글에 반영되지 않은 것은?

✔ '다빈치'가 어떻게 구성되어 있는지 언급해야겠
  어. 수술 콘솔+로봇 카트 ······················① 2문단

✔ '다빈치'와 다른 수술 로봇과의 차이점을 설명
  해야겠어. ·······································② 2문단

✔ '다빈치'를 활용하여 수술할 때의 문제점을 나
  열해야겠어. ① 의사가 미세한 감각을 느낄 수 없음. ② 수술 도중 환자를 움직이기
  위해 수술을 중단해야 함. ③ 수술 비용이 비쌈. ···③ 4문단

✔ '다빈치'를 활용하여 수술하는 과정을 순서대
  로 제시해야겠어. ·······························④ 3문단

✔ '다빈치'를 활용하여 수술할 때의 장점을 구체
  적으로 서술해야겠어. 환자의 몸속을 자세히 볼 수 있음. ···⑤ 5문단

✓ 정답 풀이

1문단에 '로봇 수술기에는 '이솝', '제우스', '다빈치' 등 몇 가지 종류가 있는데, 그중에서 가장 발전된 형태가 다빈치이다.'라고 언급되어 있다. 그러나 '다빈치'와 다른 수술 로봇과의 차이점에 대해서는 언급하고 있지 않다. 따라서 '다빈치'와 다른 수술 로봇과의 차이점을 설명하겠다는 글쓰기 계획은 이 글에 반영되지 않았다고 볼 수 있다.

---

2 특정 정보 이해하기 | 정답 ④ |

로봇 카트에 대한 설명으로 적절하지 않은 것은?

① 의사의 조종에 따라 수술을 수행하는 역할을 한다. 2문단
② 환자의 몸에 수술을 하기 위한 구멍을 뚫기도 한다. 3문단
③ '수술 콘솔'과 어느 정도 거리가 떨어져 있어도 상
  관없다. 2문단
④ 의사가 엄지와 검지를 끼울 수 있는 골무가 장착
  되어 있다. 골무는 '로봇 카트'가 아닌 '수술 콘솔'에 장착됨.
⑤ 4개의 팔이 있는데, 가운데 있는 팔의 기능은 나
  머지 3개와 다르다. 3문단 환자의 몸속을 들여다보는 카메라가 붙어 있음. 수술용 기구

✓ 정답 풀이

3문단에 '의사가 양쪽 손의 엄지와 검지를 수술 콘솔 안에 있는 골무에 끼우고 움직이면'이라고 언급된 것으로 보아, 골무가 장착된 것은 '로봇 카트'가 아니라 '수술 콘솔'이다.

---

3 근거의 적절성 파악하기 | 정답 ⑤ |

윗글을 참고할 때 〈보기〉의 ⓐ에 들어갈 내용으로 가장 적절한 것은?

┤ 보 기 ├

저는 '다빈치'를 이용한 수술에 찬성합니다.
왜냐하면 '다빈치'를 이용하여 수술하면
_____ ⓐ _____ 입니다.

① 기존의 수술에 비해 비용이 저렴하기 때문
② 의사가 미세한 감각을 보다 잘 느낄 수 있기 때문
③ 수술하는 도중에 환자를 움직일 필요가 없기 때문
④ 환부를 꿰매던 실을 잡아당겨도 환부의 상태를 느
  낄 수 없기 때문 '다빈치'의 단점
⑤ 환자의 몸속을 자세히 볼 수 있어서 환자의 회복
  이 훨씬 빨라지기 때문

✓ 정답 풀이

〈보기〉에는 '다빈치'를 이용한 수술에 찬성하는 의견이 제시되어 있으므로 그에 대한 근거를 찾아야 한다. 따라서 선택지 중에서 '다빈치'의 장점을 언급한 내용을 찾아야 한다. 5문단에 '다빈치'를 이용하면 환자의 몸속을 자세히 볼 수 있고, 이에 의사가 시야를 확보하여 환자의 몸에 상처를 적게 할 수 있기 때문에 환자의 회복이 훨씬 빠르게 된다고 언급되어 있다. 따라서 '다빈치'를 이용한 수술에 찬성하는 근거로 '환자의 몸속을 자세히 볼 수 있어서 환자의 회복이 훨씬 빨라지기 때문'이라는 진술이 적절하다.

○ 1문단: 재생 에너지의 개념과 종류

○ 2문단: 태양광 발전의 개념과 원리

○ 3문단: 태양열 발전의 개념과 태양열을 이용한 난방 장치의 주된 용도

○ 4문단: 태양열을 이용한 냉방 장치 중 실리카겔을 이용하는 방식의 원리

＊도선(이끌 導, 줄 線): 전기의 양극을 이어 전류를 통하게 하는 쇠붙이 줄.

＊발전(필 發, 번개 電): 전기를 일으킴.

○ 5문단: 태양 에너지의 장단점

＊고갈(마를 枯, 목마를 渴): 어떤 일의 바탕이 되는 돈이나 물자, 소재, 인력 따위가 다하여 없어짐.

▶ 주제: 태양 에너지의 원리 및 장단점

미세먼지가 심각한 사회 문제로 나타나면서 우리나라는 다양한 노력을 기울이고 있는데, 그중 하나가 석탄·석유 대신 '재생 에너지'의 사용을 늘리는 것이다. 재생 에너지란 환경을 오염시키지 않고 지속적으로 이용할 수 있는 에너지로, 풍력 에너지, 수력 에너지, 해양 에너지 등이 있다. 태양 에너지 역시 대표적인 재생 에너지인데, 이용 기술에 따라 '태양광 발전'과 '태양열 발전'으로 나눌 수 있다.

태양광 발전은 '태양 전지'를 이용하여 태양의 빛에너지를 전기에너지로 변환시키는 기술이다. 햇빛이 태양 전지를 비추면 그 속에 있는 전자가 도선＊을 따라 흘러가는데, 이러한 전자의 흐름에 의해 전기가 만들어진다. 그런데 태양 전지 한 개에서 생기는 전압은 꼬마전구 한 개를 밝힐 수 있는 정도이다. 따라서 많은 전기를 얻기 위해서는 여러 개의 태양 전지를 연결해야 하는데, 이를 '태양 전지판'이라고 한다. 태양 전지판을 연결해서 1㎡ 크기로 만들면 발전＊ 용량이 100W 정도 되는 태양광 발전 장치가 만들어지고, 이렇게 생산된 전기는 자체적으로 사용되거나 전선망을 통해 전력 회사로 보내진다.

태양열 발전은 집열기를 이용해 태양열을 모아 난방 또는 냉방 등에 활용하는 기술이다. 우선, 태양열을 이용한 난방 장치는 주로 찬물을 데우는 데 쓰인다. 집열판 내부에서 얻을 수 있는 공기의 최대 온도는 180℃에 달하며, 이렇게 모은 열로 찬물을 데운다. 데워진 물은 온수 저장 탱크로 이동하게 되어, 수도를 틀면 온수를 바로 사용할 수 있게 되는 것이다.

한편, 태양열을 이용한 냉방 장치에는 여러 방식이 있는데, 대표적인 것은 실리카겔을 이용하는 것이다. 실내로 들어오는 공기가 실리카겔을 통과하면 습기가 제거되는데, 이 건조한 공기에 분무기로 물방울을 뿌리면 물방울이 증발하면서 실내로 들어오는 공기가 차가워진다. 물이 증발할 때 주위의 열을 빼앗아 주위의 온도를 낮추는 원리를 이용한 것이다. 그런데 공기의 습기를 제거하는 실리카겔은 어느 정도의 습기를 빨아들이면 기능이 떨어지는데, 이때 열을 가해서 습기를 제거해 주면 기능이 되살아난다. 집열기를 통해 모은 태양열은 습기를 잔뜩 머금은 실리카겔을 가열해서 다시 사용할 수 있게 하는 역할을 한다.

이처럼 태양을 이용해 에너지를 생산하는 것은 고갈＊될 염려가 없고 환경 오염 물질을 배출하지 않는다는 장점이 있다. 하지만 발전 시설을 만들기 위한 비용이 많이 들고, 많은 양의 에너지를 만들어 내지는 못하며, 흐린 날이나 밤에는 전력을 생산할 수 없다는 한계를 지니고 있다. 비록 태양 에너지가 이와 같은 한계를 지니고 있으나, 미래 에너지 산업에서 잠재력을 가지고 있기 때문에 이를 상용화하기 위한 기술 개발이 계속되고 있다.

[지문 해제]

이 글은 태양 에너지의 종류와 원리 및 장단점 등에 대해 설명하고 있다. 태양 에너지는 이용 기술에 따라 태양의 빛에너지를 전기 에너지로 변환시키는 태양광 발전과 집열기를 이용해 태양열을 모아 난방 또는 냉방 등에 활용하는 태양열 발전으로 나눌 수 있다.

[문단 요지]

1문단: 재생 에너지의 개념과 종류
2문단: 태양광 발전의 개념과 원리
3문단: 태양열 발전의 개념과 태양열을 이용한 난방 장치의 주된 용도
4문단: 태양열을 이용한 냉방 장치 중 실리카겔을 이용하는 방식의 원리
5문단: 태양 에너지의 장단점

[주제]

태양 에너지의 원리 및 장단점

1   구체적 사례에 적용하기 | 정답 ② |

윗글을 읽은 후 〈보기〉에 대한 반응으로 적절하지 <u>않은</u> 것은?

┤ 보 기 ├

태양 전지판 태양광 에너지 발전 장치

판매가 995,000원

★★★★☆ (리뷰 103건)

| 장바구니 | 바로구매 |

① 태양의 빛에너지를 전기에너지로 변환시키는 제품이군. 2문단
②햇빛을 받으면 집열판이 뜨거워지면서 전기가 만들어지겠군.
③ 많은 전기를 생산하기 위해 태양 전지를 여러 개 연결한 것이군. 2문단
④ 날씨가 흐린 날이나 밤에는 전력을 생산할 수 없다는 점이 아쉽군. 5문단
⑤ 태양 전지로 전기를 만들면 오염 물질이 배출되지 않아 환경에 도움이 되겠군. 5문단

✔ 정답 풀이

3문단을 통해 집열기를 이용해 태양열을 모으는 것은 태양광 발전이 아니라 태양열 발전임을 확인할 수 있다. 2문

단에 태양광 발전은 햇빛이 태양 전지를 비추면 그 속에 있는 전자가 도선을 따라 흘러가면서 전기가 만들어진다고 언급되어 있다.

❌ 오답 풀이

③ 2문단에 '많은 전기를 얻기 위해서는 여러 개의 태양 전지를 연결해야 하는데, 이를 '태양 전지판'이라고 한다.'라고 언급되어 있다.
⑤ 태양 전지는 태양을 이용해 에너지를 생산하는 것인데, 5문단에 '태양을 이용해 에너지를 생산하는 것은 환경 오염 물질을 배출하지 않는다는 장점이 있다.'라고 언급되어 있다.

2   세부 내용 파악하기 | 정답 ③ |

다음은 윗글을 읽고 학습 활동을 수행한 것이다. 적절하지 <u>않은</u> 것은?

- 태양열 발전은 난방뿐 아니라 냉방에도 활용할 수 있다. (○) ················ ㉠
  3문단
- 태양열을 이용한 난방 장치의 주된 용도는?
  🔢 찬물을 데우는 데 주로 쓰임. ················ ㉡
  3문단
- 태양열을 이용한 냉방 장치에는 여러 방식이 있다.
  (✕) ················ ㉢
- 실리카겔을 이용한 태양열 냉방 장치에서 '실리카겔'과 '태양열'의 역할은 각각 무엇인가?
  🔢 실리카겔: 공기의 습기를 제거함. ················ ㉣
  4문단
  태양열: 습기를 빨아들인 실리카겔을 가열해서 다시 사용할 수 있게 해 줌. ················ ㉤
  4문단

① ㉠   ② ㉡   ❸ ㉢   ④ ㉣   ⑤ ㉤

✔ 정답 풀이

4문단에 '태양열을 이용한 냉방 장치에는 여러 방식이 있'다고 언급되어 있다.

❌ 오답 풀이

① 3문단에 '태양열 발전은 집열기를 이용해 태양열을 모아 난방 또는 냉방 등에 활용하는 기술이다.'라고 언급되어 있다.
② 3문단에 '태양열을 이용한 난방 장치는 주로 찬물을 데우는 데 쓰인다.'라고 언급되어 있다.
④ 4문단에 '실내로 들어오는 공기가 실리카겔을 통과하면 습기가 제거되는데'라고 언급된 것으로 보아 실리카겔은 공기의 습기를 제거하는 역할을 한다고 볼 수 있다.
⑤ 4문단에 '집열기를 통해 모은 태양열은 습기를 잔뜩 머금은 실리카겔을 가열해서 다시 사용할 수 있게 하는 역할을 한다.'라고 언급되어 있다.

◐ 1문단: 그래핀의 개념
   과 등장

연필심에 사용되어 우리에게 친숙한 흑연은 탄소들이 벌집 모양의 육각형 그물처럼 배열된 평면들이 층으로 쌓여 있는 구조인데, 이 흑연의 한 층을 '그래핀(Graphene)'이

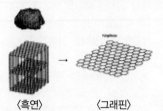

〈흑연〉   〈그래핀〉

라 한다. 1947년 처음 발견된 그래핀은 분리해 낼 방법이 없어 베일에 싸여 있었으나, 2004년 영국의 한 연구팀이 그래핀을 얻는 데 성공하였다. 연구팀은 그 공로로 2010년 노벨 물리학상을 수상하였으며, 이후 그래핀이 재조명되기 시작했다.

◐ 2문단: 그래핀의 특성

그래핀이 주목받은 이유는 뛰어난 특성을 지니고 있기 때문이다. 우선, 그래핀은 구리보다 100배 이상 전기가 잘 통하고, 반도체로 주로 쓰이는 실리콘보다 100배 이상 전자를 빠르게 이동시킬 수 있다. 또 그래핀의 강도*는 강철보다 200배 이상 높으며, 최고의 열전도성을 자랑하는 다이아몬드보다 2배 이상 열전도성*이 높다. 뿐만 아니라 신축성*도 매우 뛰어나 면적 대비 20%까지 늘어나며, 늘리거나 구부려도 전기적 성질을 잃지 않는다.

◐ 3문단: 그래핀이 활용
   되는 분야

이러한 우수한 특성 때문에 그래핀은 다양한 분야에서 미래 기술로 각광받고 있다. 높은 전기적 특성을 활용한 '초고속 반도체', 투명 전극을 활용한 '휘는 디스플레이', '고효율 태양 전지' 등이 있는데, 특히 구부릴 수 있는 디스플레이, 손목에 차는 컴퓨터나 전자 종이 등을 만들 수 있어서 미래의 신소재로 주목받고 있다.

◐ 4문단: 그래핀 제조
   방법 ① – '물리적 박
   리법'

* 강도(굳셀 剛, 법도 度):
   금속의 단단하고 센
   정도.

그래핀을 제조하는 방법에는 물리적 박리법*과 화학적 박리법이 있다. 물리적 박리법은 앞서 언급했던 2004년 영국의 연구팀이 사용한 방법이다. 투명 테이프를 흑연에 붙였다 떼어 그래핀을 얻은 후, 아세톤 등의 용매를 이용해 접착 성분을 제거하면 그래핀을 얻을 수 있다. 질적으로 가장 뛰어난 그래핀을 얻을 수 있는 방법이지만, 작업자의 손 기술에 의존하기 때문에 대량 생산이 어렵고 느리다는 한계가 있다.

◐ 5문단: 그래핀 제조
   방법 ② – 화학적 박
   리법

* 열전도성(더울 熱, 전할
   傳, 이끌 導, 성품 性):
   열을 잘 전달하는 성질.

* 신축성(펼 伸, 줄일 縮,
   성품 性): 물체가 늘어
   나고 줄어드는 성질.

* 박리법(벗길 剝, 떼놓을
   離, 법 法): 벗겨 내는
   방법.

▶ 주제: 그래핀의 특성과
   활용 분야 및 제조법

화학적 박리법은 산화–환원 반응을 이용한 것이다. 흑연을 산화시키면 그래핀이 산화되면서 층 사이가 벌어지는데, 이때 초음파를 쏘여 주면 산화된 그래핀을 얻을 수 있다. 산화된 그래핀은 전기를 통하는 성질이 사라진 상태이므로, 환원 작업을 통해 순수한 그래핀을 얻을 수 있다. 이 방법은 그래핀을 대량으로 생산할 수 있고, 다양하게 응용할 수 있는 장점이 있다. 하지만 산소를 완벽하게 제거하기가 어렵고 그래핀에 결함이 발생할 수 있다는 한계를 지니고 있다.

1 세부 내용 파악하기 | 정답 ② |

다음은 윗글을 읽고 내용을 정리한 것이다. ㉠에 들어갈 내용으로 적절하지 않은 것은?

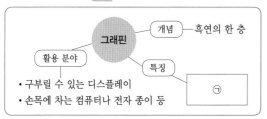

① 구리보다 100배 이상 전기가 잘 통한다.
② 강도가 다이아몬드보다 200배 이상 높다.
③ 늘리거나 구부려도 전기적 성질을 잃지 않는다.
④ 신축성이 매우 뛰어나 면적 대비 20%까지 늘어난다.
⑤ 실리콘보다 100배 이상 전자를 빠르게 이동시킬 수 있다.

✔ 정답 풀이

2문단에 '그래핀의 강도는 강철보다 200배 이상 높으며, 최고의 열전도성을 자랑하는 다이아몬드보다 2배 이상 열전도성이 높다.'라고 언급되어 있다. 따라서 강도가 다이아몬드보다 200배 이상 높다는 진술은 적절하지 않다. 그래핀의 강도 비교 대상은 다이아몬드가 아니라 강철이다.

✖ 오답 풀이

① 2문단에 '그래핀은 구리보다 100배 이상 전기가 잘 통'한다고 언급되어 있다.

③ 2문단에 '늘리거나 구부려도 전기적 성질을 잃지 않는다.'라고 언급되어 있다.
④ 2문단에 '신축성도 매우 뛰어나 면적 대비 20%까지 늘어'난다고 언급되어 있다.
⑤ 2문단에 '반도체에 주로 쓰이는 실리콘보다 100배 이상 전자를 빠르게 이동시킬 수 있다.'라고 언급되어 있다.

2 특정 정보 비교하기 | 정답 ③ |

다음은 그래핀 제조 방법을 비교한 것이다. 적절하지 않은 것은?

물리적 박리법	방법	• 투명 테이프를 흑연에 붙였다 떼어 그래핀을 얻은 뒤, 용매를 이용해 접착 성분을 제거함. ··········① 4문단
	장점	• 질적으로 가장 뛰어난 그래핀을 얻을 수 있음.
	단점	• 작업자의 손 기술에 의존하므로 대량 생산이 어렵고 느림. ··········② 4문단
화학적 박리법	방법	• 초음파로 흑연의 층 사이를 벌어지게 해서 그래핀을 산화시킨 뒤, 환원시킴. ··········③
	장점	• 대량으로 생산할 수 있음. • 다양하게 응용할 수 있음. ··········④ 5문단
	단점	• 산소를 완벽하게 제거하기 어려움. • 그래핀에 결함이 발생할 수 있음. ···⑤ 5문단

✔ 정답 풀이

5문단에 제시된 화학적 박리법을 정리하면, '흑연을 산화시킴. → 그래핀이 산화되면서 층 사이가 벌어짐. → 초음파를 쏘여 주어 산화된 그래핀을 얻음. → 환원 작업을 통해 순수한 그래핀을 얻음.'과 같다. 즉, 초음파는 이미 산화된 그래핀을 얻는 수단이지, 그래핀을 산화시키는 수단이 아니다.

✖ 오답 풀이

① 4문단에 물리적 박리법은 '투명 테이프를 흑연에 붙였다 떼어 그래핀을 얻은 후, 아세톤 등의 용매를 이용해 접착 성분을 제거하면 그래핀을 얻을 수 있다.'라고 언급되어 있다.
② 4문단에 물리적 박리법은 '작업자의 손 기술에 의존하기 때문에 대량 생산이 어렵고 느리다는 한계가 있다.'라고 언급되어 있다.
④ 5문단에 화학적 박리법은 '그래핀을 대량으로 생산할 수 있고, 다양하게 응용할 수 있는 장점이 있다.'라고 언급되어 있다.
⑤ 5문단에 화학적 박리법은 '그래핀에 결함이 발생할 수 있다는 한계를 지니고 있다.'라고 언급되어 있다.

● 1문단: 랜섬웨어에 감염된 사례

● 2문단: 랜섬웨어의 개념과 실태

● 3문단: 과거 랜섬웨어와 최근 랜섬웨어의 차이점

● 4문단: 랜섬웨어 감염 경로 및 감염 방식

* 감염(느낄 感, 물들 染): (컴퓨터) 컴퓨터 바이러스가 컴퓨터의 하드 디스크나 파일 따위에 들어오는 일.

● 5문단: 랜섬웨어를 피하기 위한 방법

* 추세(달릴 趨, 기세 勢): 어떤 현상이 일정한 방향으로 나아가는 경향.
* 유포(흐를 流, 펼 布): 세상에 널리 퍼짐. 또는 세상에 널리 퍼뜨림.

▶ 주제: 랜섬웨어 감염 경로 및 피하는 방법

2015년, 어느 웹사이트를 방문한 몇몇 사용자의 컴퓨터에 이상한 현상이 발생했다. 갑자기 컴퓨터 시스템에 접근할 수 없게 되거나 저장한 사진과 문서 파일 등을 열 수 없게 되었던 것이다. ㉠컴퓨터가 '랜섬웨어'에 감염*되어 모든 데이터가 암호화되었기 때문이다.

랜섬웨어는 '몸값(ransom)'과 '소프트웨어(software)'의 합성어다. 시스템을 잠그거나 데이터를 암호화해 사용할 수 없도록 만든 뒤, 이를 인질로 돈을 요구하는 악성 프로그램을 일컫는다. 이러한 랜섬웨어는 2005년부터 본격적으로 알려지기 시작한 후 2013년 이후 전 세계적으로 급증하여, 랜섬웨어 공격을 받은 공공기관, 기업, 개인 컴퓨터 등이 매년 늘어나는 추세*이다. 뿐만 아니라 랜섬웨어 공격은 해마다 과격해지면서 보안 위협도 높아졌다.

과거에 랜섬웨어는 주로 사용자 컴퓨터나 컴퓨터 파일을 사용하지 못하도록 암호를 걸어놓는 식이었다. 당시에는 공격자가 걸어놓은 암호화 수준이 낮아 암호를 푸는 방법을 통해 쉽게 데이터를 복구할 수 있었다. 하지만 최근에는 더욱 복잡하고 어려운 방식으로 암호화하기 때문에 암호를 푸는 것이 매우 어렵다. 설령 백신 프로그램으로 악성 코드를 없앤다 해도 암호화된 파일은 복구되지 않기 때문에 랜섬웨어는 역사상 최악의 악성 코드라고 불린다.

현재 퍼지고 있는 랜섬웨어는 50종류가 넘으며, 컴퓨터뿐 아니라 스마트폰까지 랜섬웨어에 감염되는 사례가 등장하고 있다. 또한 랜섬웨어 유포* 방식도 웹사이트, 이메일, 메신저 등 다양하다. '신뢰할 수 없는 사이트'의 경우에는 보안이 취약하기 때문에 단순히 홈페이지를 방문만 해도 랜섬웨어에 감염된다. 이메일의 경우에는 마치 아는 사람인 것처럼 또는 알아야 하는 정보인 것처럼 제목을 달아서 사용자가 이메일을 열어보도록 유도한 뒤, 첨부 파일, 메일 웹주소(URL)를 통해 컴퓨터를 감염시킨다.

랜섬웨어의 피해를 입지 않기 위해서는 자료들을 컴퓨터가 아닌 다른 공간에 정기적으로 저장해 두어야 한다. 그리고 이메일에 첨부된 파일은 특별히 요청한 것이 아니라면 보낸 사람에게 확인한 후 실행하는 것이 좋다. 문자 메시지 등에 첨부된 링크를 무심코 눌러서는 안 되며, 파일 공유 사이트 등을 통해 내려 받은 파일을 실행할 때에도 주의해야 한다. 또한, 컴퓨터 바이러스를 찾아내고 손상된 디스크를 복구하는 백신 소프트웨어를 항상 최신 버전으로 유지하는 것이 좋다.

[지문 해제]
이 글은 랜섬웨어의 개념과 실태, 감염 방식 및 이를 피하기 위한 방법 등을 제시하고 있다. 랜섬웨어는 시스템이나 데이터 등을 암호화해서 사용할 수 없도록 만든 뒤, 이를 인질로 돈을 요구하는 악성 프로그램이다. 최근의 랜섬웨어는 과거에 비해 더욱 복잡하고 어려운 방식으로 암호화하기 때문에 암호를 푸는 것이 어렵다. 랜섬웨어로부터 컴퓨터를 지키기 위해서는 자료를 컴퓨터와 분리된 곳에 저장하고, 이메일, 문자 메시지, 파일 공유 사이트 등을 조심해야 한다. 또한 백신 소프트웨어를 항상 최신 버전으로 유지하는 것이 좋다.

[문단 요지]
1문단: 랜섬웨어에 감염된 사례
2문단: 랜섬웨어의 개념과 실태
3문단: 과거 랜섬웨어와 최근 랜섬웨어의 차이점
4문단: 랜섬웨어 감염 경로 및 감염 방식
5문단: 랜섬웨어를 피하기 위한 방법

[주제]
랜섬웨어 감염 경로 및 피하는 방법

---

1 세부 내용 파악하기 | 정답 ⑤ |

다음은 컴퓨터 전문가와의 인터뷰 내용이다. 윗글을 참고할 때 적절하지 않은 것은?

Q: **랜섬웨어의 개념이 궁금합니다.**
A: ① 랜섬웨어는 '몸값(ransom)'과 '소프트웨어 (software)'의 합성어로서, ② 컴퓨터에 저장된 데이터 등을 인질로 하여 돈을 요구하는 악성 프로그램을 뜻합니다.

Q: **랜섬웨어는 개인 컴퓨터만 공격하나요?**
A: 아닙니다. ③ 기업이나 공공기관 등의 컴퓨터도 공격을 합니다.

Q: **과거에도 랜섬웨어가 있었던 것으로 알고 있는데요, 최근에 이렇게 심각한 문제로 떠오른 이유는 무엇인가요?**
A: ④ 과거와 달리 최근에는 더 복잡하고 어려운 방식으로 데이터를 암호화하여 암호를 푸는 것이 어렵기 때문입니다. ⑤ 하지만 악성 코드를 없애면 암호화된 파일을 쉽게 복구할 수 있습니다.

✔ 정답 풀이

3문단에 '백신 프로그램으로 악성 코드를 없앤다 해도 암호화된 파일은 복구되지 않기 때문에 랜섬웨어는 역사상 최악의 악성 코드라고 불린다.'라고 언급되어 있다. 따라서 악성 코드를 없애면 암호화된 파일을 쉽게 복구할 수 있다는 진술은 적절하지 않다.

✘ 오답 풀이

① 2문단에 '랜섬웨어는 '몸값(ransom)'과 '소프트웨어(software)'의 합성어다.'라고 언급되어 있다.
② 2문단에 랜섬웨어는 '시스템을 잠그거나 데이터를 암호화해 사용할 수 없도록 만든 뒤, 이를 인질로 돈을 요구하는 악성 프로그램을 일컫는다.'라고 언급되어 있다.
③ 2문단에 '랜섬웨어 공격을 받은 공공기관, 기업, 개인 컴퓨터 등이 매년 늘어나는 추세이다.'라고 언급되어 있다.
④ 3문단에 '최근에는 더욱 복잡하고 어려운 방식으로 암호화하기 때문에 푸는 것이 매우 어렵다.'라고 언급되어 있다.

---

2 특정 정보 이해하기 | 정답 ① |

㉠과 같은 상황을 피하기 위해 해야 할 일로 적절하지 않은 것은?

① 자료들을 컴퓨터에 정기적으로 저장해 두어야 한다.
   컴퓨터가 아닌 다른 공간에
② 문자 메시지에 첨부된 링크를 함부로 누르지 않도록 한다.
③ 컴퓨터 백신 소프트웨어를 항상 최신 버전으로 유지하도록 한다.
④ 파일 공유 사이트에서 내려 받은 파일을 실행할 때 주의해야 한다.
⑤ 이메일에 첨부된 파일은 보낸 사람에게 확인한 후 실행하도록 한다.

✔ 정답 풀이

5문단에 '랜섬웨어의 피해를 입지 않기 위해서는 자료들을 컴퓨터가 아닌 다른 공간에 정기적으로 저장해 두어야 한다.'라고 언급되어 있다. 따라서 자료들을 컴퓨터에 저장한다는 진술은 적절하지 않다.

기술 06~10 독해력 쑥쑥, 어휘 테스트

01 ×	02 ○	03 ○	04 ○	05 ×
06 변환	07 시야	08 고갈	09 손상	10 감염
11 ㄹ	12 ㄴ	13 ㄷ	14 ㄱ	15 ㅁ
16 열전도성	17 강도	18 신축성	19 주파수	
20 신소재				

○ 1문단: 조선 후기에 풍속화가 확산된 배경

○ 2문단: 김홍도의 「씨름」에 나타난 특징

* 광범위(넓을 廣, 법 範, 에워쌀 圍): 범위가 넓음. 또는 넓은 범위.

* 교역(사귈 交, 바꿀 易): 주로 나라와 나라 사이에서 물건을 사고팔고 하여 서로 바꿈.

* 확산(넓힐 擴, 흩을 散): 흩어져 널리 퍼짐.

* 묘미(묘할 妙, 맛 味): 미묘한 재미나 흥취.

* 해학(화할 諧, 희롱할 謔): 익살스럽고도 품위가 있는 말이나 행동.

○ 3문단: 단원의 「씨름」에서 찾을 수 있는 구성상의 묘미

○ 4문단: 해학과 정감이 담긴 풍속화

▶ 주제: 단원 김홍도의 「씨름」에 나타난 풍속화의 특징

풍속화는 소재가 광범위*하고 사실적인 특징이 있다. 그 이유는 <u>인간이 살아가는 모든 생활 습관을 주제로 하고 있기 때문이다.</u> _{풍속화의 특징} 풍속화는 조선 후기, <u>청과의 교역*으로 성</u> _{풍속화의 소재가 광범위하고 사실적인 이유} 공한 상인들이 서민 경제의 주도 세력으로 등장하게 되고 경제적 계층이 서민들에게까지 확산*되면서 더욱 발전하게 되었다. _{풍속화가 발전하게 된 배경}

대표적인 풍속화가로 단원 <u>김홍도</u>가 있다. <u>김홍도의</u> _{중심 화제} ㉠「씨름」은 공책만 한 작은 화첩에 스물 두 명이나 그려져 있고, 한 사람 한 사람이 제각기 다른 표정에 다른 자세를 취하고 있다. _{김홍도 「씨름」의 특징 ①} 배경은 배제된 채 빙 둘러앉은 구경꾼으로 동그라미를 이루게 하고 _{특징 ②} 그들의 구심적인 시선의 한복판에 씨름꾼을 놓아 그림에 통일성을 부여하고 있다. _{특징 ③} 하지만 통일성이 강하면 그림이 답답해질 우려가 있으므로 <u>오른편 가장자리를 일부러 비워 두었다.</u> 그리고 _{특징 ④} 시선이 모이기만 하면 단조로울 수 있으니 <u>엿장수는 짐짓 딴 곳을 보고 있으며 갓과 벙거지를 쓴 사람들을 적</u> _{특징 ⑤} 당하게 흩어놓아 그림에 생동감을 부여하고 있다.

단원의 「씨름」에서는 <u>위가 무겁고 아래가 가벼워지도록 처리한 구성상의 묘미*도 찾</u> _{특징 ⑥} 을 수 있다. 단오 씨름판에서 넘쳐나는 힘찬 에너지는 기본적으로 맞붙어 힘을 겨루고 있는 두 씨름꾼에게서 나온다. 하지만 <u>위쪽에 구경꾼들을 더 많이 배치시킴으로써 아래보다 상대적으로 무거운 느낌을 부여하고 있다.</u> _{위쪽에 구경꾼들을 많이 배치한 효과} 그리고 자세히 살펴보면 <u>주인공인 씨름꾼들이 앞쪽의 구경꾼들보다도 약간 큼직하게 그려져 있는데</u> 내려다보고 그린 구경꾼들 _{특징 ⑦} 과 달리, 씨름꾼은 앉은 자리에서 치켜다본 각도로 그려졌음을 알 수 있다. 만약 화가가 구경꾼들처럼 똑같이 내려다보고 그렸다면 씨름꾼들은 훨씬 납작하게 보였을 것이고 결과적으로 역동적인 씨름판의 활기는 전혀 살아나지 못했을 것이다. 이렇듯 단원은 감상자가 구경꾼의 일부가 되어 씨름판에 끼어들게 만들고 있다. _{앞쪽의 구경꾼보다 씨름꾼을 크게 그려 나타난 효과}

풍속화는 <u>서민들과 호흡을 함께 하는 장르라고 할 수 있으며, 단원은 서민들의 생활상을 한국적 해학*과 정감이 넘쳐흐르도록 그림에 담고 있다.</u> _{풍속화의 특징 / 단원 풍속화의 특징} 때문에 단원 김홍도는 대표적인 풍속화가로 평가받고 있으며 그의 그림이 교과서에 빠지지 않고 수록되는 이유가 바로 여기에 있다.

[지문 해제]

이 글은 조선 시대 대표적인 풍속화가인 김홍도와 그의 작품 「씨름」에 대해 설명하고 있다. 김홍도의 「씨름」에서 인물들은 각각 다른 표정에 다른 자세를 취하고 있는데 오른편 가장자리를 제외한 아래, 위, 왼쪽에 배치되어 통일성과 생동감을 느끼게 한다. 그리고 주인공인 씨름꾼을 앞쪽의 구경꾼들보다 약간 크게 그림으로써 씨름판의 활기가 드러나고 있다.

[문단 요지]

1문단: 조선 후기에 풍속화가 확산된 배경
2문단: 김홍도의 「씨름」에 나타난 특징
3문단: 김홍도의 「씨름」에서 찾을 수 있는 구성상의 묘미
4문단: 해학과 정감이 담긴 풍속화

[주제]

단원 김홍도의 「씨름」에 나타난 풍속화의 특징

---

1   세부 내용 파악하기 | 정답 ⑤ |

윗글의 내용에 대한 이해로 적절하지 않은 것은?

① 풍속화는 소재의 범위가 넓고 사실적이다. 1문단
② 김홍도의 「씨름」에 등장한 인물들의 표정과 자세는 다양하다. 2문단
③ 조선 후기 상인 계층의 성장과 더불어 풍속화가 더욱 발전하였다. 1문단
④ 김홍도의 「씨름」에서 몇몇 인물들의 시선을 분산시킴으로써 그림에 생동감을 부여하고 있다. 2문단
⑤ 김홍도는 「씨름」에서 씨름꾼들과 구경꾼을 동일한 크기로 그려서 그림에 통일성을 부여하고 있다.
씨름꾼과 구경꾼들을 동일한 크기로 그리지 않았으며 씨름꾼의 주변에 구경꾼을 배치함으로써 통일성을 부여하고 있음.

✔ 정답 풀이

2문단에서 오른편 가장자리는 비워 둔 채 빙 둘러앉은 구경꾼으로 동그라미를 이루게 하고 그들의 구심적인 시선의 한복판에 씨름꾼을 놓아 그림에 통일성을 부여하고 있다고 하였다. 3문단에서 주인공인 씨름꾼들을 앞쪽의 구경꾼들보다도 약간 큼직하게 그렸다고 하였다. 이를 고려하면 구경꾼의 크기가 다름을 알 수 있다.

✘ 오답 풀이

① 1문단에서 풍속화는 소재가 광범위하고 사실적인 특징이 있다고 하였다.
② 2문단에서 「씨름」에 그려진 스물 두 명은 제각기 다른 표정에 다른 자세를 취하고 있다고 하였다.
③ 1문단에서 조선 후기, 청과의 교역으로 성공한 상인들이 서민 경제의 주도 세력으로 등장하게 되고 경제적 계층이 서민들에

게까지 확산되면서 풍속화가 더욱 발전하게 되었다고 하였다.
④ 2문단에서 시선이 모이기만 하면 단조로울 수 있으니 딴 곳을 보고 있는 엿장수와 갓과 벙거지를 쓴 사람들을 적당하게 흩어 놓아 그림에 생동감을 부여하고 있다고 하였다.

---

2   다른 작품과 비교 감상하기 | 정답 ② |

윗글의 ㉠과 〈보기〉의 ㉡에 대한 설명으로 적절하지 않은 것은?

┤ 보 기 ├

신윤복 그림의 특징

혜원 신윤복 역시 조선 후기를 대표하는 풍속화가이다. 그는 당시 지배적이었던 유교적 도덕관념에 어긋나는 남녀의 밀회 등을 주로 그렸는데, 이것은 유교적 도덕관념에 대한 일종의 저항 의식을 드러낸 것으로 해석되기도 한다. 특히, 단옷날 여인들의 모습을 그린 ㉡「단오놀이」에서는 강렬한 색채로 그네 뛰는 여인을 그림의 중심에 두고 있는데 여기에 풍속화가로서의 신윤복의 특징이 잘 드러난다.
유교적 도덕 관념에 어긋나게 그린 의도

① ㉠은 위쪽에 구경꾼들을 더 많이 배치하여 무거운 느낌을 부여하고 있군. 3문단
② ㉠은 씨름을 지켜보고 있는 구경꾼들을 배경으로 삼아 구성상의 묘미를 살리고 있군. 2문단
배경은 배제한 채 그려져 있음.
③ ㉡은 단옷날 여인들의 모습을 포착하여 단옷날의 풍속을 보여 주고 있군.
④ ㉡에서 여인들의 모습을 훔쳐보고 있는 행동은 당시의 도덕관념에 벗어난다고 볼 수 있겠군.
⑤ ㉠에서는 씨름꾼들을, ㉡에서는 그네 뛰는 여인을 중심에 그려서 인물을 부각하고 있군.

✔ 정답 풀이

2문단에서 김홍도의 「씨름」에서는 배경은 배제되었다고 하였다.

✘ 오답 풀이

④ 〈보기〉에서 신윤복은 당시 지배적이었던 유교적 도덕관념에 어긋나는 내용을 주로 그렸다고 하였다. 「단오놀이」에서 여인들의 모습을 바위 뒤에서 몰래 지켜보고 있는 인물은 이러한 유교적 도덕관념에서 벗어난 것이라고 해석할 수 있다.
⑤ 3문단에서 씨름꾼들을 앞쪽의 구경꾼들보다도 약간 크게 그렸다고 하였다. 또 〈보기〉에서 강렬한 색채로 그네 뛰는 여인을 그림의 중심에 두었다고 하였다.

○ 1문단: 민화의 개념

  민화는 화가의 창조적인 예술품이라기보다는 집 안팎을 곱게 단장하기 위해 그렸거
나, 민속 신앙과 관습*에 얽힌 내용의 그림을 대중의 요구에 따라 오랜 세월을 두고 되
풀이하여 그린 실용적이며 장식적인 그림이다.

○ 2문단: 우리나라 민화
  의 발생 시기

  우리나라의 민화가 언제부터 생겼는지는 정확히 알 수 없지만 「신석기 시대의 암각화
에 민화와 민예품에 나오는 호랑이, 거북, 사슴 같은 동물이 새겨져 있고, 고구려의 옛
무덤 벽화에도 해, 달, 구름, 신선, 용, 호랑이, 사냥 그림 등이 그려져 있다. 또 삼국 시
대와 통일 신라 시대의 조각과 공예품에도 민화를 닮은 그림과 무늬가 있으며, 고려 시
대와 조선 시대의 도자기, 공예품, 건축 등에도 민화와 비슷한 그림이나 무늬가 많다.」
이런 사실로 미루어, 우리나라의 민화는 민족의 역사와 더불어 시작되었음은 물론, 여
러 시대를 거쳐 많은 사람의 사랑을 계속 받아왔음을 알 수 있다.

* 관습(익숙할 慣, 익힐
  習): 어떤 사회에서 오
  랫동안 지켜 내려와 그
  사회 성원들이 널리 인
  정하는 질서나 풍습.

○ 3문단: 우리나라 민화
  의 종류

  ㉠민화는 주제에 따라 종교적 그림과 아름다움을 추구하거나 장식을 위한 비종교적
그림으로 크게 나눌 수 있다. 종교적인 민화에는 무속에 관계된 민화와 불교, 유교에 관
계된 민화가 있다. 무속과 관계된 민화는 많은 자손과 함께 부귀영화를 누리며 건강하
게 오래 살기를 바라는 마음에서 소나무, 학, 사슴, 거북 등 변함없이 오래 사는 사물을
소재로 사용하였다. 그리고 사람들을 불행하게 만드는 나쁜 귀신을 몰아내고자 하는 바
람을 드러내기도 하였다. 불교적인 민화에는 평범한 승려가 그린 서투르고 소박한 예불
화(禮佛畵)와 한국의 풍습을 넣어 그린 명부도(冥府圖)*가 있다. 그리고 유교와 관련된
민화는 대부분 윤리와 도덕을 강조한 그림들이 많다. 비종교적인 민화는 장식을 위한
그림으로, 종교적 의미가 강하게 나타나 있지 않다. 그러나 즐겁고 건강하게 행복한 한
평생을 살아가기를 바라는 마음이 그림 속에 강렬하게 담겨 있다.

○ 4문단: 우리나라 민화
  의 특징

  우리나라의 민화는 그림을 제대로 배우지 않은, 이름 없는 사람들이 그린 그림으로
같은 주제를 되풀이하여 그렸으나 똑같이 그린 그림이 없다. 그리고 꾸밈없이 솔직하
고, 누구나 알기 쉬운 소박한 그림인 민화를 그린 화가들은 전문적인 화공* 교육을 받지
않았기 때문에 세련된 고도*의 기술을 사용하지 않았다. 또한 민화는 붉은색, 파란색,
노란색, 검은색, 흰색의 다섯 가지 짙은 원색을 활용하여, 거세고 힘찬 선과 자유로운
형태와 구도로 마음 내키는 대로 신바람이 나서 흥이 넘쳐 담대하게 그린 익살과 웃음
이 담긴 재미있는 그림이다. 이러한 특색은 민화뿐만 아니라 한국의 여러 조형 미술 작
품과 예술 작품에 공통적으로 나타나는데, 그것은 우리나라 사람의 몸과 마음에 배어
있는 성품에서 나온 것이라고 할 수 있다.

* 명부도(어두울 冥, 마
  을 府, 그림 圖): 사후
  세계를 그린 그림.
* 화공(그림 畵, 장인 工):
  예전에 화가를 이르던
  말.
* 고도(높을 高, 법도 度):
  수준이나 정도 따위가
  매우 높거나 뛰어남. 또
  는 그런 정도.

▶ 주제: 우리나라 민화
  의 종류와 특징

1 세부 내용 파악하기 | 정답 ① |

윗글에서 확인할 수 있는 내용으로 가장 적절한 것은?
① 민화는 실용적이며 장식적인 그림이다. 1문단
② 민화는 전문적인 화가가 창조적인 예술품이다. 4문단
③ 민화는 특정 시대에 제한적으로 발달한 그림이다. 2문단
④ 민화는 같은 주제를 되풀이하여 그림이 비슷하다. 4문단
⑤ 민화는 다섯 가지 이상의 짙은 원색을 사용하고 있다. 4문단

✔ 정답 풀이
1문단에서 민화는 '실용적이며 장식적인 그림'이라고 하였다.

✖ 오답 풀이
② 4문단에서 '민화를 그린 화가들은 전문적인 화공 교육을 받지 않았다'고 하였다.
③ 2문단에서 민화의 발생 시기는 정확하지 않지만 민족의 역사와 더불어 시작되었다고 하였다.
④ 4문단에서 우리나라의 민화는 같은 주제를 되풀이하여 그렸으나 똑같이 그린 그림은 없다고 하였다.
⑤ 4문단에서 민화는 붉은색, 파란색, 노란색, 검은색, 흰색의 다섯 가지 짙은 원색을 활용했다고 하였다.

2 내용 전개 방식 파악하기 | 정답 ⑤ |

㉠과 유사한 내용 전개 방식이 사용된 것으로 적절한 것은?
① 한식에는 불고기, 비빔밥, 김치찌개 등이 있다. 예시
② 곤충의 몸은 머리, 가슴, 배의 세 부분으로 이루어져 있다. 분석

③ 개는 주로 낮에 활동하는 데 반해, 고양이는 주로 밤에 활동한다. 대조
④ 한복은 한국인들이 널리 입어 온 고유의 옷을 통틀어 이르는 말이다. 정의
⑤ 국어의 단어는 기능에 따라 체언, 용언, 수식언, 관계언, 독립언으로 나눌 수 있다. 분류

✔ 정답 풀이
㉠에서는 민화를 주제에 따라 종교적 그림과 비종교적 그림으로 나누어 설명하고 있다. 이와 같이 일정한 기준에 따라 대상을 나누어 설명하는 방식을 '분류'라고 한다.

3 구체적 사례에 적용하기 | 정답 ⑤ |

다음은 학생이 쓴 감상문의 일부이다. 윗글을 바탕으로 할 때 ⓐ~ⓔ 중 적절하지 않은 것은?

┤ 보 기 ├

(가)   (나)

  (가)의 ⓐ호랑이 그림은 민화라고 할 수 없다. 왜냐하면 좌측 아래쪽에 있는 이름을 통해 ⓑ이 그림을 그린 화가가 누구인지 알 수 있으며, 수많은 작가를 알 수 있음. ⓒ호랑이의 털 하나하나를 힘 있게 그려 세련되게 세련된 고도의 기술 표현했기 때문이다. 반면에 (나)의 그림은 ⓓ그린 사람이 누구인지 알 수 없으며 ⓔ호랑이를 정확하 작가를 알 수 없음. 게 그리지 못했지만 세련된 기술을 사용하여 호랑이를 익살스럽고 천진난만하게 나타내고 있기 때문에 민화라고 할 수 있다.

① ⓐ   ② ⓑ   ③ ⓒ   ④ ⓓ   ⑤ ⓔ

✔ 정답 풀이
4문단에서 민화는 '이름 없는 사람들이 그린 그림'으로 '세련된 고도의 기술을 사용하지 않았다.'라고 하였다. 이를 고려하면, (가)는 누가 그렸는지 드러나 있고 세련된 고도의 기술을 사용하고 있으므로 민화로 볼 수 없다. 반면 (나)는 자유로운 형태와 구도로 마음 내키는 대로 그렸으며 세련된 고도의 기술을 사용하지 않았으므로 민화로 볼 수 있다. 따라서 (나)가 세련된 기술을 사용하여 민화로 볼 수 있다는 ⓔ의 진술은 적절하지 않다.

V · 예술

1문단: 조각보의 재료와 다양한 쓰임

일반 서민들에게 널리 사용된 조각보는 말 그대로 천 조각으로 만든 보자기로, 모든 것이 귀하던 옛날에 ㉠옷을 만들고 남아 쓸모없다고 생각된 자투리 천으로 만든 것이다. 조각보는 이불이나 혼수품, 예단 등의 물건을 싸서 보관하거나 정성스레 보낼 때 사용되었으며 밥상을 덮는 상보*로도 쓰였다. 이처럼 조각보에는 쌀 한 톨도 버리지 않는 우리 선조들의 검소한 정신이 반영되어 있다고 볼 수 있다.

2문단: 조각보의 규칙적인 구조

현재 다양한 조각보가 전해지고 있는데, 조각 천이 결합되어 있는 양상*에 따라 규칙적인 구조를 보이기도 한다. 정사각형 또는 이등변 삼각형의 조각이 두 개나 네 개가 모여 정사각형 모양을 이룬 것이 질서정연하게 결합된 구조에서는 같은 색의 조각들이 사선을 이루도록 배치한 미적 배려가 느껴진다. 그리고 〈그림 1〉과 같이 보자기 중앙부의 네모꼴을 중심으로 동

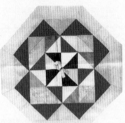

〈그림 1〉

심원이 퍼져 나가듯 조각 천이 점차 확대되어 나가는 구조는 바람개비 날개가 돌아가듯 일정한 방향으로 회전하는 양상으로 조각 천을 배열함으로써 변화를 꾀하고 있다.

3문단: 불규칙적인 조각보의 구성미

〈그림 2〉

하지만 구성미가 특히 빼어나다고 평가받는 조각보는 조각 천들이 일정한 패턴을 형성하지 않고 자유롭게 결합된 것이다. 〈그림 2〉에 제시된 조각보는 크기와 모양이 제각각인 수십 개의 천 조각이 규칙성을 배제*하면서도 산만하다거나 전체 속에 통합되지 못하다는 느낌을 주지 않는다. 이렇듯 자유로운 구도의 조각보에서 우리는 파격미 또는 자유분방미를 느낄 수 있다. 하지만 이러한 아름다움은 천이 잘린 모양을 그대로 살려 만들다 보니 그렇게 된 것일 뿐, 의도된 아름다움은 아니다. 또한 〈그림 2〉의 조각보는 따뜻하고 유려한* 다양한 색채를 사용하여 탁월한 색채 감각을 드러낸다. 이와 같이 세련된 색상과 전체적인 조화를 추구하고 있는 조각보는 우리 선조들의 뛰어난 예술 작품으로 평가받을 만하다.

* 상보(밥상 床, 포대기 褓): 차려 놓은 음식에 먼지나 파리 따위가 앉지 않도록 상을 덮는 데에 쓰는 보자기.
* 양상(모양 樣, 서로 相): 사물이나 현상의 모양이나 상태.
* 배제(밀칠 排, 덜 除): 받아들이지 아니하고 물리쳐 제외함.
* 유려하다(흐를 流, 고울 麗ーー): 글이나 말, 곡선 따위가 거침없이 미끈하고 아름답다.

▶ 주제: 조각보의 쓰임새와 구조가 가지는 예술적 의의

[지문 해제]

이 글은 우리 선조들의 뛰어난 예술 작품 중 하나인 조각보에 대해 설명하고 있다. 조각보는 옷을 만들고 남아 쓸모없다고 생각되던 자투리 천으로 만든 것으로 우리 선조들의 검소한 정신이 반영되어 있다. 조각보는 규칙적인 구조를 보이는 것이 있고 불규칙적인 구조를 보이는 것이 있는데 일반적으로 일정한 패턴을 형성하지 않고 자유로운 구조를 띠는 조각보의 구성미가 더 빼어나다고 평가받는다. 이렇듯 세련된 색상과 전체적인 조화를 추구하고 있는 조각보는 우리 선조들의 뛰어난 예술 작품으로 평가받을 만하다.

[문단 요지]

1문단: 조각보의 재료와 다양한 쓰임
2문단: 조각보의 규칙적인 구조
3문단: 불규칙적인 조각보의 구성미

[주제]

조각보의 쓰임새와 구조가 가지는 예술적 의의

---

1 세부 내용 파악하기 | 정답 ⑤ |

윗글에서 확인할 수 있는 내용으로 적절하지 않은 것은?

① 조각보는 자투리 천으로 만든 보자기다. 1문단
② 조각보는 일반 서민들이 주로 사용하였다. 1문단
③ 조각보는 보자기, 상보 등으로 다양하게 사용되었다. 1문단
④ 조각보는 우리 선조들의 검소한 정신을 반영하고 있다. 1문단
⑤ 조각보는 ~~모두~~ 규칙적인 구조이며 이러한 구조로 인해 구성미가 ~~빼어나다.~~
  모두 규칙적인 구조는 아니며 불규칙적인 구조가 구성미가 빼어남.

✓ **정답 풀이**

2문단에서 조각 천이 결합된 양상에 따라 규칙적인 구조를 보이기도 한다고 하였고, 3문단에서 구성미가 특히 빼어나다고 평가받는 조각보는 조각 천들이 일정한 패턴을 형성하지 않고 자유롭게 결합된 것이라고 하였다. 따라서 규칙적인 구조로 인해 구성미가 빼어나다는 ⑤의 진술은 적절하지 않다.

✗ **오답 풀이**

① 1문단에서 조각보는 옷을 만들고 남아 쓸모없다고 생각된 자투리 천으로 만든 것이라고 하였다.
② 1문단에서 조각보는 일반 서민들에게 널리 사용됐다고 하였다.
③ 1문단에서 조각보는 이불, 혼수품, 예단 등의 물건을 싸서 보관하거나 물건을 정성스럽게 보낼 때 사용되었으며 밥상을 덮는 상보로도 쓰였다고 하였다.
④ 1문단에서 조각보에는 쌀 한 톨도 버리지 않는 우리 선조들의 정신이 반영되어 있다고 하였다.

---

2 특정 정보 파악하기 | 정답 ⑤ |

〈그림 2〉의 조각보에 대한 설명으로 적절하지 않은 것은?

① 잘려진 천의 모양을 그대로 살려 만든 조각보이다.
② 다양한 색채를 활용하여 탁월한 색채 감각을 드러내고 있다.
③ 조각 천들이 일정한 패턴이 아니라 자유롭게 결합되어 있다.
④ 규칙성이 배재된 자유로운 구도 속에서 파격미를 느낄 수 있다.
⑤ 크기와 모양이 제각각인 천 조각이 전체 속에 통합되지 ~~못한 느낌~~을 준다.
  통합된 느낌을 줌.

✓ **정답 풀이**

〈그림 2〉는 일정한 패턴을 형성하지 않고 자유롭게 결합된 조각보로, 3문단에서 크기와 모양이 제각각인 천 조각이 규칙성을 배제하면서도 산만하다거나 전체 속에 통합되지 못한 느낌을 주지 않는다고 하였다.

✗ **오답 풀이**

① 3문단에서 〈그림 2〉의 조각보는 천이 잘린 모양을 그대로 살려 만들었다고 하였다.
② 3문단에서 〈그림 2〉의 조각보는 따뜻하고 유려한 다양한 색채를 사용하여 탁월한 색채 감각을 드러낸다고 하였다.
③, ④ 3문단에서 〈그림 2〉의 조각보는 조각 천들이 자유롭게 결합된 것으로 자유로운 구도 속에서 파격미와 자유분방미를 느낄 수 있다고 하였다.

---

3 고사 성어 적용하기 | 정답 ① |

㉠과 관련 있는 고사 성어로 적절한 것은?

① 무용지용(無用之用)
② 애지중지(愛之重之)
  대상이 되는 것을 사랑하고 소중하게 여김.
③ 일거양득(一擧兩得)
  한 가지 일로써 두 가지 이득을 얻음.
④ 새옹지마(塞翁之馬)
  인생에 있어서 길흉화복은 항상 바뀌어 미리 헤아릴 수가 없다.
⑤ 사필귀정(事必歸正)
  무슨 일이든 결국 옳은 이치대로 돌아간다.

✓ **정답 풀이**

쓸모가 없다고 생각했던 자투리 천으로 예술성이 뛰어난 조각보를 만들었으므로 '쓸모없다고 생각하는 것이 실은 쓸모가 있다'라는 뜻의 '무용지용(無用之用)'이 적절하다.

✗ **오답 풀이**

② '대상이 되는 것을 사랑하고 소중하게 여김.'이라는 의미이다.
③ '한 가지 일로써 두 가지 이득을 얻음.'이라는 의미이다.
④ '인생에 있어서 길흉화복은 항상 바뀌어 미리 헤아릴 수가 없다.'라는 의미이다.
⑤ '무슨 일이든 결국 옳은 이치대로 돌아간다.'라는 의미이다.

● 1문단: 사실주의와 인상주의의 특징

　　㉠사실주의 화가인 쿠르베는 고상하고 우아하며 교훈적이어야 한다는 당시의 지배적인 미적 규범*을 어기고, 현실적인 소재를 택하여 사실적인 기법으로 그림을 그렸다. 그는 그림의 목적이 교훈적이거나 역사적 사실을 그려내는 데 있지 않고 현재에 존재하는 사건과 대상 가운데 영웅적인 모습과 진실을 밝혀내는 데 있다고 보았다. ㉡인상주의 화가들도 쿠르베와 마찬가지로 자신들의 눈으로 본 현실의 풍경이나 대상을 그림으로 그리고자 했다. 다만 그와 달리 인상주의 화가들은 시시각각 색이 변하는 사물의 표면에서 반사하는 빛의 인상을 즉흥적으로 표현하고자 했다. 즉, 화가가 자연을 보고 느끼는 인상을 그리고자 했다.

● 2문단: 모네 그림의 특징

　　인상주의의 대표적인 화가로는 모네가 있다. 모네는 물감을 점으로 찍어 사물의 색을 표현하는 기법인 점묘화법을 사용하여 자연의 순수한 빛을 최대한 살리고자 했다. 즉, 물리적으로 색을 혼합하여 초록색을 칠하는 것보다 파랑색 점과 노란색 점을 병치하여 멀리서 보았을 때 초록색으로 보이게끔 하여 더욱 선명한 색을 표현하였다. 또한 모네는 생동하는 거칠고 빠른 붓 터치로 그림을 가득 채웠다. 종래의 회화에서는 나무와 물, 바위, 사람 등을 각기 고유한 물질성에 따라 묘사하여 물을 그릴 땐 물과 같은 재질감*을 내고자 노력했고, 바위를 그릴 땐 육중한* 중량감과 우둘투둘한 표면 재질감을 내고자 노력했다. 그래서 화면에 화가가 칠한 붓 터치가 그대로 보이는 것을 용납하지 않았다. 하지만 모네는 붓의 움직임을 남겨둠으로써 빛의 움직임을 효과적으로 표현해 냈다. 모네를 비롯한 인상주의 화가들에게 사물이란 고정불변의 형태와 존재를 지닌 것이 아니었다. 그들은 사물을 외부적인 조건이나 주관적 조건에 의해 변화할 수밖에 없는 존재로 보았다. 그래서 그들은 사물의 고유한 색을 부정하였으며 사물에 대한 자세하고 입체적인 묘사나 치밀하고 매끄러운 완성도보다 느끼는 대로 표현하고자 하였다.

* 규범(법 規, 법 範): 인간이 행동하거나 판단할 때에 마땅히 따르고 지켜야 할 가치 판단의 기준.
* 재질감(재목 材, 바탕 質, 느낄 感): 어떤 물체의 표면에서 느껴지는 감각.
* 육중하다(고기 肉, 무거울 重--): 투박하고 무겁다.

● 3문단: 인상주의의 미술사적 의의

　　이러한 인상주의는 미술의 역사에 있어 매우 중요한 혁명적 사고의 전환을 보여 준다. 즉 미술은 자연을 묘사하기 위해서나 종교적이고 역사적인 내용을 묘사하기 위해서 존재하는 것이 아니라 미술 그 자체의 순수 조형적 가치 때문에 존재 의의를 지닌다는 것이다. 인상주의 화가들에게는 그림의 주제가 중요했던 것이 아니라, 빛과 색채가 그림 속에서 지니는 풍부한 가능성을 연구하는 것이 가장 중요한 과제였던 것이다.

▶ 주제: 인상주의의 특징과 미술사적 의의

[지문 해제]

 이 글은 서양 미술사 중에서 시시각각 색이 변하는 사물의 표면에서 반사하는 빛의 인상을 즉흥적으로 표현하고자 한 인상주의의 특징에 대해 설명하고 있다. 우아하며 교훈적이어야 한다는 당시의 지배적인 미적 규범을 어기고 현실적인 소재를 택하여 사실적인 기법으로 그린 사실주의와 함께 인상주의가 등장하였다. 인상주의의 대표 화가인 모네의 그림에 나타난 점묘화법의 사용, 붓 터치를 그대로 남김, 빛의 움직임의 효과적인 표현에서 볼 수 있듯이 인상주의는 미술을 그 자체의 순수한 조형적 가치로 존재의 의의를 갖게 하였다.

[문단 요지]
 1문단: 사실주의와 인상주의의 특징
 2문단: 모네 그림의 특징
 3문단: 인상주의의 미술사적 의의

[주제]

인상주의의 특징과 미술사적 의의

1 특정 정보 비교하기 | 정답 ⑤ |

㉠과 ㉡에 대한 설명으로 적절한 것은?

① ㉠은 ~~고상하고 우아한 예술~~을 추구하였다.
　　　　　당시의 지배적인 미적 규범
② ㉠은 ~~역사적 사실 속에서~~ 교훈을 드러내고자 하였다.
③ ㉡은 자연의 모습을 ~~사실적으로~~ 묘사하고자 하였다.
　　　화가가 자연을 보고 느끼는 인상을 그리고자 함.
④ ㉡은 ~~사물이 가지고 있는 고유한 색상~~에 주목하였다.
　　　　　사물의 고유한 색상을 부정함.
⑤ ㉠과 ㉡은 모두 현실에 존재하는 대상을 그림의 소재로 삼았다.

✔ 정답 풀이

1문단에서 사실주의 화가들과 인상주의 화가들은 '자신들의 눈으로 본 현실의 풍경이나 대상을 그림으로 그리고자 했다.'라고 하였다.

✗ 오답 풀이

① 1문단에서 사실주의 화가들은 고상하고 우아하며 교훈적이어야 한다는 당시의 지배적인 미적 규범을 어겼다고 하였다.
② 1문단에서 사실주의 화가들은 교훈적이거나 역사적 사실을 그려내는 데 그림의 목적이 있지 않고 현재에 존재하는 사건과 대상 가운데 영웅적인 모습과 진실을 밝혀내는 데 있다고 보았다고 하였다.
③ 1문단에서 인상주의 화가들은 화가가 자연을 보고 느끼는 인상을 그리고자 했다고 하였다.
④ 2문단에서 인상주의 화가들은 사물의 고유한 색을 부정하였다고 하였다.

2 구체적 사례에 적용하기 | 정답 ⑤ |

윗글을 참고할 때 〈보기〉의 그림에 대한 이해로 적절하지 않은 것은?

┤ 보 기 ├

 위 그림은 모네의 「일출」이다. 모네는 새벽녘 캔버스를 들고 나갔다가 해가 떠오르는 모습이 아름다워 이 작품을 그렸다고 한다. 순간적으로 보이는 분위기를 그대로 표현하기 위해 재빠르게 그린 이 작품은 인상주의를 대표한다고 할 수 있는 작품이다.
　　　　인상주의 화가들은 자연을 보고 느끼는 인상을 그리고자 함.
　　　　즉흥적으로 표현

① 모네는 붓 터치를 그대로 남겨 그림에 생동감을 부여하고자 했겠군. 2문단
② 모네는 일출이라는 자연 현상을 보고 느끼는 인상을 그리고자 했겠군. 1문단
③ 모네는 일출의 순간 느껴지는 분위기를 즉흥적으로 표현하고자 했겠군. 1문단
④ 모네는 물감을 점으로 찍어 표현함으로써 물의 특성을 드러내고자 했겠군. 2문단
⑤ 모네는 움직이는 배의 형태를 ~~똑같이~~ 표현함으로써 사물의 ~~재질감~~을 드러내고자 했겠군.
　　　　　종래 회화의 특징

✔ 정답 풀이

2문단에서 '모네를 비롯한 인상주의 화가들에게 사물이란 고정불변의 형태와 존재를 지닌 것이 아니'라고 하였다. 또 모네는 붓의 움직임을 남겨두어 빛의 움직임을 효과적으로 표현해 냈다고 하였다. 각기 고유한 물질성에 따라 묘사하여 사물의 재질감을 드러내고자 한 것은 모네 그림의 특징이 아니라, 종래 회화의 특징이다.

✗ 오답 풀이

① 2문단에서 모네는 붓의 움직임을 남겨둠으로써 빛의 움직임을 효과적으로 표현해 냈다고 하였으므로 적절한 진술이다.
②, ③ 1문단에서 인상주의 화가들은 자연을 보고 느끼는 인상을 그리고자 했다고 하였다. 〈보기〉에서 모네의 「일출」은 순간적으로 보이는 분위기를 그대로 표현하기 위해서 재빠르게 그린 그림이라고 하였으므로 적절한 진술이다.
④ 2문단에서 모네는 물감을 점으로 찍어 사물의 색을 표현하는 기법인 점묘화법을 사용하여 자연의 순수한 빛을 최대한 살리고자 했다고 하였으므로 적절한 진술이다.

◐1문단: 영상 편집의 개념과 목적

시나리오에 적합한 화면과 음향을 구성하기 위해서는 촬영한 영상을 기획* 의도에 맞게 편집하는 과정이 필요하다. 잘못 촬영되었거나 의미를 전달하는 데 불필요한 부분을 제거하고 영상의 흐름에 어울리는 다양한 효과를 첨가하여 더욱 완성도 높은 영상물을 만들어 내는 것이 영상 편집의 목적이다. 영상을 편집할 때 유용한 방법으로는 화면과 화면을 붙이는 '컷(cut)', 화면의 시작과 끝을 암시하는 '페이드(fade)', 그리고 두 개의 화면이 서로 겹쳐서 전환되는 '디졸브(dissolve)' 등이 있다.

◐2문단: 컷의 개념과 특징

'컷'은 어떠한 효과도 없이 앞의 화면과 뒤의 화면을 그대로 이어 붙이는 것으로 가장 기본적이고 중요한 편집의 방법이다. 두 개의 화면을 어떻게 붙이느냐에 따라 다양한 의미를 만들어 낼 수 있으므로 편집 과정에서 다음 컷과 어울리는지를 잘 고려해야 한다. 관객들은 이미 자연스럽게 연결되는 컷들로 전개되는 영상에 익숙해져 있기 때문에 컷이 변하는 것을 잘 인식하지 못한다. 의도적으로 급작스럽고 부자연스럽게 화면과 화면을 연결하는 ㉠'점프 컷(jump cut)'은 이러한 컷의 속성을 뒤집은 방법이다.

◐3문단: 페이드의 개념과 특징

'페이드'는 영상이 어두운색 혹은 밝은색에서 점차로 나타나거나 점차로 사라지는 것을 말한다. 시작과 끝을 정확하게 전달하기 때문에 영상을 편집할 때 활용할 수 있는 범위가 한정되어 있지만 그 효과는 크다. 부드럽게 영상을 시작하기 위해서는 '페이드인'을, 부드럽게 이야기를 마무리 짓고 싶다면 '페이드아웃'을 하며, 꼭 영상의 시작과 끝이 아니더라도 영상 중간에 하나의 이야기가 마무리 되거나 시간의 경과 또는 장소의 변화를 표현할 때 페이드인과 페이드아웃을 사용하기도 한다.

◐4문단: 디졸브의 개념과 특징

'디졸브'는 앞의 화면이 서서히 사라짐과 동시에 뒤의 화면이 서서히 겹치면서 나타나는 것으로 앞뒤의 화면이 서로 단절*된 느낌이 덜 드는 것이 특징이다. 이것은 페이드와 마찬가지로 영상 안에서 시간이 많이 흘렀거나 천천히 흐르고 있을 때 또는 공간이 전환*될 때 활용된다. 그리고 이어지는 두 화면의 이미지가 강해서 부드러운 전환이 필요할 때 사용하기도 한다.

* 기획(꾀할 企, 그을 劃): 일을 계획함.
* 단절(끊을 斷, 끊을 絶): 흐름이 연속되지 아니함.
* 전환(구를 轉, 바꿀 換): 다른 방향이나 상태로 바뀌거나 바꿈.

▶주제: 영상 편집의 목적과 종류

[지문 해제]

이 글은 시나리오에 적합한 화면과 음향을 구성하기 위해 촬영한 영상을 기획 의도에 맞게 편집하는 과정인 영상 편집의 목적과 종류에 대해 설명하고 있다. 영상을 편집할 때 유용한 방법으로 효과 없이 앞의 화면과 뒤의 화면을 그대로 이어 붙이는 '컷', 영상이 어두운 색 혹은 밝은 색에서 점차로 나타나거나 점차로 사라지는 '페이드', 앞의 화면이 서서히 사라짐과 동시에 뒤의 화면이 서서히 겹치면서 나타나는 '디졸브' 등이 있다.

[문단 요지]

1문단: 영상 편집의 개념과 목적
2문단: 컷의 개념과 특징
3문단: 페이드의 개념과 특징
4문단: 디졸브의 개념과 특징

[주제]

영상 편집의 목적과 종류

---

1 **세부 내용 파악하기** | 정답 ⑤ |

윗글의 내용과 일치하지 않는 것은?
① 화면의 시작과 끝을 암시하는 것을 '페이드'라고 한다. 1문단
② 앞의 화면과 뒤의 화면을 이어 붙이는 것을 '컷'이라고 한다. 2문단
③ 영상 편집의 목적은 완성도 높은 영상물을 만들기 위해서이다. 1문단
④ '페이드인'은 부드럽게 영상을 시작할 수 있게 하는 효과가 있다. 3문단
⑤ '디졸브'는 앞뒤의 화면이 단절되었다는 느낌을 ~~강조~~하는 효과가 있다.
  단절되었다는 느낌을 덜 들게 함.

✅ **정답 풀이**

4문단에서 '디졸브'는 앞의 화면이 서서히 사라짐과 동시에 뒤의 화면이 서서히 겹치면서 나타나는 것으로, 앞뒤의 화면이 서로 단절된 느낌이 덜 드는 것이 특징이라고 하였다. 따라서 앞뒤 화면이 단절되었다는 느낌을 강조하는 효과가 있다는 ⑤의 진술은 적절하지 않다.

❌ **오답 풀이**

① 1문단에서 '페이드'는 화면의 시작과 끝을 암시한다고 하였으며, 3문단에서 '페이드'는 시작과 끝을 정확하게 전달한다고 하였다.
② 2문단에서 '컷'은 어떠한 효과도 없이 앞의 화면과 뒤의 화면을 그대로 이어 붙이는 것으로 가장 기본적이고 중요한 편집 방법

이라고 하였다.
③ 1문단에서 영상 편집의 목적은 잘못 촬영되었거나 의미를 전달하는 데 불필요한 부분을 제거하고 영상의 흐름에 어울리는 다양한 효과를 첨가하여 더욱 완성도 높은 영상물을 만들어 내는 것이라고 하였다.
④ 3문단에서 '페이드'는 시작과 끝을 정확하게 전달하기 때문에 영상을 편집할 때 활용할 수 있는 범위가 한정되어 있지만 그 효과가 크다면서, 부드럽게 영상을 시작하기 위해서는 '페이드인'을 사용한다고 하였다.

---

2 **구체적 사례에 적용하기** | 정답 ⑤ |

㉠을 활용할 수 있는 상황으로 가장 적절한 것은?
① 시간의 경과를 나타내고자 할 때 페이드
② 장소의 변화를 드러내고자 할 때 페이드
③ 부드럽게 이야기를 마무리 짓고자 할 때 페이드아웃
④ 영상 중간에 하나의 이야기를 마무리 짓고자 할 때 페이드
⑤ 의도적으로 부자연스러운 화면과 화면을 연결할 때

✅ **정답 풀이**

2문단에서 '점프 컷'은 의도적으로 급작스럽고 부자연스럽게 화면과 화면을 연결하는 방법으로, 자연스럽게 연결되는 컷의 속성을 뒤집은 방법이라고 하였다. 따라서 의도적으로 부자연스러운 화면을 연결할 때 '점프 컷'을 활용하는 것이 적절하다.

❌ **오답 풀이**

①, ②, ④ 3문단에서 꼭 영상의 시작과 끝이 아니더라도 영상 중간에 하나의 이야기가 마무리 되거나 시간의 경과 또는 장소의 변화를 표현할 때는 '페이드인'과 '페이드아웃'을 사용하기도 한다고 하였다.
③ 3문단에서 부드럽게 이야기를 마무리 짓고 싶다면 '페이드아웃'을 사용하기도 한다고 하였다.

예술 01~05	독해력 쑥쑥, 어휘 테스트			
01 교역	**02** 해학	**03** 확인	**04** 고도	**05** 단절
06 구도	**07** ㉠	**08** ㉤	**09** ㉣	**10** ㉢
11 ㉡	**12** ㉢	**13** ㉥	**14** ⓐ	**15** ⓔ
16 ⓒ	**17** ⓓ	**18** ⓑ	**19** ⓕ	**20** ⓖ

○ 1문단: 고전파 음악의 등장 배경

고전파 음악은 어떤 음악인가? 서양 음악의 뿌리는 종교 음악에서 비롯되었다. 바로크 시대까지는 음악이 종교에 예속*되어 있었으며, 음악가들 또한 종교를 무시할 수는 없었다. 고전파 음악은 이렇게 종교에 예속되었던 음악을 종교에서 해방시켜 순수한 음악, 즉 음악을 위한 음악을 정립*하려는 예술 운동에서 출발하였다. 따라서 고전파 음악은 신보다는 사람을 위한 음악, 음악을 위한 음악을 추구하였다.

○ 2문단: 형식과 내용의 완성을 이룬 고전파 음악

또한 고전파 음악은 음악적 형식과 내용의 완숙*을 이룬 음악이기도 하다. 이 시기에는 하이든, 모차르트, 베토벤 등 음악의 역사에서 가장 위대한 작곡가들이 배출되기도 하였다. 당시 오스트리아 빈의 청중은 유럽의 다른 지역 청중과는 달리 제목이나 가사 등의 음악 외적 요소를 원치 않았다. 그들이 원했던 것은 말로 표현할 수 없는, 무한을 향해 열려 있는 음악 그 자체였다. 때문에 성악이 아닌 기악만으로도 음악이 가능하게 되었으며, 이를 통해 교향곡의 기본을 이루는 소나타 형식이 완성되었다.

○ 3문단: 베토벤 교향곡의 특징과 의의

특히 베토벤의 교향곡은 음악의 소재를 개발하고 그것을 다채롭게 처리하는 창작 기법이 탁월하여 음악사에 한 획을 그은 걸작으로 평가받고 있다. 연주 시간이 한 시간 가까이 되는 제3번 교향곡 「영웅」에서 베토벤은 으뜸화음●을 펼친 하나의 평범한 소재를 모티브로 취하여 다양한 변주와 변형 기법을 통해 통일성을 유지하면서도 가락을 다채롭게 들리게 했다. 이처럼 단순한 소재에 착상*하여 이를 다양한 방식으로 가공함으로써 성취해 낸 복잡성은 후대 작곡가들이 본받을 창작 방식의 전형이 되기도 하였다. 독일의 음악 비평가인 슐레겔은 베토벤의 교향곡을 순수 기악의 중심이라고 평가하였다.

이렇듯 역사적으로 고전파 음악은 음악 자체의 영역을 확보하였으며, 최고 수준의 음악적 내용과 형식을 수립하였다. 고전파 음악이 서양 전통 음악 전체를 대표하게 된 것은 고전파 음악이 이룩한 역사적인 성과에서 비롯된 것일지도 모른다. 따라서 고전 음악의 개념을 이해하기 위해서는 고전파 음악의 성격과 특질에 대한 이해가 선행되어야 할 것이다.

○ 4문단: 고전파 음악의 의의

● 으뜸화음: 음계의 으뜸음을 밑음으로 하여 이루어진 삼화음. 장조에서는 '도 · 미 · 솔', 단조에서는 '라 · 도 · 미'의 화음을 이른다.

* 예속(종 隷, 무리 屬): 남의 지배나 지휘 아래 매임.
* 정립(바를 正, 설 立): 바로 섬. 또는 바로 세움.
* 완숙(완전할 完, 익을 熟): 재주나 기술 따위가 아주 능숙함.
* 착상(붙을 着, 생각할 想): 어떤 일이나 창작의 실마리가 되는 생각이나 구상 따위를 잡음. 또는 그 생각이나 구상.

▶ 주제: 고전파 음악의 특징과 의의

[지문 해제]

이 글은 음악이 종교에 예속되어 있었던 바로크 시대에서 벗어나 순수한 음악을 추구한 고전파 음악의 발생 배경과 고전파 음악의 특징에 대해 설명하고 있다. 고전파 음악은 음악적 형식과 내용의 완숙을 이룬 음악으로, 특히 교향곡의 대표 작곡가인 베토벤의 교향곡은 음악의 소재를 개발하고 그것을 다채롭게 처리하는 창작 기법이 탁월하여 음악사에 한 획을 그었다고 평가받는다. 고전파 음악은 음악 자체의 영역을 확보하였으며, 최고 수준의 음악적 내용과 형식을 수립하였다는 점에서 서양 전통 음악 전체를 대표하게 되었다는 의의가 있다.

[문단 요지]

1문단: 고전파 음악의 등장 배경
2문단: 형식과 내용의 완성을 이룬 고전파 음악
3문단: 베토벤 교향곡의 특징과 의의
4문단: 고전파 음악의 의의

[주제]

고전파 음악의 특징과 의의

---

1 반응의 적절성 파악하기 | 정답 ④ |

윗글을 읽은 독자의 반응으로 적절하지 않은 것은?

① 바로크 시대에는 음악이 종교에 예속되어 있었군. 1문단
② 고전파 음악은 종교에서 해방된 순수한 음악을 추구했군. 1문단
③ 베토벤 교향곡 「영웅」의 변형 기법은 통일성과 다양성을 드러내고 있군. 3문단
④ 베토벤의 교향곡은 다양한 가락과 이에 어울리는 가사로 이루어져 있군.
  기악으로만 이루어짐
⑤ 고전파 음악은 형식과 내용의 완숙을 이룬 음악으로 서양 전통 음악을 대표하는군. 2문단, 4문단

✅ **정답 풀이**

2문단에서 고전파 음악은 성악이 아닌 기악만으로도 음악이 가능하게 되었기 때문에 교향곡의 기본을 이루는 소나타 형식이 완성되었다고 하였다. 이로 미루어 보아 교향곡을 이루는 소나타 형식은 성악이 아닌 기악만으로 구성되어 있음을 짐작할 수 있다.

❌ **오답 풀이**

① 1문단에서 바로크 시대까지는 음악이 종교에 예속되어 있었다고 하였다.
② 1문단에서 고전파 음악은 신보다는 사람을 위한 음악, 순수한 음악을 추구했다고 하였다.
③ 3문단에서 베토벤의 교향곡 「영웅」은 으뜸화음을 펼친 하나의 평

범한 소재를 모티브로 취하여 다양한 변주와 변형 기법을 통해 통일성을 유지하면서도 가락을 다채롭게 들리게 했다고 하였다.
⑤ 2문단에서 고전파 음악은 형식과 내용의 완숙을 이룬 음악이라고 하였다. 또 4문단에서 고전파 음악이 서양 전통 음악 전체를 대표하게 되었다고 하였다.

---

2 다른 상황에 적용하기 | 정답 ③ |

윗글과 〈보기〉를 이해한 내용으로 가장 적절한 것은?

┤ 보 기 ├

오스트리아 빈에서는 순수 기악이 우세했지만 이탈리아와 프랑스에서는 오페라가 여전히 음악의 중심에 있었다. 소설가이자 음악 비평가인 스탈당은, 당대 최고의 인기를 누린 오페라 작곡가 로시니가 베토벤과 달리 가사 표현이 뛰어나다며 그를 최고의 작곡가라고 평가하였다.

① 슐레겔 역시 로시니의 음악이 뛰어나다고 평가했겠군.
  베토벤 긍정, 로시니 부정
② 오스트리아 빈의 청중은 로시니의 음악에 긍정적인 반응을 보였겠군.
  부정적인 반응
③ 음악의 '제목'을 원하지 않는 사람들은 오페라보다 교향곡을 선호했겠군.
④ 스탈당은 로시니의 음악이 '순수 기악'을 추구하고 있다는 점에서 높게 평가했겠군.
  순수 기악 – 베토벤
⑤ 이탈리아와 프랑스의 청중은 '다양한 변주 기법'을 활용한 베토벤의 음악을 긍정적으로 평가했겠군.
  이탈리아, 프랑스 – 로시니 긍정, 베토벤 부정

✅ **정답 풀이**

2문단에서 오스트리아 빈의 청중은 제목이나 가사를 원하지 않았다고 하였으므로 순수 기악에 긍정적인 반응을 보였을 것이라고 짐작할 수 있다.

❌ **오답 풀이**

① 3문단에서 슐레겔은 베토벤의 교향곡을 순수 기악의 중심이라고 평가했다고 하였다. 〈보기〉의 로시니는 오페라를 대표하는 작곡가이므로 슐레겔은 로시니의 음악을 뛰어나다고 평가하지 않았을 것이다.
② 2문단에서 오스트리아 빈의 청중은 제목이나 가사 등의 음악 외적 요소를 원하지 않았다고 하였다. 따라서 언어, 가사가 중심이 되는 로시니의 오페라에 부정적인 반응을 보였을 것이다.
④ 〈보기〉에서 스탈당은 로시니의 음악을 높이 평가했다고 하였다. 그러나 순수 기악을 추구하고 있는 사람은 베토벤이다.
⑤ 〈보기〉에서 이탈리아와 프랑스 청중은 로시니의 오페라를 긍정적으로 평가했다고 하였으므로 순수 기악이 중심이 되는 베토벤의 음악을 부정적으로 평가했을 것이라고 짐작할 수 있다.

예술 07 **만화란 무엇인가** _ 권경민

정답 **1** ② **2** ⑤ **3** ⑤

○ 1문단: 영화와 만화의
이미지 차이

요즘에는 영상미를 추구하는 만화들도 많고, 반대로 만화에서 소재를 찾거나 원작 만화의 이미지를 그대로 영상으로 ㉠옮기는 영화들도 쉽게 찾아볼 수 있다. 이처럼 현대의 만화와 영화는 이미지의 결합으로 하나의 텍스트가 형성되어 있다는 점에서 그 경계선이 모호해졌다고 말할 수도 있지만, 영화는 움직이는 이미지를, 만화는 정지된 이미지를 표상*하는 매체라는 점에서 차이를 드러낸다.

중심 화제 / 만화와 영화의 공통점 / 영화와 만화의 차이점

○ 2문단: 영화의 특징

영화는 사진에 결여*되었던 사물의 운동, 즉 시간의 흐름을 반영한 예술 장르로, 1초에 24프레임의 속도로 만들어진 영상이 똑같은 형태와 크기의 스크린에 등장한다. 등장하는 영상은 이어서 등장하는 다음 영상에게 자리를 내주면서 소멸되며, 스크린에 보이는 영상은 역행*해서 이전의 영상으로 ㉡돌아가는 것을 허용하지 않는다. 이처럼 영화에서는 동적인 이미지를 일정한 속도로 보여 주고 감상자의 감상 속도는 영사 속도에 의해 강제된다.

영화는 움직이는 이미지를 표상함 / 동적인 이미지를 일정한 속도로 보여 줌 / 영화의 특징

○ 3문단: 만화의 특징

반면 만화는 물리적 시간이 존재하지는 않지만 이를 칸이라는 공간의 유연함*으로 극복한다. 영화의 스크린에 해당하는 만화의 칸에는 고정된 틀이 없다. 동일한 크기의 칸으로 이야기를 ㉢이끌어 가는 경우도 있지만 스토리를 갖는 대부분의 만화는 이야기의 비중과 역할에 따라 칸의 크기와 모양이 제각각이며, 전후 칸과의 관계를 통해 이야기를 이끌어 간다. 만화는 한 칸에 그림뿐 아니라, 말풍선을 통해 인물의 심리 및 작중 상황을 드러내는 언어적·비언어적 정보●를 모두 ㉣담을 수 있는 자유로움이 있다. 그리고 이러한 정보는 독자의 읽기 시간에 변화를 ㉤주며, 효과선은 인물이나 물체의 주변에 그어져 속도감을 암시하여 독자의 상상을 더욱 부추기기도 한다.

만화는 정지된 이미지를 표상하지만 이를 칸으로 극복함 / 만화의 특징 ① / 특징 ② / 특징 ③ / 특징 ④

* 표상(겉 表, 모양 象): 대표로 삼을 만큼 상징적인 것.
* 결여(모자랄 缺, 같을 如): 마땅히 있어야 할 것이 빠져서 없거나 모자람.
* 역행(거스릴 逆, 다닐 行): 일정한 방향이나 순서, 체계, 진행 등에 거슬러 행함.
* 유연하다(부드러울 柔, 연할 軟——): 부드럽고 연하다.

● 비언어적 정보: '언어가 아닌 것'이라는 뜻으로, 생각·느낌 따위를 나타내거나 전달하는 데 쓰는 몸짓·손짓·표정 따위의 정보를 말함.

▶ 주제: 영화의 속성과 반대되는 만화의 속성

[지문 해제]

　이 글은 영화와 만화의 매체로서의 차이점을 바탕으로 만화의 특징을 중점적으로 설명하고 있다. 만화는 물리적 시간이 존재하지는 않지만 고정되어 있지 않은 칸과 말풍선, 언어적 비언어적 정보, 효과선 등을 통해 물리적 시간의 부재를 극복하고 있다. 이러한 만화의 특징 때문에 독자는 만화를 볼 때 감상 속도를 자유롭게 조절하거나 극대화된 상상을 할 수 있다.

[문단 요지]

　1문단: 영화와 만화의 이미지 차이
　2문단: 영화의 특징
　3문단: 만화의 특징

[주제]

　영화의 속성과 반대되는 만화의 속성

1　세부 내용 파악하기　| 정답 ② |

윗글의 내용과 일치하는 것은?

① 만화는 물리적 시간이 존재한다. 3문단
　　　　　　　　　　　　존재하지 않는다
② 영화는 사물의 운동을 반영한 예술이다. 2문단
③ 영화의 스크린은 형태와 크기가 다양하다. 2문단
　　　　　　　　　　　　　　　똑같다
④ 영화에서 이미지를 보여 주는 속도는 일정하지 않다
　　　　　　　　　　　　　　　일정하다　2문단
⑤ 만화는 이야기의 비중과 역할에 따라 칸의 크기와 모양이 일정하다. 3문단
　　　　　　　제각각이다

✔ 정답 풀이

2문단에서 영화는 사진에 결여되었던 사물의 운동, 즉 시간의 흐름을 반영한 예술 장르라고 하였다.

✘ 오답 풀이

① 3문단에서 만화는 물리적 시간이 존재하지 않다고 하였다.
③ 2문단에서 영화는 똑같은 형태와 크기의 스크린을 갖는다고 하였다.
④ 2문단에서 영화는 동적인 이미지를 일정한 속도로 보여 준다고 하였다.
⑤ 3문단에서 만화는 이야기의 비중과 역할에 따라 칸의 크기와 모양이 제각각이라고 하였다.

2　문맥적 의미 파악하기　| 정답 ⑤ |

문맥상 ㉠~㉤과 바꿔 쓰기에 적절하지 않은 것은?

① ㉠: 전달(傳達)하는　　② ㉡: 회복(回復)되는
　지시, 명령, 물품 따위를 다른 사람이나 기관에 전하여 이르게 하다　원래의 상태로 돌이키거나 원래의 상태를 되찾다
③ ㉢: 주동(主動)하는　　④ ㉣: 내포(內包)할
　어떤 일에 주장이 되어 움직이다　어떤 성질이나 뜻 따위를 속에 품다
⑤ ㉤: 부여(賦與)하며

✔ 정답 풀이

'부여하다'는 '사람에게 권리·명예·임무 따위를 지니도록 해 주거나, 사물이나 일에 가치·의의 따위를 붙여 준다.'라는 의미이므로 ㉤과 바꿔 쓰기에 적절하지 않다.

3　구체적 사례에 적용하기　| 정답 ⑤ |

윗글을 바탕으로 〈보기〉에 대해 설명할 때 적절하지 않은 것은?

┤ 보 기 ├

① 칸2의 상황으로 인해 칸3으로의 이야기가 전개되고 있다. 만화의 이야기는 전후 칸과의 관계를 통해 이끌어 감.
② 칸1에 등장하는 말풍선은 작중 상황을 드러내는 역할을 한다. 만화는 말풍선을 통해 인물의 심리 및 작중 상황을 드러냄.
③ 칸4의 효과선은 독자가 인물의 움직임을 상상하게 만들고 있다. 효과선은 인물이나 물체의 주변에 그어져 속도감을 암시하여 독자의 상상을 부추김.
④ 칸1~칸6에 이르기까지 각 칸에 머무르는 독자의 시선은 일정하지 않다. 만화의 칸에는 고정된 틀이 없으며 독자는 스스로 읽기 시간에 변화를 줄 수 있음.
⑤ 칸3에서는 언어적·비언어적 정보를 모두 활용하여 인물의 심리를 드러내고 있다.

✔ 정답 풀이

〈보기〉의 칸3에서는 인물의 표정과 몸짓 등과 관련된 비언어적 정보를 활용하여 놀라는 심리를 드러내고 있지만, 언어적 정보를 활용하고 있지는 않다.

✘ 오답 풀이

① 3문단에서 만화의 이야기는 전후 칸과의 관계를 통해 이끌어 간다고 하였다.
② 3문단에서 만화는 말풍선을 통해 인물의 심리 및 작중 상황을 드러낸다고 하였다.
③ 3문단에서 효과선은 인물이나 물체의 주변에 그어져 속도감을 암시하여 독자의 상상을 더욱 부추기기도 한다고 하였다.
④ 3문단에서 만화의 칸에는 고정된 틀이 없으며, 만화 속 정보들은 독자의 읽기 시간에 변화를 준다고 하였다. 따라서 각 칸에 머무르는 독자의 시선은 일정하지 않을 것이다.

예술 08

○ 1문단: 종묘의 의미에 대한 궁금증

○ 2문단: 왕과 왕비의 신주를 모시고 제사를 지낸 종묘

○ 3문단: 유네스코에 등재된 종묘

* 종묘사직(마을 宗, 사당 廟, 토지의 신 社, 기장 稷): 왕실과 나라를 통틀어 이르는 말.
* 신주(귀신 神, 주인 主): 죽은 사람의 위패.

○ 4문단: 현재까지 이어지고 있는 종묘 제례 의식

○ 5문단: 유네스코에 등재된 종묘 제례 의식과 그 의의

* 등재(오를 登, 실을 載): 일정한 사항을 장부나 대장에 올림.
* 제례(제사 祭, 예도 禮): 제사를 지내는 의례(儀禮).
* 섣달: 음력으로 한 해의 맨 끝 달.

▶ 주제: 종묘의 의미와 의의

　　TV 사극에 "전하, 종묘사직*을 보존하시고 훗날을 기약하소서!"라는 말이 자주 등장한다. 여기서 종묘란 무엇을 의미하는 것일까?
중심 화제

　　조선은 유교를 나라를 다스리는 근본으로 삼았다. 그래서 유교의 예법에 따라 도읍지
조선의 근본 – 유교
에 반드시 왕이 머무르는 궁궐, 조상에게 제사를 올리는 종묘, 신에게 제사를 지내는 사
조선의 도읍지에 마련된 세 공간
직단의 세 공간을 마련했다. 그중 가장 중요한 곳이 바로 종묘였다. 유교에서는 효를 중
유교에서 중시 여긴 이념
시 여겨 조상이 살아 계실 때 정성을 다하는 것은 물론 사후에도 그들의 영혼이 의지할
신주의 의미
수 있는 상징물인 신주*를 만들어 놓고 정성껏 제사를 지냈다. 종묘는 바로 왕과 왕비의
신주를 모시고 제사를 지냈던 특별한 장소였다.
종묘의 개념

　　종묘에서 신주를 모신 건물을 정전이라고 하는데, 조상의 영혼을 모시는 공간답게 화
정전의 개념
려한 색상과 장식을 최대한 억제하고 엄숙함을 느낄 수 있도록 간결하면서도 장엄하게
정전의 특징
조성했다. 세월이 흘러 신주를 모실 공간이 부족해지자 새롭게 영녕전*을 짓고 정전의
영녕전을 지은 이유
수도 늘렸는데, 정전과 영녕전을 중심으로 모든 건물들은 주변 경관과 자연스럽게 어우
정전과 영녕전의 분위기
러져 웅장하면서도 신성한 분위기를 자아냈다. 이렇듯 장엄하면서도 절제된 아름다움을
동시에 갖춘 종묘는 1995년에 유네스코 '세계 문화유산'으로 등재*되었다.
종묘가 유네스코에 등재된 이유

　　종묘는 조선 왕조 500여 년은 물론 지금까지도 제례*의 전통이 이어지는 곳으로도 유
명하다. 종묘에서 역대 왕조의 조상에게 제사를 지내는 것을 종묘 제례라고 하는데, 조
종묘 제례의 개념
선 시대에는 봄, 여름, 가을, 겨울, 섣달* 이렇게 매년 다섯 차례 정기적으로 제사를 지
제사를 지낸 시기
냈다. 그 외에도 나라에 좋은 일이 있거나 나쁜 일이 있을 때, 햇곡식과 햇과일이 생산
되는 시기에도 제사를 지냈다. 이러한 전통은 오늘날에도 이어져 매년 5월 첫째 주 일
요일이면 종묘에서 제례 의식을 거행하고 있다.
현재까지 이어지고 있는 제례 의식

　　종묘 제례에는 행사의 순서에 맞게 노래, 악기 연주, 춤이 동반된다. 종묘 제례에서의
이러한 음악과 춤을 종묘 제례악이라고 하는데, 왕의 제사 의식에 걸맞게 장엄할 뿐 아
종묘 제례악의 개념   종묘 제례악의 특징
니라 화려한 음색을 갖춘 것이 특징이다. 이러한 종묘 제례악은 왕실 제례 의식 가운데
종묘 제례악이 유네스코에 등재된 이유
500년 이상을 이어 내려온 중요한 유산으로, 2001년에 유네스코 '인류 구전 및 무형 유
산 걸작'으로 등록되었다. 또한 종묘 제례 의식은 조선의 정통성을 확립하는 데 크게 기
종묘 제례 의식의 의의 ①
여하였으며, 지금까지도 후손들에 의하여 그 전통이 이어지고 있는 우리의 소중한 전통
의의 ②
유산이다.

　● 영녕전: 종묘의 안에 있는 사당. 조선 시대에 왕과 왕비로서 종묘에 모실 수 없는 분의 신위를 모시던 곳.

[지문 해제]

이 글은 종묘의 의미에 대해 설명하고 있다. 종묘는 장엄하면서도 절제된 아름다움을 동시에 갖추고 있으며, 종묘 제례 의식 또한 조선의 정통성을 확립하는 데 크게 기여하고 있다. 종묘와 종묘 제례 의식 모두 유네스코에 등록되어 소중한 전통 유산으로 평가되고 있다.

[문단 요지]

1문단: 종묘의 의미에 대한 궁금증
2문단: 왕과 왕비의 신주를 모시고 제사를 지낸 종묘
3문단: 유네스코에 등재된 종묘
4문단: 현재까지 이어지고 있는 종묘 제례 의식
5문단: 유네스코에 등재된 종묘 제례 의식과 그 의의

[주제]

종묘의 의미와 의의

---

1 서술상 특징 파악하기 | 정답 ⑤ |

윗글의 서술 방식으로 가장 적절한 것은?

① 일반인의 상식을 논리적으로 비판하고 있다.
② 대상과 관련된 상반된 이론들을 절충하고 있다.
③ 구체적인 예를 들어 추상적인 개념을 설명하고 있다.
④ 시대적 흐름에 따른 개념의 변천 과정을 설명하고 있다.
⑤ 대상의 의미에 대한 의문을 제시한 후 그 특징을 설명하고 있다.

✔ 정답 풀이

1문단에서 TV 사극에 자주 등장하는 '종묘사직'이라는 말에 의문을 갖고 종묘의 특징과 의미에 대해 설명하고 있다.

✘ 오답 풀이

① 이 글에는 일반인의 상식을 논리적으로 비판하는 내용이 제시되고 있지 않다.
② 종묘와 관련된 상반된 이론은 제시되고 있지 않다.
③ 영혼, 제사 등의 추상적인 개념이 제시되고 있기는 하지만, 이러한 개념을 설명하기 위해 구체적인 예를 들고 있지는 않다.
④ 종묘에서 행해지던 제례 의식이 현재에도 이어져 오고 있음을 언급하고 있기는 하지만, 시대적 흐름에 따른 개념의 변천 과정을 설명하고 있지는 않다.

---

2 반응의 적절성 파악하기 | 정답 ② |

윗글을 읽고 난 학생의 반응으로 적절하지 않은 것은?

① 종묘 제례는 노래, 악기 연주, 춤으로 구성되는군. 5문단
② 매년 정해진 시기에만 조상들에게 제사를 지내는군. 4문단
나라에 좋은 일이 있거나 나쁜 일이 있을 때, 햇곡식과 햇과일이 생산되는 시기에도 제사를 지냈음.
③ 종묘 제례와 관련된 음악은 화려한 음색을 갖추고 있군. 5문단
④ 신주를 만드는 것은 유교의 효 개념에서 비롯된 것이군. 2문단
⑤ 궁궐과 종묘 그리고 사직단의 세 공간을 만든 것은 유교와 연관이 있군. 2문단

✔ 정답 풀이

4문단에서 종묘 제례는 매년 다섯 차례 정기적으로 이루어지지만 그 외에도 나라에 좋은 일이 있거나 나쁜 일이 있을 때, 그리고 햇곡식과 햇과일이 생산되는 시기에도 제사를 지냈다고 설명하고 있다. 그러므로 매년 정해진 시기에만 조상들에게 제사를 지낸다는 진술은 적절하지 않다.

✘ 오답 풀이

④ 2문단에서 유교에서는 효를 중시 여겨 조상이 살아 계실 때 정성을 다하는 것은 물론 사후에도 그들의 영혼이 의지할 수 있는 상징물인 신주를 만들어 제사를 지냈다고 설명하고 있다. 그러므로 신주는 유교의 효의 개념에서 비롯되었다고 볼 수 있다.

---

3 특정 정보 파악하기 | 정답 ④ |

'종묘'에 대한 이해로 적절하지 않은 것은?

① 조상님께 제사를 지내는 장소이다. 2문단
② 유교의 예법과 관련 있는 공간이다. 2문단
③ 장엄하면서도 절제된 아름다움을 갖추고 있다. 3문단
④ 신주를 모시는 공간이 부족해서 새롭게 마련한 곳이다. 3문단
신주를 모시는 곳이 부족해서 새롭게 마련한 곳은 영녕전임.
⑤ 조선의 정통성을 확립하는 데 기여하는 의식이 이루어진 곳이다. 5문단

✔ 정답 풀이

3문단에서 신주를 모실 공간이 부족해지자 새롭게 영녕전을 지었다고 설명하고 있다.

✘ 오답 풀이

① 2문단에서 종묘는 왕과 왕비의 신주를 모시고 제사를 지냈던 특별한 장소라고 설명하고 있다.
② 2문단에서 유교의 예법에 따라 궁궐, 종묘, 사직단의 세 공간을 마련하고 있다고 설명하고 있다.
③ 3문단에서 종묘는 장엄하면서도 절제된 아름다움을 갖추고 있어 유네스코에 등재되었다고 하였다.
⑤ 5문단에서 종묘 제례 의식은 조선의 정통성을 확립하는 데 크게 기여했다고 하였다.

● 1문단: 한옥의 특징과 멋

우리 ㉠선조들이 생각했던 이상적인 주거 조건으로서 한옥은 인간이 살기 위한 주거 적인 개념이라기보다는 ㉡자연속의 선경에 어울려 있는 자연 그대로의 모습이었다. 우리 조상들은 뒤로는 산을 등지고 앞으로는 개울물이 흐르는 곳에 집을 지었다. ㉢그러나 반드시 주위의 환경과 어울리도록 결코 사치스럽거나 궁색*스럽지 않은 단정한 집을 지었으며 주위의 자연 재료에 인공을 가하지 않은 상태 그대로를 사용하였다. 따라서 한옥은 작위*가 가해지지 않은 상태의, 부드럽고 고요하며 티 없이 맑은 순백색의 은근한 멋을 풍긴다.

● 2문단: 유연성을 가지는 한옥의 선

용마루 | 건물 지붕 중앙의 수평으로 된 부분

〈그림 1〉

우리 한옥의 선은 유연성을 가지는 것이 특징이다. 초가의 선은 뒷산의 모양을 닮았고 기와의 선은 양끝을 잡은 상태에서 자연스럽게 늘어진 새끼줄 선을 표현했다. 그리고 처마는 〈그림 1〉에서 볼 수 있듯이 지붕 중앙의 수평으로 된 부분인 용마루의 가운데를 처지게 하여 자연스러운 형태를 나타냈으며 처마를 통해 여름철과 겨울철의 햇빛의 양을 조절하였다. 또한 실내는 벽지나 장판지로 마감하고 문은 한지로 발랐는데, 대개는 문양*이 없는 무채색이 주조*를 이루었다. 즉 재료 자체에서 오는 자연스러움만 있을 뿐 기교*가 넘치는 장식을 찾을 수 없게 하여 욕심이 없는 담백함과 순수함을 나타냈으며, 꼭 필요한 기능과 장식만을 갖춘 겸손한 공간으로 만들었다. ㉣그래서 나는 한옥을 좋아한다.

* 궁색(궁할 窮, 빛 色): 가난한 기색.
* 작위(지을 作, 할 爲): 사실은 그렇지 않은데도 그렇게 보이기 위하여 의식적으로 하는 행위.
* 문양(무늬 紋, 모양 樣): 무늬의 생김새.
* 주조(주인 主, 밀물 潮): 주된 조류나 경향.

● 3문단: 한옥 기둥의 종류와 특징

[A]
한옥의 기둥에는 배흘림 기둥, 민흘림 기둥, 원통형 기둥이 있다. 배흘림 기둥은 기둥 뿌리에서 1/3지점을 가장 굵게 하고 위와 아래로 갈수록 단면을 줄여나가는 방법으로 만든 기둥이다. 배흘림 기둥을 둠으로써 기둥의 가운데 부분이 얇아 보이는 현상을 ㉤부각시키고 떠받치고 있는 지붕이 안정적으로 보이게 하였다. 이 외에도 아래로 갈수록 굵게 만들어 시각적, 구조적 안정감을 주는 민흘림 기둥, 아래 위의 단면이 같은 원통형 기둥을 사용하기도 하였다.

* 기교(재주 技, 공교할 巧): 기술이나 솜씨가 아주 교묘함. 또는 그런 기술이나 솜씨.
* 운치(운 韻, 이를 致): 고상하고 우아한 멋.

● 4문단: 한옥 내부의 특징

한옥의 내부는 바닥과 벽은 면의 공간으로, 창과 문은 선의 공간으로 하여 면과 선이 대조를 이루고 있다. 창과 문은 자연의 공간과 인간의 공간을 경계 짓고 나누는 기능을 하면서 자연의 풍요로움을 내부 깊숙한 곳으로 받아들이는 곳이며, 이곳으로 통하는 햇빛이나 달빛이 문의 문양을 통해 방안에 시각적인 운치*를 제공하기도 한다. 문을 닫으면 바닥과 벽, 천정의 아득한 공간감을 느낄 수 있지만 문을 열어젖히면 밖의 풍경이 방안으로 들어와 하나의 풍경화를 연상시키는 효과를 제공하기도 했다.

▶ 주제: 한옥의 특징과 멋

[지문 해제]

이 글은 우리 선조들의 주거 공간인 한옥의 예술성에 대해 설명하고 있다. 인공을 가하지 않은 상태 그대로의 재료를 사용하여 유연한 선의 멋을 드러내고 있는 한옥을 한옥의 선과 기둥의 종류, 내부를 이루는 벽과 면 등으로 나누어 설명함으로써 한옥의 예술성을 강조하고 있다.

[문단 요지]

1문단: 한옥의 특징과 멋
2문단: 유연성을 가지는 한옥의 선
3문단: 한옥 기둥의 종류와 특징
4문단: 한옥 내부의 특징

[주제]

한옥의 특징과 멋

---

1 세부 내용 파악하기 | 정답 ⑤ |

윗글의 내용으로 적절하지 않은 것은?

① 한옥은 주위에 있는 재료 그대로를 사용하여 지어졌다. 1문단

② 우리 선조들은 자연 그대로의 모습을 살려 한옥을 지었다. 1문단

③ 한옥의 처마는 용마루의 중앙을 늘어뜨려 자연적인 아름다움을 부각시켰다. 2문단

④ 한옥의 창과 문은 선의 공간으로 자연과 인간의 공간을 분할하는 기능을 한다. 4문단

⑤ 한옥은 문양이 없는 무채색의 한지를 활용하여 여름철과 겨울철 햇빛의 양을 조절하였다.
처마를 활용하여 햇빛의 양을 조절함.

✔ 정답 풀이

2문단에서 '처마를 통해 여름철과 겨울철의 햇빛의 양을 조절'했다고 하였다. 문양이 없는 무채색이 주조를 이루는 한지를 활용한 것은 한옥의 '문'이다. 따라서 한지를 활용하여 햇빛의 양을 조절했다는 진술은 적절하지 않다.

✘ 오답 풀이

① 1문단에서 우리 조상들은 주위의 자연 재료에 인공을 가하지 않은 상태 그대로를 사용했다고 하였다.

② 1문단에서 우리 선조들이 생각했던 이상적인 주거 조건으로서의 한옥은 자연 속의 선경에 어울려 있는 자연 그대로의 모습이라고 하였다.

③ 2문단에서 한옥의 처마는 용마루의 가운데를 처지게 하여 자연스러운 형태를 나타냈다고 설명하고 있다.

④ 4문단에서 한옥의 내부는 바닥과 벽은 면의 공간, 창과 문은 선의 공간으로 하여 면과 선이 대조를 이루고 있다고 하였다.

---

2 구체적 사례에 적용하기 | 정답 ④ |

[A]를 참고할 때, 〈보기〉의 ㉮에 대한 이해로 적절한 것은?

보 기
㉮

① 가운데 지점이 가장 굵은 배흘림 기둥이다.
1/3 지점이 가장 굵음.

② 위와 아래로 갈수록 단면이 넓어지는 민흘림 기둥이다.
줄어드는   민흘림 기둥은 아래로 갈수록 굵음.

③ 위와 아래의 단면이 같은 형태를 띠는 원통형 기둥이다.
〈보기〉는 배흘림 기둥임.

④ 떠받치고 있는 지붕이 안정적으로 보이게 만든 배흘림 기둥이다.

⑤ 중심 부분이 굵어 보이는 현상을 교정하기 위해 사용된 배흘림 기둥이다.
얇아

✔ 정답 풀이

〈보기〉의 기둥은 3문단에서 설명하고 있는 세 가지 유형의 기둥 중 배흘림 기둥을 나타내는 그림이다. 3문단에서 배흘림 기둥은 지붕이 안정적으로 보이게 하는 효과를 지니고 있다고 하였다.

✘ 오답 풀이

① 배흘림 기둥은 기둥 뿌리에서 1/3지점이 가장 굵다고 하였다.

② 배흘림 기둥은 위와 아래로 갈수록 단면을 줄여나가는 방법으로 만든 기둥이라고 하였다.

③ 위와 아래의 단면이 같은 기둥은 원통형 기둥이지만, 〈보기〉의 기둥은 배흘림 기둥이다.

⑤ 배흘림 기둥은 가운데 부분이 얇아 보이는 현상을 교정하기 위한 것이라고 하였다.

---

3 고쳐쓰기 | 정답 ① |

㉠~㉤을 고쳐 쓰기 위한 방안으로 적절하지 않은 것은?

① ㉠: 조사의 사용이 부적절하므로 '선조들을'로 고쳐 쓴다.
'선조들이'가 적절하다.

② ㉡: 단어는 띄어 쓰는 것이 원칙이므로 '자연 속'으로 고쳐 쓴다. '자연'과 '속'은 각각 하나의 단어이므로 '자연 속'으로 띄어 써야 함.

③ ㉢: 앞뒤 문장의 연결 관계가 어색하므로 '그리고'로 고쳐 쓴다.
앞뒤 문장의 내용이 자연스럽게 이루어지므로 '그리고'가 적절함.

④ ㉣: 문맥의 흐름상 불필요한 문장이므로 삭제한다.
한옥에 대해 설명하는 글이므로 삭제하는 것이 적절함.

⑤ ㉤: 문맥상 부적절한 단어이므로 '교정하고'로 고쳐 쓴다. '틀어지거나 잘못된 부분을 바로잡다.'라는 의미의 '교정하고'로 수정하는 것이 적절함.

✔ 정답 풀이

㉠에서 '생각했던'의 주체는 '우리 선조들'이므로 '선조들을'이라고 고쳐 쓰는 것은 적절하지 않다.

1문단: 창의력을 신장시키고 상상력을 자극시키는 현대 미술

2문단: 일상적인 소재로 창조적인 작품을 만든 외국의 사례

3문단: 일상적인 소재로 창조적인 작품을 만든 우리나라의 사례

4문단: 현대 미술에 대한 관심 촉구

* 경악(놀랄 驚, 놀랄 愕): 소스라치게 깜짝 놀람.
* 상관관계(서로 相, 관계할 關, 관계할 關, 맬 係): 두 가지 가운데 한 쪽이 변화하면 다른 한 쪽도 따라서 변화하는 관계.

* 조명(비칠 照, 밝을 明): 어떤 대상을 일정한 관점으로 바라봄.
* 출품(날 出, 물건 品): 전람회, 전시회, 품평회 따위에 작품이나 물품을 내어놓음.

▶ 주제: 창의력과 상상력을 신장시키는 현대 미술의 매력

일반적으로 현대 미술을 이해하기 어렵다고 생각한다. 하지만 조금만 관심을 기울여 현대 미술 작품을 자주 접하다 보면 이전에는 이해하기 어려웠던 현대 미술을 통해 창의력이 신장되고 상상력이 자극될 수 있다.

2007년 전 세계를 경악*시킨 사건이 있었다. 해골에 다이아몬드를 박아 넣은 「신의 사랑을 위해」라는 제목의 작품 때문이었다. 이 작품은 해골에 백금 틀을 씌우고 무려 8,601개의 다이아몬드를 박아 만들었으며 당시 우리 돈으로 무려 1천억 원에 가까운 가격에 판매되었다. 이 작품을 창조한 영국 작가 데이미언 허스트는 죽음의 상징인 두개골에 사치의 상징인 다이아몬드를 덮어 버림으로써 욕망 덩어리인 인간과 죽음의 상관관계*를 새롭게 조명*하고 싶었다고 했다. 그리고 1917년 마르셀 뒤샹은 남자 소변기에 「샘」이란 제목을 달아 전시장에 출품*했다. 당시 미술관에서는 전시 기간 내내 이 작품을 출품하지 못하고 칸막이 뒤에 숨겨 놓았지만 뒤샹은 이 작품으로 미의 개념을 새롭게 정의한 혁명적인 미술가로 평가받게 되었다. 이처럼 데이미언 허스트와 마르셀 뒤샹의 작품은 지극히 일상적인 소재로도 상식을 뒤집는 창조적인 작품을 만들 수 있다는 것을 보여 준다.

우리나라의 현대 미술에도 다양하고 흥미로운 작품들이 많다. ㉠우리 주변의 일상에서 소재를 얻어 독창적인 기법으로 특별한 창의력과 상상력을 보여 주는 작품들이 창작되고 있다. 먼저 쌀알 작가로 잘 알려진 이동재 작가는 익숙한 곡물이나 사물 등의 생활 소품을 이용하여 유명 인사의 초상화를 만든다. 인물과 관련 있는 곡물이나 사물 등의 생활 소품을 초상화 재료로 활용함으로써 작가의 창의력을 드러내고 있다. 또 다른 예로 사용 후 버려진 물건에 새로운 생명을 부여하기도 한다. 조각가 지용호는 폐타이어만을 가지고 돌연변이 동물들을 만들어 낸다. 생명력이 다해 버려진 물건인 폐타이어 조각으로 공격적인 상어나 날쌘 표범을 닮은 동물을 창조한다. 즉 작가는 폐타이어를 독창적으로 해석하여 생명력이 느껴지는 작품으로 만들어 낸 것이다.

이처럼 미술이라는 예술은 우리의 일상적인 삶과 멀리 떨어져 있는 것이 아니다. 집안 실내 장식, 여러 종류의 게임, 영화와 공연 등 아주 평범한 것들에 미술적인 요소가 숨어 있다. 그러므로 평소 미술관이나 갤러리에 들러 작품을 찾아보고 감상하는 습관을 갖는다면 현대 미술을 통해 창의력과 상상력을 신장시킬 수 있을 것이다.

[지문 해제]

이 글은 일상적인 소재로 창조적인 작품을 만든 사례들을 들어 현대 미술을 통해 창의력과 상상력을 신장시킬 수 있음을 강조하고 있다. 해골에 다이아몬드를 박아 넣은 「신의 사랑을 위해」, 남자 소변기 「샘」, 익숙한 곡물이나 사물 등의 소품을 이용하여 만든 유명 인사의 초상화, 폐타이어를 독창적으로 해석하여 생명력이 느껴지도록 만든 작품 등을 제시하여 현대 미술에 대한 독자의 이해를 돕고 있다. 미술은 일상적인 삶 속에서 쉽게 발견할 수 있음을 강조하면서 현대 미술에 대한 관심을 촉구하며 글을 마무리하고 있다.

[문단 요지]

1문단: 창의력을 신장시키고 상상력을 자극시키는 현대 미술
2문단: 일상적인 소재로 창조적인 작품을 만든 외국의 사례
3문단: 일상적인 소재로 창조적인 작품을 만든 우리나라의 사례
4문단: 현대 미술에 대한 관심 촉구

[주제]

창의력과 상상력을 신장시키는 현대 미술의 매력

1 세부 내용 파악하기 | 정답 ② |

윗글의 내용과 일치하지 않는 것은?

① 우리의 일상적인 삶에는 미술적인 요소가 담겨 있다. 4문단
② 마르셀 뒤샹의 「샘」은 출품 당시 미술관에서 큰 호응을 얻었다. 처음에 큰 호응을 얻지 못함.
③ 지용호는 폐타이어를 활용하여 생명력이 느껴지는 작품을 만들었다. 3문단
④ 현대 미술을 통해 상상력을 신장시키고 창의력을 자극시킬 수 있다. 1문단, 4문단
⑤ 「신의 사랑을 위해」는 인간과 죽음의 관계를 새롭게 조명하고자 해골과 다이아몬드를 활용한 작품이다. 2문단

정답 풀이

2문단에서 마르셀 뒤샹은 남자 소변기에 「샘」이라는 제목을 달아 전시장에 출품했지만 당시 미술관에서는 이 작품을 출품하지 못하고 전시 기간 내내 칸막이 뒤에 숨겨 놓았다고 설명하고 있다. 그러므로 마르셀 뒤샹의 작품 「샘」은 출품 당시 미술관에서 큰 호응을 얻었다는 ②의 진술은 적절하지 않다.

오답 풀이

① 4문단에서 미술은 우리의 일상적인 삶과 멀리 떨어져 있는 것이 아니라고 설명하고 있다.
③ 3문단에서 조각가 지용호는 버려진 타이어를 독창적으로 해석하여 생명력이 느껴지는 작품으로 만들어 낸다고 설명하고 있다.
④ 1문단과 4문단에서 현대 미술을 통해 창의력이 신장되고 상상력이 자극될 수 있다고 설명하고 있다.
⑤ 2문단에서 「신의 사랑을 위해」를 만든 데이미언 허스트는 인간과 죽음의 상관관계를 새롭게 조명하고 싶어 해골에 다이아몬드를 박아 넣은 작품을 만들었다고 하였다.

2 구체적 상황에 적용하기 | 정답 ③ |

㉠에 해당하는 작품의 예로 적절한 것은?

① 먹으로 군자가 지녀야 할 품성을 표현한 수묵화 (일상적 소재 아님.)
② 인물이 지닌 특성을 포착하여 사실적으로 그린 초상화 (창의력과 상상력 부족)
③ 온갖 종류의 청바지 천으로 도시의 모습을 만든 풍경화 (일상적인 소재 / 창의력과 상상력을 보여 줌.)
④ 과일, 꽃, 그릇 등 정지된 물체의 구도를 잡아 배치하여 표현한 정물화 (일상적인 소재 / 창의력과 상상력 부족)
⑤ 번지기, 뿌리기, 불기, 찍기 등의 기법을 활용하여 봄 풍경을 묘사한 수채화 (다양한 기법) 일상적 소재 활용 여부를 알 수 없음.

정답 풀이

㉠은 일상적인 소재를 활용하여 창의력과 상상력을 보여 주는 현대 미술의 특징에 관한 내용이다. ③은 청바지 천이라는 일상적인 소재를 활용하여 도시 모습을 표현하였다는 점에서 창의력과 상상력이 돋보인다고 할 수 있다.

오답 풀이

① 일상적인 소재를 활용하고 있지 않으며, 창의력과 상상력을 보여 준다고 볼 수 없다.
② 일상적인 소재를 활용하고 있는지의 여부를 알 수 없으며, 인물을 사실적으로 그려냈다는 점에서 창의력과 상상력을 엿볼 수 없다.
④ 일상적인 소재를 활용하고 있기는 하지만, 독창적인 기법이라고 볼 수는 없으므로 적절하지 않다.
⑤ 다양한 기법을 활용하고 있기는 하지만, 일상적인 소재의 활용 여부를 알 수 없다.

예술 06~10 독해력 쑥쑥, 어휘 테스트

01 상관관계	02 표상	03 역행	04 경악	05 작위
06 완숙	07 ㉠	08 ㉦	09 ㉢	10 ㉣
11 ㉤	12 ㉥	13 ㉡	14 ⓑ	15 ⓐ
16 ⓒ	17 ⓓ	18 ○	19 ○	20 ×

MEMO

MEMO

MEMO

[**숨마 주니어**®]는

고교 상위권 선호도 1위 브랜드 **숨마큐라우데**®가 만든
중학생들을 위한 혁신적인 **중등 브랜드**입니다!

숨마 주니어® 중학 국어 비문학 독해 연습 **❶❷❸**시리즈

수준별, 단계별 구성	수록 지문 및 문항 수	주요 학습 내용
중학 국어 비문학 독해 연습 ❶	– 인문, 사회, 과학, 기술, 예술 각 제재별 10지문, 권별 50지문 – 3권 총 150지문 372 문항 수록	사실적 이해 + 어휘력
중학 국어 비문학 독해 연습 ❷		사실적 이해 + 추론적 이해, 비판적 이해 위주 + 어휘력
중학 국어 비문학 독해 연습 ❸		고1 전국연합학력평가 우수 문항 위주 + 어휘력

✦ **'중학 국어 비문학 독해 연습'**을 추천합니다.

국어 비문학 독해 실력은 어느 날 갑자기 향상되지 않습니다. 매일매일 꾸준한 반복학습만이 실력 향상을 가능하게 합니다. 이제 중학교 때부터 국어 비문학 공부도 함께 하십시오.

추천 이유 🤟 비문학 독해 능력은 모든 공부의 기본이기 때문입니다.

- 글의 정보 및 글쓴이의 의도를 파악하는 능력이 향상됩니다.
- 사실적 이해, 추론적 이해, 비판적 이해 등의 독해 능력이 향상됩니다.
- 제재별 어휘 학습을 통한 지문 이해 능력이 향상됩니다.

▼

추천 이유 ✌️ 폭넓은 글 읽기를 통해 교양을 풍부하게 할 수 있기 때문입니다.

- 중학생 권장 도서 및 추천 도서를 총망라하여 수준에 맞게 단계별로 지문을 구성하였습니다.
- 인문, 사회, 과학, 기술, 예술 등 다양한 제재에서 좋은 글들을 엄선하여 수록하였습니다.

▼

추천 이유 🖐️ 빠른 독해력 향상으로 수능 비문학까지 준비할 수 있기 때문입니다.

- 다양한 글을 통한 독해력 강화로 수능형 문제 풀이 능력까지 향상시킬 수 있습니다.
- 교과서의 독해 개념 연계 학습을 통해 수능 비문학까지 미리 준비할 수 있습니다.

학습 교재의 새로운 신화! 이룸이앤비가 만듭니다!

이룸이앤비의 특별한 중등 수학교재 시리즈

숨마쿰라우데® 중학수학 개념기본서 시리즈

Q&A를 통한 스토리텔링식
수학 기본서의 결정판! (전 6권)

– 중학수학 개념기본서 1-상 / 1-하
– 중학수학 개념기본서 2-상 / 2-하
– 중학수학 개념기본서 3-상 / 3-하

숨마쿰라우데® 중학수학 실전문제집 시리즈

숨마쿰라우데 중학 수학 「실전문제집」으로
학교 시험 100점 맞자! (전 6권)

– 중학수학 실전문제집 1-상 / 1-하
– 중학수학 실전문제집 2-상 / 2-하
– 중학수학 실전문제집 3-상 / 3-하

숨마쿰라우데® 스타트업 중학수학 시리즈

한 개념 한 개념씩 쉬운 문제로 매일매일 꾸준히
공부하는 기초 쌓기 **최적의 수학 교재!** (전 6권)

– 스타트업 중학수학 1-상 / 1-하
– 스타트업 중학수학 2-상 / 2-하
– 스타트업 중학수학 3-상 / 3-하

이룸이앤비의 특별한 중등 영어교재 시리즈

숨마 주니어® WORD MANUAL 시리즈

중학 주요 어휘 총 2,200단어를 수록한

『어휘』와 『독해』를 한번에 공부하는 중학 영어휘 기본서! (전 3권)

– WORD MANUAL ❶
– WORD MANUAL ❷
– WORD MANUAL ❸

숨마 주니어® 중학 영문법 MANUAL 119 시리즈

중학 영어 문법 마스터를 위한

핵심 포인트 119개를 담은 단계별 문법서! (전 3권)

– 중학 영문법 MANUAL 119 ❶
– 중학 영문법 MANUAL 119 ❷
– 중학 영문법 MANUAL 119 ❸

숨마 주니어® 중학 영어 문장 해석 연습 시리즈

중학 영어 교과서에서 뽑은 핵심 60개 구문!

1,200여 개의 짧은 문장으로 반복 훈련하는 워크북! (전 3권)

– 중학 영어 문장 해석 연습 ❶
– 중학 영어 문장 해석 연습 ❷
– 중학 영어 문장 해석 연습 ❸

숨마 주니어® 중학 영어 문법 연습 시리즈

중학 영어 필수 문법 56개를

쓰면서 마스터하는 문법 훈련 워크북!! (전 3권)

– 중학 영어 문법 연습 ❶
– 중학 영어 문법 연습 ❷
– 중학 영어 문법 연습 ❸